HOT LINE ホットライン
この本に関するご質問は、お電話またはWEBで
書名●日本ヴォーグ社の基礎BOOK　レースあみ
本のコード●NV6533
担当●編集部
TEL：03-3383-0637
（平日13:00〜17:00受付）
WEB：https://www.tezukuritown.com
（終日受付）
WEBサイト「手づくりタウン」
（お問い合わせ）からお入りください。

レースあみの糸と針

華麗なレース編みも、その編み方には、正しい糸さばきの約束ごとがあります。技法の基本は、正しい針の持ち方、糸のかけ方、糸番手と適切な編み針の選定にあります。
細い1本の糸と細い針で編み出される美しい透かし模様は、糸番手とレース針の号数の相性が大切です。針の太さは針先より、0.7〜0.8センチ位内側の位置で直径がミリで表現されています。下の表を参考にしてください。糸の太さと針の太さが、ほぼ同じ位が相性の目安になります。

レース糸の「番手」と種類

レース糸の太さ、細さを表す単位を番手と言います。番手とは、糸の重さと、長さの関係を表す呼び方です。一定の重さの糸が細く長くなればなるほど番手の数字が大きくなります。レース糸は4番から150番くらいまでありますが、一般に多く使われるのは、18、20、30、40、50番位までの範囲です。

レース針と糸の太さ

＃＝糸の番手

針の太さ（実物大）	レース糸（実物大）	鎖編み（実物大）	糸　名
14号針　0.5ミリ			❶DMC　コルドネスペシャル#100
12号針　0.6ミリ			❷DMC　コルドネスペシャル#80
10号針 0.75ミリ			❸DMC　コルドネスペシャル#70
8号針　0.90ミリ			❹DMC　コルドネスペシャル#60
			❺DMC　コルドネスペシャル#50
			❻DMC　コルドネスペシャル#40
			❼ダルマレース糸　ゴールド#40
			❽ハマナカ　ティティレース糸#40
			❾オリムパス　金票#40レース糸
			❿DMC　コルドネスペシャル#30
			⓫DMC　コルドネスペシャル#20
			⓬DMC　コルドネスペシャル#10
6号針　1.00ミリ			⓭オリムパス　レッド#40レース糸
4号針　1.25ミリ			⓮ダルマ　スーピマレース糸#30
2号針　1.50ミリ			⓯DMC　コルドネスペシャル#5
0号針　1.75ミリ			⓰オリムパス　金票#18レース糸
			⓱オリムパス　エミーグランデ
			⓲ハマナカ　ティティクロッシェ
〈実物大〉			⓳ダルマ　スーピマレース糸#20

※DMCレース糸は輸入糸、その他は国産糸です。

レース糸で編んだ実物大編み地

クローバーの編み方図と
基礎カットは97ページ。

4ページで紹介した100番手から20番手のレース糸で、同じモチーフを編みました。
写真は実物大ですので、編むときの目安にしましょう。

❶DMC　コルドネスペシャル #100
❷DMC　コルドネスペシャル #80
❸DMC　コルドネスペシャル #70
❹DMC　コルドネスペシャル #60
❺DMC　コルドネスペシャル #50
❻DMC　コルドネスペシャル #40
❼ダルマレース糸 ゴールド#40
❽ハマナカ ティティレース糸#40
❾オリムパス 金票#40レース糸
❿DMC コルドネスペシャル #30
⓫DMC コルドネスペシャル #20
⓬DMC コルドネスペシャル #10
⓭オリムパス レッド#40レース糸
⓮ダルマ スーピマレース糸#30
⓯DMC コルドネスペシャル #5
⓰オリムパス 金票#18レース糸
⓱オリムパス　エミーグランデ
⓲ハマナカ　ティティクロッシェ
⓳ダルマ　スーピマレース糸#20

編み目と記号図のしくみ

レース編みの大切な決まりごととして、編み目の高さと立ち上がりの鎖の目数を知っておきましょう。
鎖目1目が縦横の高さ、幅、の目安となり、編み始めの立ち上がりの鎖目の基準になります。

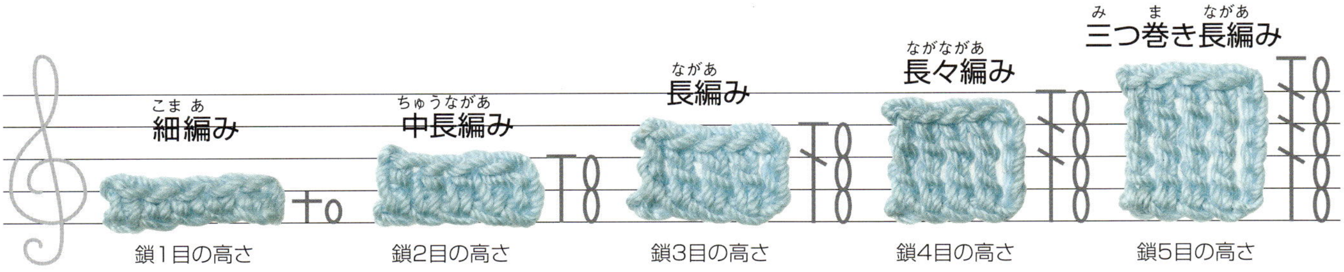

鎖目のしくみ

1本の糸がつながり、3本が絡み合わさるように構成されて鎖目1目が生れます（9ページ参照）。

糸のつながりを 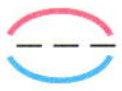 に分解して、 ＝向う半目。
 ＝手前半目。 ‐‐‐ ＝裏山。 ＝ハの字。
と呼びます。

また細編みや長編みのつながりも、この鎖目からです。この鎖目が編み目の上部にあることから、この鎖を「頭」、その下の部分を「足」と呼びます。技法の解説では、「細編みの頭に針を入れて」とか「手前半目を拾う」とか、「長編みの足」というように解説用語で頻繁に使います。

作り目と編み出しの針の関係

例：作品の必要目数を鎖編みで作り目し、鎖1目に細編み1目を編み入れます。
土台の鎖目は、針の太さに合わせた空間が出来ています。この空間に細編みを編み入れると、横長だった空間が細編みの足の分量が入ったことで、縦長に動きます〈右図〉。この時生じる不足寸法はわずかでも、目数全目に編み入れると、編み出し幅が短くなってしまいます。この不足分量を見越して、予め鎖目の空間を大きく作るために、作り目の針のサイズを大きくします（9ページ参照）。

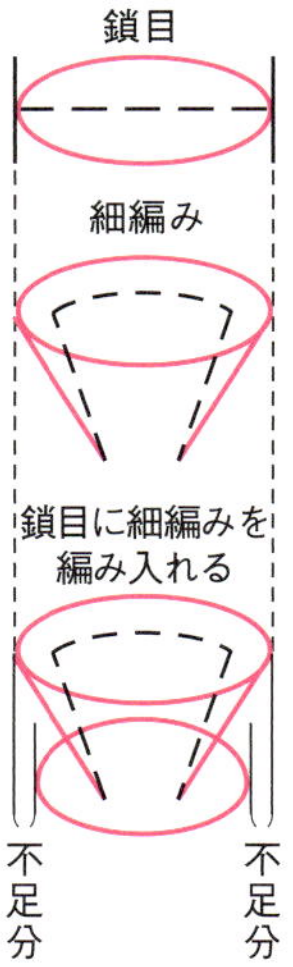

編み目の頭

編み目の頭1目は、完成したハの字の鎖で、針にかかっている鎖目の右下に有ります。この目は、半目右側に流れています。

＝細編みの頭。 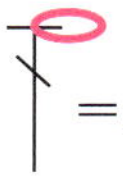＝長編の頭。

したがって次の段で編み進む目は、半目ずれた頭（ハの字の鎖2本）に編み入れることになります。

編み終りで半目のずれが空間となり、次の段の立ち上がりと2目めの間に穴があくことになります。平編みをすると、表、裏と交互に編むため、立ち上がりと次の目の間に半目の空間が出来ます（写真右）。
円形に編む場合は、毎段表を見て編むので、立ち上がりが半目ずつずれて、風車のように右側に移動していきます（54ページ参照）。

編み地の表と裏の決め方

●作り目から全目拾い出す場合
作り目から全目拾い出して編み、2段目からは立ち上りを編んで、前段の頭（ハに字の鎖2本）を全目拾って編み進む平編みなどは、1段目に表目が出ているほうが表になります。

●作り目から飛びとびに拾い出す場合
1段めは飛びとびに目を拾い出して編み出し、2段めは全目編んでいます。この場合は、表目の数が多く出ている方が表になります。従って1段目は裏目が出ることになります（写真右）。

レース編みで使うとじ針

糸に合わせて、細いクロスステッチ針を使います。針先が少し丸くなっているので、糸始末など補助的に使うのに便利です。糸に合わせて使い分けましょう。

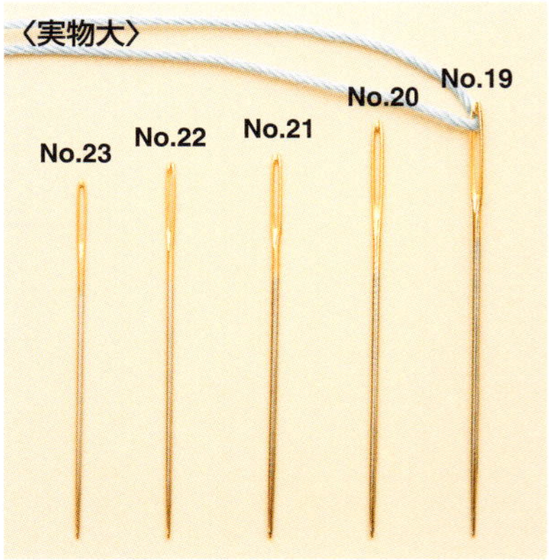

針の持ち方と糸のかけ方

「レースあみの糸と針」のところでも触れましたが、美しく、効率的に編むには、正しい針の持ち方や糸のかけ方、正しい糸さばきなどの約束ごとがあります。
初めてレース編みをされる方はもちろん、これまでレース編みを楽しんでこられた方も、ここでもう一度復習しましょう。最初からきちんと見直すと、以外と自己流で済ませていたり、今まで気がつかなかった発見があり、確実にレベルアップにつながります。

糸のかけ方（左手）

1 右手で糸端を持ち、左手の小指の後ろ側（薬指との間）から手前に糸をかけます。

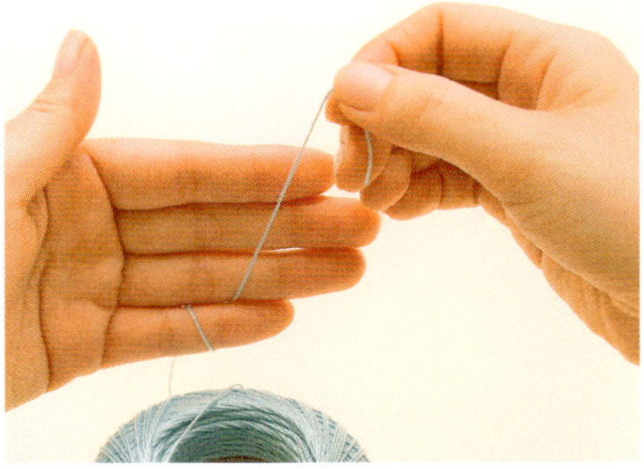

2 一巻きして持ち上げ、真ん中2本の指の内側を通して、人差し指と中指の間を後ろに出します。

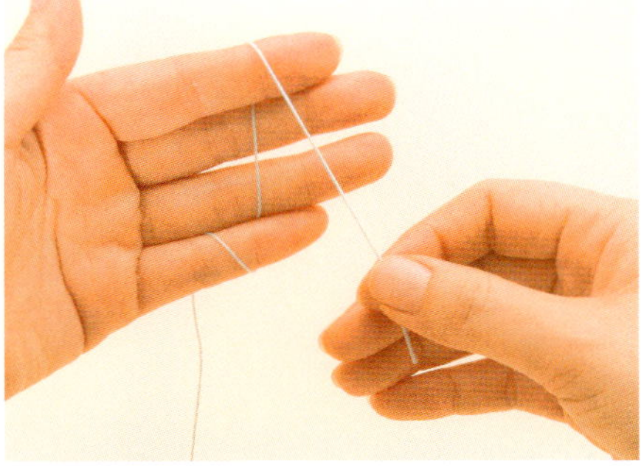

3 人差し指にかけて、糸端を手前におろします。

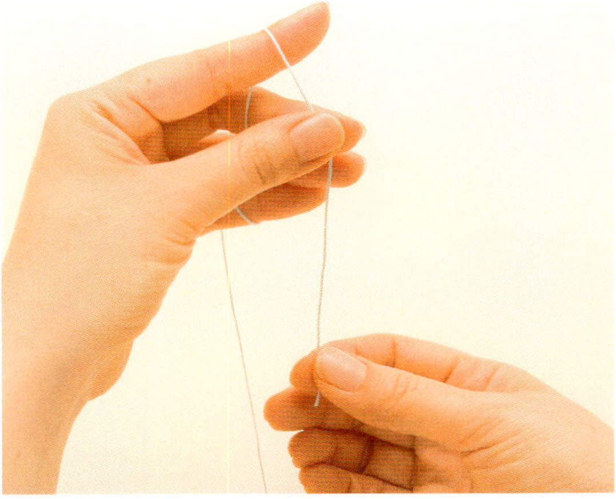

4 右手で持っていたところを、親指と中指でつまむように持ち、人差し指を立てて糸をピンと張ります。
糸を引き、手前に10cmくらい残します。

針の持ち方（右手）

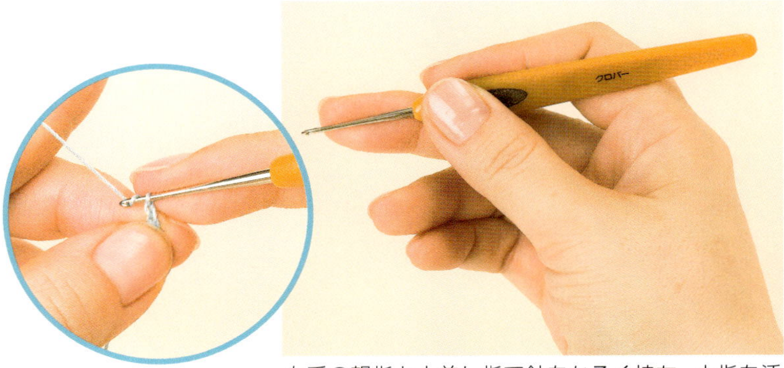

右手の親指と人差し指で針をかるく持ち、中指を添えます。中指は動いて、針と編み目を押さえて、規則正しく編むためのサポートをする役割りをします。

基本の編み方

まず、鎖《くさり》編《あ》みを正しく覚えましょう

6ページでも触れましたが、レース編みで基本になる編み目は、『○ 鎖編み』、『＋ 細編み』、『T 長編み』の3技法とプラス『● 引き抜き編み』の4技法です。レース編みの模様は、この編み方を組み合わせて構成されています。

編み方は底辺から編む『平編み』と、中心から『円形に編む』方法があります。平編みは毎段「表⇔裏」と編み地を持ち替えて編みます。円形に編む場合は毎段表を見て編むことが多いのですが、「表⇔裏」と編み地を持ち替えて編む場合もあります。ここではまず、3技法の基本を覚えましょう。

● 最初の目の作り方

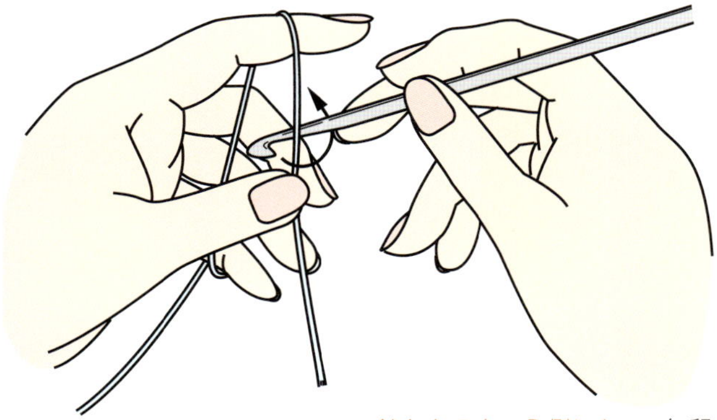

1 針を糸の向こう側にあて、矢印のように針を1回転させます。

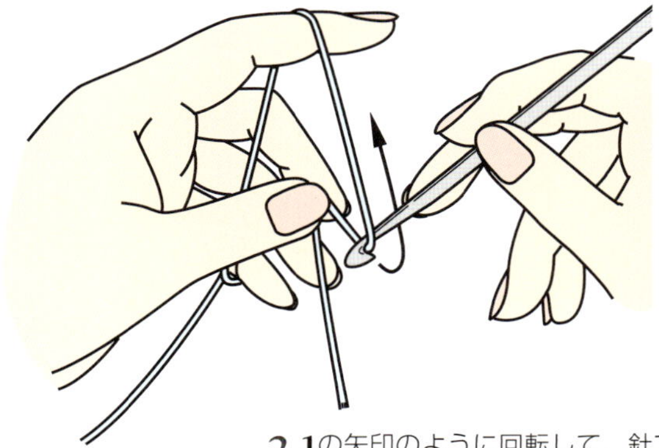

2 1の矢印のように回転して、針で糸をすくい、反時計回りに回して、針に糸を巻きつけます。

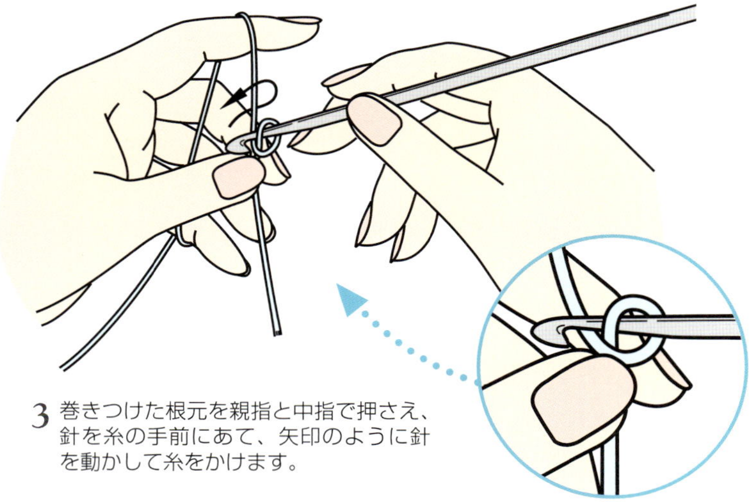

3 巻きつけた根元を親指と中指で押さえ、針を糸の手前にあて、矢印のように針を動かして糸をかけます。

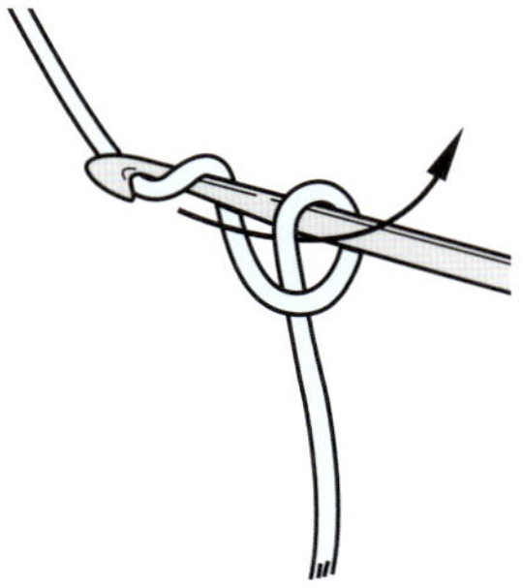

4 糸は針の向こう側から手前に回り、かぎ針の先にかかっています。矢印のように、輪の中をくぐらせて針を引きます。

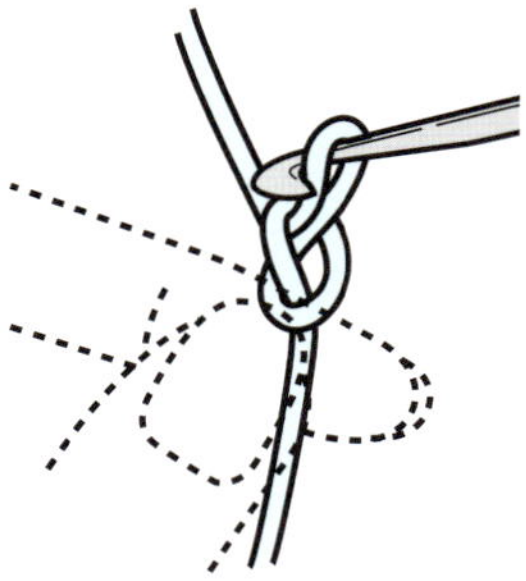

5 糸を引き出します。

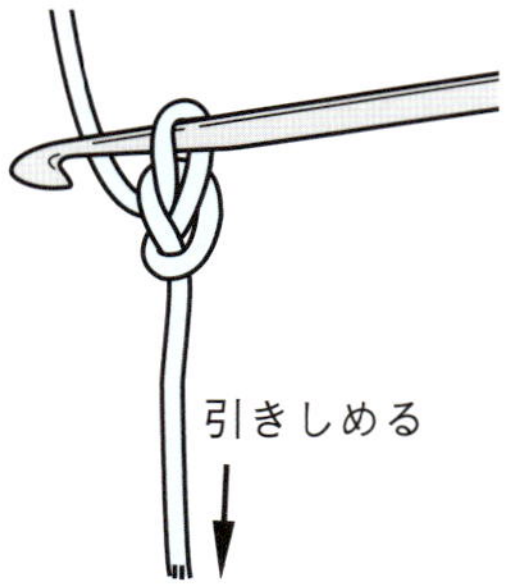

6 糸端を引いて、引きしめます。

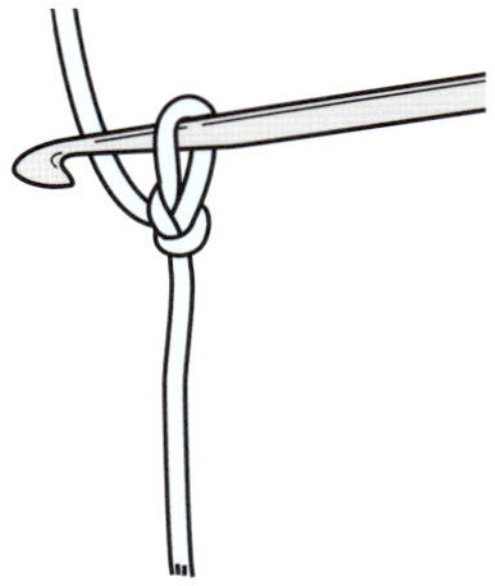

7 最初の目のでき上がり。小さく引きしめたこの目は数には数えません。

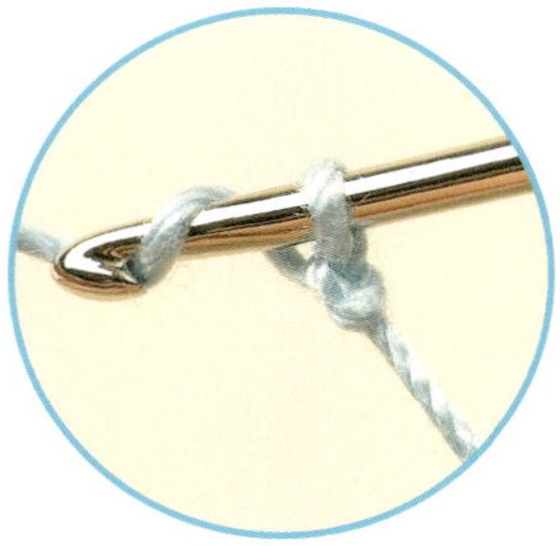

Point

針に糸をかけるときは、向こうから手前です。最初の目が針にかかっています。糸は7の要領で針の向こう側にありますので、そのまま向こう側から針の手前に渡してかけます。

鎖目《くさりめ》(⬭)をくり返して、鎖編みします

レース編みの作り目は、糸端で輪を作る作り目(16ページ)以外は、ほとんどこの鎖編みから始まります。
8ページの要領で最初の目を作り、次の目から1目と数えます。

●鎖編みの作り目

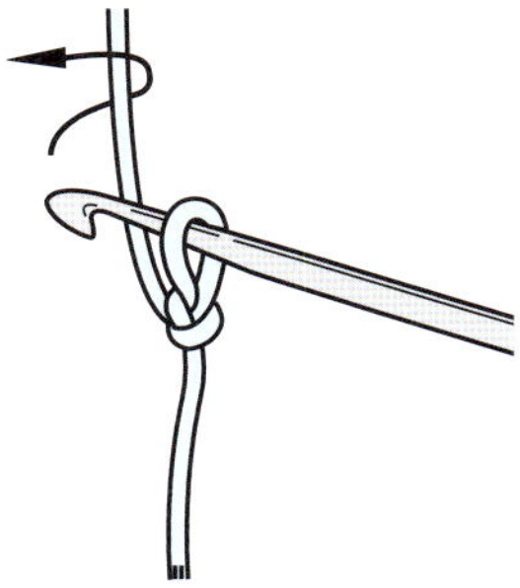

1 針を糸の手前にあて、矢印のように針を動かして針先に糸をかけます。

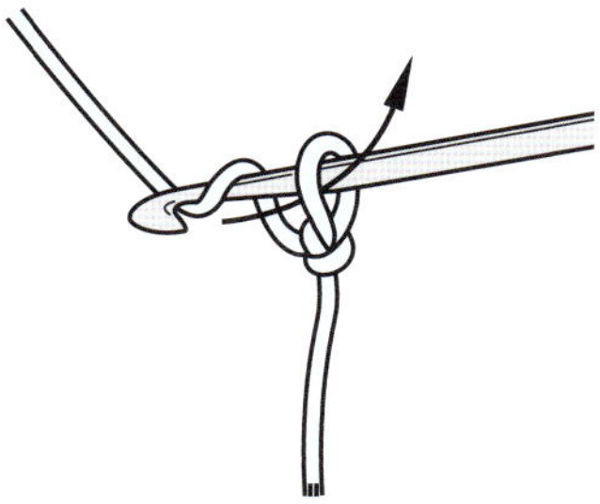

2 針にかかった目の中から糸を引き出します。この「目の中から糸を引き出す」ことをくり返して鎖編みになります。

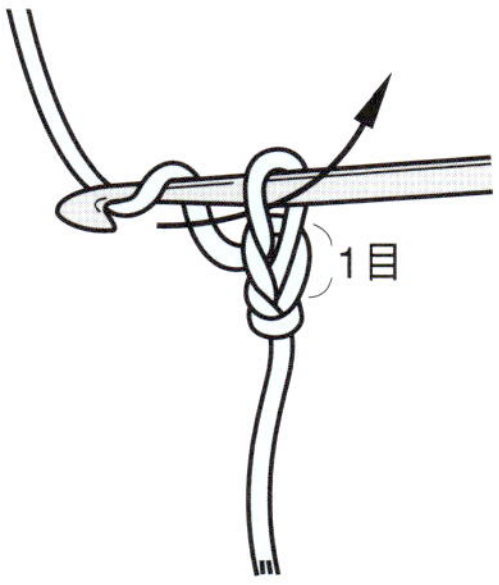

3 針にかかった目の下に鎖が1目編めました。これが鎖編みの最初の1目です。同じように糸をかけて2目めを引き出します。

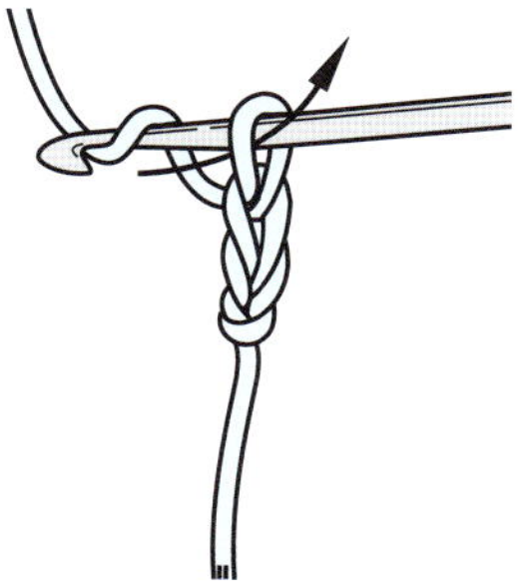

4 2目編めました。編み目の数え方は、針にかかった目は数えないで、針にかかった目の下の目から数えます。

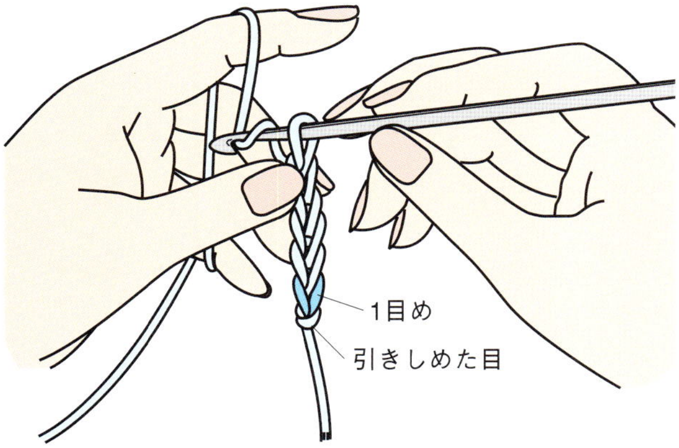

5 鎖を続けて編むときは、5、6目を目安に持ち直すと、鎖目が安定して同じ調子で編めます。面倒がらずに試してみましょう。

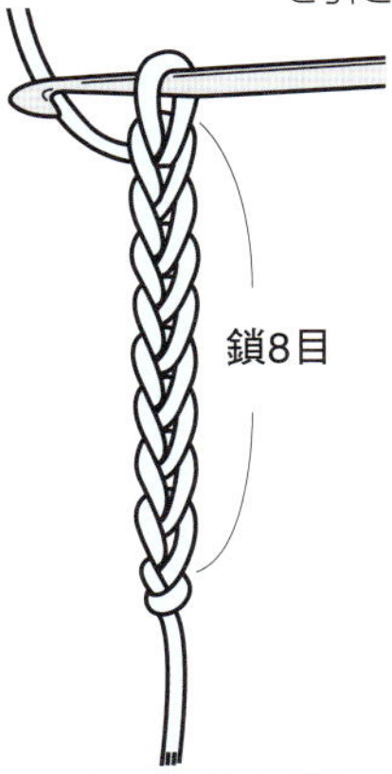

6 続けて必要目数を編みます。同じ調子でくり返して、目の大きさを一定に揃えましょう。

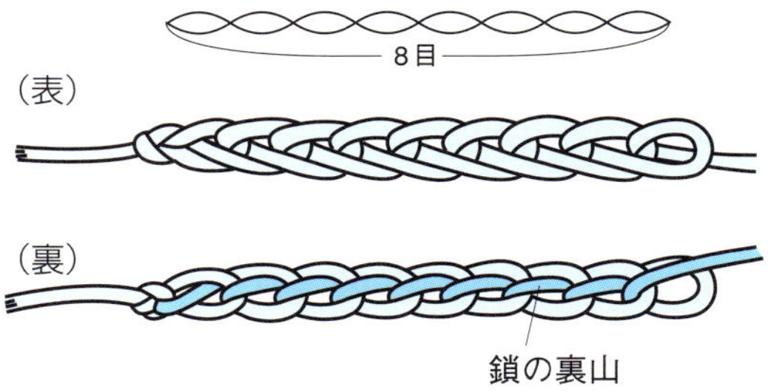

7 鎖編みの表と裏です。

●作り目(鎖目)と編み地で、針の太さを変えます　40番レース糸の場合

6ページの「作り目と編み出しの針の関係」で詳しく説明しましたが、この土台の鎖目と編み地に生じる寸法差をなくすために、予めこの不足分を見越して、針のサイズを大きくして鎖目を大きく編みます。模様編みによって差がありますので、実例を参考にしてください。

模様編み		作り目の針の号数	針の号数と目の拾い方
細編み全目	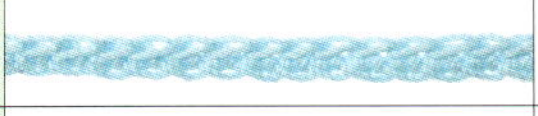	作り目 2号	細編み 6号　半目と裏山の拾出し
長編み全目		作り目 4号	長編み 6号　半目と裏山の拾出し
長編み方眼		作り目 6号	方眼編み 6号　半目と裏山の拾出し
松編み方眼	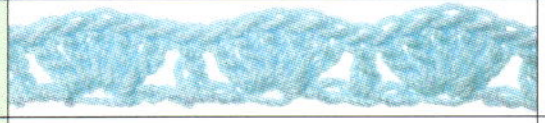	作り目 4号	松編み方眼 6号　半目と裏山の拾出し
松編み	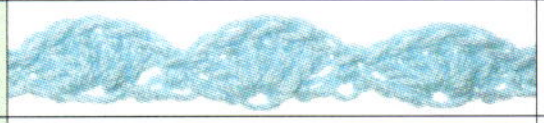	作り目 4号	松編み 6号　半目と裏山の拾出し
細編み両面	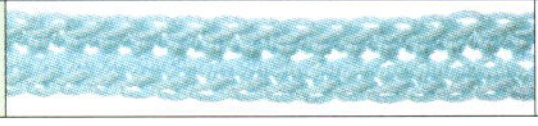	作り目 2号	細編み6号　半目半目の拾出し

細《こま》編《あ》み「平《ひら》編《あ》み」の場合

細編みの立ち上がりは鎖1目です。この鎖は1目とは数えませんので、立ち上がりの鎖と同じ土台に細編みを編みます。
1段めの編み方は、作り目の「鎖目の上側半目と裏山」の2本を拾う方法が一般的です。

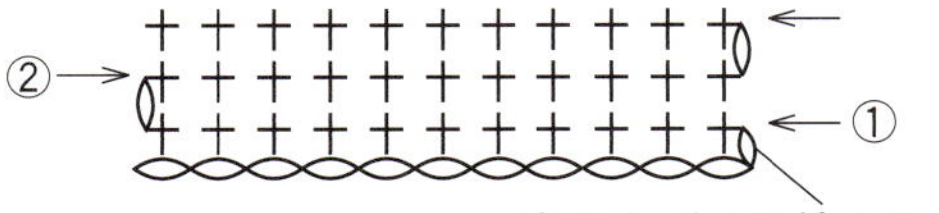

●細編みの記号について

日本工業規格（JIS）で定められた細編みの記号は［×］ですが、弊社の出版物では細編みの記号に限り、独自に［＋］の記号を使っています。
これは表現上の利点に基づいたものです。

1段め

作り目の「鎖目の上側半目と裏山」の2本を拾います。

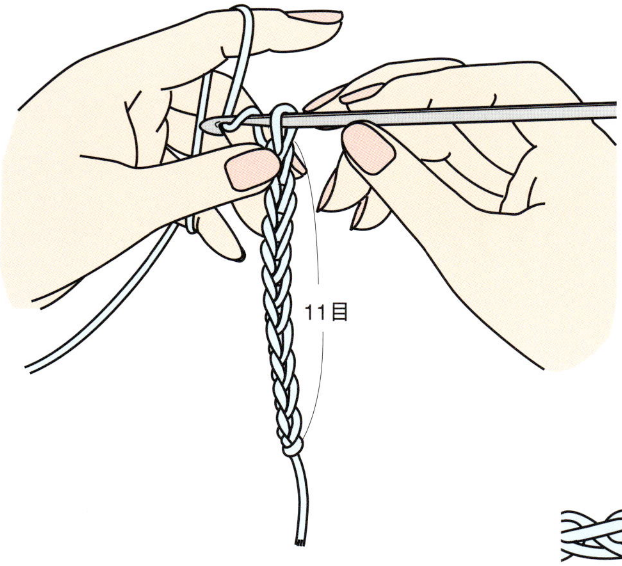

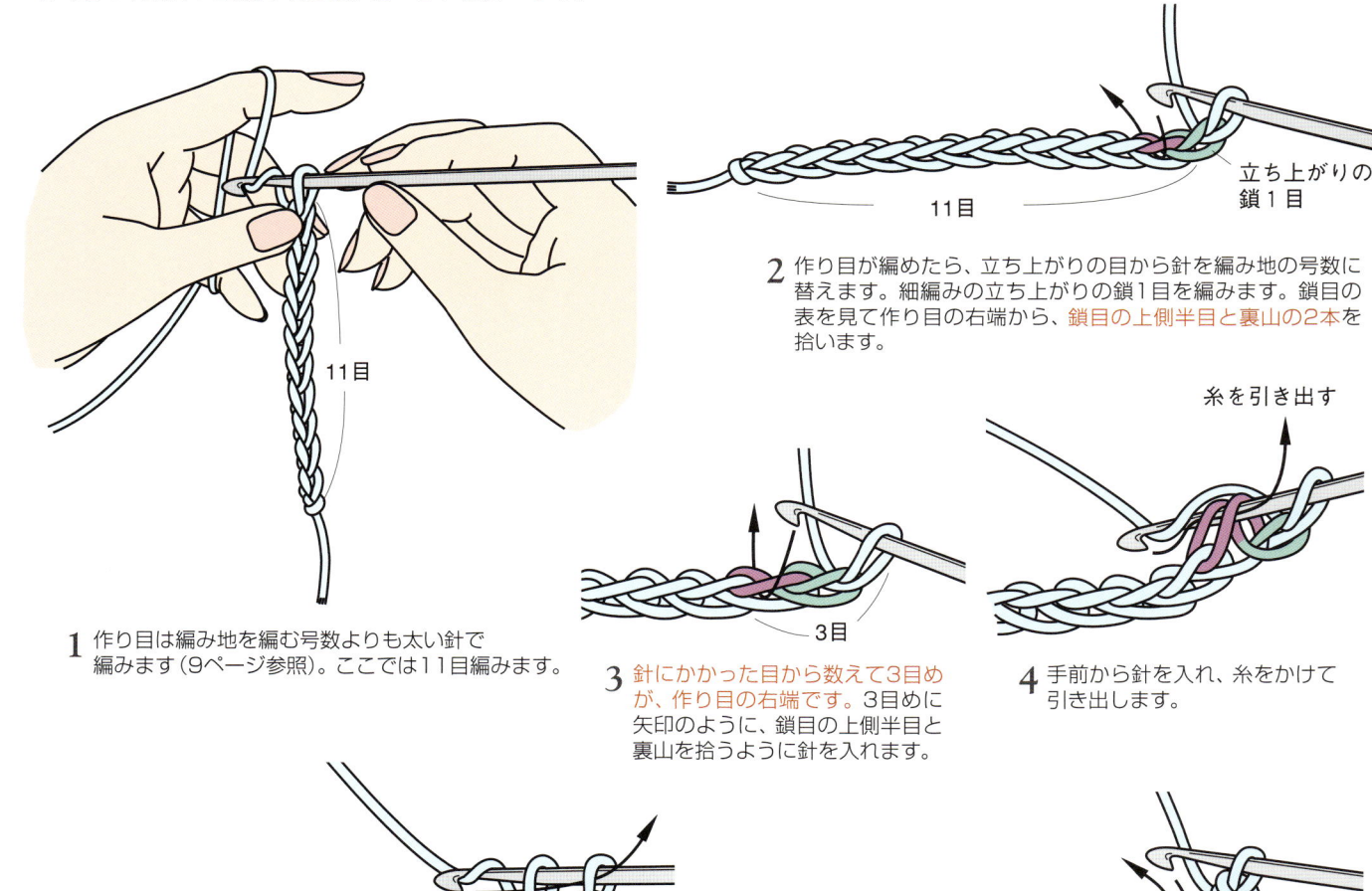

1 作り目は編み地を編む号数よりも太い針で編みます（9ページ参照）。ここでは11目編みます。

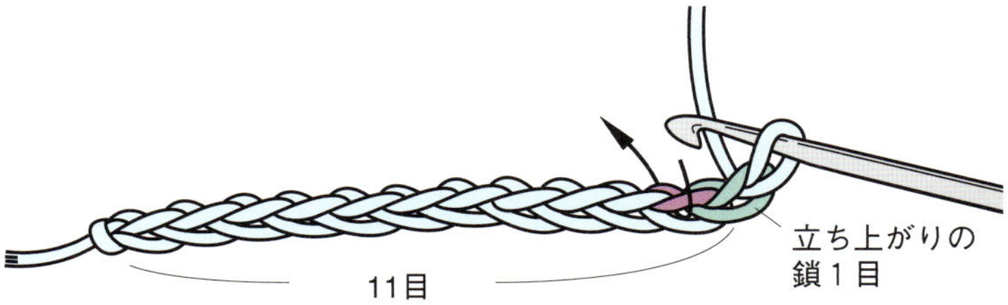

2 作り目が編めたら、立ち上がりの目から針を編み地の号数に替えます。細編みの立ち上がりの鎖1目を編みます。鎖目の表を見て作り目の右端から、鎖目の上側半目と裏山の2本を拾います。

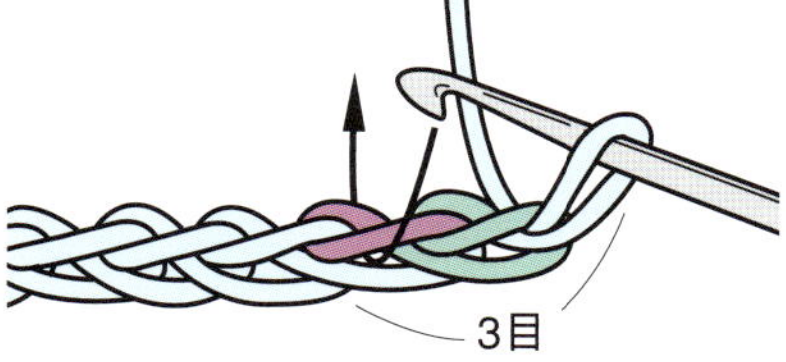

3 針にかかった目から数えて3目めが、作り目の右端です。3目めに矢印のように、鎖目の上側半目と裏山を拾うように針を入れます。

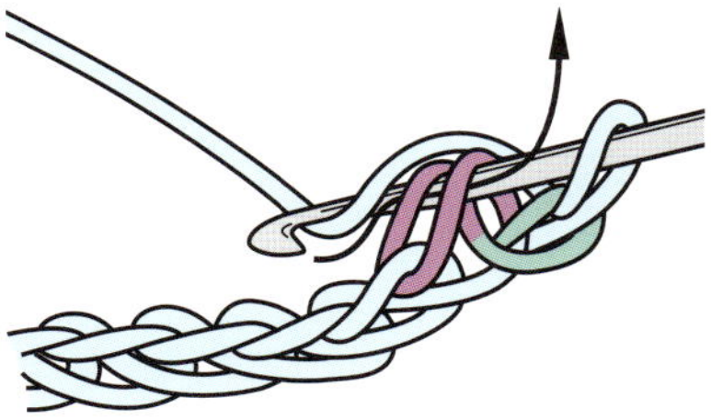

4 手前から針を入れ、糸をかけて引き出します。

5 もう一度糸をかけて、2ループを一度に引き抜きます。

6 右端の細編み1目が編めました。次からも鎖目の上側半目と裏山の2本を拾いながら編みます。

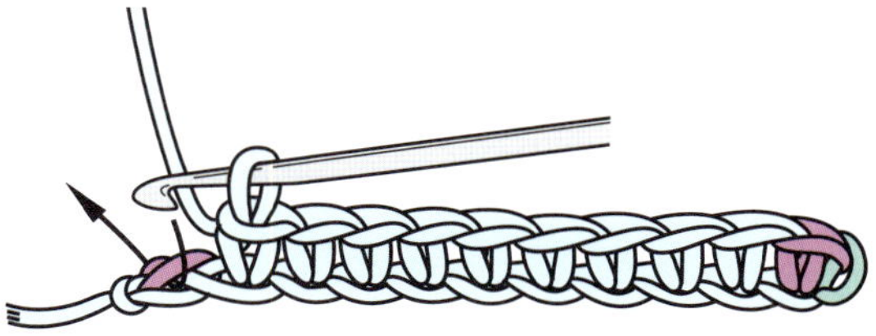

7 作り目の左端＝引きしめた目（最初の目）の手前まで拾い、作り目の数と同数の細編み11目が編めます。

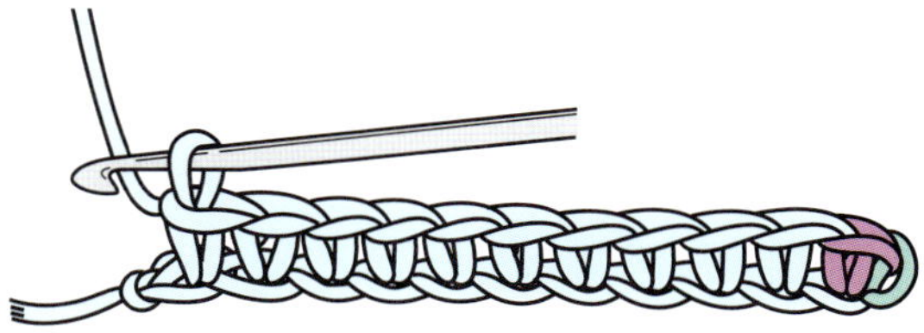

8 1段めが編めました。これが表です。

2段め 編み地の裏が手前になります。

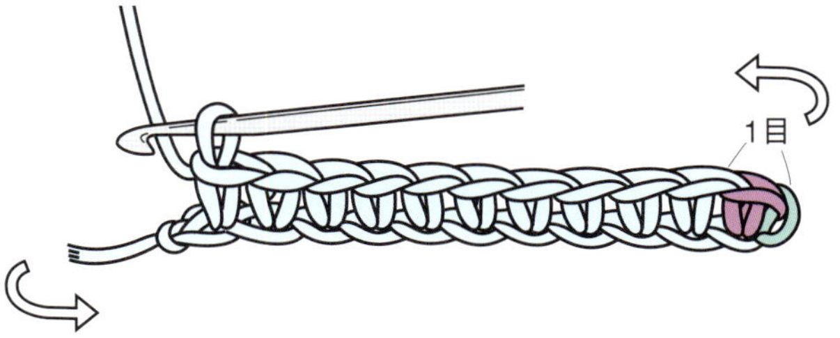

1 右端には立ち上がりの鎖1目があります。2段めに移るときは編み地の右端を向こう側に押しながら、左側を手前に回して持ち替えます。

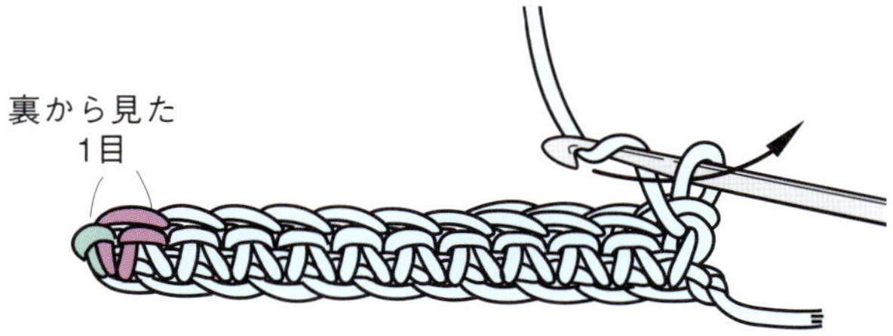

2 細編みの1段めの裏が手前になり、立ち上がりの鎖1目は左端になります。編み地を持ち替えたときは糸が編み地の手前にあります。針の後ろから手前に糸をかけて、立ち上がりの鎖を編みます。

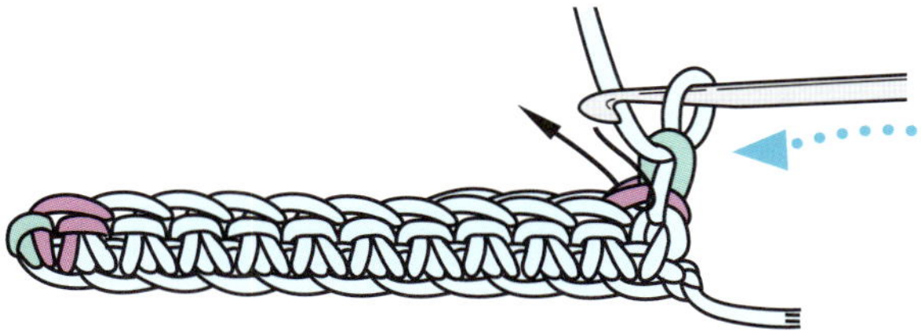

3 立ち上がりの目は1目に数えませんので、前段右端の細編みの頭（ハの字の鎖2本）を拾って細編み1目を編みます。

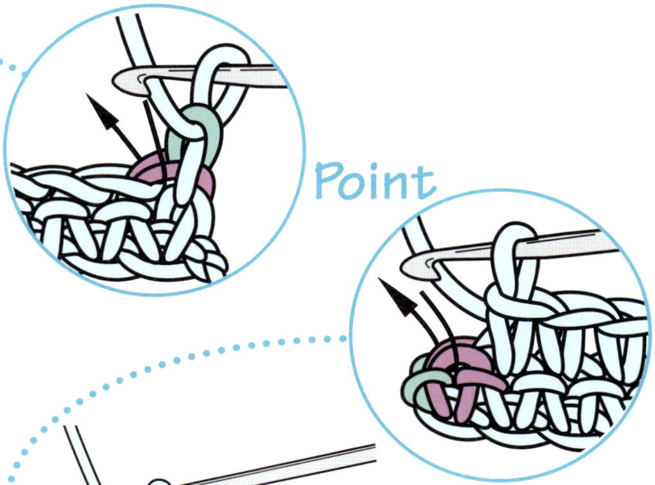

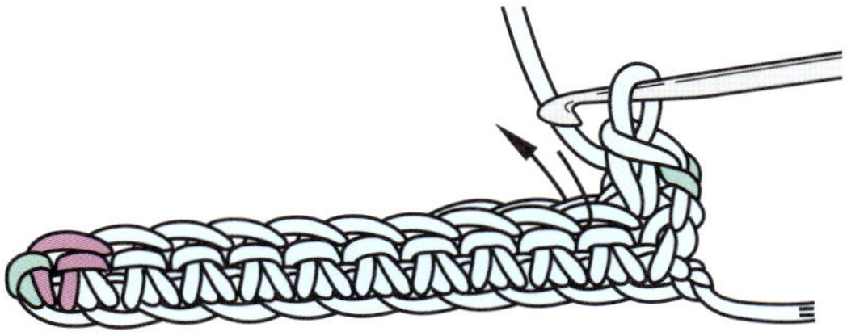

4 同様に前段の細編みの頭（ハの字の鎖2本）を拾って編みます。

5 左端の編み終わりも前段の細編みの頭（ハの字の鎖2本）を拾って編みます。

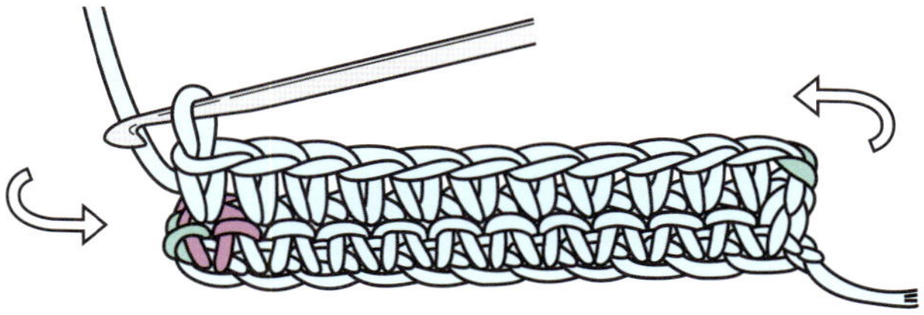

6 2段めが編み終わりました。2段めの1と同要領に編み地の左側を手前に回して、編み地を持ち替えます。

3段め

編み地の表が手前になります。

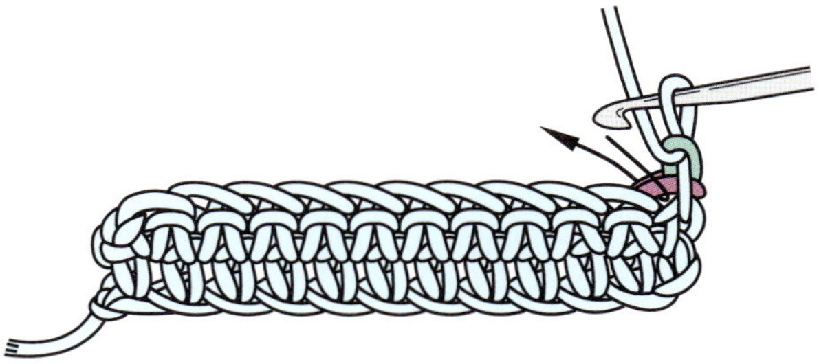

1 糸を針の後ろからかけて立ち上がりの鎖1目を編み、端の目から編みます。

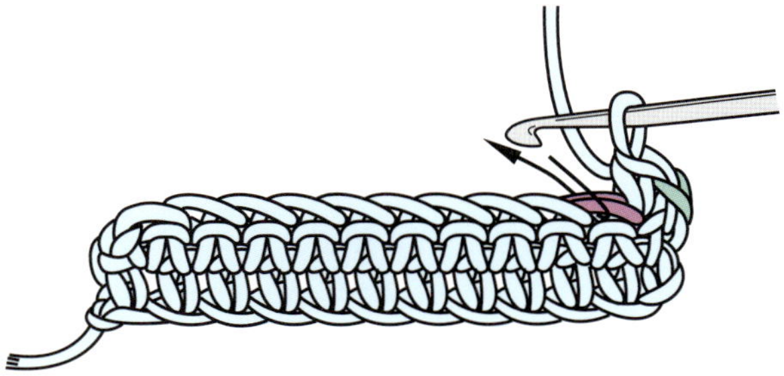

2 2目めからも同様に編みます。

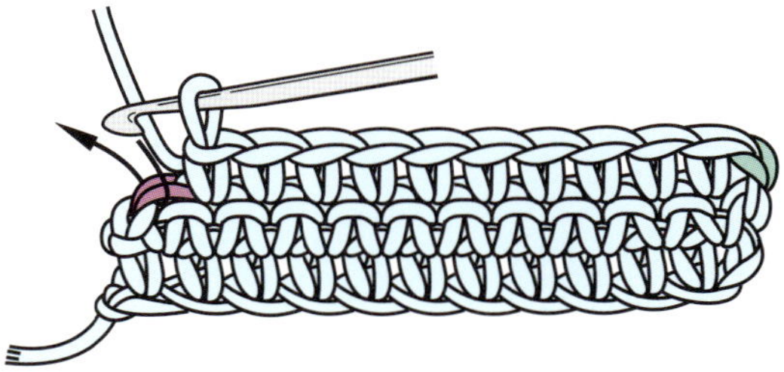

3 左端の編み終わりも前段の細編みの頭（ハの字の鎖2本）を拾って編みます。

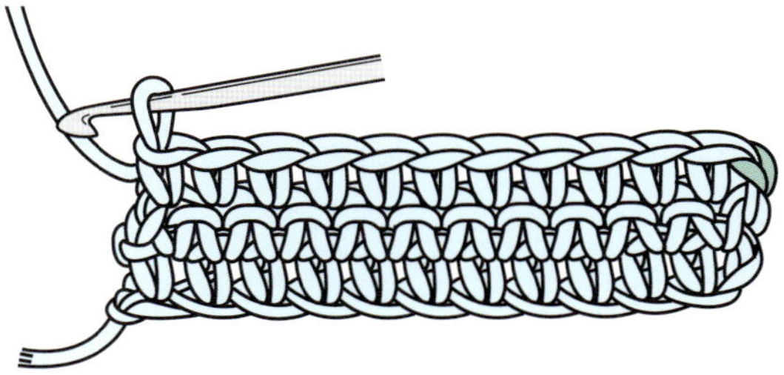

4 3段めが編めました。4段め以後も、編み始めの立ち上がり、編み終わりの編み地の回し方は同じです（下の写真参照）。

編み終わり

最終段の編み終わりの糸の止め方

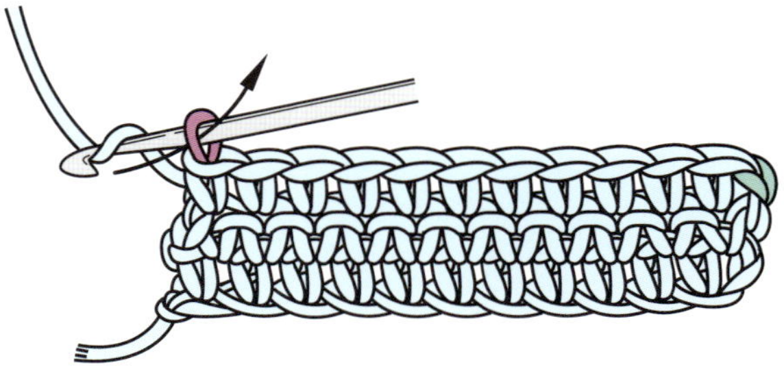

1 編み終わりは針に糸をかけて、引き出します。

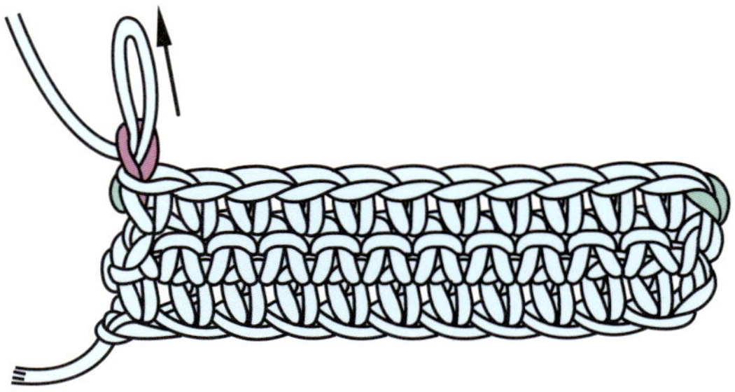

2 引き出したループを長く伸ばします。

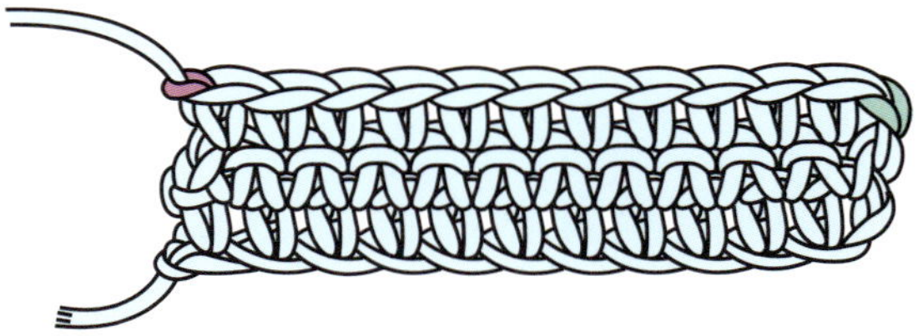

3 糸端が10cmくらい残るように糸を切り、編み終わりの目を引きしめます。

●編み地の左側を手前に回して、糸端が右端にきたところ。

長《なが》編《あ》み「平《ひら》編《あ》み」の場合

細編みと同じように1段ごとに編み地を表・裏、表・裏と持ち替えて編みます。
長編みは細編みの3倍の高さがあり、立ち上がりは鎖3目になります。
この立ち上がりは1目と数えますので、
土台の目として作り目1目が必要です。 2目めから長編みを編みます。
作り目は9ページの要領で、編み地の針より太い針で編み、
鎖半目と裏山の2本を拾います。

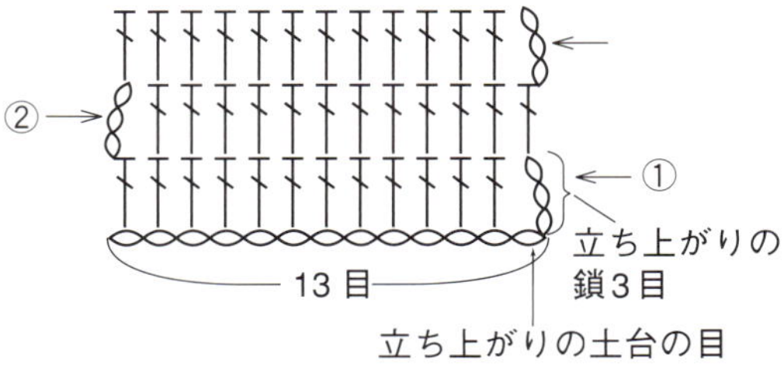

1段め

立ち上がりの目は1目に数えます。

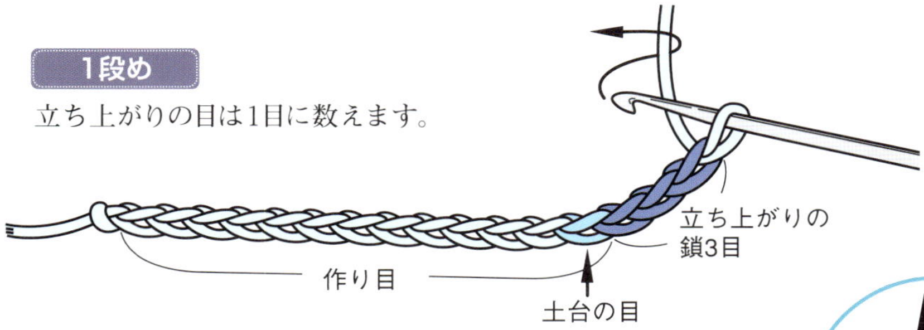

1 立ち上がりの鎖目から編み地の針の太さに戻します。
長編みは目を拾う前に、針に矢印のように向こう側から手前に糸をかけます。

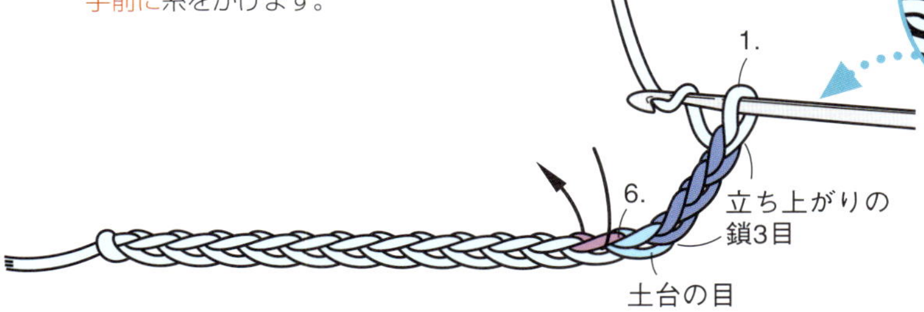

2 1目めは立ち上がりの目を数えますから、2目めは針にかかっている目から6目めに、矢印のように針を入れます。

3 作り目の「鎖目の上側半目と裏山」の2本を拾い、手前から針を入れて、糸をかけて引き出します。引き出す目安は鎖2目分（長編みの高さの2/3）です。

4 もう一度糸をかけて、針先から2ループだけ糸を引き出します。

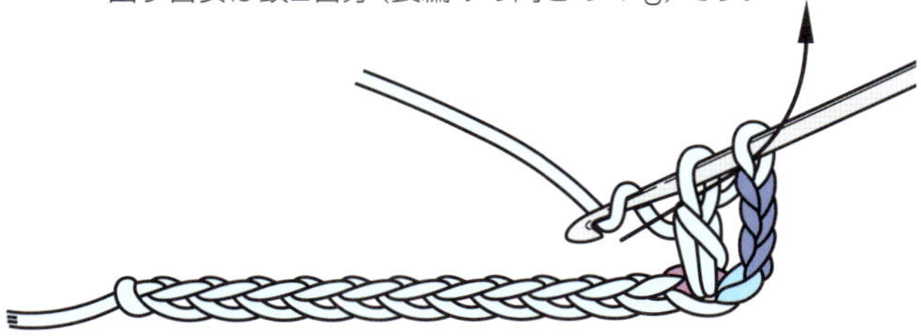

5 さらに糸をかけ、残りのループ本を一度に引き出します。

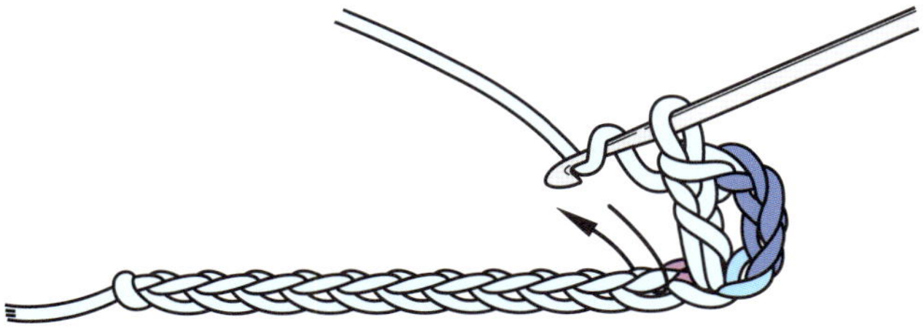

6 長編み2目が編めたことになります。**1**～**5**をくり返して同様に編みます。

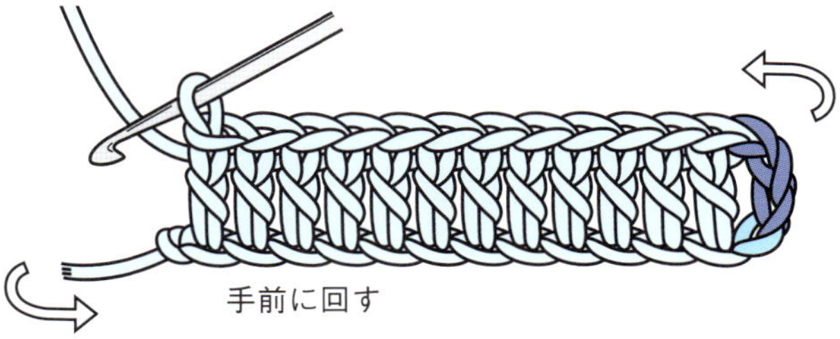

7 1段めが編み終わりました。これが表になります。編み地の右端を向こう側に押しながら、左側を手前に回して、編み地を持ち替えます。

2段め

編み地の拾い方を正しく覚えましょう。

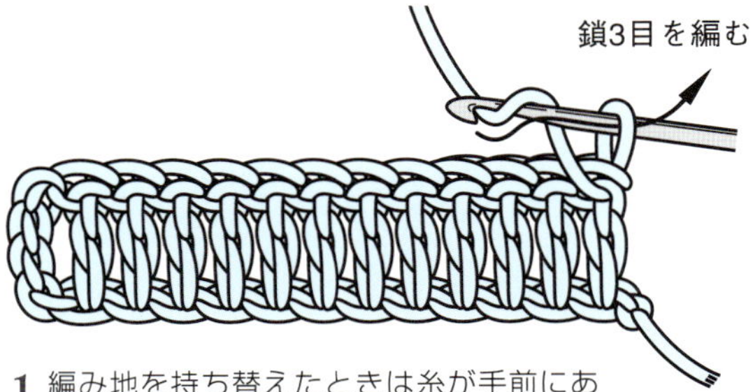

1 編み地を持ち替えたときは糸が手前にありますから、手前から針にかけて立ち上がりの鎖を編みます。

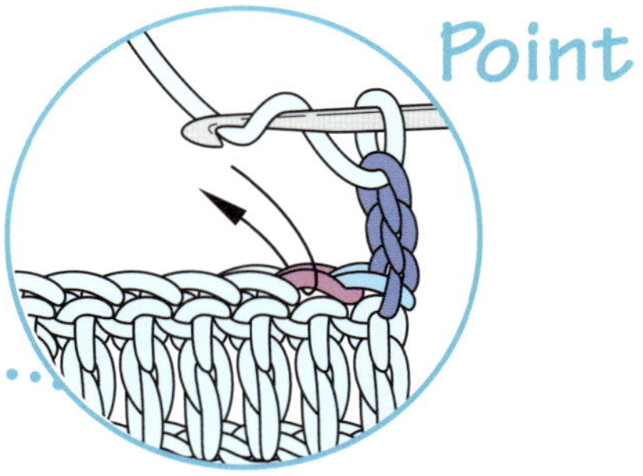

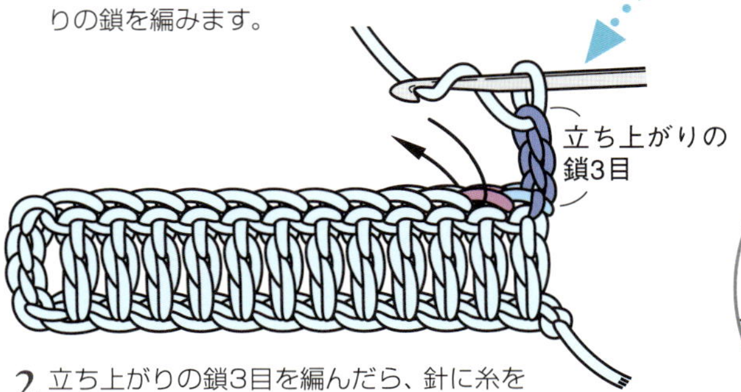

2 立ち上がりの鎖3目を編んだら、針に糸をかけて前段2目めの長編みの頭鎖2本を拾い、長編みを編みます。

端目を拾うと、1目増える

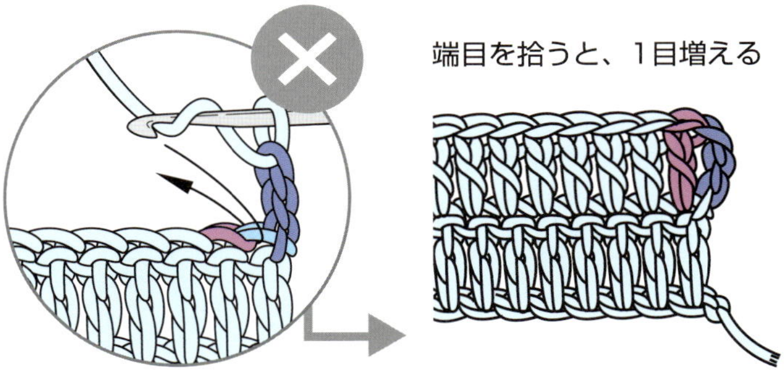

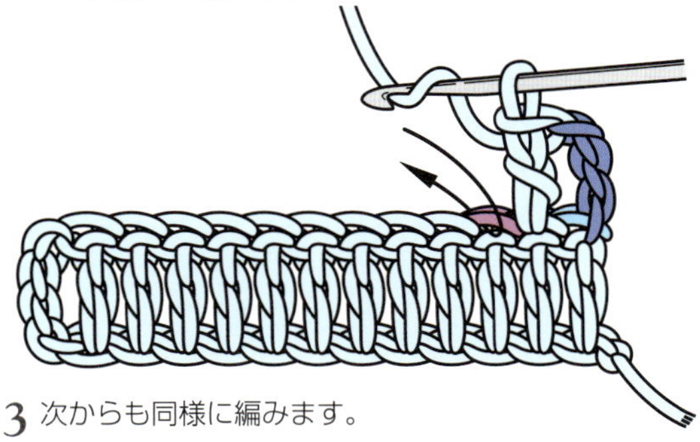

3 次からも同様に編みます。

目と目の間に針を入れると

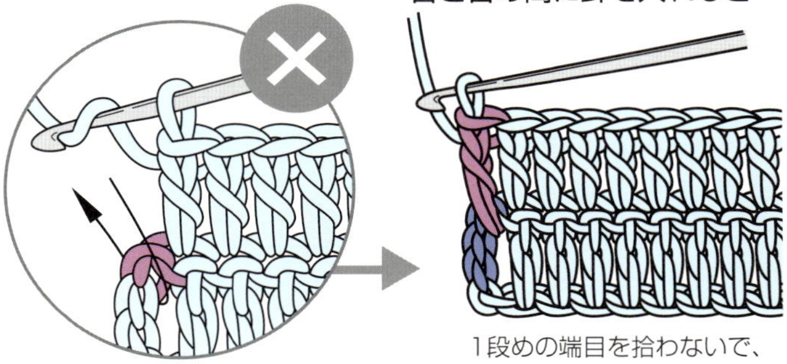

1段めの端目を拾わないで、目と目の間を束に拾うと隙間が広がる。

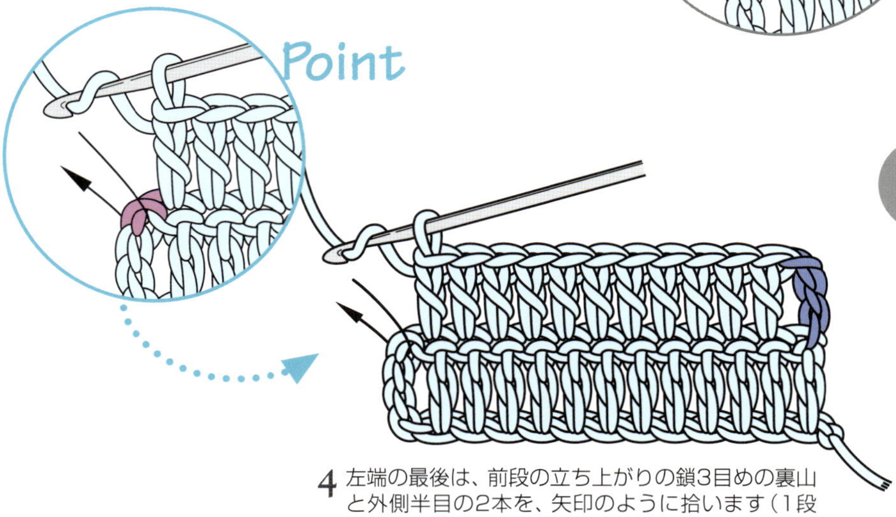

4 左端の最後は、前段の立ち上がりの鎖3目めの裏山と外側半目の2本を、矢印のように拾います（1段めの立ち上がりの鎖は裏向きになってます）。

端目を拾い忘れると1目減る

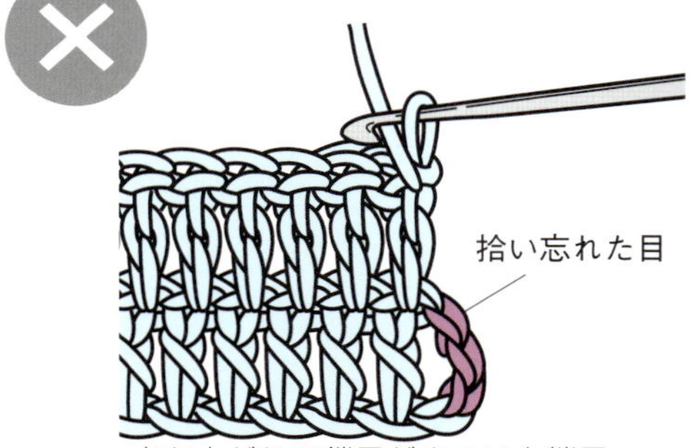

立ち上がりの鎖目がきついと端目を拾い忘れがちですが、1目減ってしまうので注意しましょう。

3段め

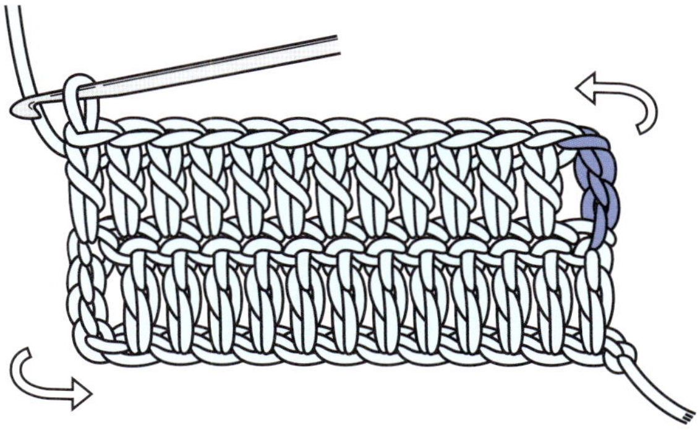

1 2段めが編めたら、編み地の右端を向こう側に押しながら、左側を手前に回して編み地を持ち替えます。

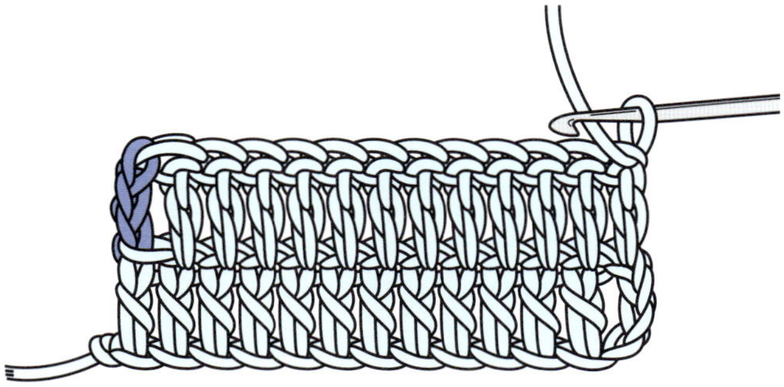

2 編み地を持ち替えたときは糸が編み地の手前にあります。立ち上がりの鎖を編みます。

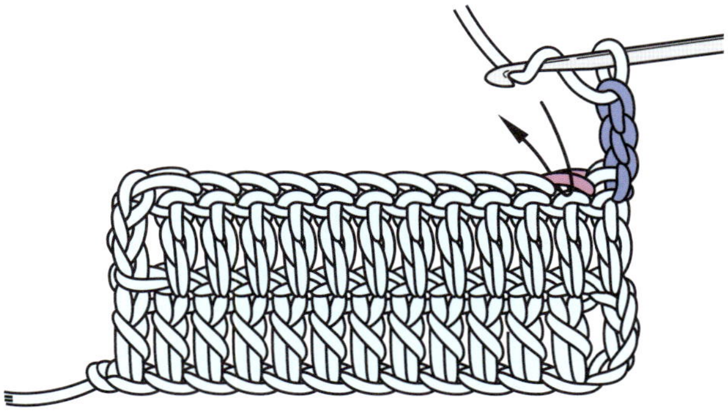

3 立ち上がりの鎖3目を編んだら、針に糸をかけて前段2目めの長編みの頭（八の字の鎖2本）を拾い、長編みを編みます。

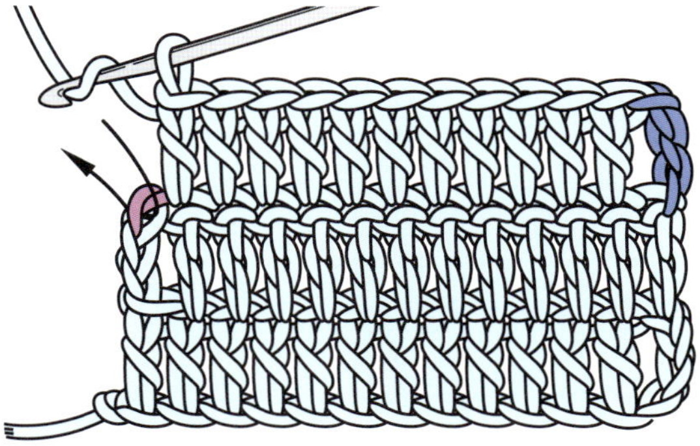

4 左端は前段の立ち上がりの鎖が表向きになっていますので、3目めの鎖の外側半目と裏山の2本を拾います。

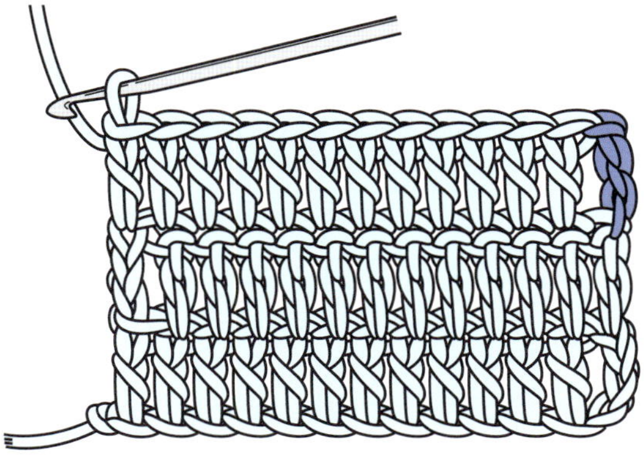

5 3段めまで編めたところ。4段め以後も編み始めの立ち上がり、編み終わりの編み地の回し方は同じです。

編み終わり

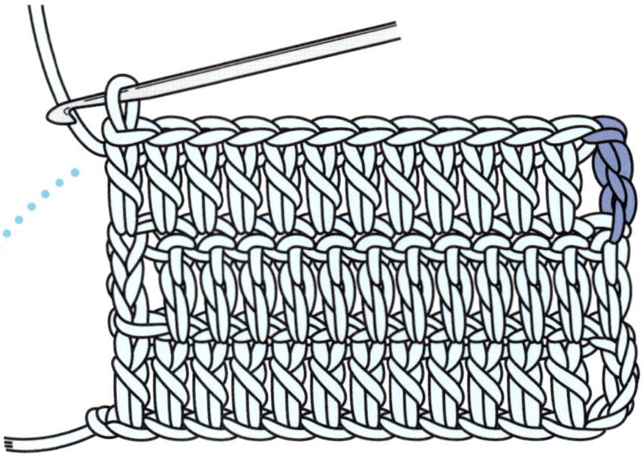

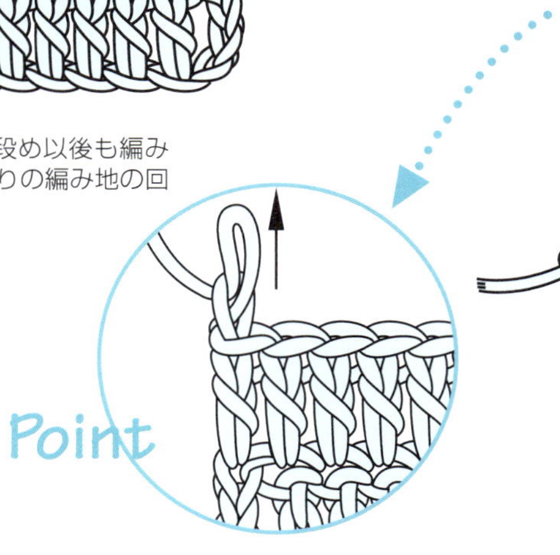

編み終わりは、針に糸をかけて引き出した目を伸ばし、糸端が10cmくらい残るように糸を切り、編み終わりの目を引きしめます。

中心から編み始める「円形に編む」場合の作り目

＝輪の作り目

レース編みで中心から編み始めるときの基本的な作り目2種です。
中心をどうするかは、デザインにより選択します。

●デザインにより、作り目を選択する

糸端で輪を作る

詳しくは8ページを参照に、針に糸をかけて輪を作り、最初の目を輪にします。あとで糸を引きしめて、中心の隙間をなくします。

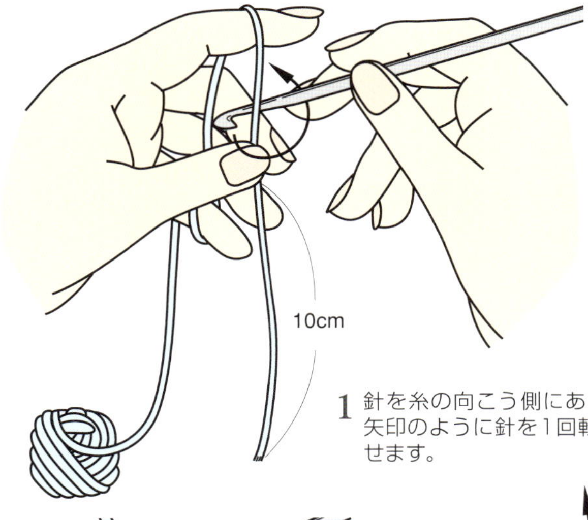

1 針を糸の向こう側にあて、矢印のように針を1回転させます。

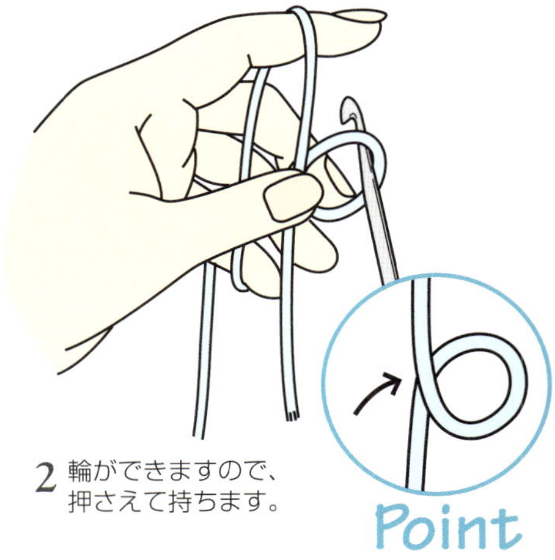

2 輪ができますので、押さえて持ちます。

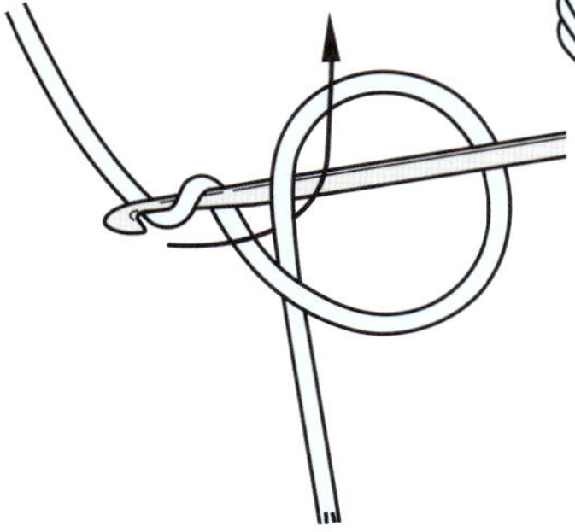

3 輪の中から針を入れて、糸を引き出します。

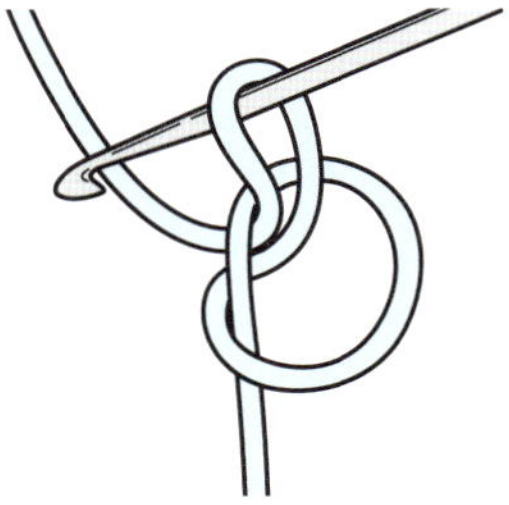

4 輪ができて、鎖目が針にかかりました。ここまでが作り目の輪になります。

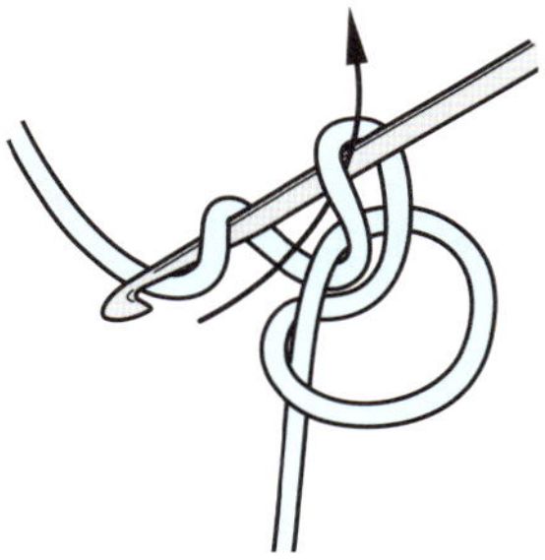

5 もう一度糸をかけて引き出します。

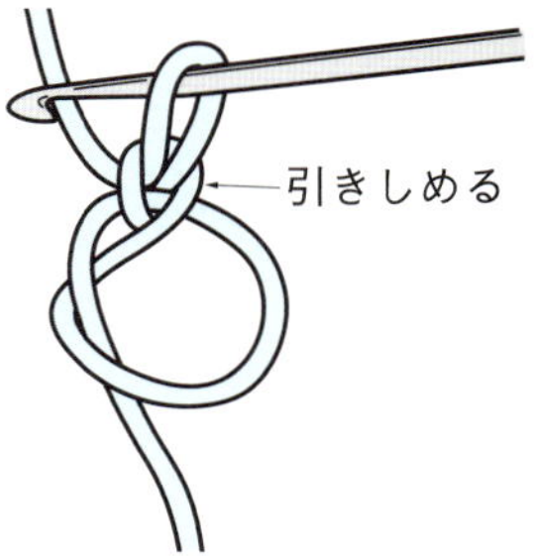

6 糸端を引いて、最初の鎖目を引きしめます。針にかかった目から立ち上がりの目になります。

鎖で輪を作る

あとで鎖を引きしめることが出来ませんから、中心に鎖の目数だけの円形の空間ができます。
必要な目数の鎖を編みます。

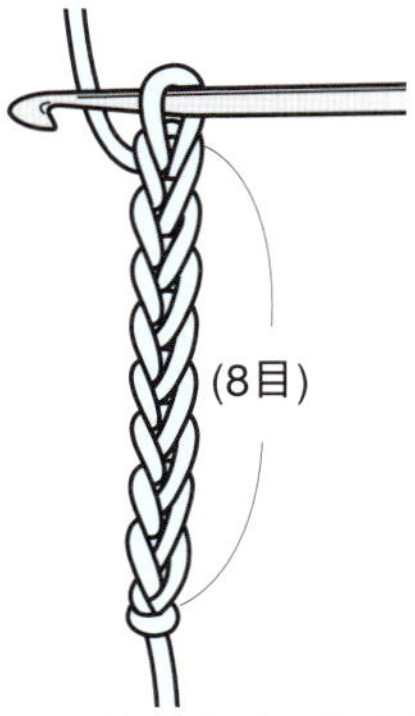

1 ここでは鎖8目の輪を作りますので、鎖8目を編みます。

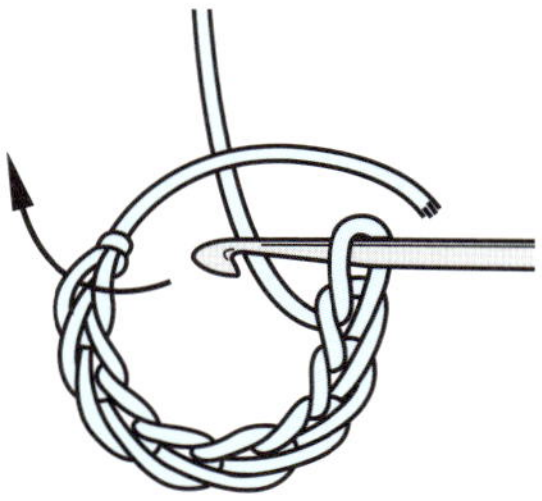

2 糸端を右に回して作り目を輪にし、矢印のように1目めの鎖の外側の半目1本を拾うように、針を入れます。

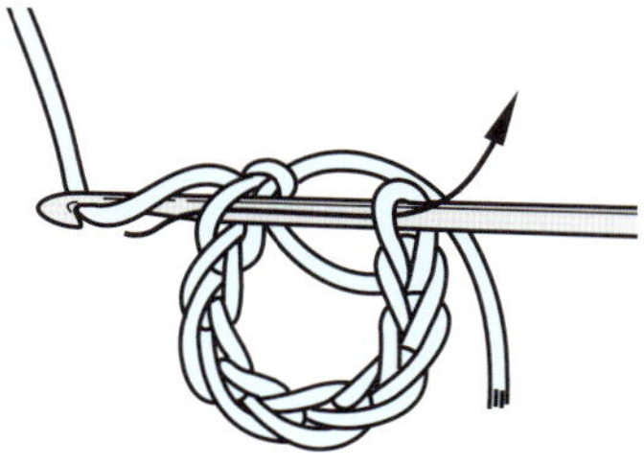

3 糸端を右においたまま針に糸をかけて、糸を引き出します。これが引き抜きの目になります。

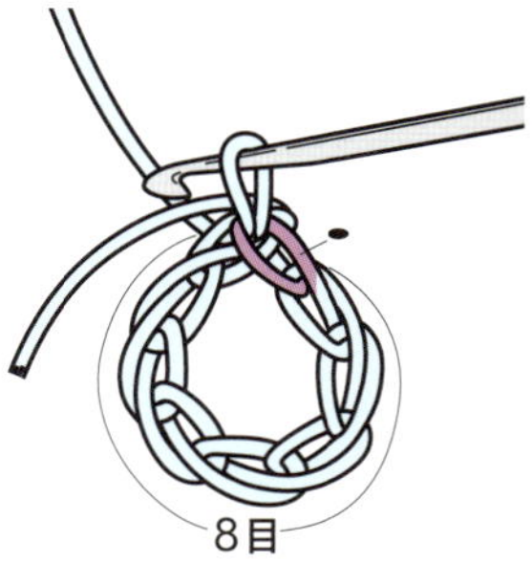

4 糸端を進行方向(半時計回りなので左側)に置き、1段めで編みくるみます。

細《こま》編《あ》み「円形に編む」場合

輪の作り目をします。輪の作り方は16ページ「1.糸端で輪を作る」を参照します。毎段編み始めに鎖1目の立ち上がりをつけ、表を見て増し目をしながら編み広げます。

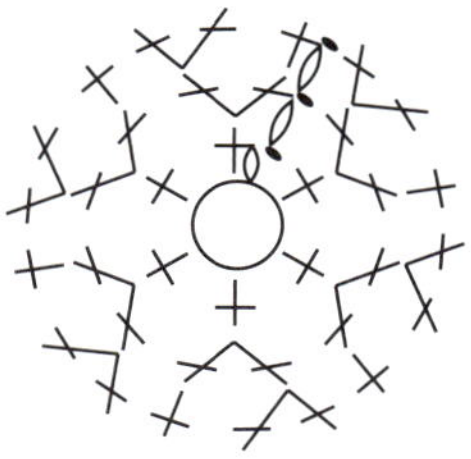

1段め 輪の作り目をします。

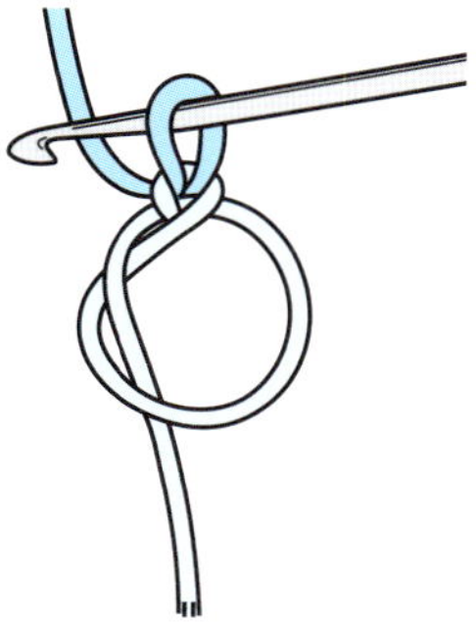

1 16ページの「**糸端で輪を作る**」を参照に、輪の作り目をします。

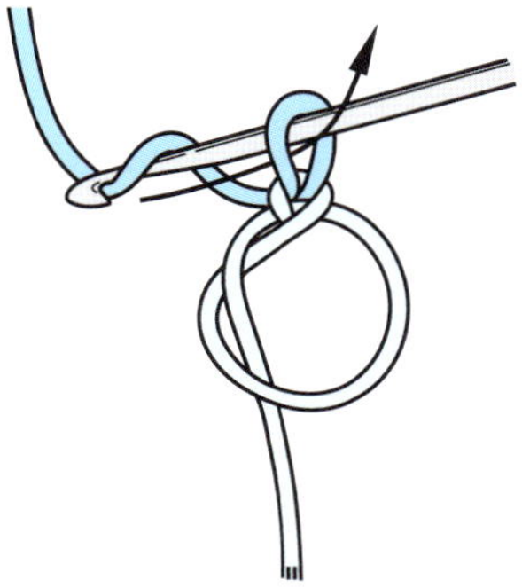

2 針に糸をかけて引き出し、鎖1目を編みます。

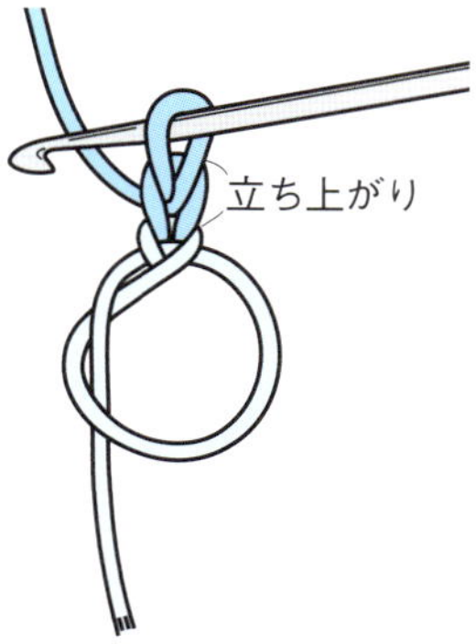

3 この目が細編みの立ち上がりです。

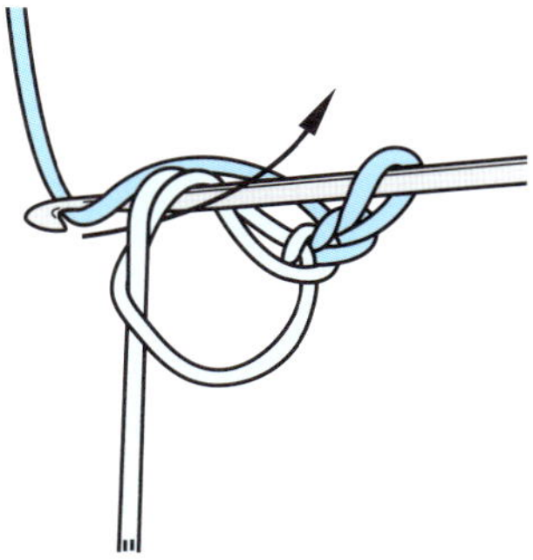

4 輪の中に針を入れて、糸を引き出します。

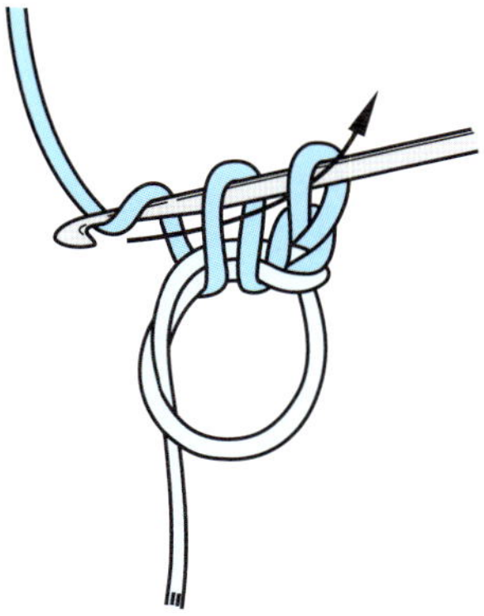

5 もう一度、糸をかけて一度に引き出します。

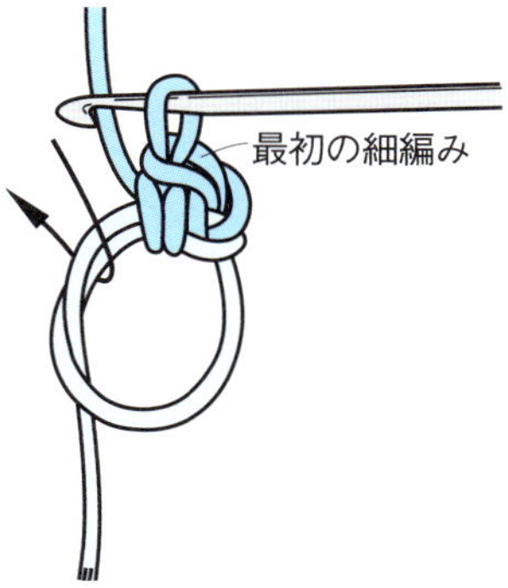

6 これが最初の細編みです。次からも輪の中に針を入れて細編みを編みます。

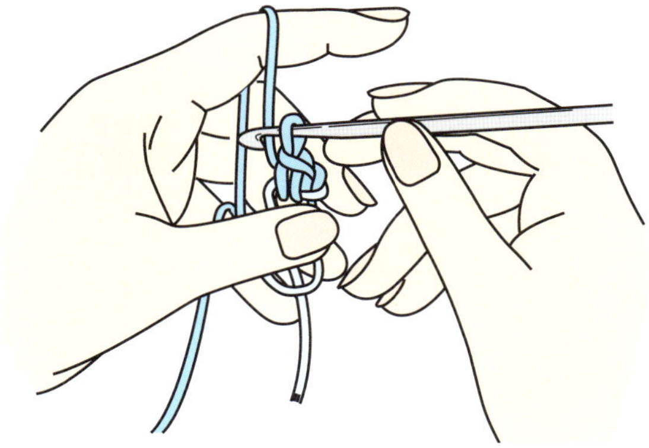

7 親指と中指、薬指で作り目の輪を押さえて持ちます。

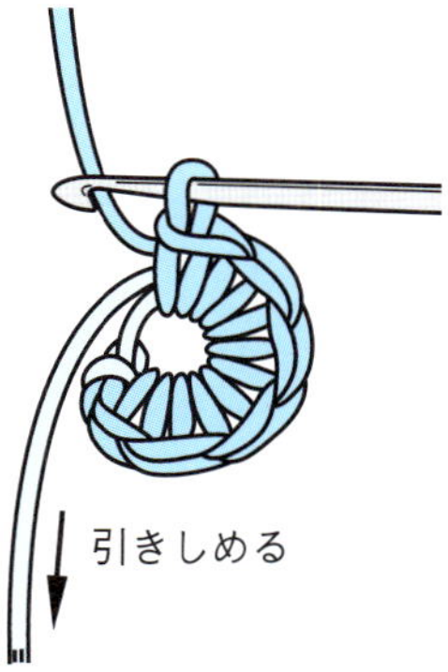

8 1段めの細編み6目が編めたら、糸端を引いて輪を引きしめます。

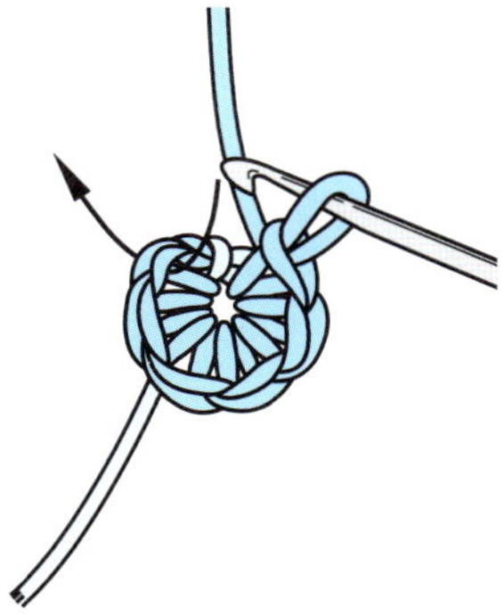

9 中心を縮めたら、1段めの終わりは細編みの始めの目に引き抜きます。

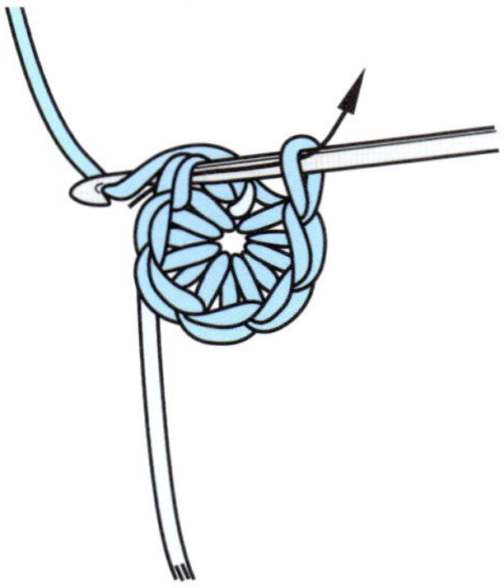

10 手前から針を入れて細編みの頭鎖2本と糸端を拾い、糸をかけて引き出します。

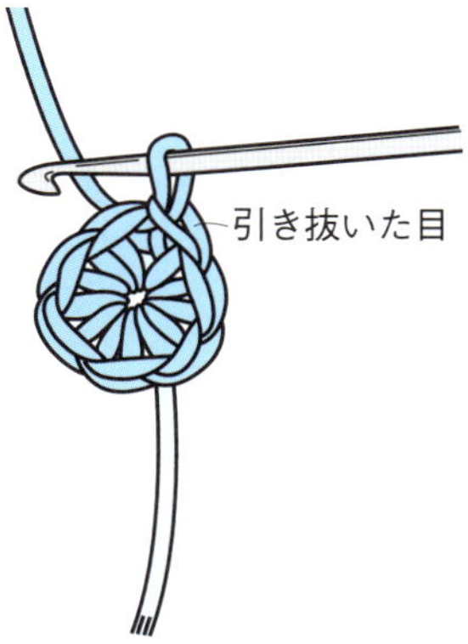

11 この目が引き抜きの目になり、1段めが編めました。

2段め

続けて表を見て、増し目をしながら編みます。
糸端は1段めで編みくるんだら切って始末しますが、2段めも編みくるむ場合がありますので、ここでは2段めでも編みくるむ方法で説明しています。

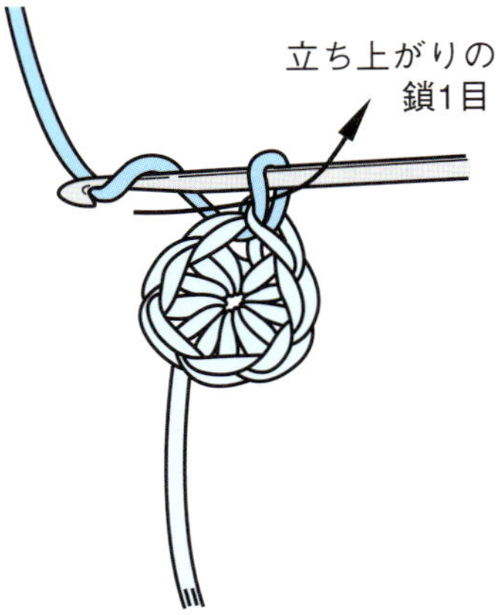

1 細編みの立ち上がりの鎖1目を編みます（細編みは、立ち上がりの目は数えません）。

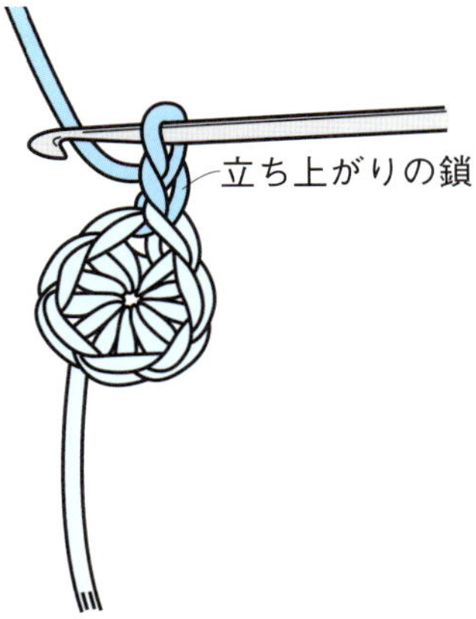

2 2段めは円が広がるため、1段の倍の12目を編み、外側に向かって編み広げます。

3 引き抜いた目と同じ前段の細編みの頭（八の字の鎖2本）を拾い、糸端を編みくるみながら、細編みを編みます。

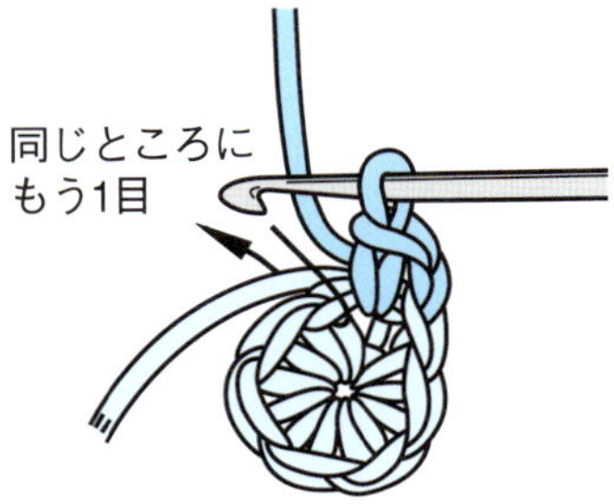

4 編み広げるため、1段めの細編み1目に2目を編みます。

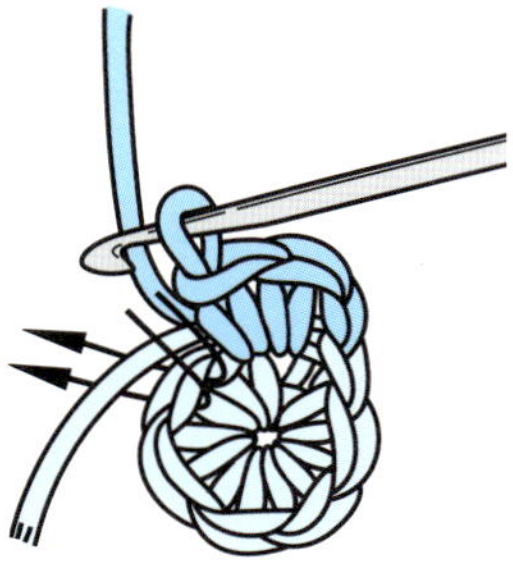

5 同様に1段めの細編みに2目を編みます。

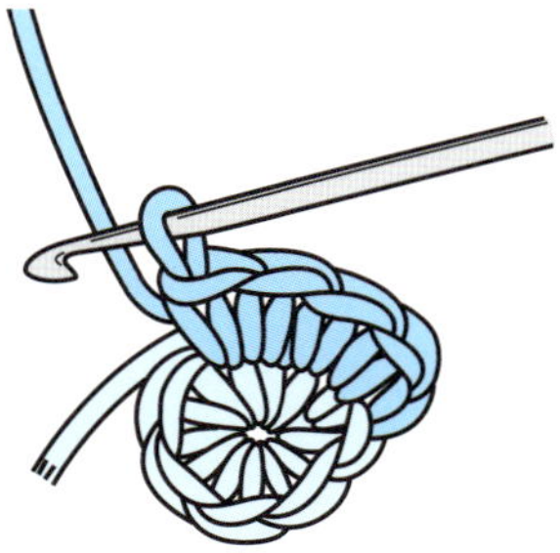

6 2目から4目編めました。同様にくり返します。

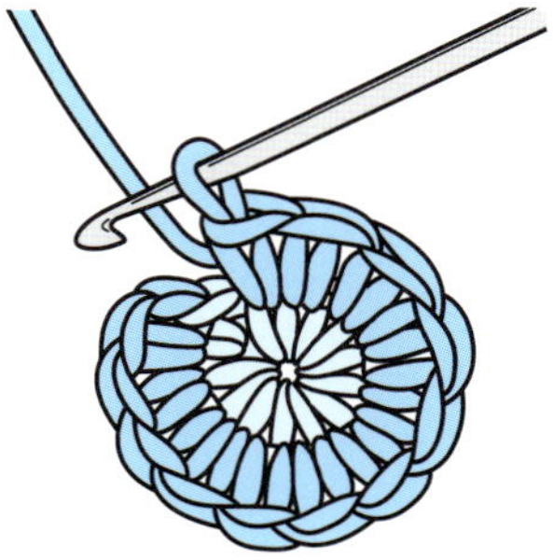

7 2段めは1段めの細編み1目に各2目を編んで12目になり、6目増し目をしました。

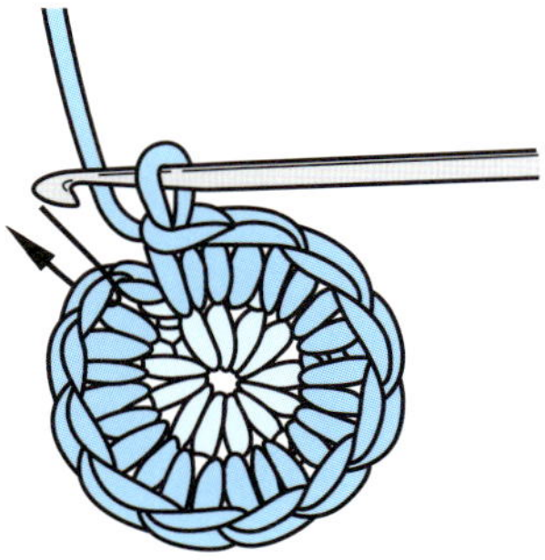

8 2段めの終わりも、最初の細編みの頭（八の字の鎖2本）に手前から針を入れて、引き抜きます。

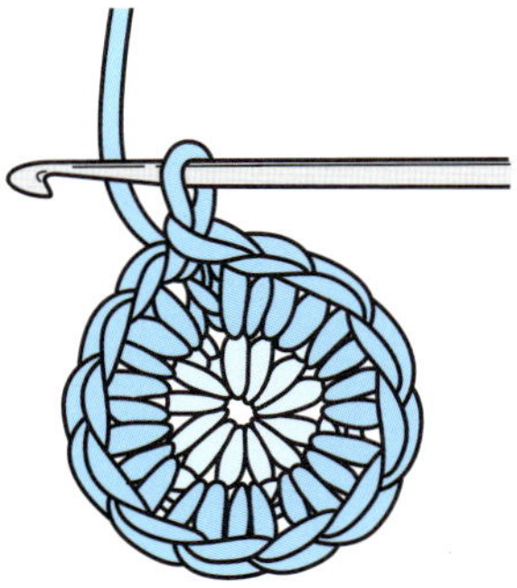

9 2段めが編めました。

3段め

1目おきに増し目をします。

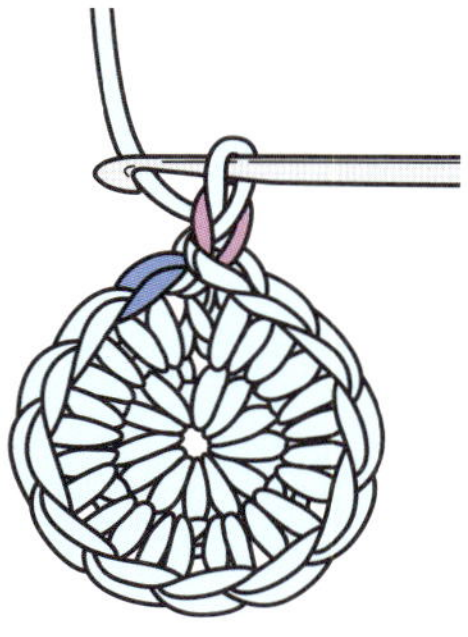

1 立ち上がりの鎖1目を編みます。

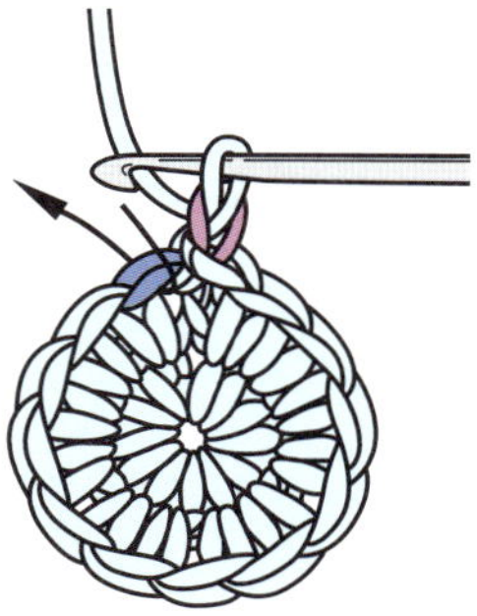

2 同じ前段の細編みの頭（八の字の鎖2本）を拾って、1目編みます。

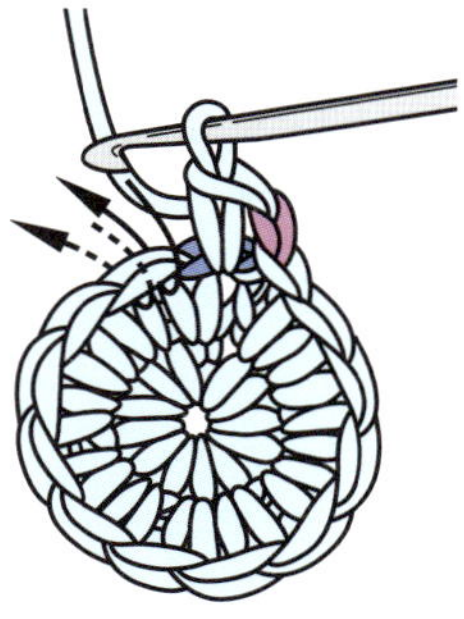

3 次の細編みの頭（八の字の鎖2本）を拾って2目編み入れます（ここで増し目ができます）。

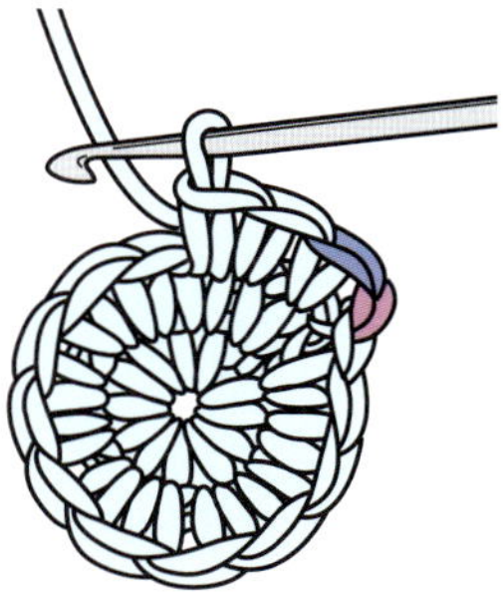

4 **2**と**3**をくり返します。

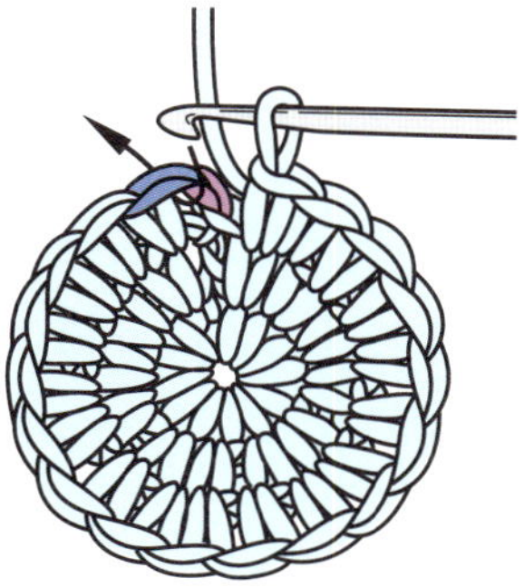

5 3段めの終わりも、前段の最初の細編みの頭（八の字の鎖2本）に手前から針を入れて、引き抜きます。

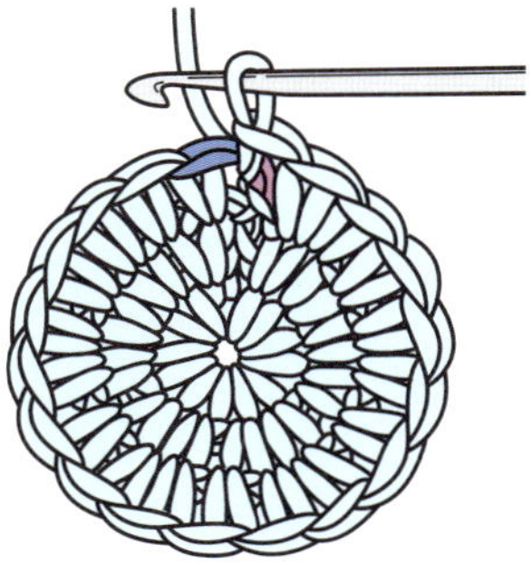

6 3段めが編めました。

編み終わりの糸始末の仕方

針に糸を通し、細編みの頭と揃えて鎖目を作り、糸を引いてその鎖目を引きしめ、始末します。

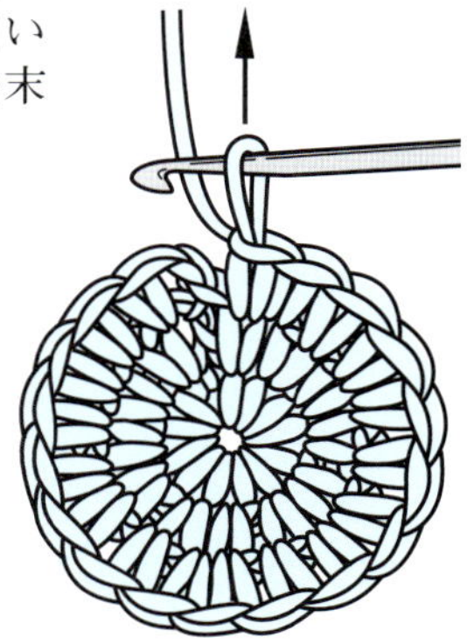

1 糸始末をするので、**5**の前に、針にかかったループを長くのばして、糸端を15cmくらい残して切ります。

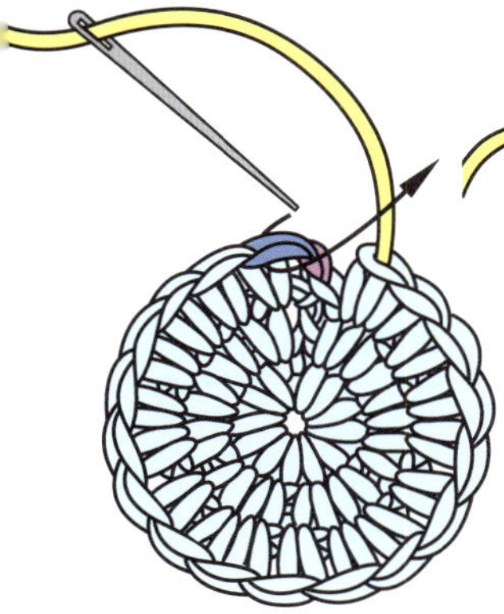

2 糸端を針に通し、向こう側から手前に、3段目の最初の細編みの頭（八の字の鎖2本）をすくいます。

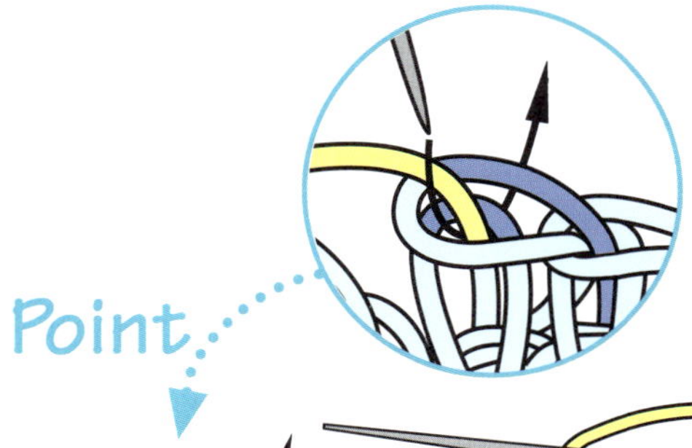

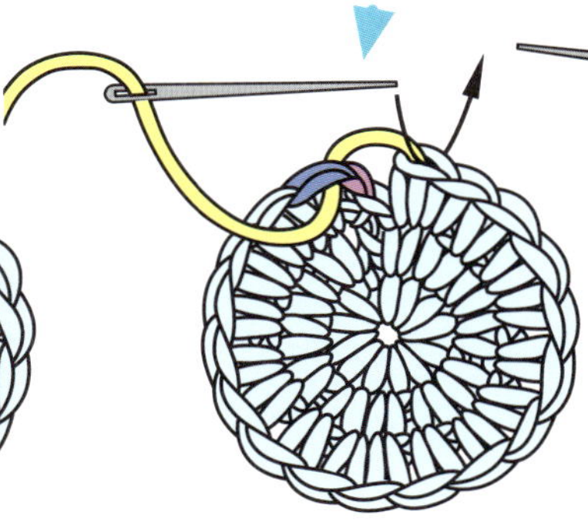

3 続けて最後の細編みの頭（八の字の鎖2本）に戻り、右上図の要領で後ろに針を出します。

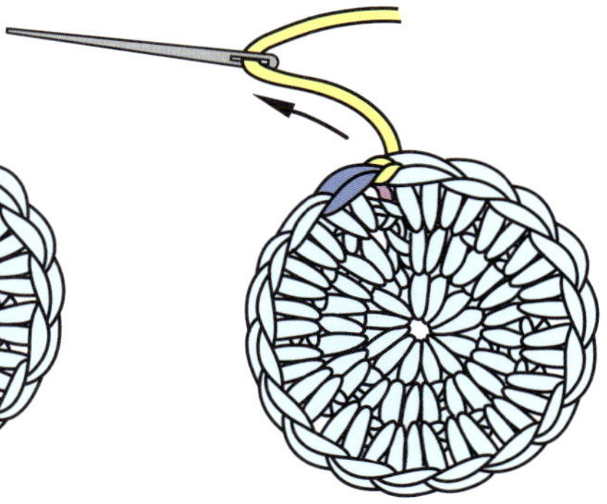

4 出来た鎖目は1目増えたことになりますので、糸を引きしめて小さくして、消します。

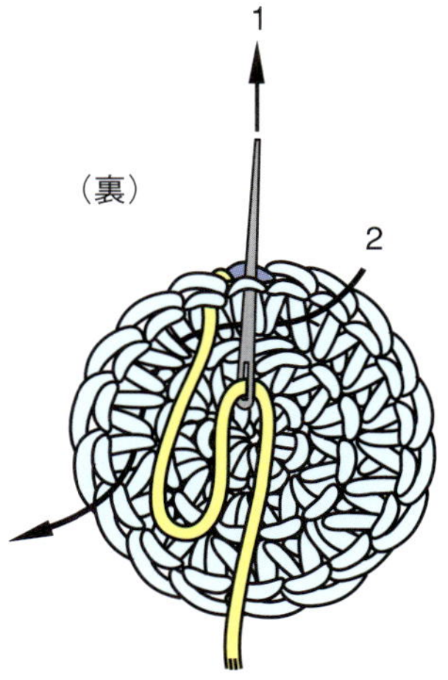

5 **1.** 裏に出た糸で右側の細編みの裏山をすくって引きしめ、**2.** 進行方向とは逆方向に、表にひびかないように編み目にくぐらせて、糸を切ります。

長《なが》編《あ》み「円形に編む」場合

16ページ「糸端で輪を作る」を参照に輪の作り目をします。
毎段表を見て、増し目をしながら編み広げます。

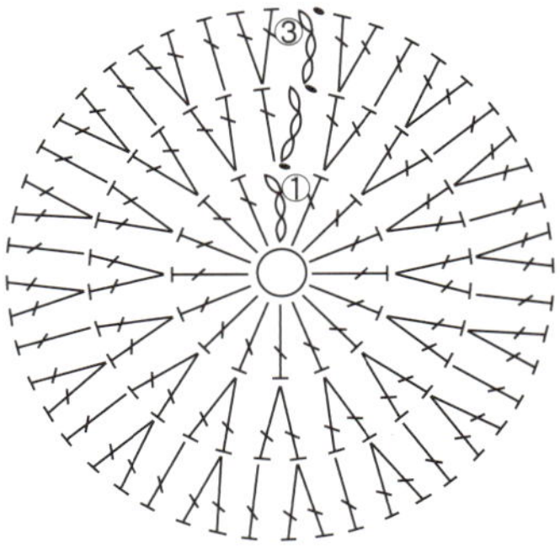

1段め　輪の作り目をします。

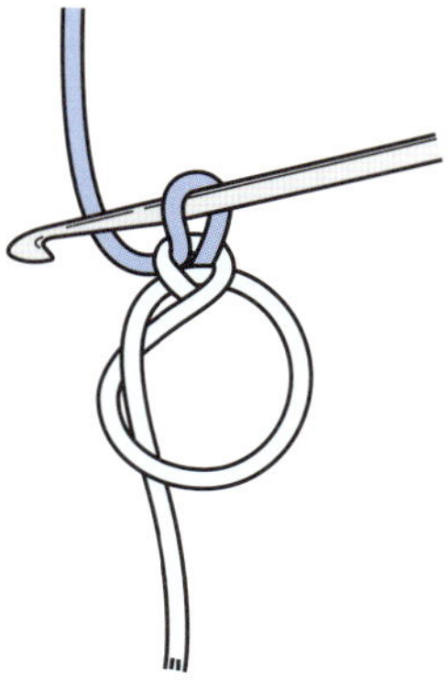

1 16ページを参照し、輪の作り目をします。

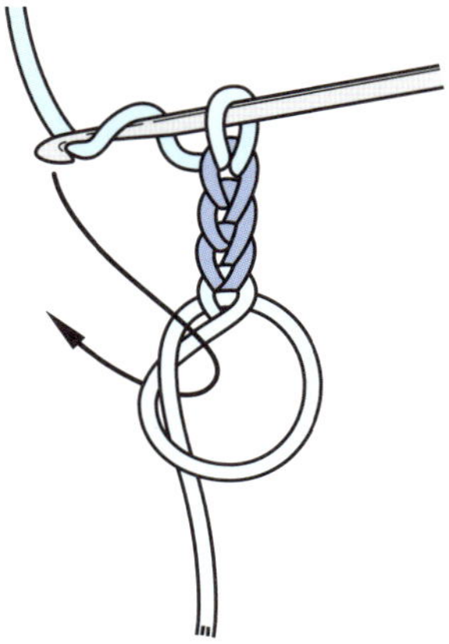

2 長編みの立ち上がり鎖3目を編み、続けて長編みを編みます。

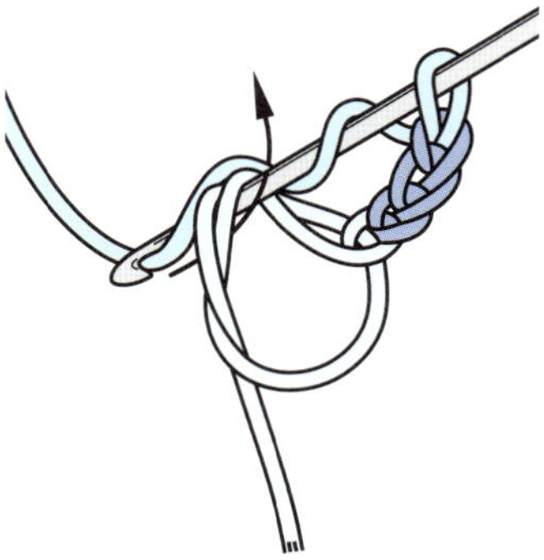

3 針に糸をかけて手前から輪の中に入れて、糸をかけて引き出します。

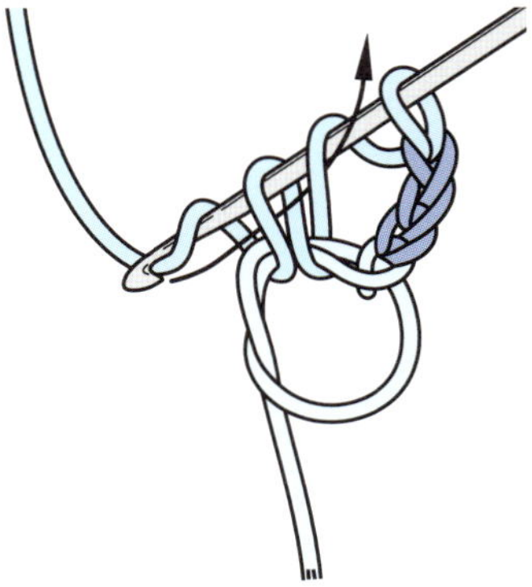

4 糸を引き出したら、もう一度糸をかけて針先から2ループだけ糸を引き出します。

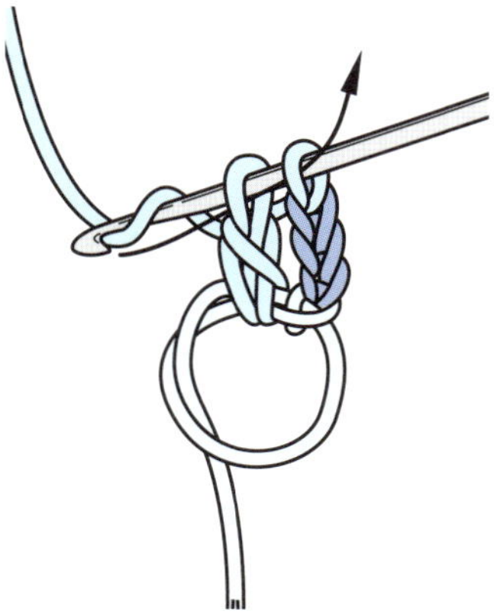

5 さらに糸をかけ、残りの2ループを一度に引き出します。

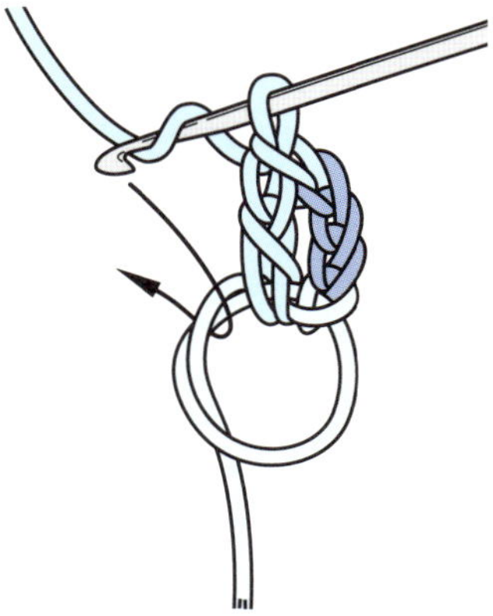

6 長編み1目が編め、立ち上がりの鎖を含めて2目が編めたことになります。続けて長編みを編みます。

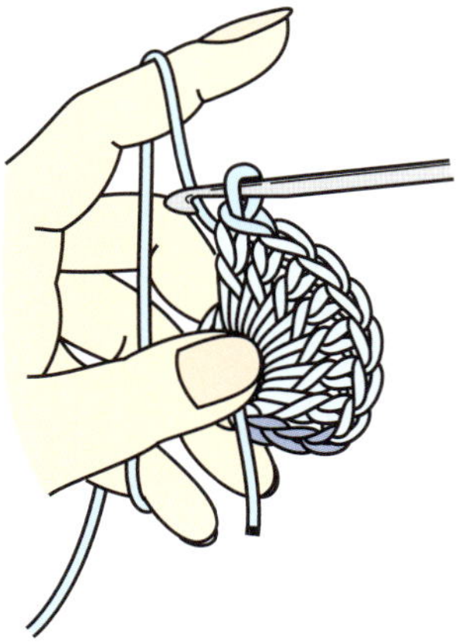

7 編み地を回しながら、作り目の輪の部分を持って編みます。

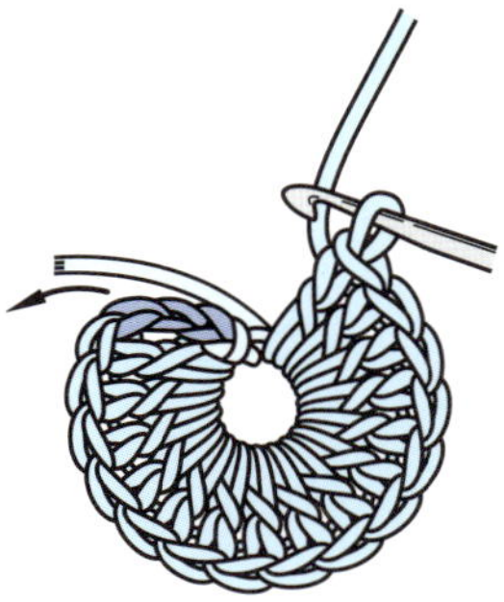

8 1段めの長編み16目が編めました。糸端を引いて、作り目の輪を引きしめます。

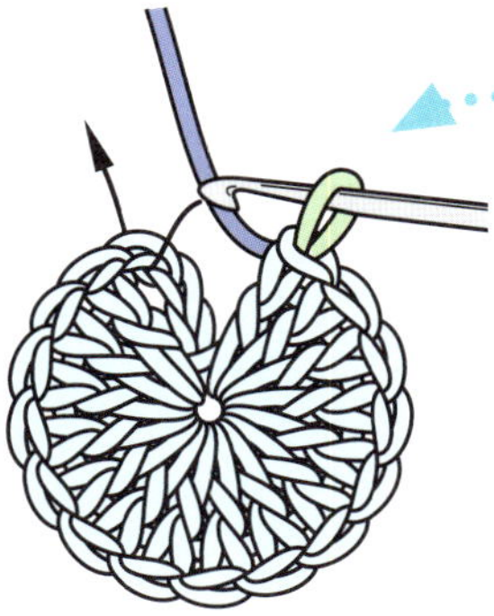

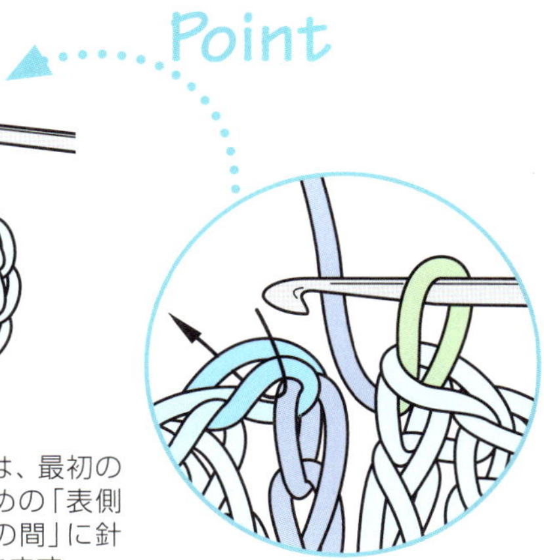

9 1段めの編み終わりは、最初の立ち上がりの鎖3目めの「表側のハの字2本と裏山の間」に針を入れて目を引き抜きます。

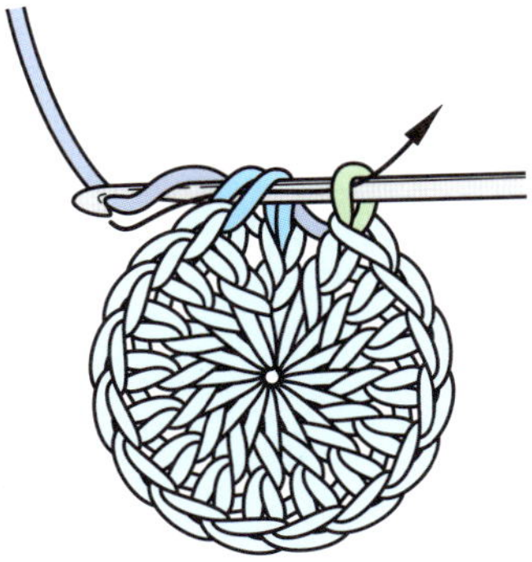

10 手前から針を入れて、針に糸をかけて一度に引き抜きます。

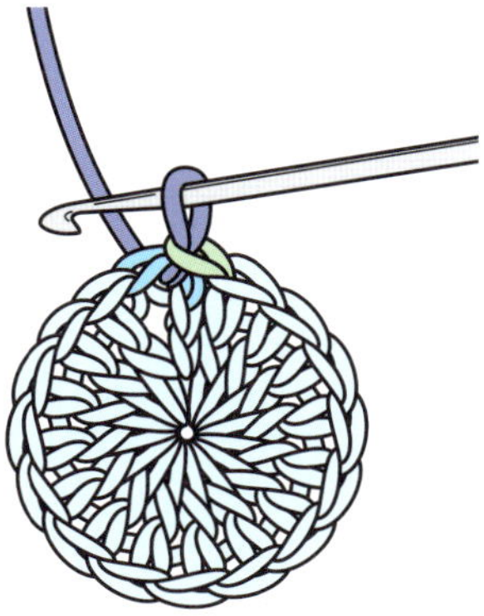

11 長編みの頭が円につながり、1段めが編めました。

2段め

増し目をしながら、長編み32目を編みます。

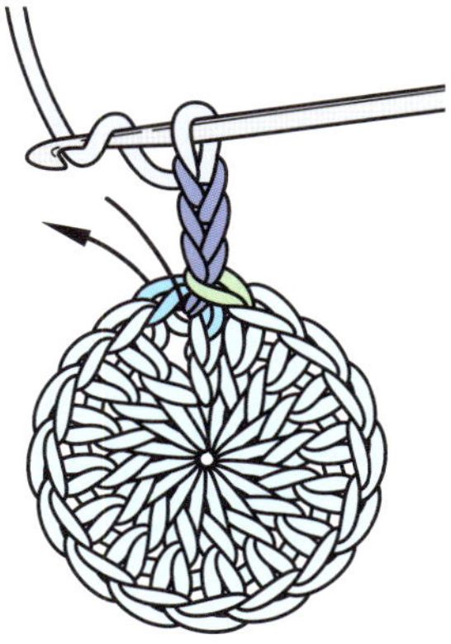

1 立ち上がりの鎖3目を編み、引き抜いた同じ目に針を入れてもう1目長編みを編みます。

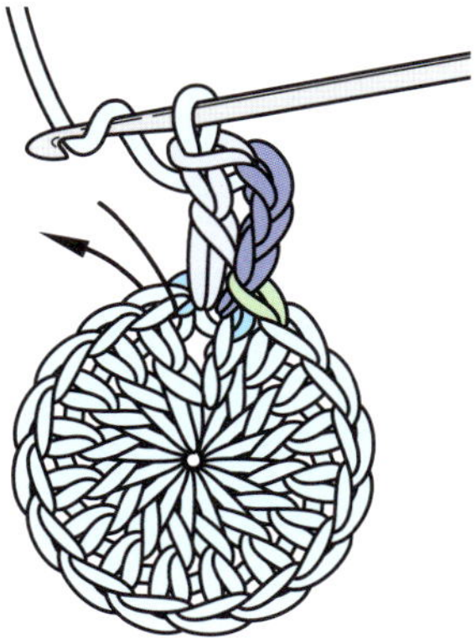

2 2段めは円が広がるため、1段と同数の16目を増します（1段の16目全目に2目ずつ編み入れます）。

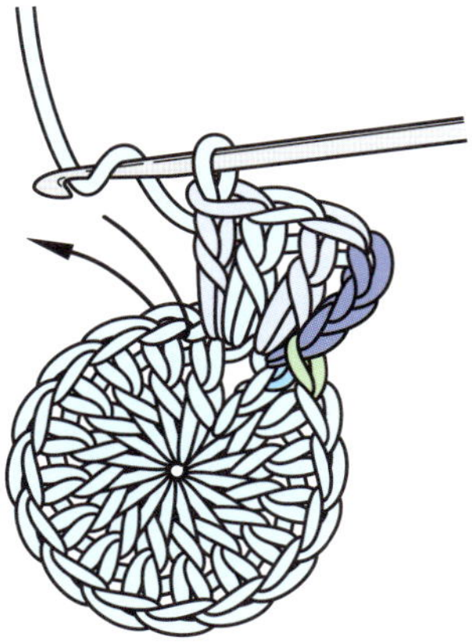

3 32目を編み、外側に向かって編み広げます。

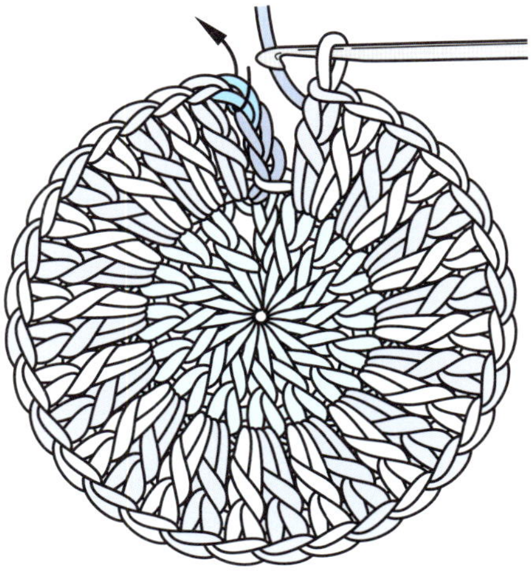

4 編み終わりは、最初の立ち上がりの鎖3目めの「表側のハの字2本と裏山の間」に針を入れて、糸をかけて引き抜きます。

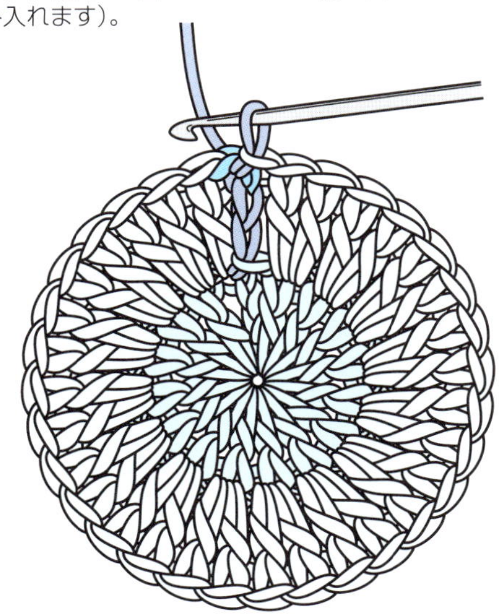

5 引き抜きで長編みの頭が円につながり、2段めが編めました。

3段め　1目おきに、16目を増します。

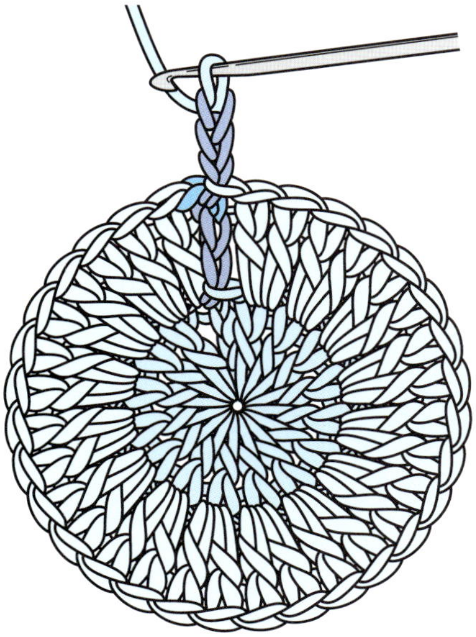

1 長編みの立ち上がり、鎖3目を編みます。

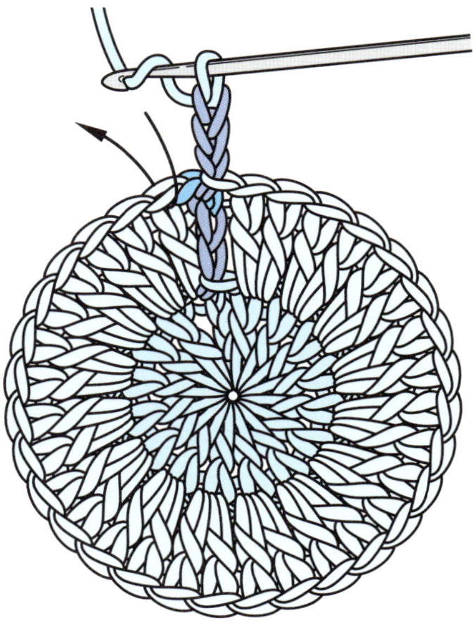

2 次の前段の長編み1目から、長編み2目を編みます。

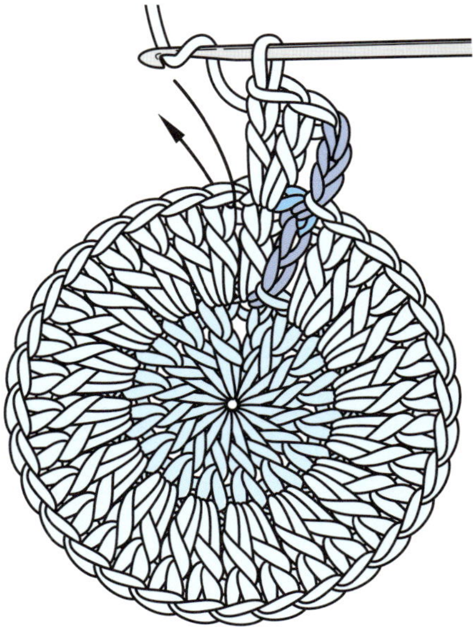

3 次は長編み1目です。

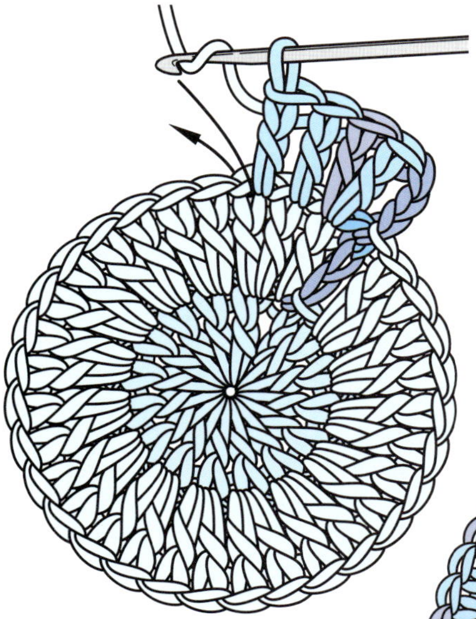

4 長編み1目と2目を交互に編み、3段めも16目を増し、48目編みます。

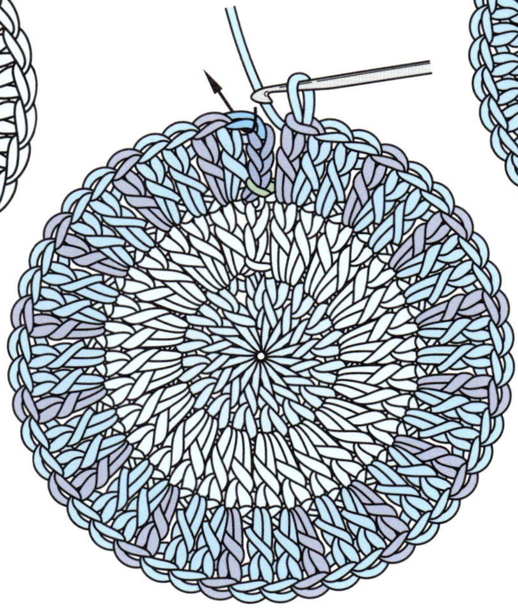

5 編み終わりは、最初の立ち上がりの鎖の3目め「表側のハの字2本と裏山の間」に針を入れて、糸をかけて引き抜きます。

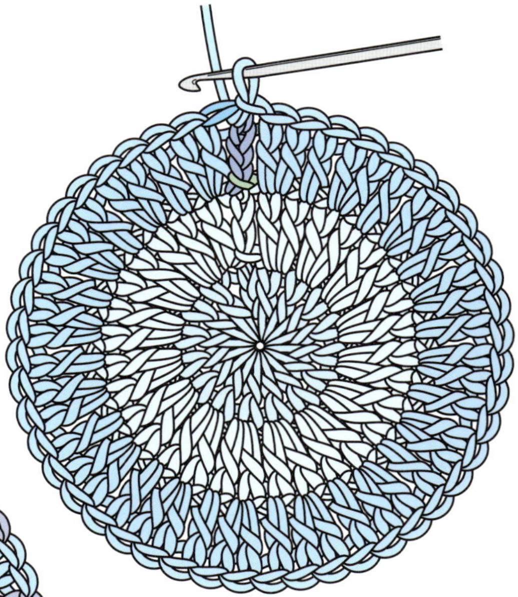

6 長編みの頭が円につながり、3段めが編めました。

編み終わりの糸始末の仕方

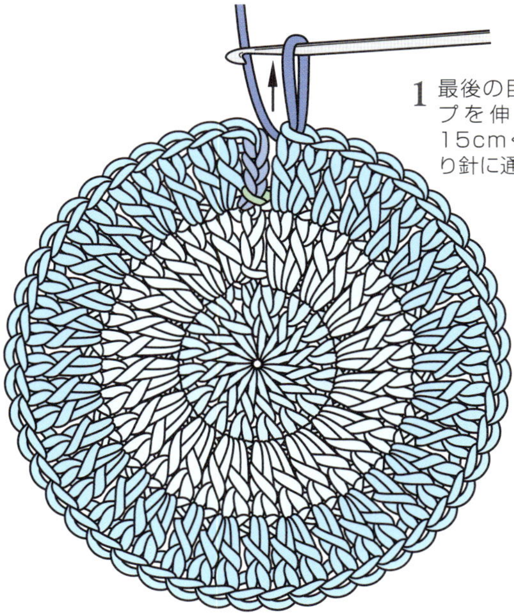

1 最後の目を引いてループを伸ばし、糸端を15cmくらい残して切り針に通します。

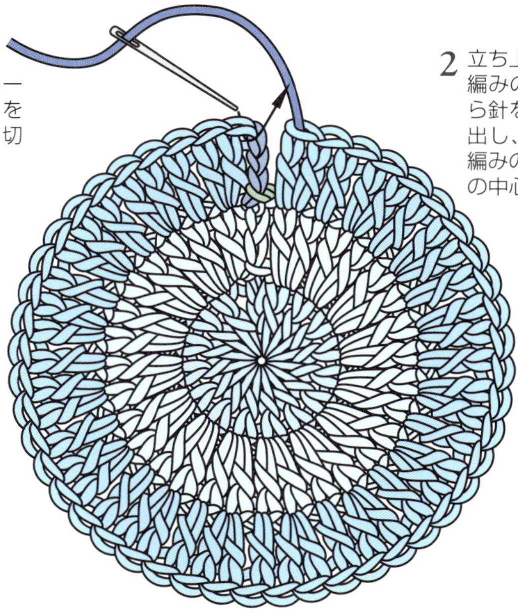

2 立ち上がりの鎖の次の長編みの頭に、向こう側から針を入れます。手前に出し、3段めの最後の長編みの頭（ループの足元）の中心に針を入れます。

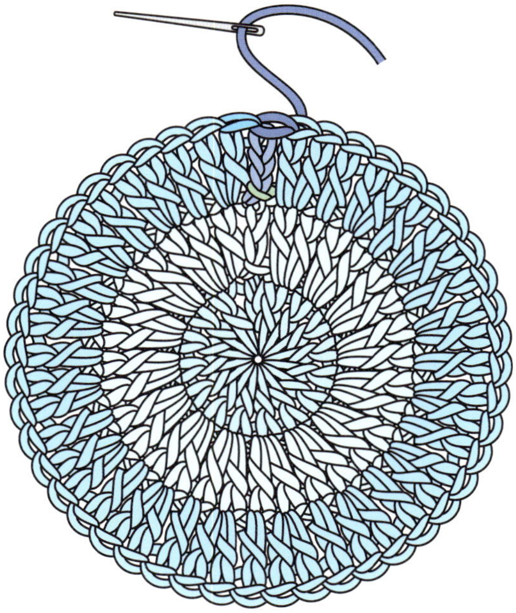

3 立ち上がりの鎖の上に、鎖1目の大きさで糸を引きます。長編み48目の頭の鎖が同じ調子で揃いました。

裏側で糸始末します

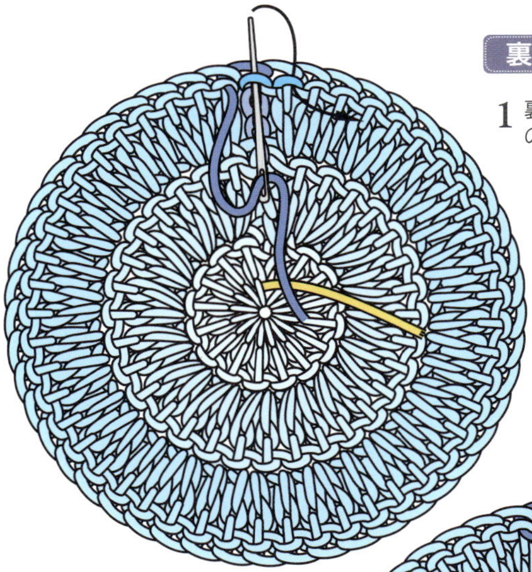

1 裏返して、右側の裏山の目を矢印のようにすくって、糸を引きます。

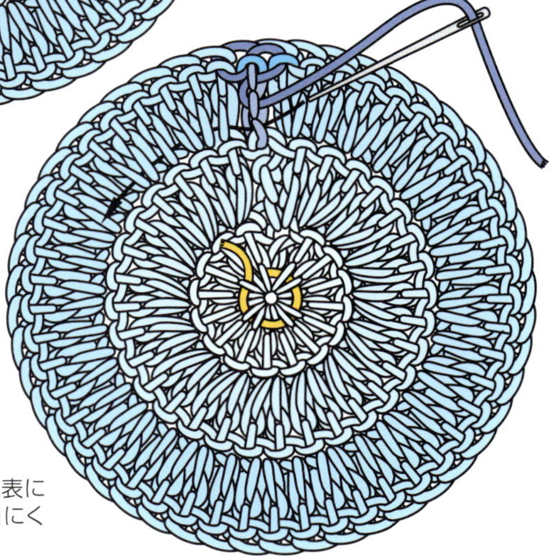

2 進行方向とは逆方向に、表にひびかないように編み目にくぐらせて、糸を切ります。

3技法
(鎖編み・細編み・長編み)の基本的なドイリー

鎖編み・細編み・長編みを組み合わせて、
小さなかわいいドイリーができました。
ドイリーを編みながら、レース編みの正しい基礎を
覚えていきましょう。

バリエーションA
編み方93ページ

A

C

レッスン作品
編み方25ページ

バリエーションB
編み方93ページ

B

〈実物大〉

レッスン作品のドイリーの編み方

本書の8～23ページでは、「鎖編み・細編み・長編み」と　基本的な3技法の勉強をしました。ここでは、それらの技法を使って、レース編みのドイリーを実際に編んでみましょう。
レース編みが初めての人でも編めるように、順を追って一つひとつ丁寧に解説しましたので、ぜひチャレンジしてください。この作品が編めると、バリエーションの2作品も編むことができます。

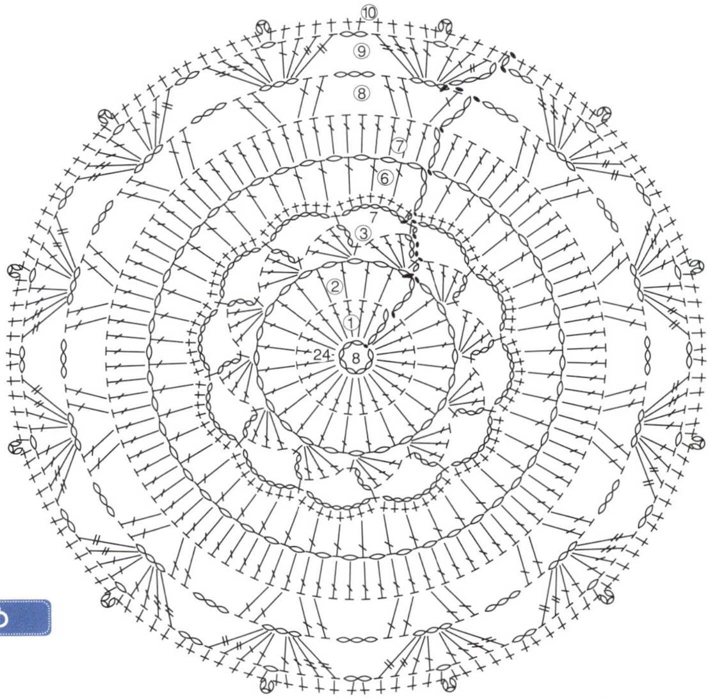

- 糸／DMC　コルドネスペシャル #30
- レース針／8号
- でき上がり寸法／直径約8cm

輪の作り目

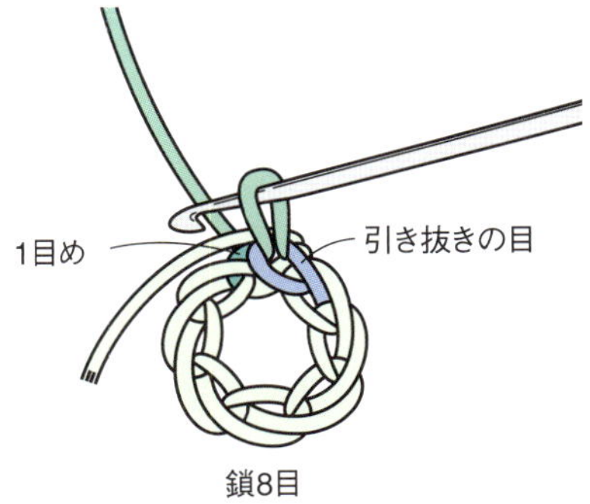

16ページを参照し、鎖8目の輪の作り目をします。
糸端は進行方向におき、編みくるみます。

1段め

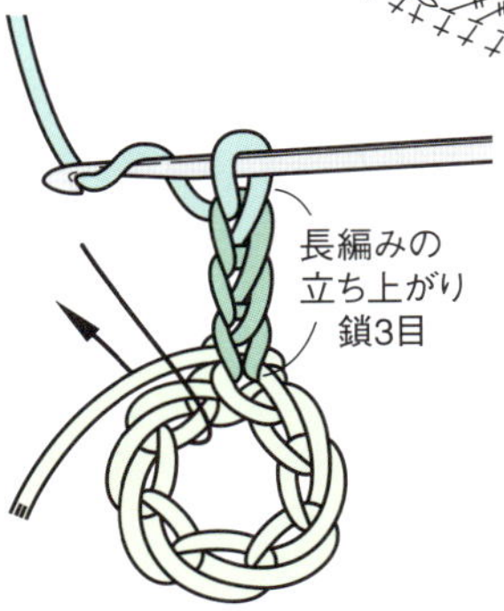

1 長編みの立ち上がり鎖3目を編み、続けて長編みを編みます。糸をかけて針を手前から輪の中に入れ、糸をかけて引き出します。

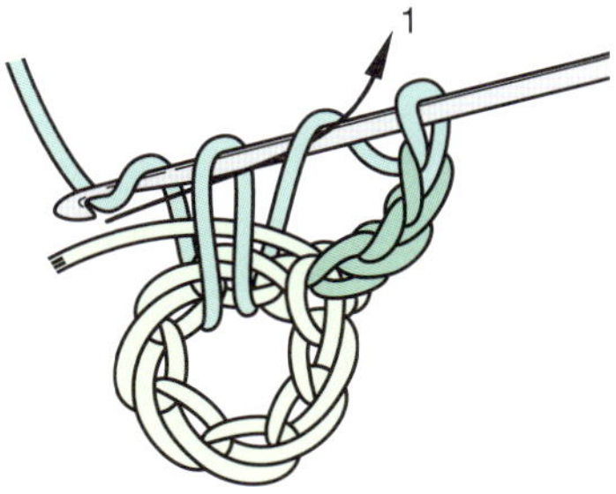

2 引き出す目安は鎖2目分（長編みの高さの2/3）です。糸を引き出したら、もう一度糸をかけて針先から2ループだけ糸を引き出します。

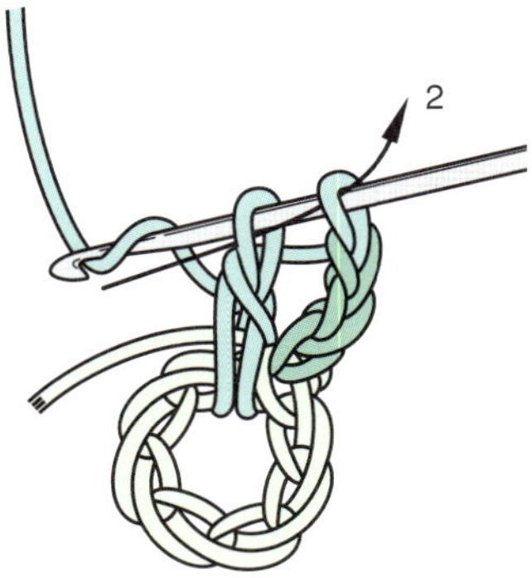

3 さらに糸をかけ、残りのループ2本を一度に引き出します。

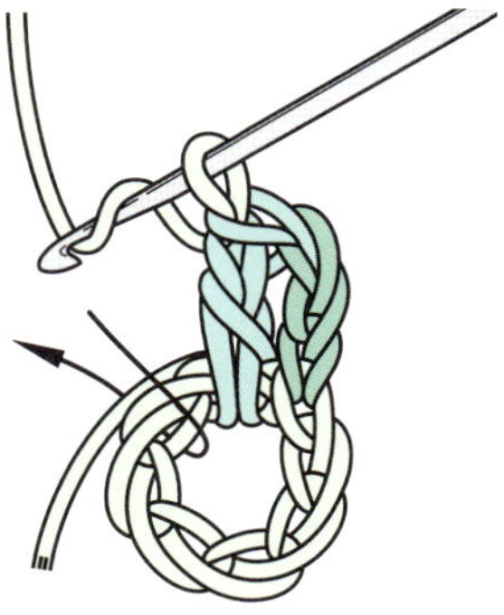

4 長編み1目が編め、立ち上がりの目を含めて2目が編めました。続けて長編みを編みます。

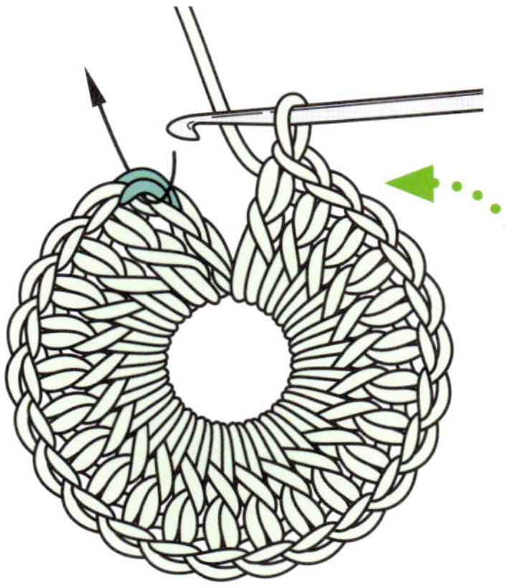

5 1段めの長編み24目を編みました。編み終わりは、最初の立ち上がりの鎖の3目めに引き抜きます。

Point

「鎖の表側のハの字2本と裏山の間」に手前から針を入れます。

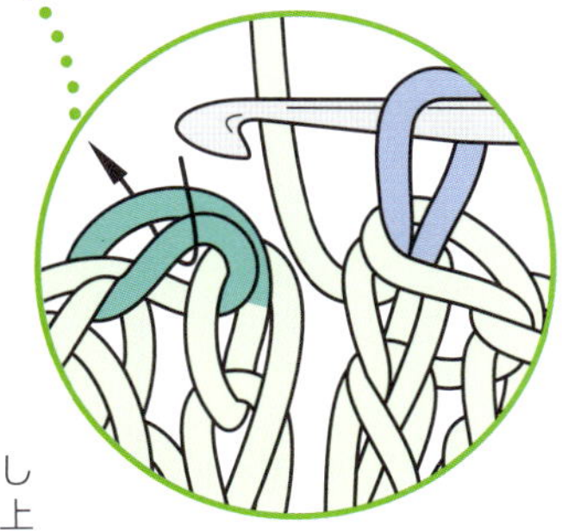

Point

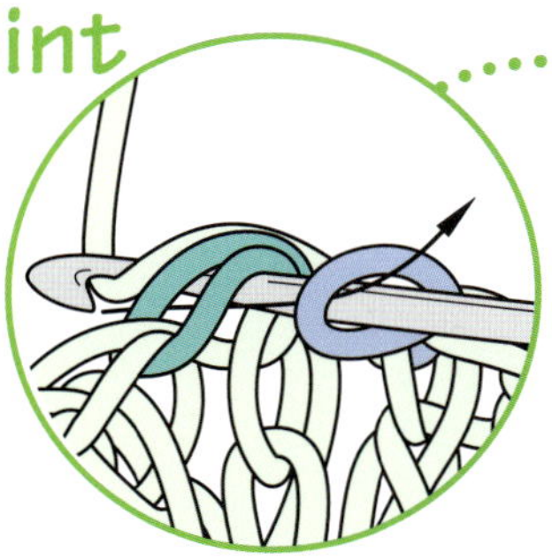

手前から針を入れて、針に糸をかけて矢印のように一度に引き抜きます。

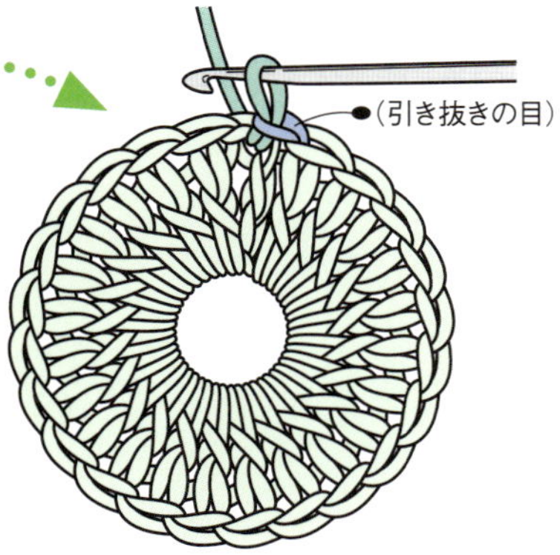

6 長編みの頭が円につながり1段めが編めました。

2段め

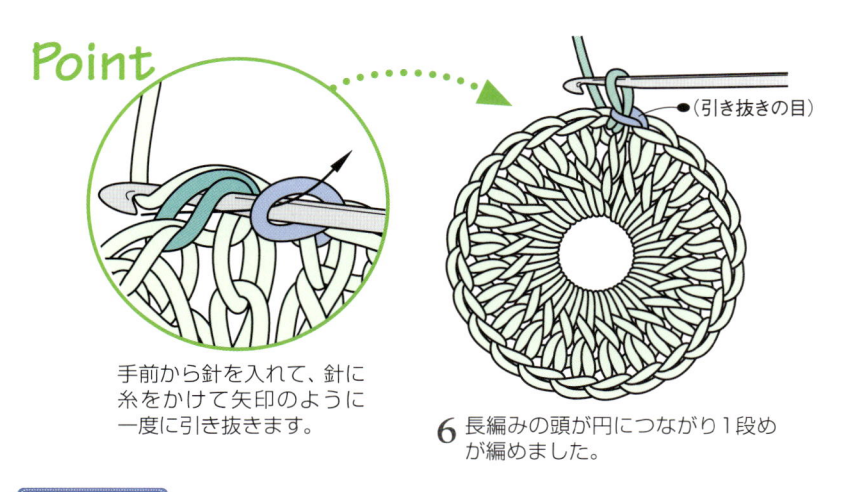

1段めの長編み全目を拾い、間に鎖1目を入れて24目増し目をします。

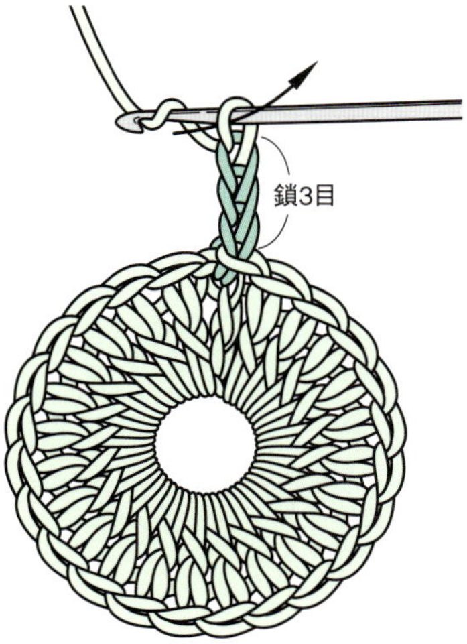

1 立ち上がりの鎖3目を編み、続けて、鎖1目を編みます。

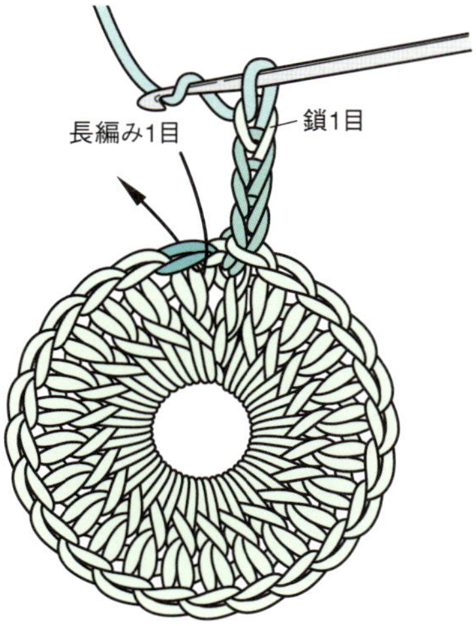

2 前段の2目めの長編みの頭を拾い、長編み1目を編みます。

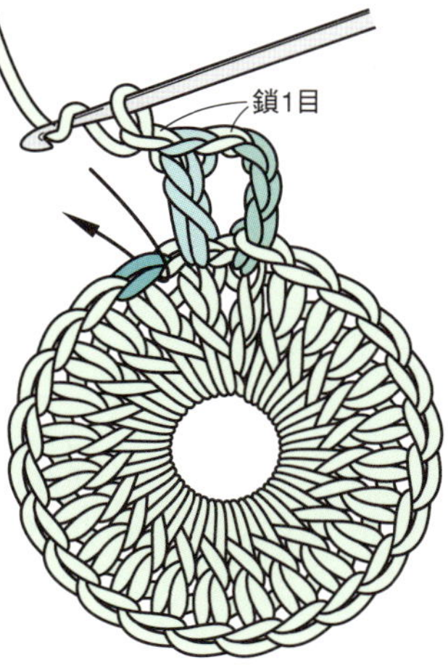

3 続けて、鎖1目を編みます。2段めは円が広がるため、1段と同数の24目を増します。それが長編みの間に入る鎖目です。

4 編み終わりは、最初の立ち上がりの鎖3目めに引き抜きます。

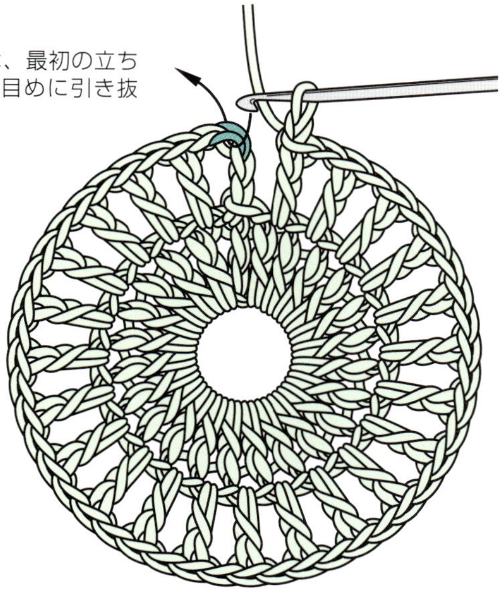

5 2段めの「長編み1目＋鎖1目」の方眼模様が編めました。

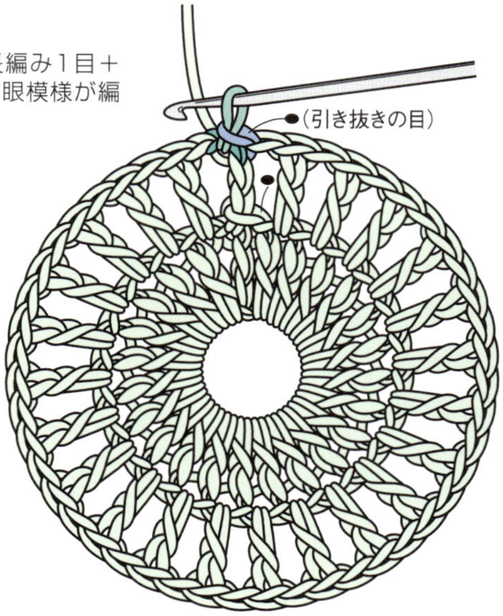

3段め 模様に合わせて立ち上がりの位置を1目移します。

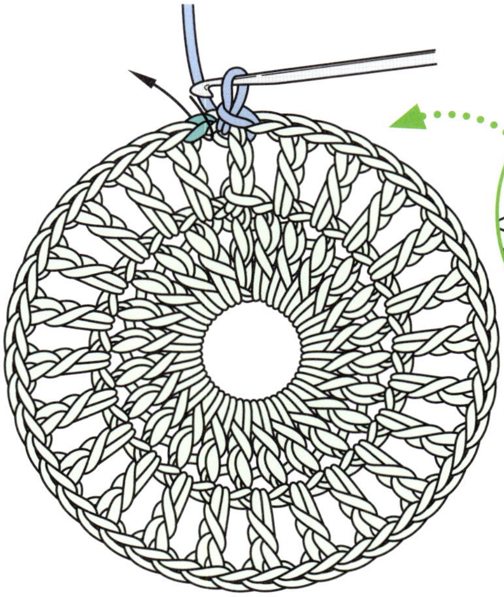

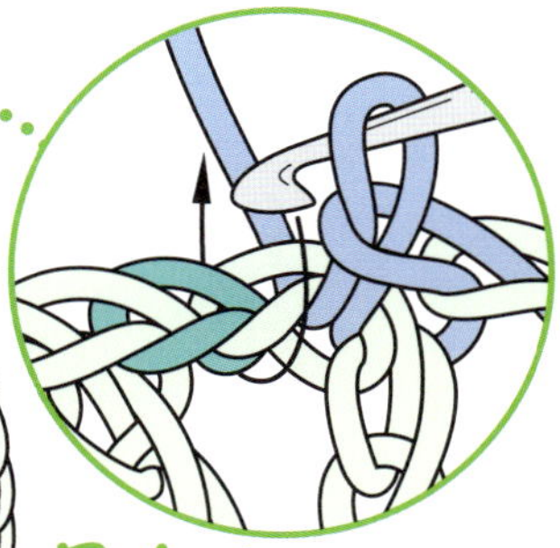

Point
編み目ではなく、編み目の下の空間に針を入れます。

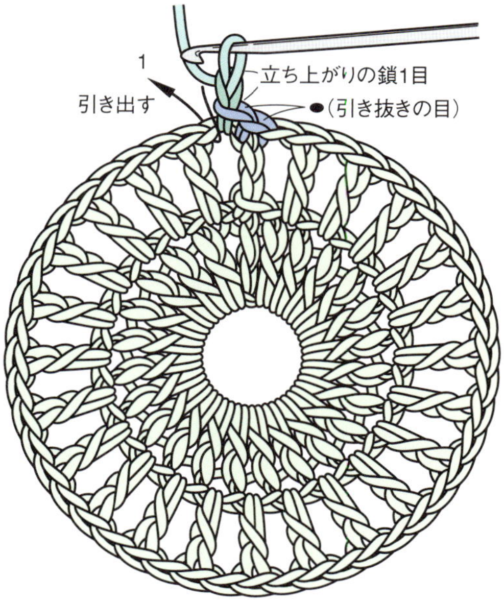

1 前段の最初の「鎖目の下の空間」に手前から針を入れ、向こう側の糸を一度に手前に引き出します。編み目ではなく、空間に針を入れて目を拾うことを、『束に拾う』といいます。

2 束に拾った引き抜きで、3段めの立ち上がりの位置が1目左に移りました。ここで細編みの立ち上がりの鎖1目を編みます。

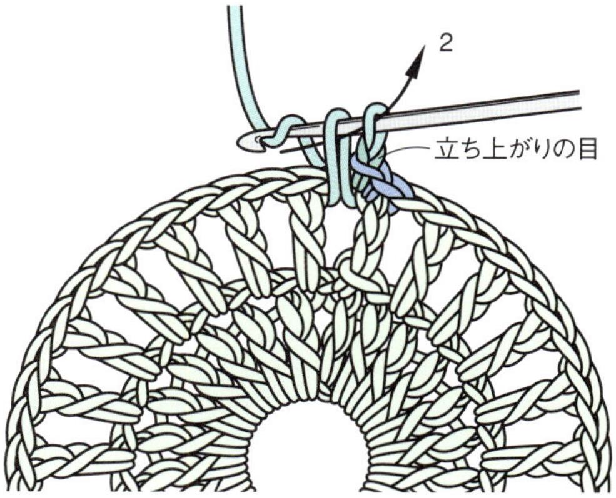

3 細編みを1目編みます。

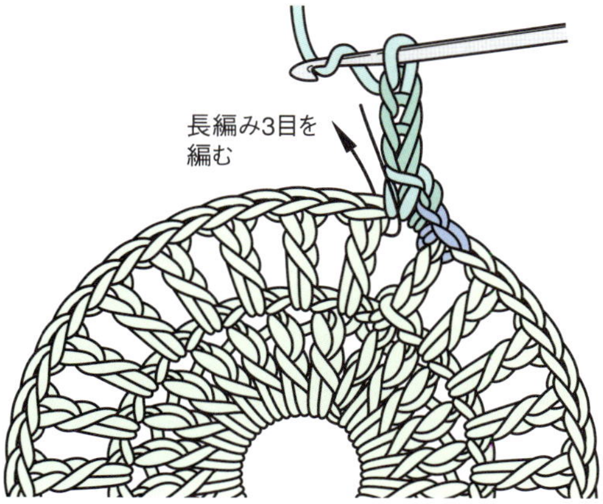

4 編み図に合わせて、立ち上がりの鎖3目を編みます。

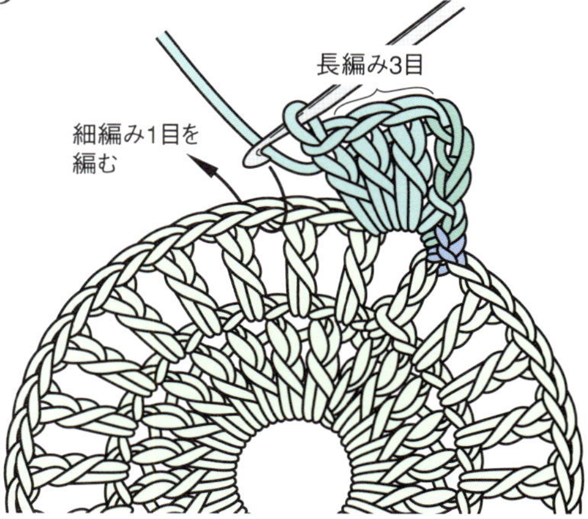

5 同じところを束に拾って、長編み3目を編み入れます。

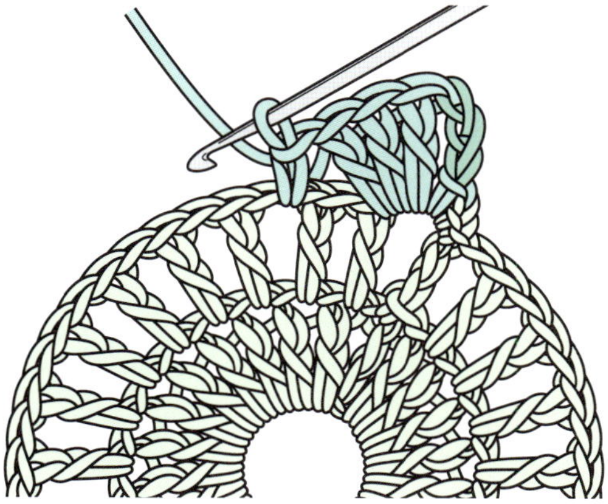

6 長編み3目が編めたら、方眼模様の1マスを飛ばして、次のマスを束に拾います。

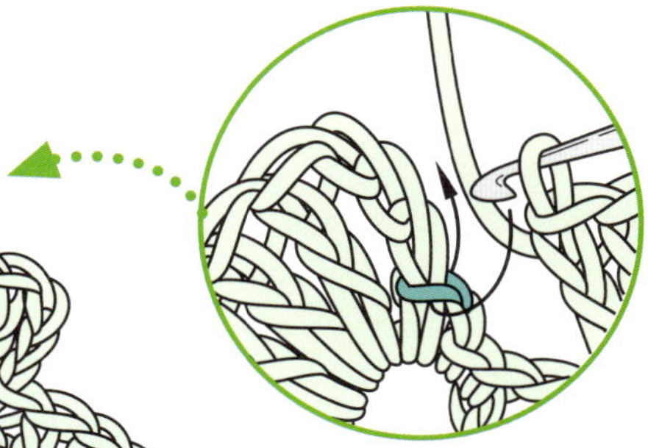

Point

最後は編み始めの細編みの頭（ハの字の鎖2本）に引き抜きます。細編みの頭に手前から針を入れて向こう側に出し、糸をかけて一度に手前に引き抜きます。

7 同様にくり返して、花びらのような12模様を編みます。

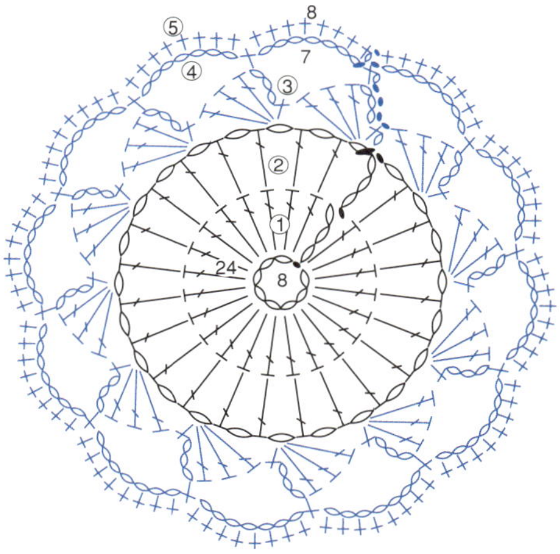

4段め

4段めの編み始め位置まで、引き抜きで移動します。

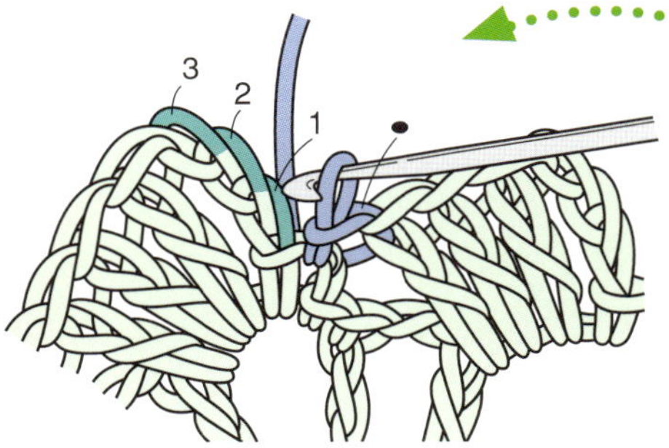

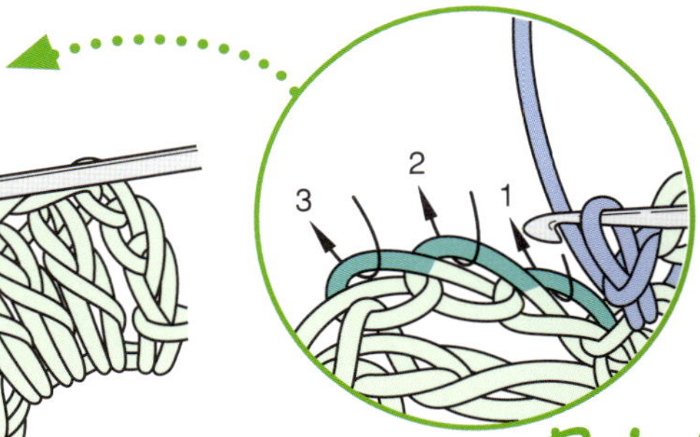

Point

1 3段めの最後の引き抜きから、4段目の編み始めまで、立ち上がり位置を移動します。右図のように鎖編みの外側の1本を拾って、鎖1目に引き抜き1目を**1**～**3**までくり返します。

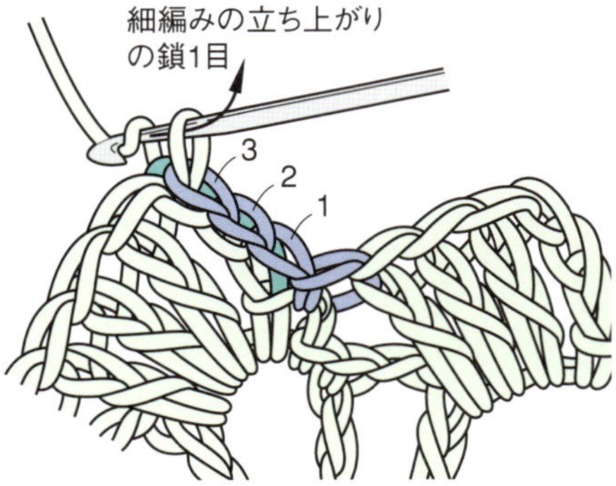

2 少しきつめに引き抜きをします。鎖3目の頭まで引き抜き、細編みの立ち上がりの鎖1目を編みます。

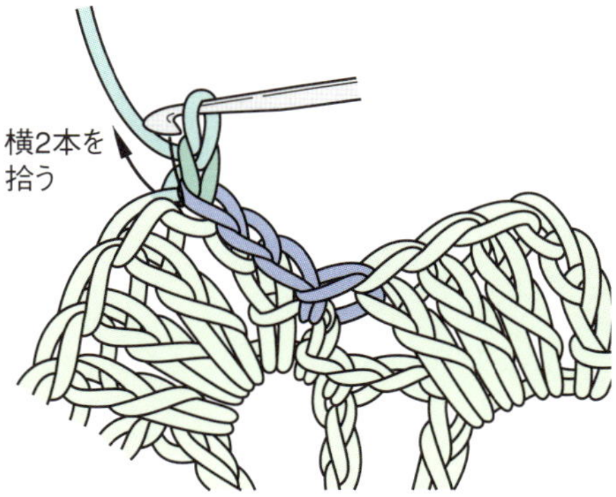

3 細編みの立ち上がりの鎖は1目に数えません。引き抜きの3目めと同じ目、鎖半目と裏山の2本を拾って細編みを編みます。

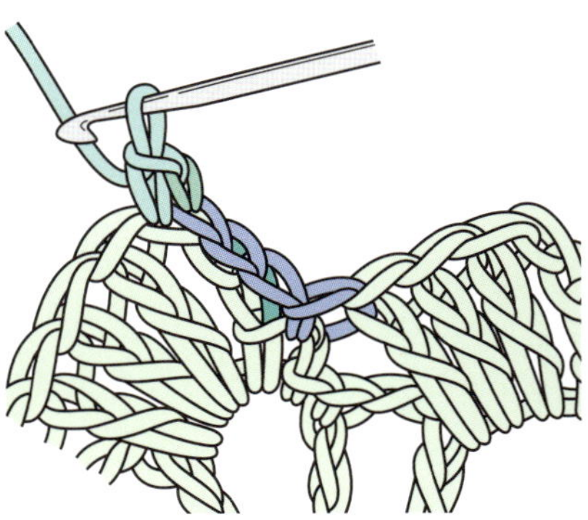

4 最初の細編みを編んだところです。

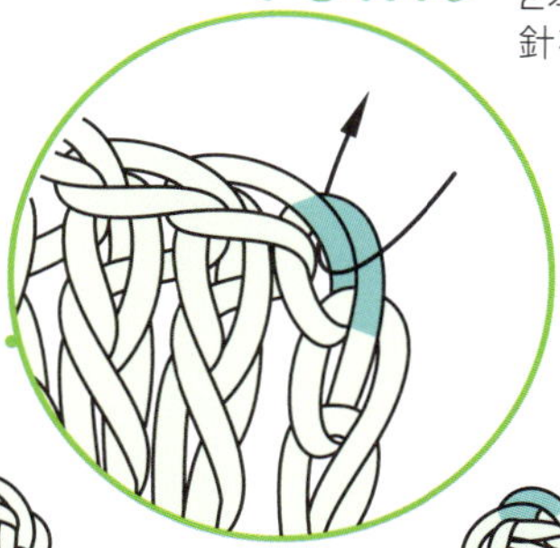

Point

3目めの鎖の外側2本を拾うように、針を入れます。

5 続けて、鎖7目を編みます。長く鎖を編むと、編み終わった鎖目が揺れるように感じることがあります。そのときは9ページの要領で鎖目を持ち直しましょう。

6 1模様が編めたところ。

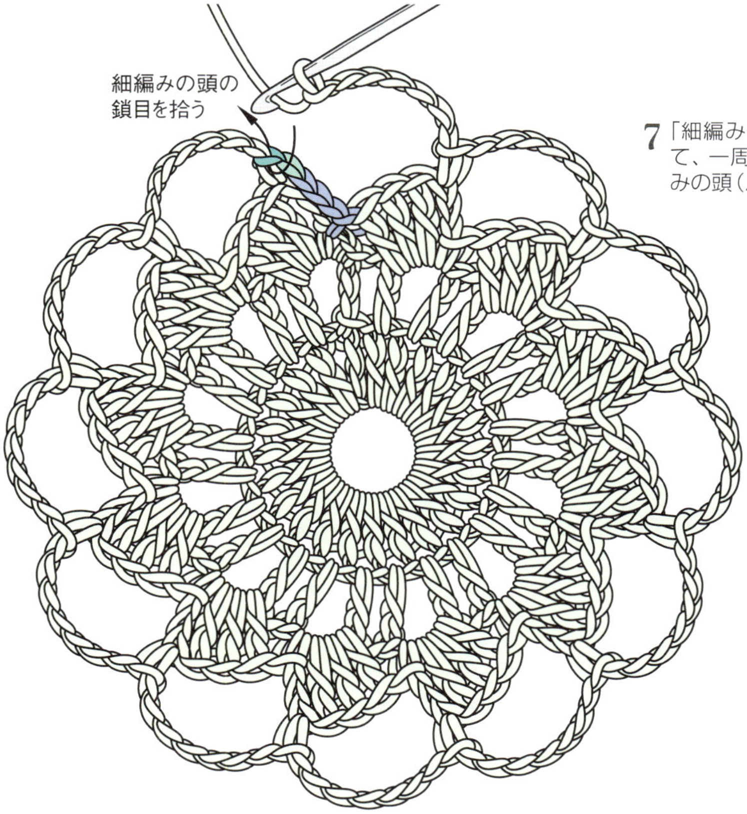

7「細編み1目＋鎖7目」を同様にくり返して、一周します。最後は編み始めの細編みの頭（ハの字の鎖2本）に引き抜きます。

Point

細編みの頭に手前から針を入れて、鎖編みの糸を針にかけて、一度に引き抜きます。

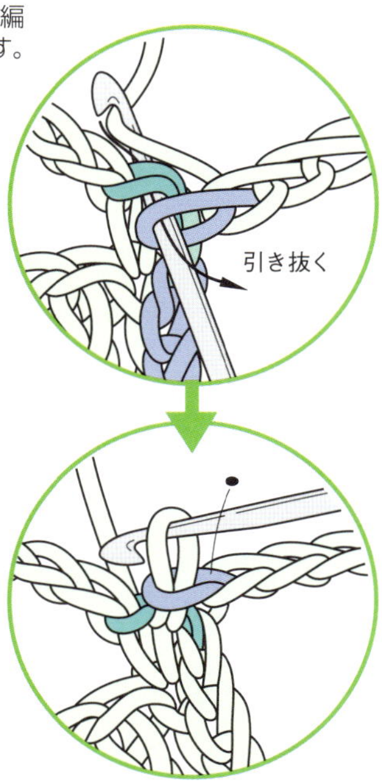

細編みの頭に引き抜きの目が重なります。

5段め 鎖目を束に拾って、ネット編み1山に細編み8目を編みます。

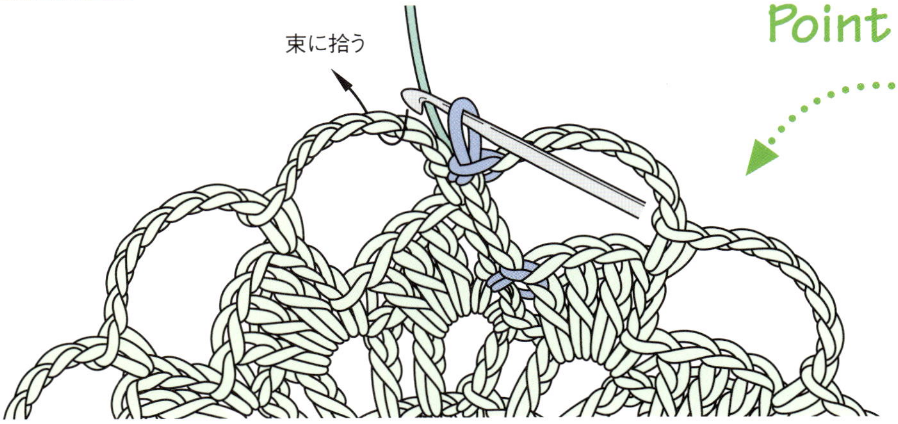

1 左側の鎖の山＝ネット編みから編み始めます。
ネット編みの下側の空間に針を入れ、針に糸をかけて手前に引き抜きます。

Point

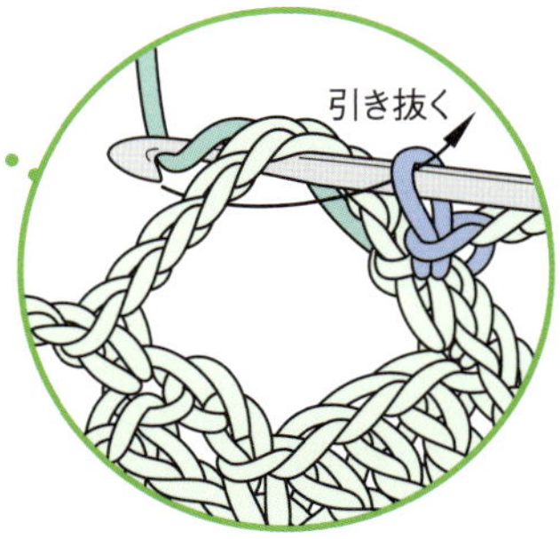

鎖の山に束に引き抜きます

鎖目の山＝ネット編みに束に引き抜きます。

Point

引き抜きで、編み始め位置が1目左側に移りました。立ち上がりの鎖1目を編み、束に拾って細編みを編みます。

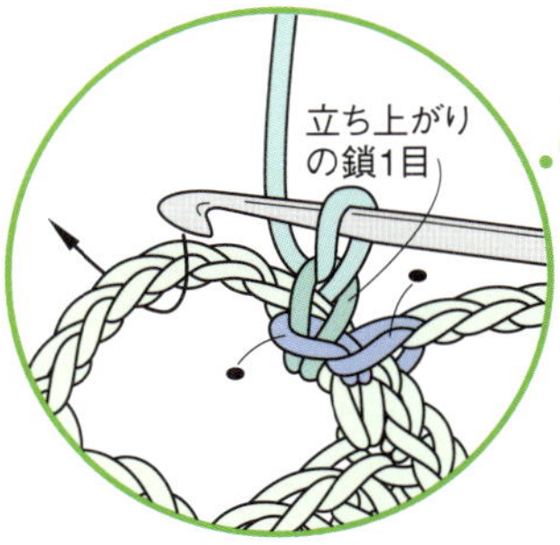

束に拾う

この空間に針を入れて、すっぽり包むように編む拾い方のことを「束に拾う」といいます。

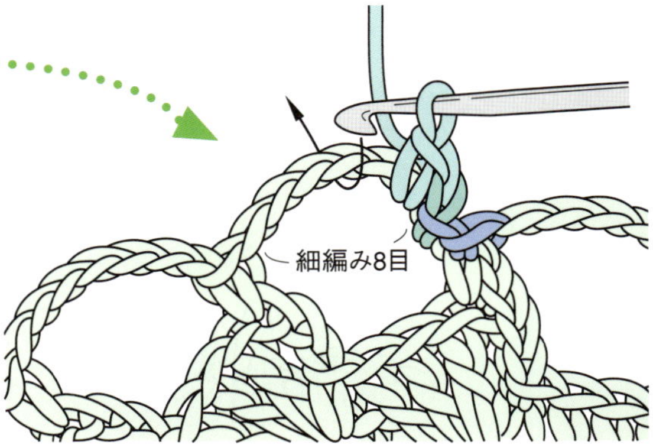

2 束に拾って、ネット編みに細編み8目を編みます。

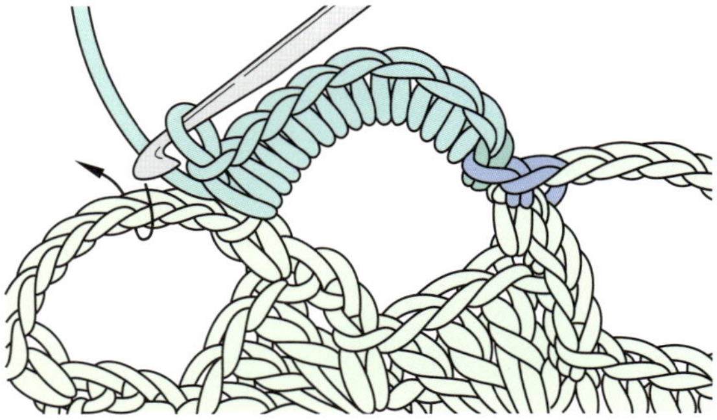

3 細編み8目を編んだら、次のネット編みに移ります。

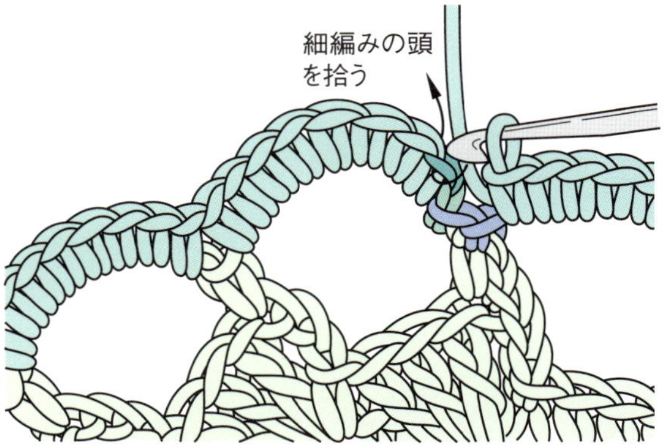

4 一周します。最後は編み始めの細編みの頭（ハの字の鎖2本に引き抜きます。

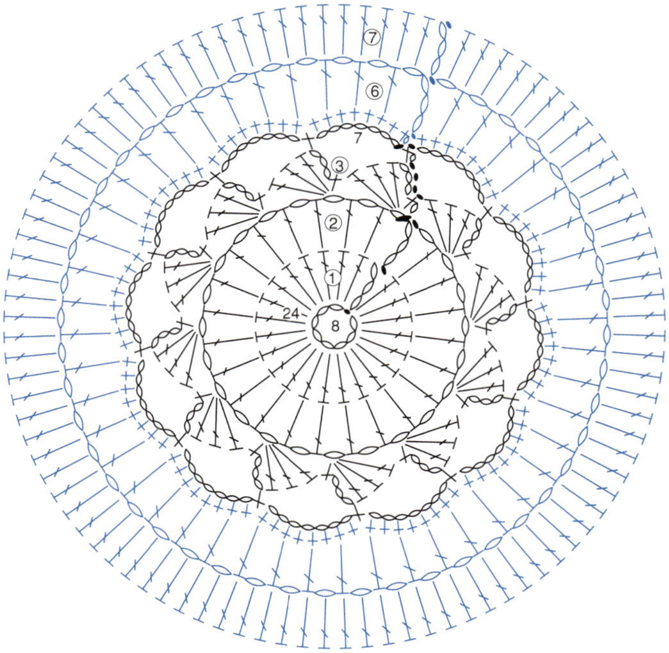

6段め　2段めと同じ「長編み1目＋鎖1目」の方眼模様を編みます。

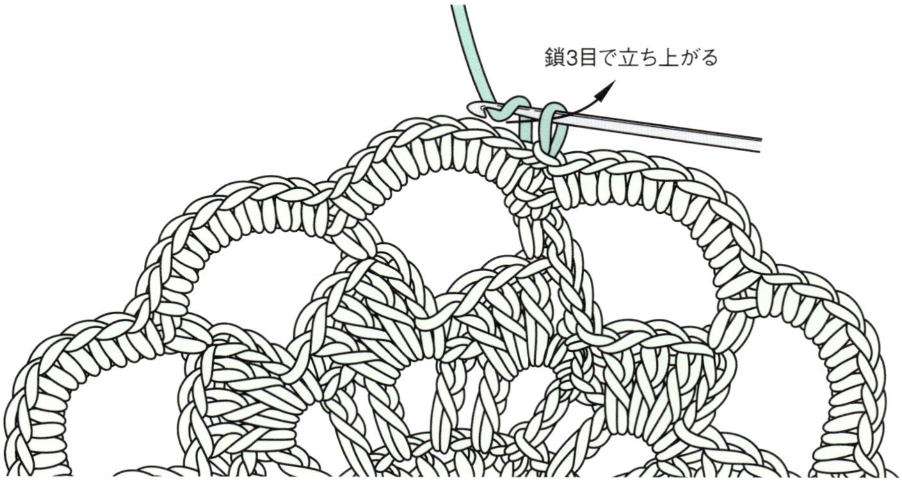

1 5段めで引き抜いた細編みの頭から、立ち上がり鎖3目を編みます。

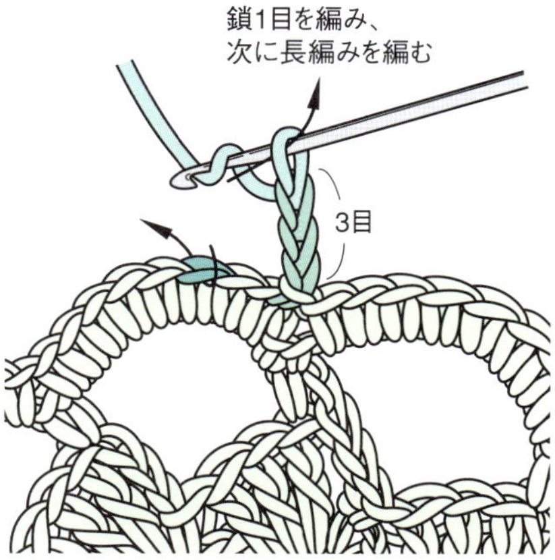

2 間に入れる鎖1目を編み、次の長編みは前段の細編みを1目飛ばした位置から拾います。

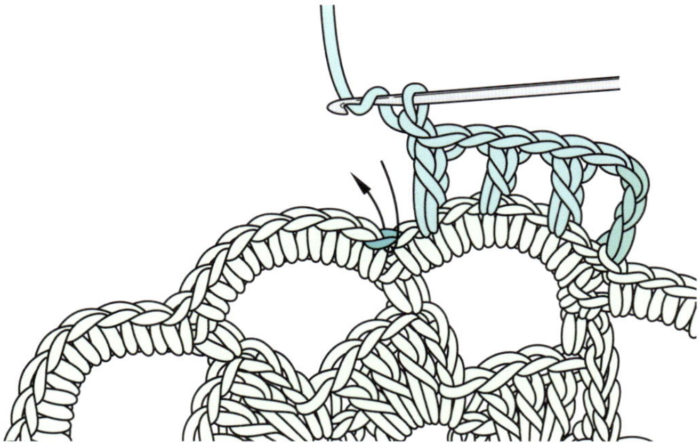

3 同様にくり返して、一周します。

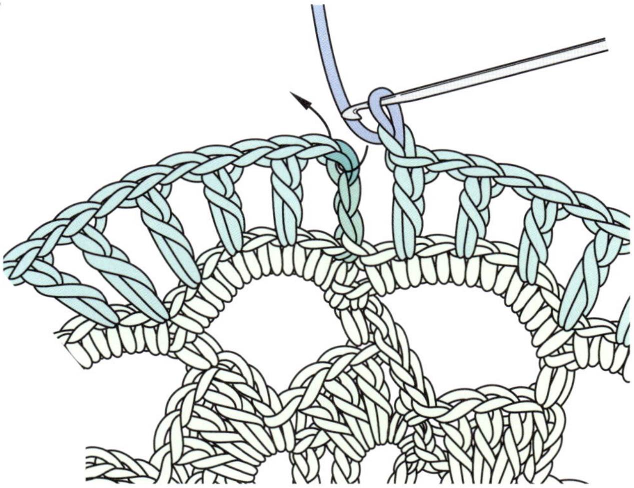

4 最後は編み始めの、立ち上がりの鎖3目めに引き抜きます。

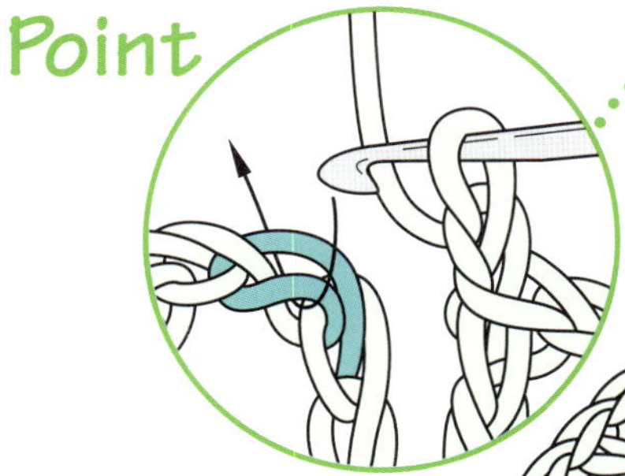

3目めの鎖の「表側のハの字2本と裏山の間」に手前から針を入れ、糸をかけて一度に引き抜きます。

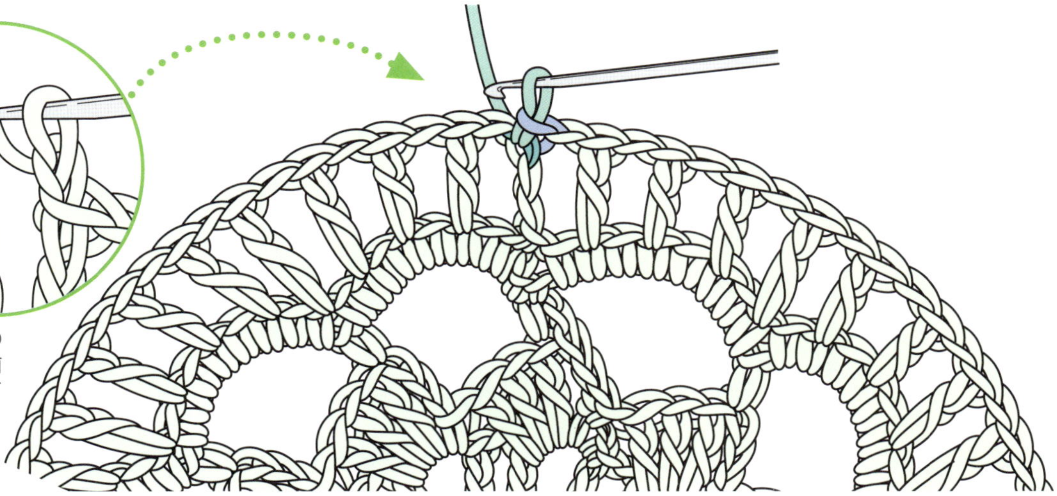

5 長編みと鎖目の頭が円につながり、6段めが編めました。

7段め 全目長編みで一周します。

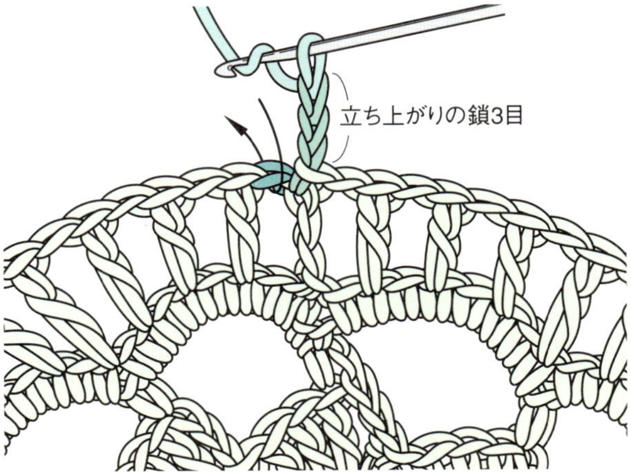

1 長編みの立ち上がり、鎖3目を編みます。
次の長編みは前段の、足元の鎖目を束に拾います。

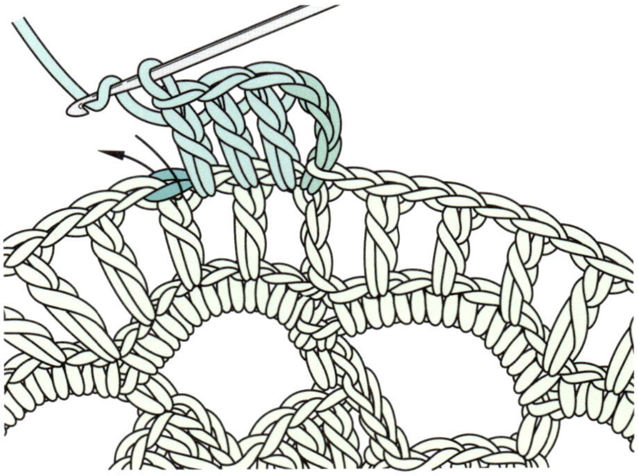

2 同様に、「前段の長編みの頭からはハの字の鎖2本と、
鎖目からは束に拾い」、長編みで1周します。

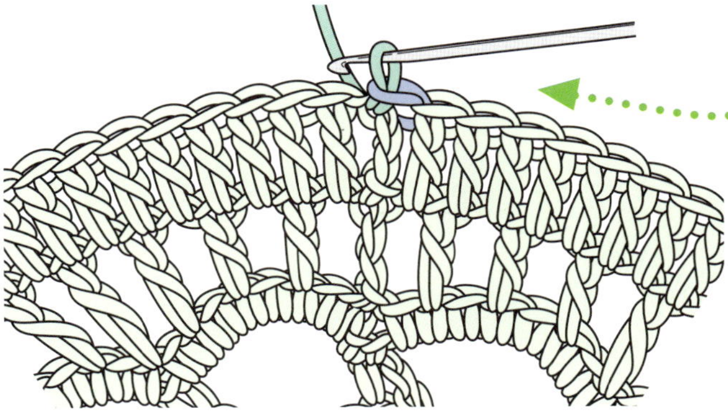

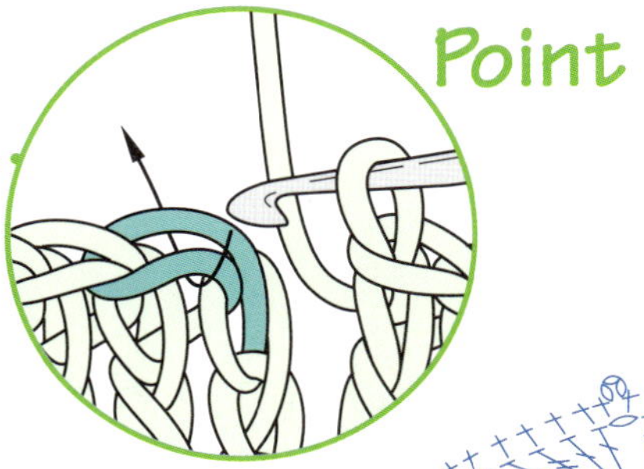

3 最後はポイントの要領で、立ち上がりの3目めの
鎖に引き抜きます。一周で96目です。

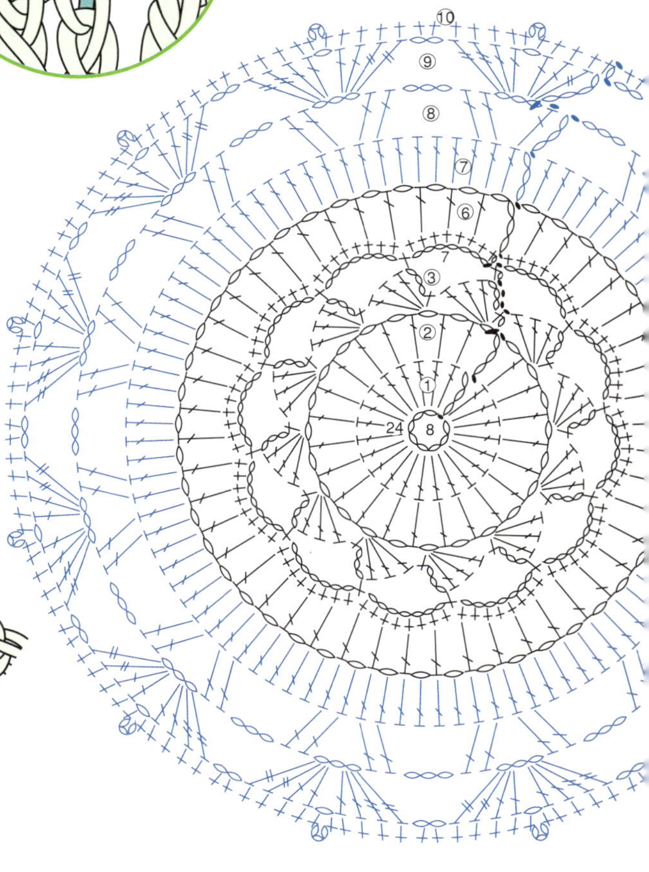

8段め

鎖目を入れて目数を増やし、編み広げます。

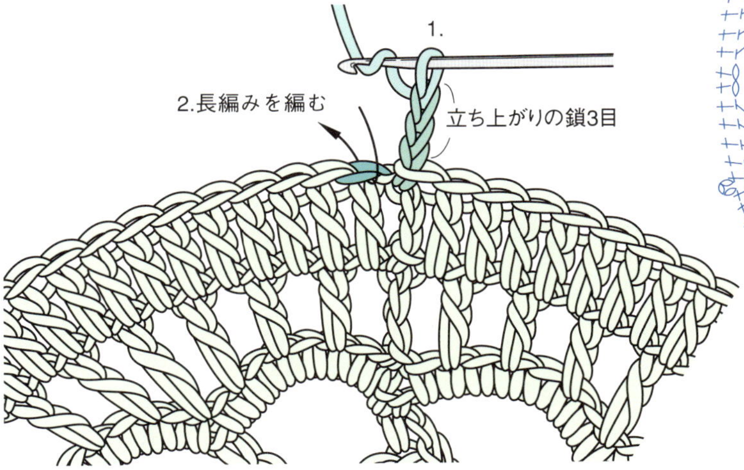

1 鎖3目で立ち上がり、もう1目長編みを編みます。
編み図の要領で、長編み4目の間に鎖目3目を編みます。

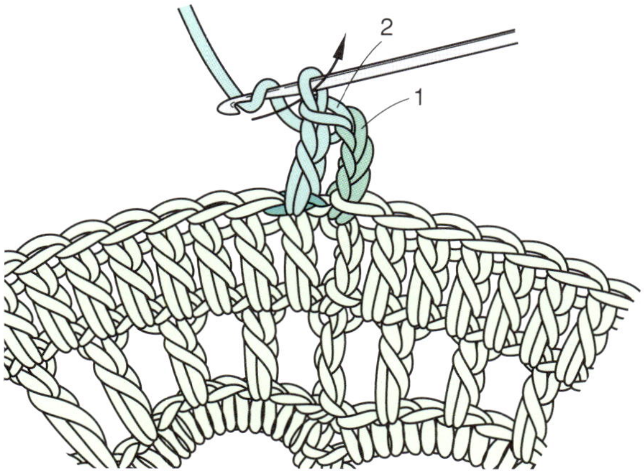

2 長編み1目を編み、続けて鎖3目を編みます。

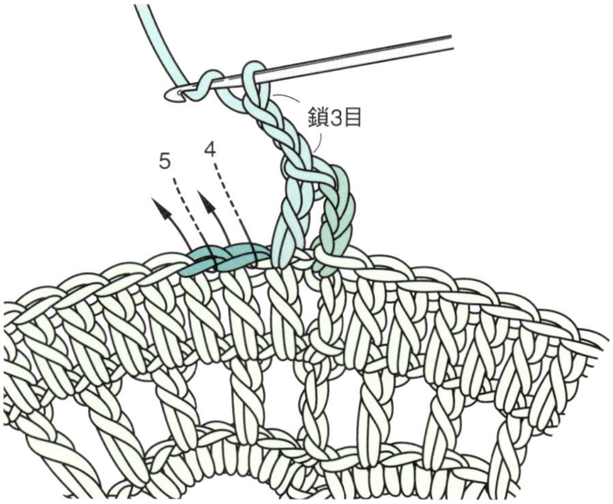

3 次の長編みは**4**、**5**と隣の目を拾い、扇のように編み目が開きます。

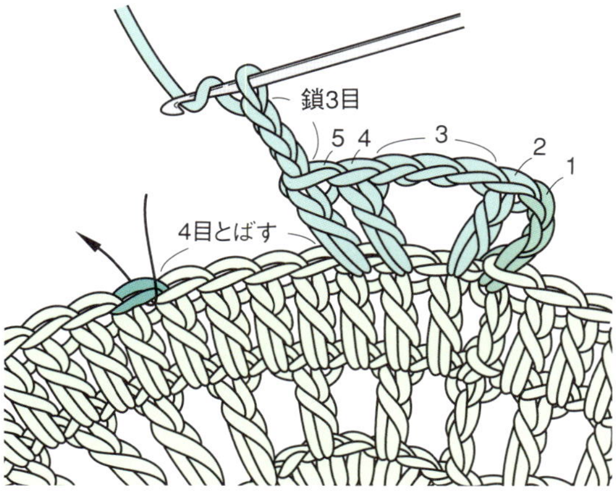

4 続けて鎖3目を編み、前段の長編みを4目飛ばした位置から次の模様を編み、模様をくり返します。

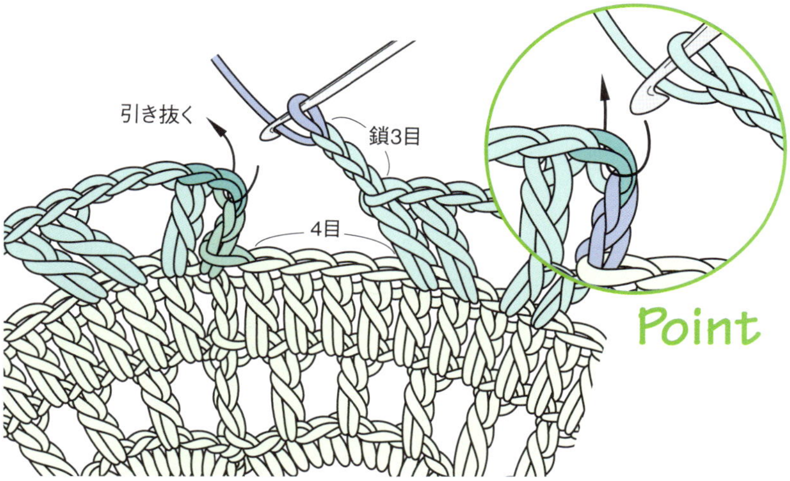

5 一周して編み、最後は編み始めの立ち上がりの鎖の3目めに引き抜きます。

9段め

長編みより背の高い、長々編みを覚えましょう。

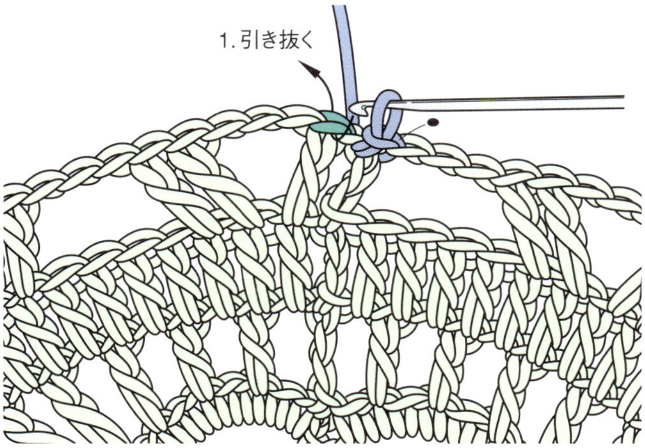

1 立ち上がりの位置を、引き抜きで1目左に移します。

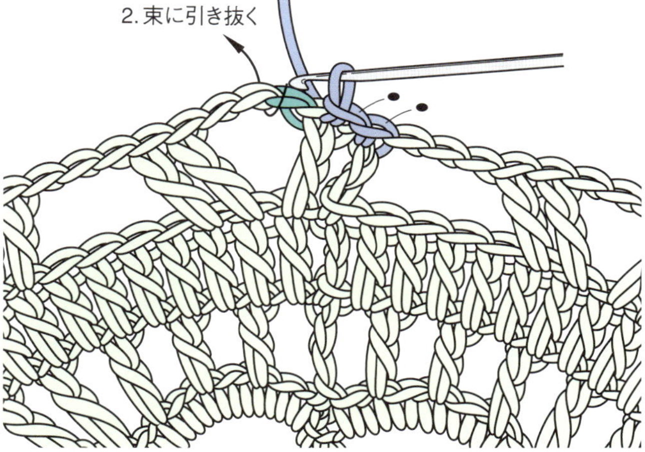

2 続けてもう1目、鎖編みを束に拾って引き抜き、2目左に移ります。

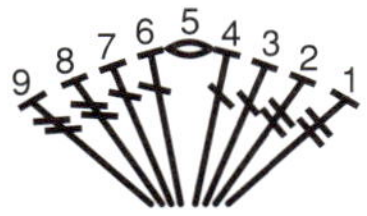

の編み方

扇形の模様＝シェル編みを編みます。左右に広がる模様ですので、両側の長編みを背の高い長々編みに変えて、美しい扇形にします。

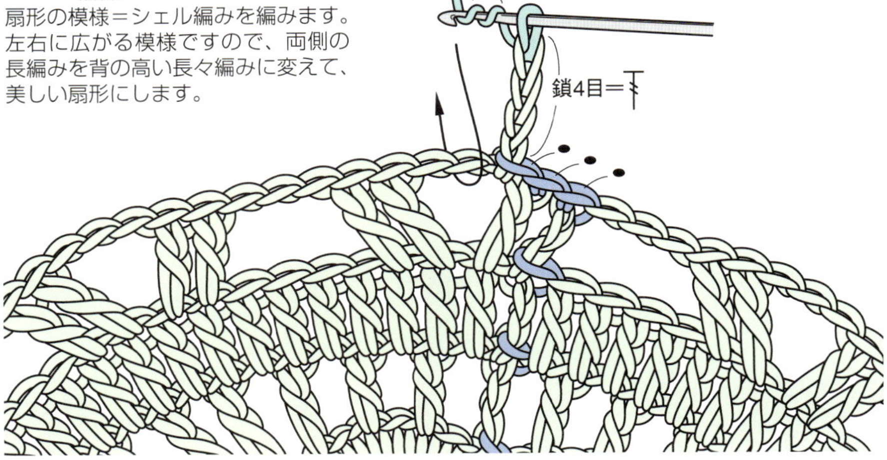

1 長々編みの立ち上がりは鎖4目、長々編みを編むときは最初に針に2回糸を巻きます。

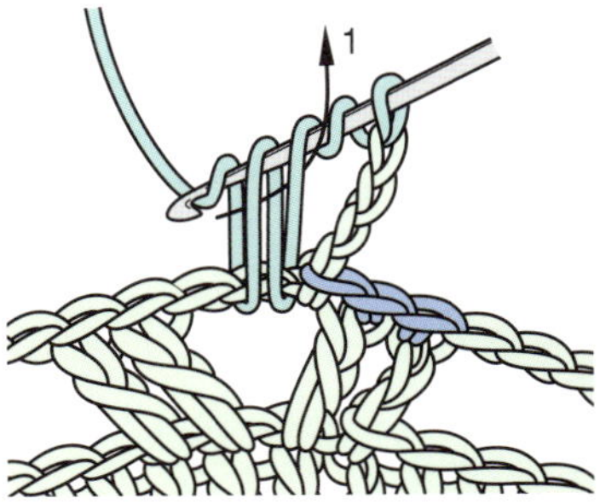

2 鎖3目分の糸を引き出し、糸をかけて針先からループ2本を矢印のように引き出します。

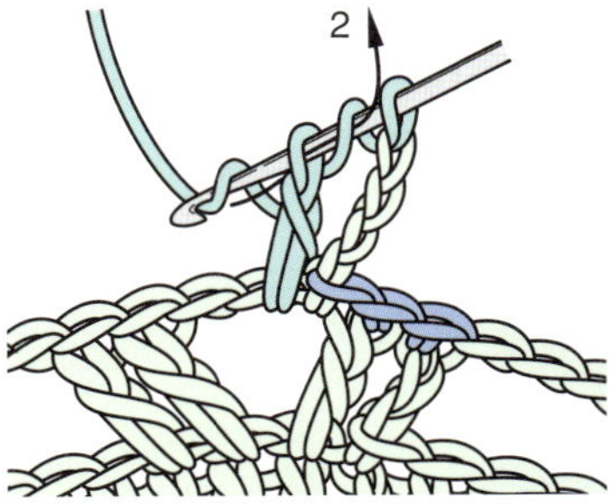

3 針には1巻きした糸と、未完成の長編み目がかかっています。もう一度糸をかけ、針先からループ2本を矢印のように引き出します。

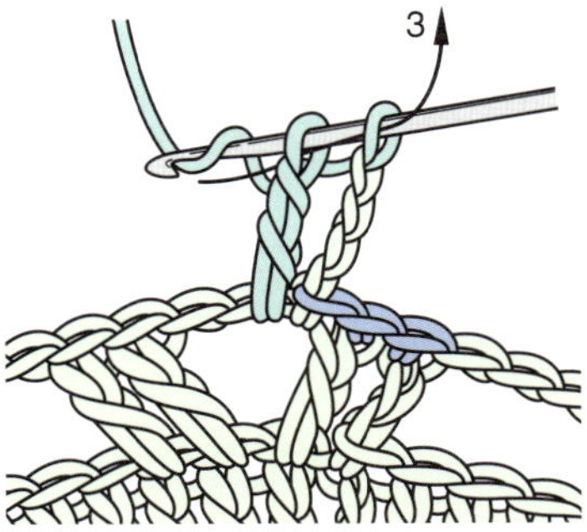

4 針には未完成の長々編み目が残りました。もう一度糸をかけ、残りを一度に引き出します。

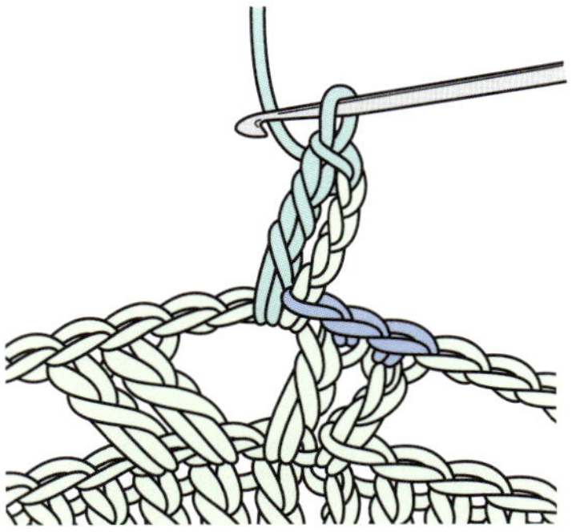

5 長々編みが編めました。編み目記号の**2**まで編め、編み目記号に沿って順に編んでいきます。

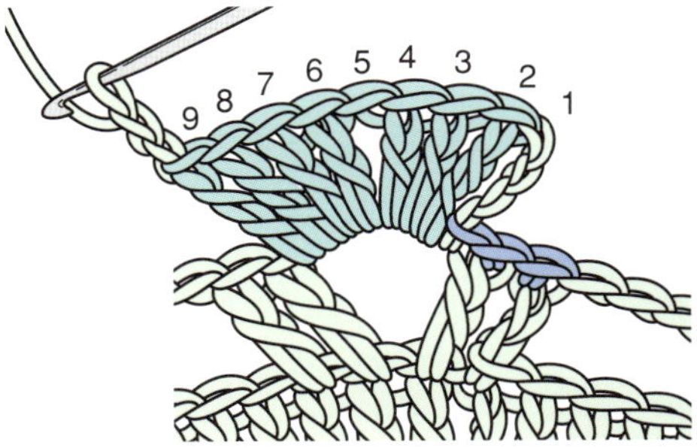

6 編み目記号の**1**～**9**まで編めました。続けてシェル編みの間の鎖2目を編み、同様にくり返します。

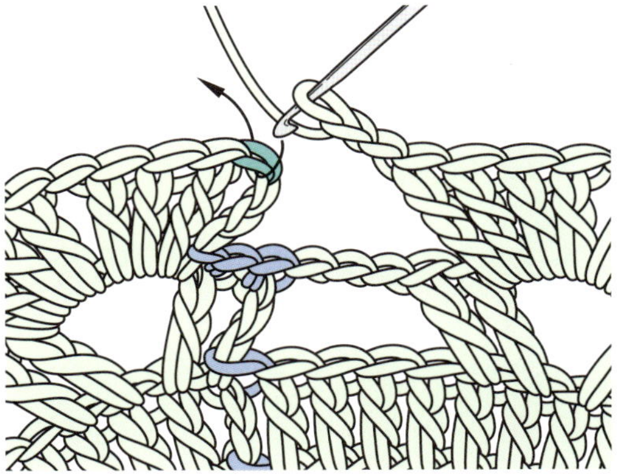

7 一周して編み、最後は編み始めの、立ち上がりの鎖の4目めに引き抜きます。

10段め

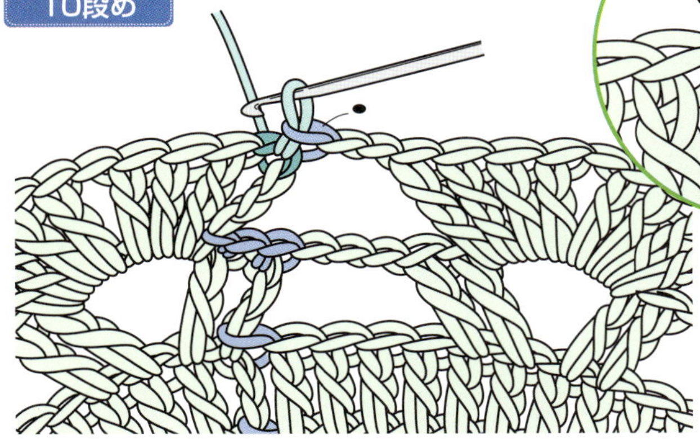

最終段は縁編みで一周します。縁編みは細編みとシェル編みの中心位置には鎖3目のピコットを編みます。

Point

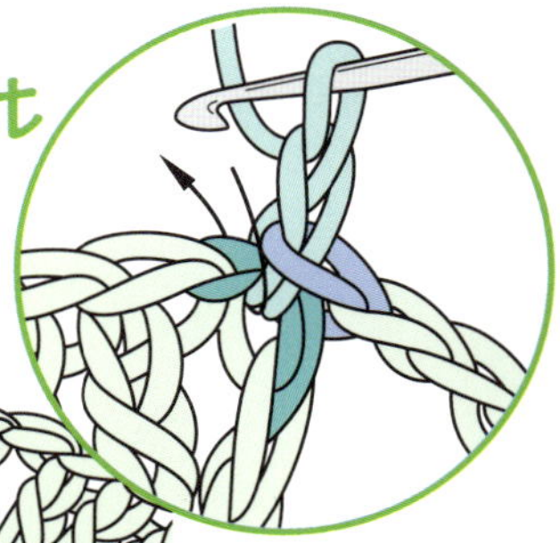

立ち上がりの鎖1目を編み、同じところに細編みを編みます。

縁編みと鎖3目のピコットの編み方

最終段の縁編みを編みます。編み地が安定するように細編みで一周し、シェル編みのところは飾りの鎖3目のピコットを編みます。前段の長編みの頭からはハの字の鎖2本、鎖目からは束に拾います。

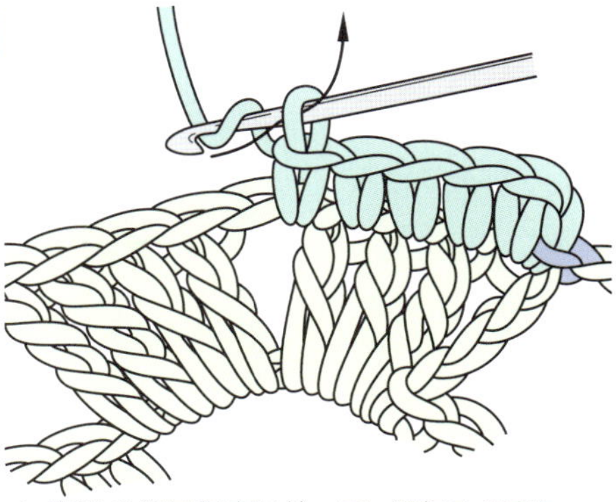

1 前段の鎖目を束に拾って、細編み1目を編みます。

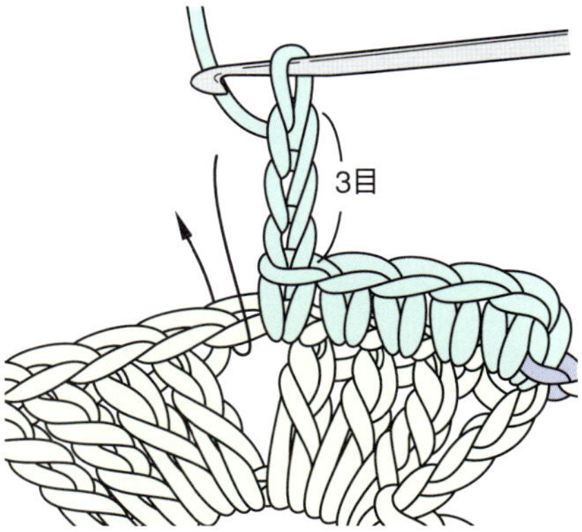

2 続けて鎖3目を編み、同じところに細編みをもう1目編みます。

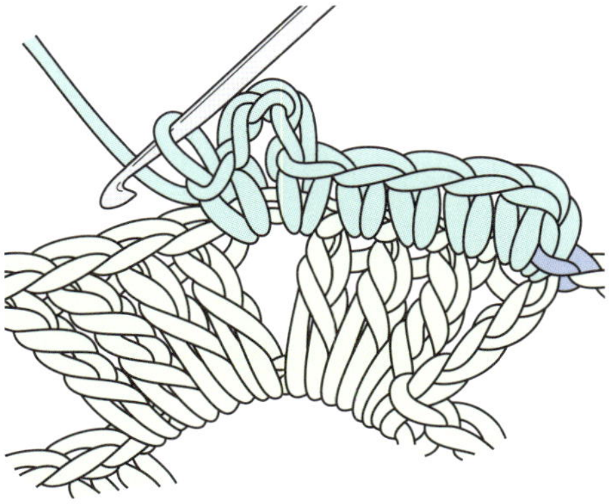

3 細編みと細編みの間の鎖3目が押されて、凸状に飛び出します。これがピコットです。

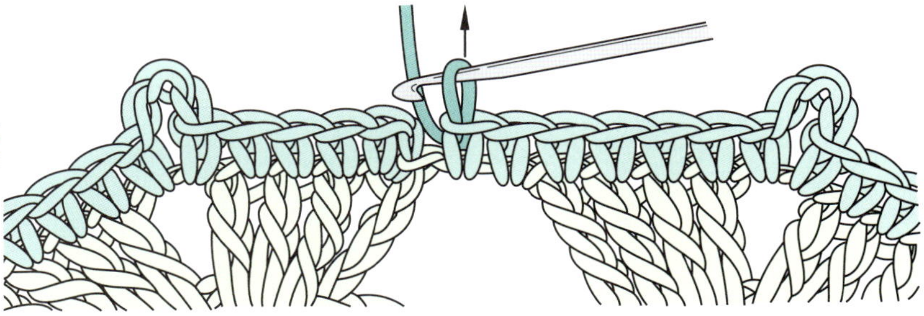

4 編み図の要領に、縁編みで一周します。

編み終わりの始末B

編み始めと編み終わりをつなぎます。針にかかった最後の目を引いてループを伸ばし、糸端を15cmくらい残して切り、針に通します。

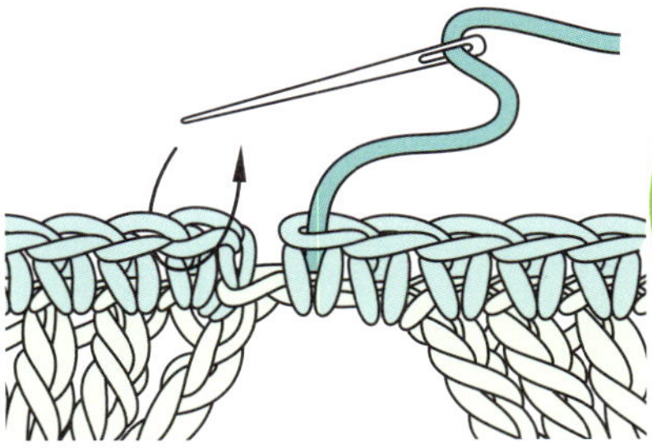

1 細編みの頭の鎖目の流れに沿わせて、編み始め側の2目めの細編みの頭に矢印の要領で針を入れます。

Point
2目めの細編みの頭をすくって手前に出た糸を、編み終わりの元の目に戻すように目の中心に針を入れます。

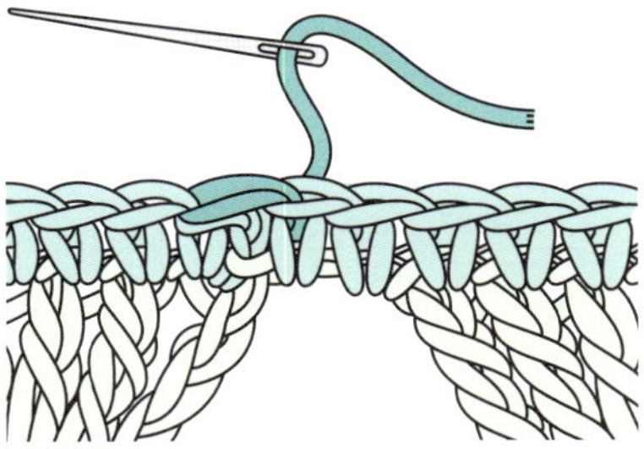

2 鎖1目の大きさで糸を引き、編み始めの細編みの頭に重なって目ができました。

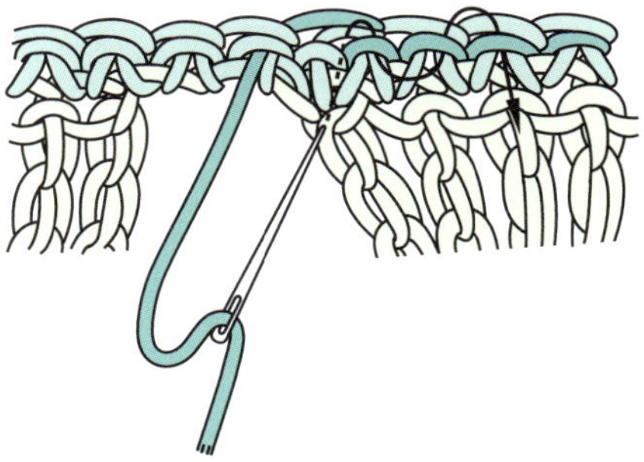

3 糸始末は編み地を裏返し、細編みの裏山の目を拾って、編み目にくぐらせて始末します。

糸の通し方

細い糸と針になると、通しにくくなってきます。昔からある方法ですが、糸を針の耳の細い面に当て、強くつまんですべらせ、糸に折り線をつけてから針に通します。

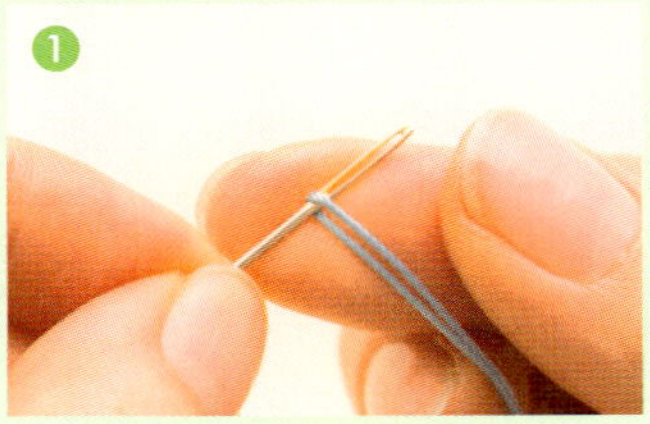

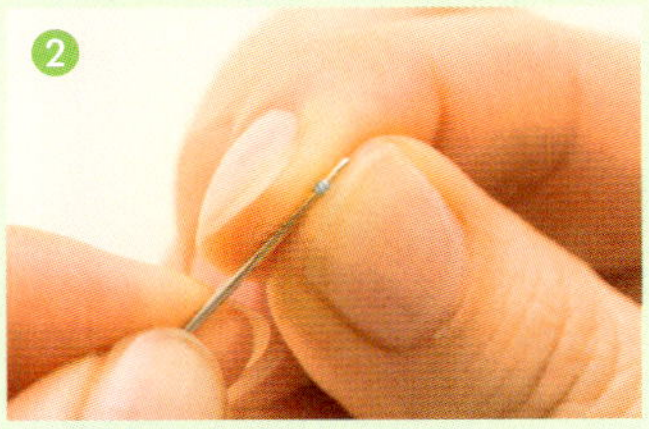

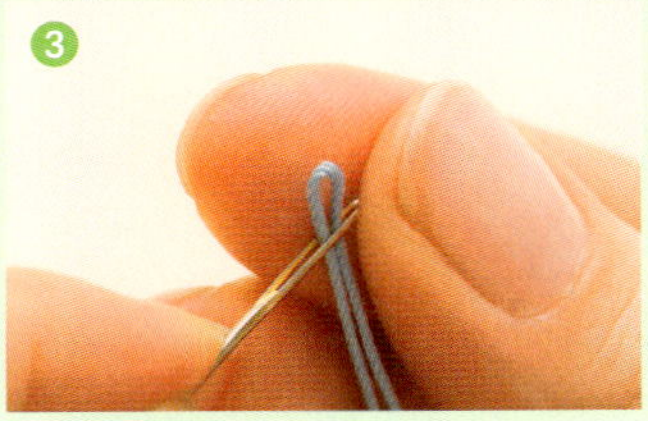

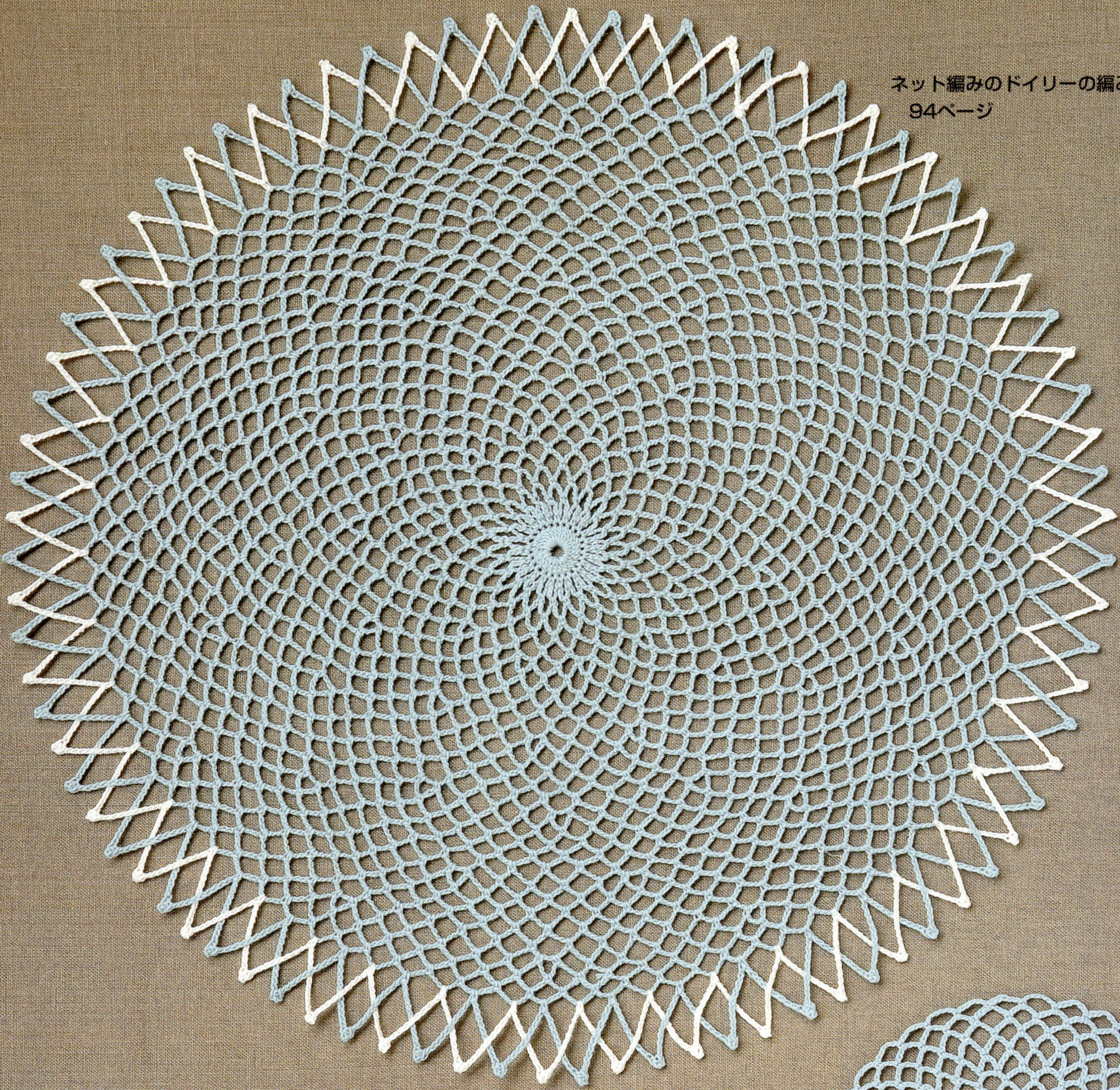

ネット編みのドイリーの編み方
94ページ

ネット編みのドイリー

ここではネット編みの鎖目の数は変えないで、平均にネット編みの山数を増やして、編み広げています。また糸が細いので、ネット編みの表情をそろえるため、細編みの立ち上がりの鎖目は編みません。
ネット編みを美しく編むコツは、鎖目は針にかけた糸がゆるまないでビシッと音が出るような引きしめた目と、鎖目をとめる細編みを引きしめて編むことです。レッスンページでは細編みを引きしめて編むために、「ループを引き抜くときに、一呼吸おいて2回で引き抜く」という裏ワザを紹介しました。

レッスン作品

ネット編みのドイリー
レッスン作品の編み方

レッスン作品のネット編みのドイリーは、大きい作品の中央11段までを編んだものです。37ページでは実物大で紹介していますので、同じ糸で編む場合の目の大きさの目安にしましょう。

●糸／オリムパス　#40レース糸
●レース針／8号

〈実物大〉

鎖8目の輪の作り目

16ページの「鎖で輪を作る」を参照します。

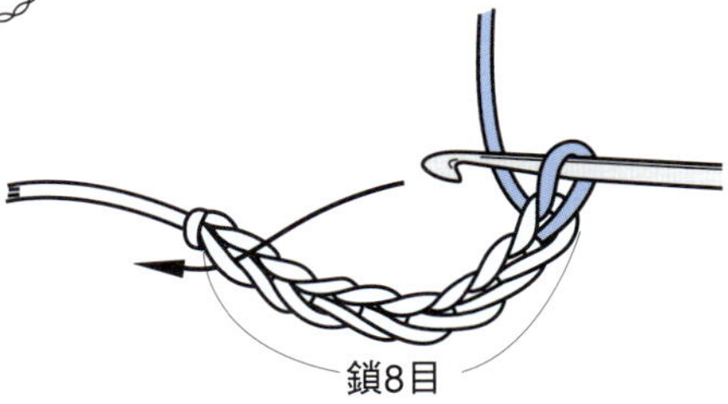

1 鎖8目を編み、矢印のように1目めの鎖の外側の半目1本を拾って引き抜きます。

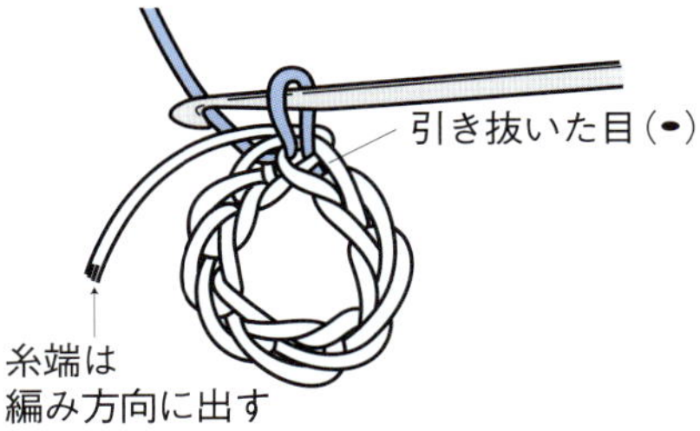

2 鎖8目の輪を作り、糸端を進行方向の左側に置き、1段めで編みくるみます。

Point

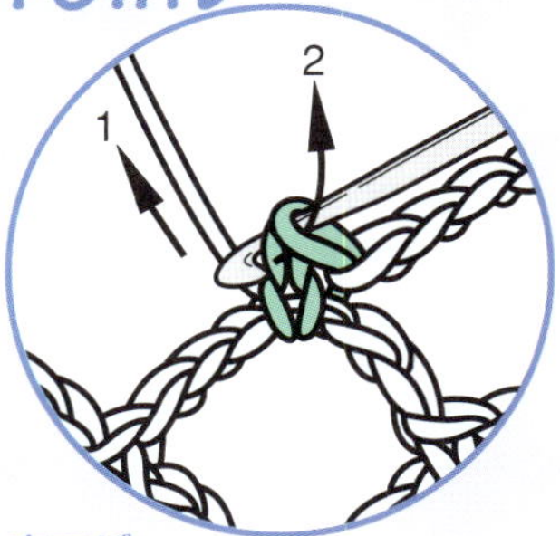

裏ワザ

ネット編みの細編みは針足を短くして、鎖編みをしっかり捉えて編みます。引きしめるために一度に引き抜かないで、一呼吸おく感じで2回で引き抜きます。
❶針先から1本だけ抜いたときに、左手の人差し指を上げて糸を引きます。
❷続けて、残りのループを引き出します。

1段め

輪の中に長編み24目を編み入れます。

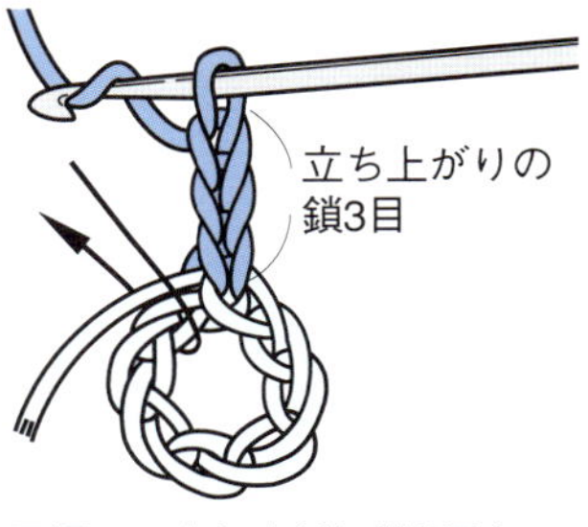

1 長編みの立ち上がり鎖3目を編み、続けて長編みを編みます。針に糸をかけて、手前から輪の中に入れます。

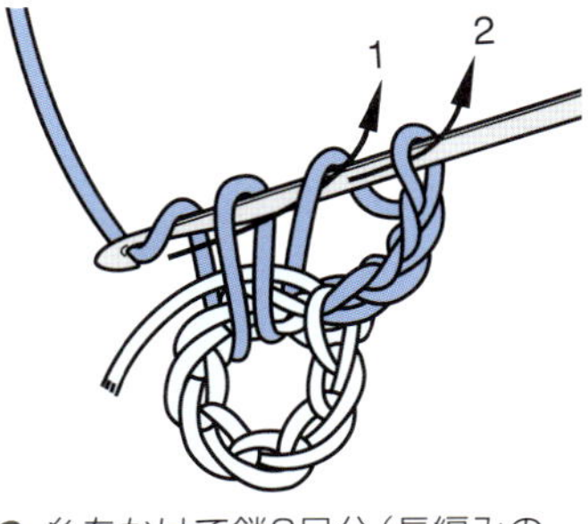

2 糸をかけて鎖2目分（長編みの高さの2/3）の糸を引き出します。続けて**1**、**2**と糸をかけて針先から各2ループだけ糸を引き出します。

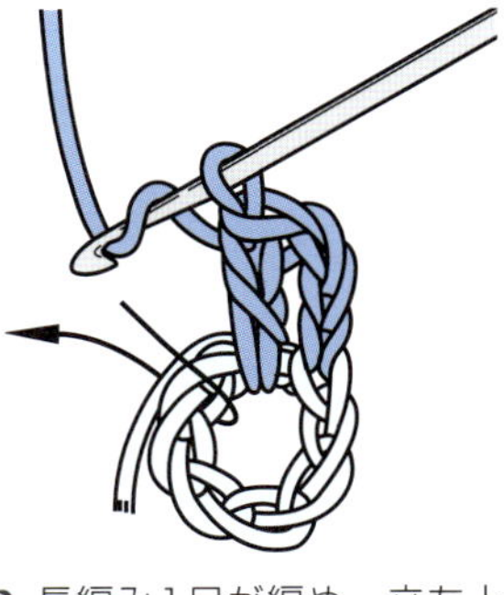

3 長編み1目が編め、立ち上がりの目を含めて2目が編めたことになります。続けて長編みを編みます。

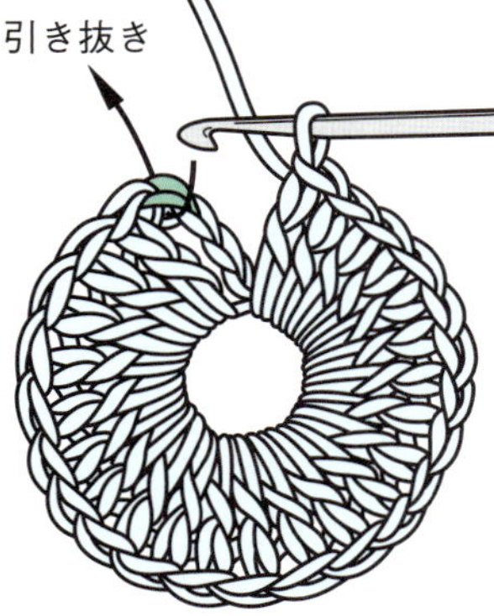

Point
「鎖の表側のハの字2本と裏山の間」に手前から針を入れます。

4 1段めの長編み24目が編めました。編み終わりは、最初の立ち上がりの鎖3目めに引き抜きます。

2段め

「細編み1目・鎖6目」のネット編みを編みます。

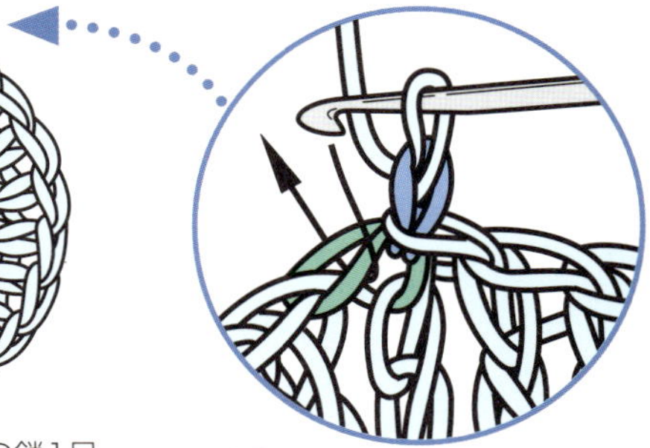

Point
細編みは立ち上がりの鎖1目と同じところを拾います。

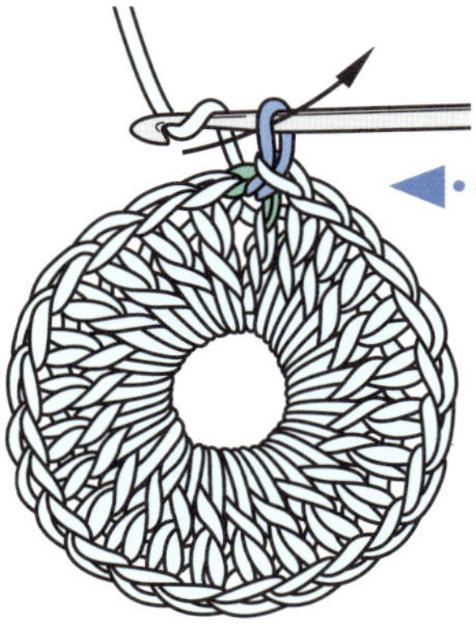

1 細編みの立ち上がりの鎖1目を編みます。

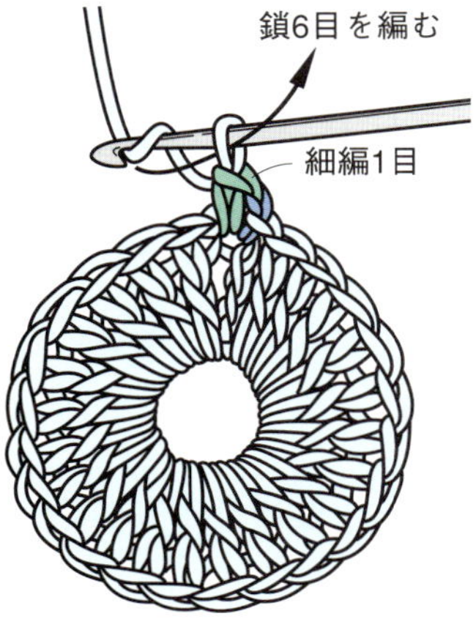

2 細編み1目を編んだら、続けて鎖6目を編みます。

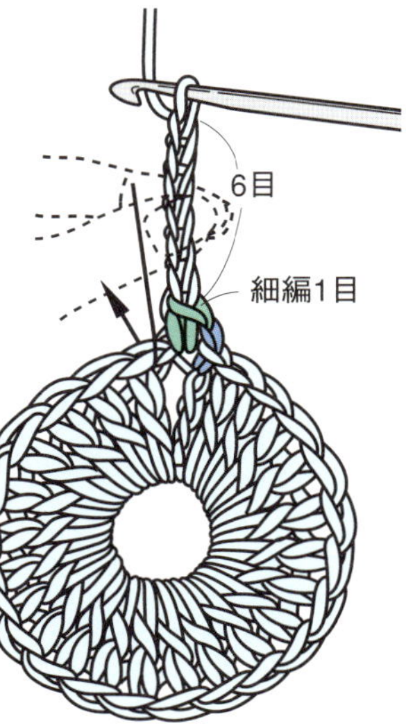

3 鎖編みは、編む調子を揃え、目を引きしめます。鎖目を長く編むときには、鎖編みを持ち直すと編み目が安定します。

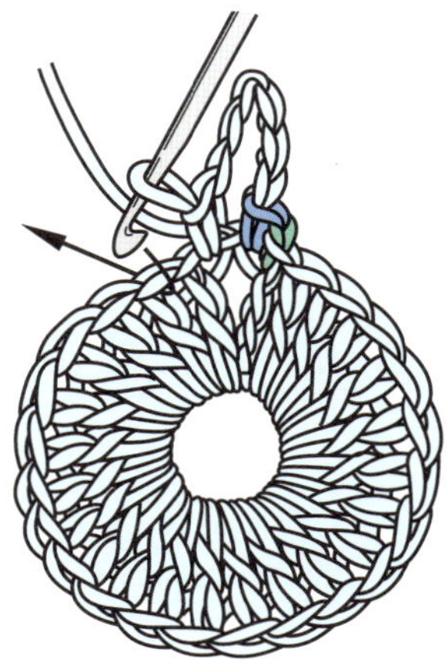

4 鎖6目を編んだら、前段2目めの長編みの頭(ハの字の鎖2本)を拾い、細編みを編みます。この「細編み1目・鎖6目」がネット編みの1山になります。

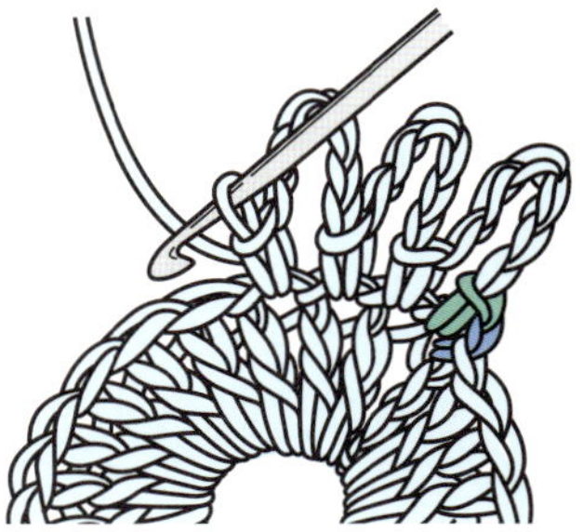

5 1段めの長編み全目に、ネット編みを編みます。

2段めの最後

次の段に移るために、ネット編みの中心に目が残るようにします。
長編みの高さは鎖3目と同じですので、鎖6目を「鎖3目＋長編み1目」に置き換えて編みます。
ネット編みと同寸の1山になります。

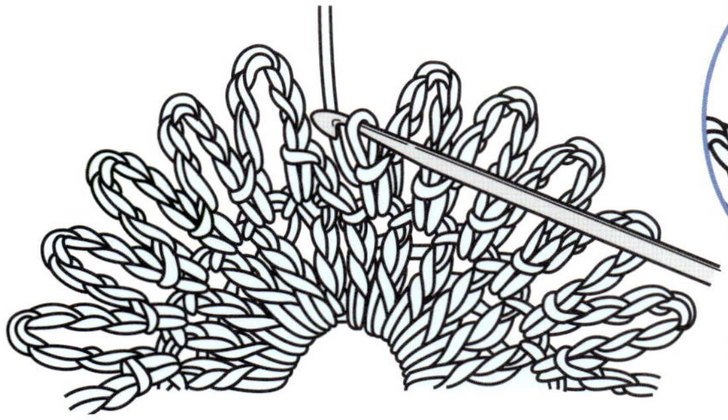

1 一周して23回くり返したら、最後の1山は、鎖3目と長編み1目に置き換えて編みます。

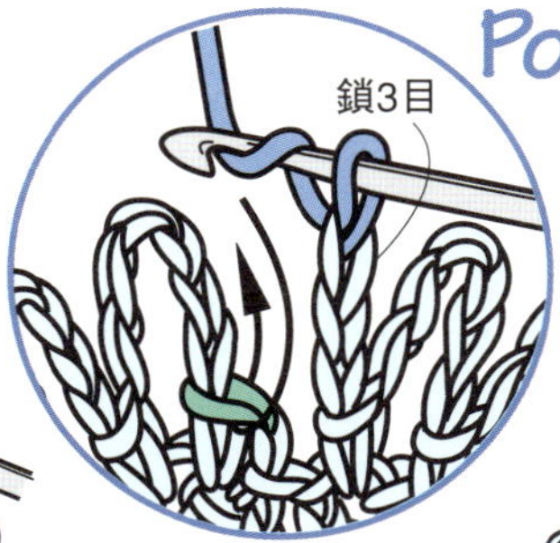

Point
鎖3目を編んだら、針に糸をかけて編み始めの細編みの頭(ハの字の鎖2本)に矢印のように針を入れて、長編みを編みます。

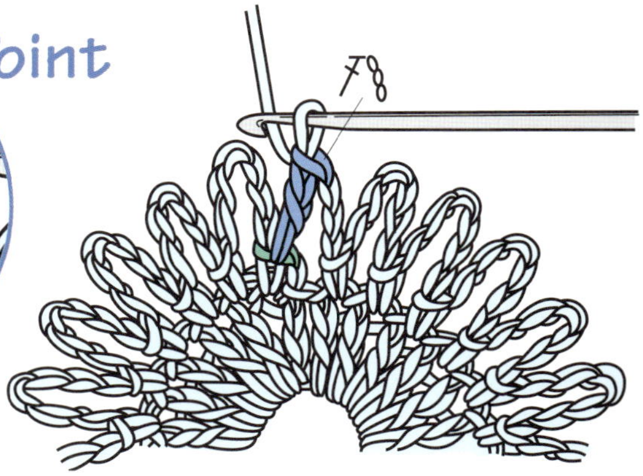

2 「鎖3目＋長編み1目」の1山が編め、最後の目はネット編みの中心に残り、次の段に編み進みます。

3段め

細編みはネット編みの空間に針を入れて、束に拾って引きしめて編みます。

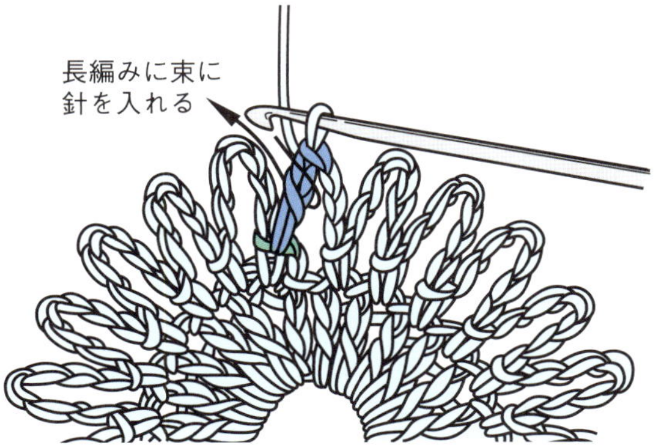

1 編み地の表情を他の細編みと合わせるため、立ち上がりの鎖目を編まないで、すぐ長編みの足を束に拾って、細編みを編みます。

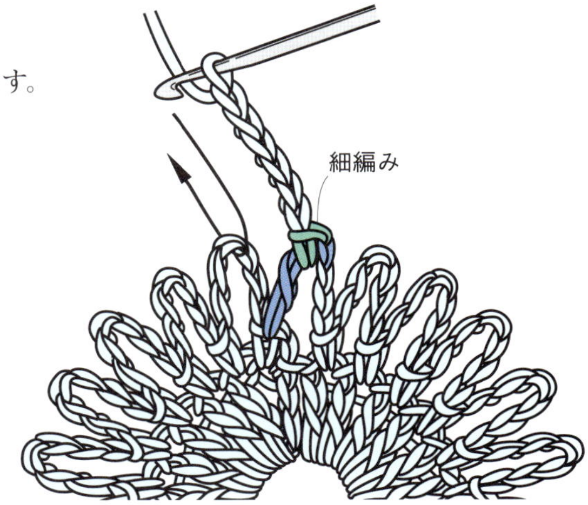

2 続けて鎖6目を編み、次のネット編みの空間に針を入れて束に拾い、細編みを編みます。

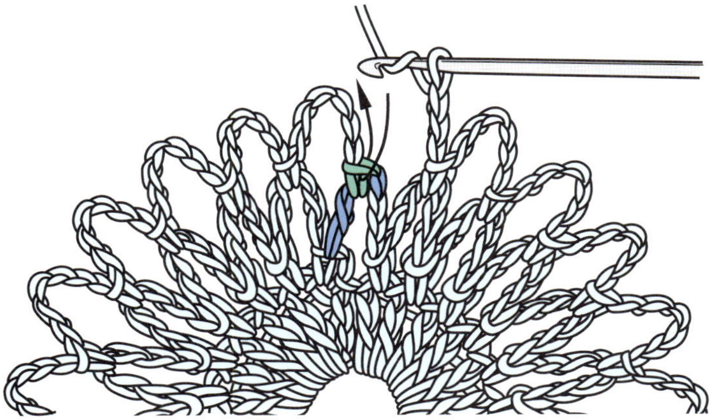

3 同様にくり返し、最後の1山は、鎖3目と長編み1目に置き換えて編みます。鎖3目を編んだら、編み始めの細編みの頭（ハの字の鎖2本）を拾って長編みを編みます。

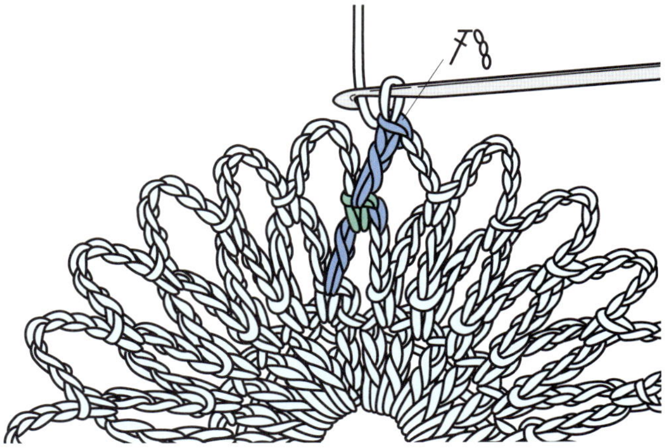

4 3段めが編めました。次の段へは同じ要領で進みます。立ち上がりの位置は進行方向とは逆の後ろ、右側に1山の半分ずつずれていきます。

Variation

ネット編みの立ち上がりはこの他に、「A.細編みの立ち上がりの鎖目を編む場合」と、「B.細編みを編まない場合」があります。

A  細編みの立ち上がりの鎖目を編む場合

鎖3目と長編みを編んだら、立ち上がりの鎖1目を編んでから、長編みの足を束に拾って、細編みを編みます。一般的な手法です。

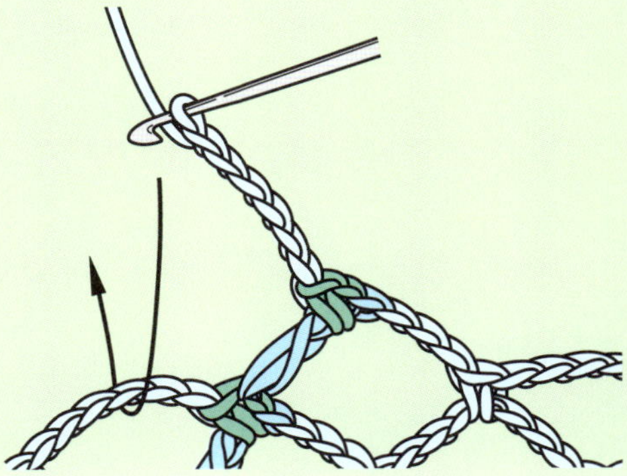

B  細編みを編まない場合

鎖3目と長編みを編んだら、続けてすぐに長編みの足を束に拾って、ネット編みをします。糸が太い場合に、でき上がりを薄く仕上げるために使う手法です。

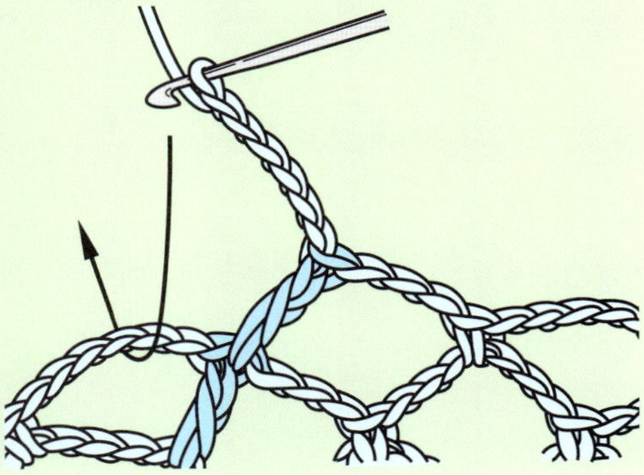

● ネット編みの増し目

何段かごとにネット編みの山数を増やして、編み広げます。
レッスン作品は7段めで、12山増やしています。

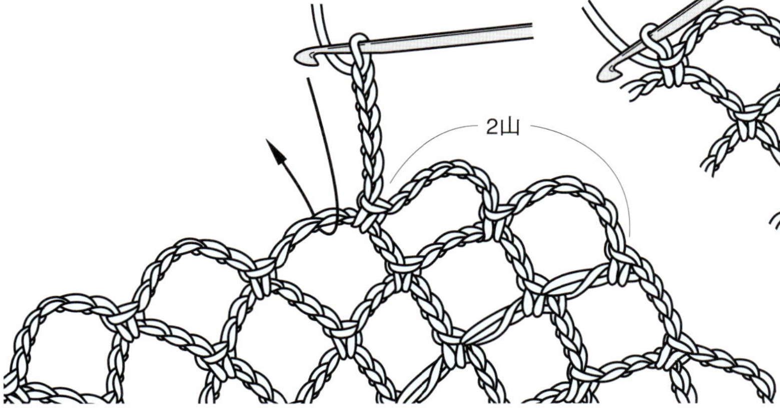

1 ネット編み24山を12山増やして、36山にします。
2山を編んだら、3山めも同じネット編みに編み入れます。

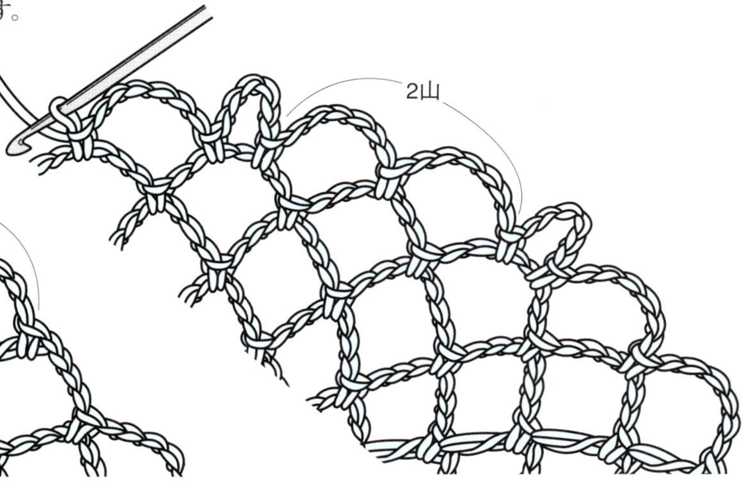

2 「2山おきに1山」を増やしながら、くり返して編みます。

編み終わりの始末

始末するときに鎖1目ができますので、ネット編みの鎖の数を1目少なく編みます。

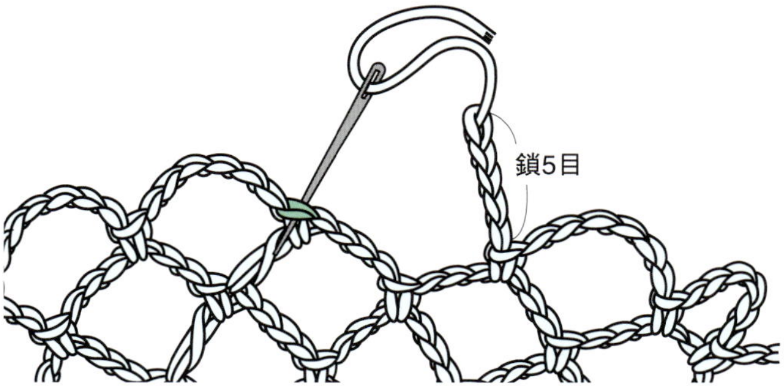

1 最終段は次の段に移ることがないので、最後まで鎖編みします。1目少ない5目を編み、針にかかった最後の目を引いてループを伸ばし、糸端を15cmくらい残して切ります。糸を針に通し、編み始めの細編みの頭に図のように針を入れます。

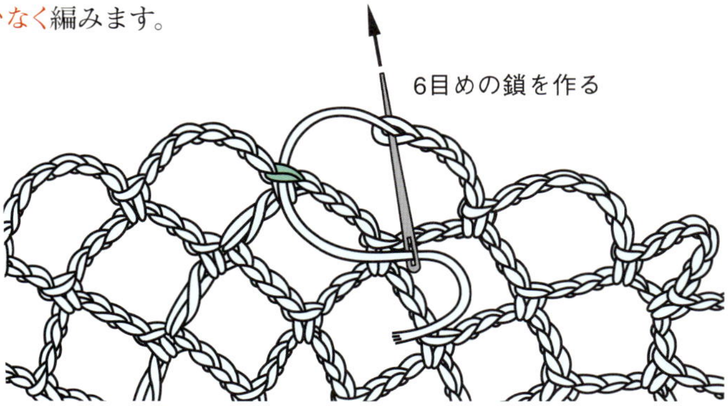

2 細編みの頭に糸を通し、最後の鎖目に戻って目の中心に針を入れます。その目を鎖1目の大きさに合わせ、糸を引きます。

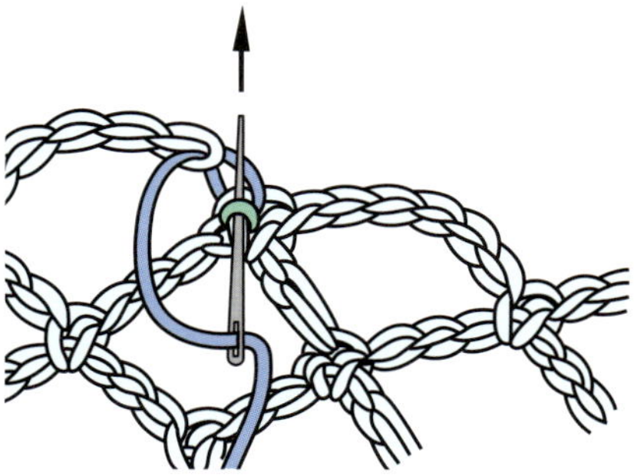

3 編み地を裏返し、細編みの裏山の目に下側から針を入れます。糸始末は右図Aの鎖の裏山を拾います。

Variation 糸始末の仕方

A 鎖の裏山に

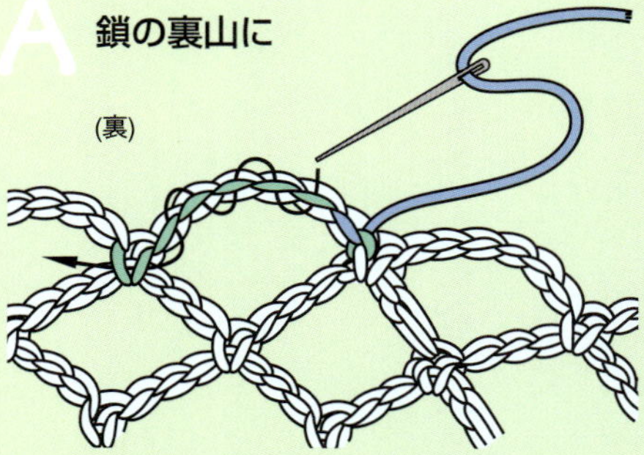

矢印の要領で上下、上下と裏山に沿わせて針を通します。糸端はくぐらせた編み地ギリギリに切ります。

B 立ち上がりの長編みに

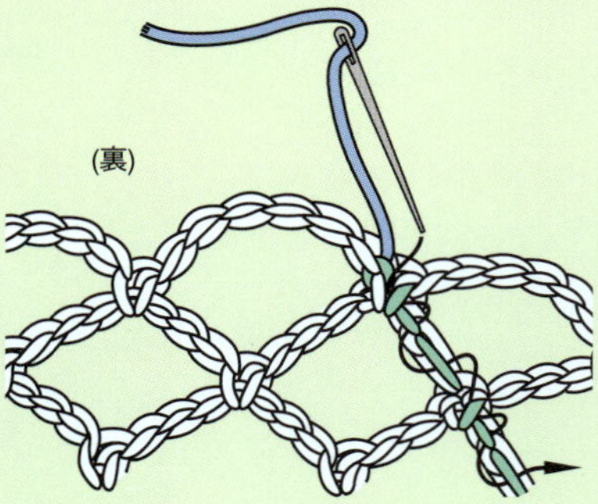

裏側で立ち上がりの長編みの足を、表にひびかないようにすくって、くぐらせます。

Variation

●ネット編みの数は変えないで、鎖目の数を増やしていく方法

編み地の広がりに合わせて、ネット編み1山の鎖目の数をだんだん多くしていきます。
1段のネット編みの数はそのままですが、ネットが次第にあらくなって、美しい円形になります。

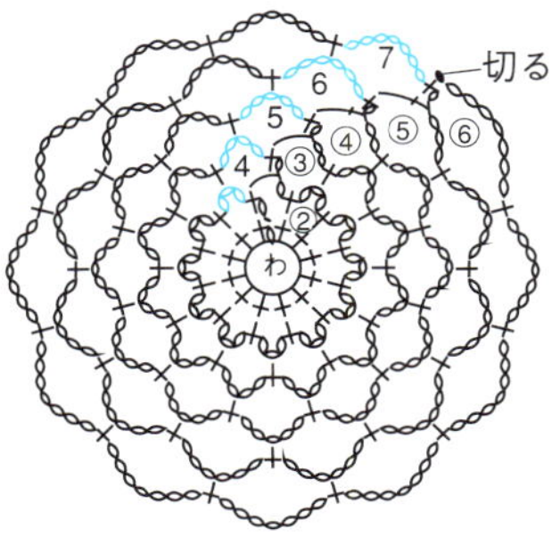

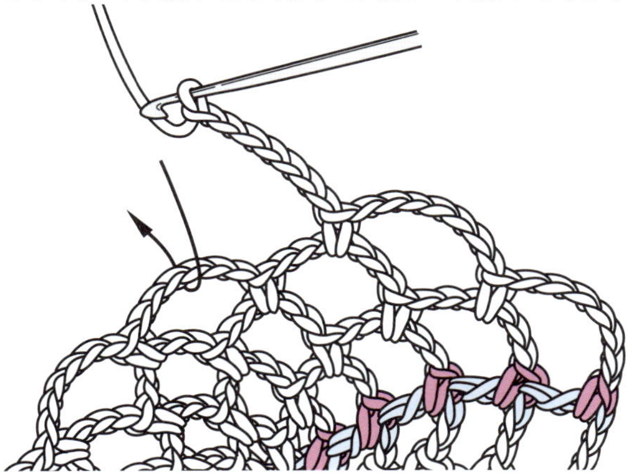

●位置を決めて、ネット編みの数を増す方法（例：六角形）

鎖目の数は変えないで、位置を決めて同じ山に2回細編みを編むと、図のように1山多くなります。
毎段同じ位置で増すと角がつき、いろいろな形が作れます。
図は六角形ですが、4ヵ所で増すと四角形になります。

山の数を増していく方法（六角形）

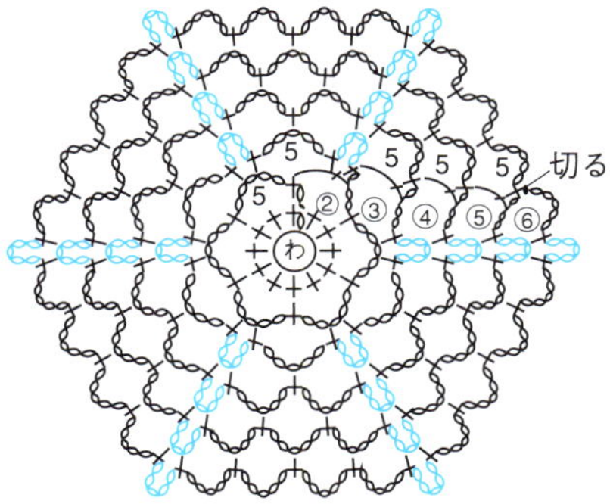

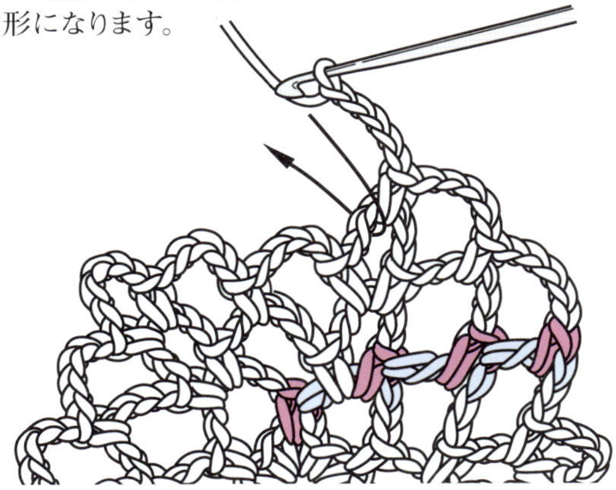

6ヵ所でネット編みの数を増した六角形

●ネット編みで、引き抜きで立ち上がる方法

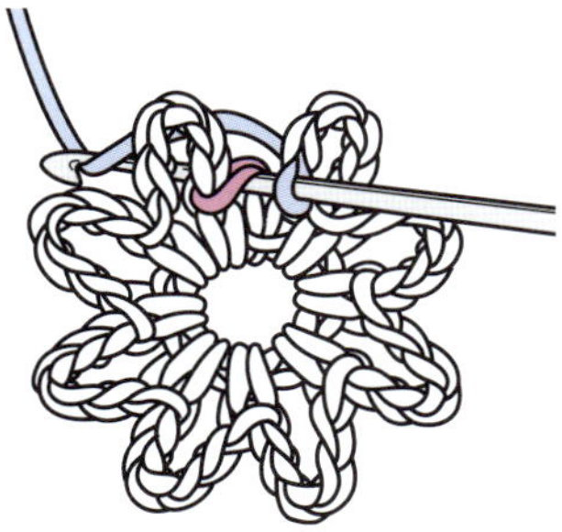

1 編み終わりは、編み始めの細編みの頭（ハの字の鎖2本）に引き抜きます。

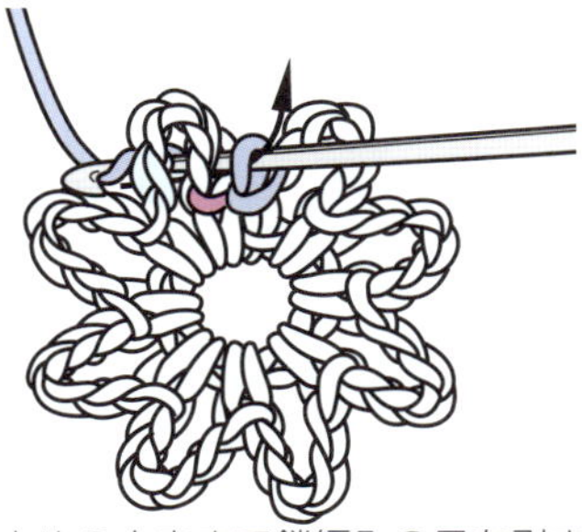

2 1山めの中央まで鎖編みの目を引き抜き、立ち上がり位置を移動します。鎖編みの外側の1本（28ページのポイント図参照）を拾って、「鎖1目に引き抜き1目」を2回くり返します。

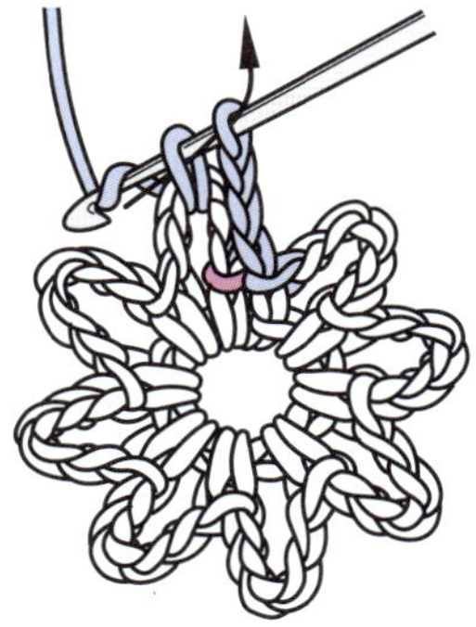

3 少しきつめに引き抜きし、立ち上がり位置を移動させて次の段を編みます。

ネット編みで平編みにする場合

ネット編みは毎段山が交互に重なるので、編み始めと編み終わりが完全に1模様ずつ編める段と、半模様ずつの段が交互になります。毎段、表⇔裏と持ち替えて編みます。ここで両端の目の拾い方と編み方をしっかり覚えましょう。
作り目の数は、「1模様の目数の倍数＋1目」です。

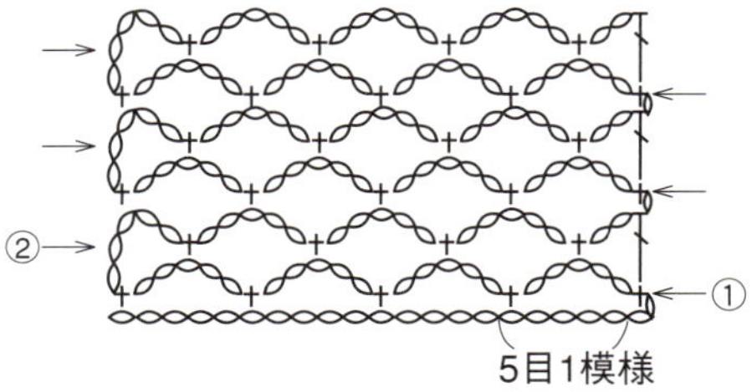

1段め

ネット編みの作り目は針を同じ号数か、もしくは1段階小さくして編みます。
例（オリムパス　エミーグランデの場合）：作り目をレース針2号、編み地をレース針0号で編みます。

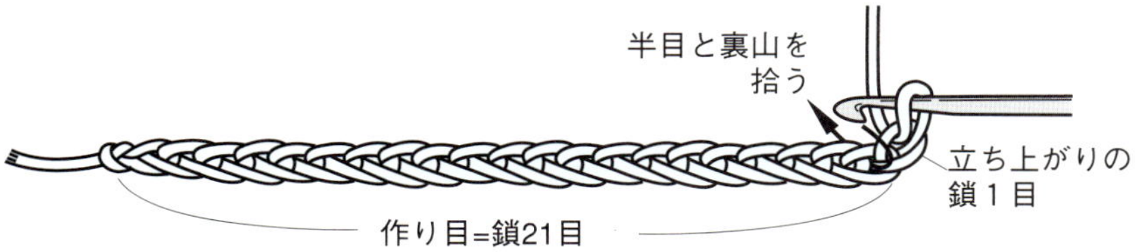

1 針を編み地の号数に替えて、続けて細編みの立ち上がりの鎖1目を編みます。

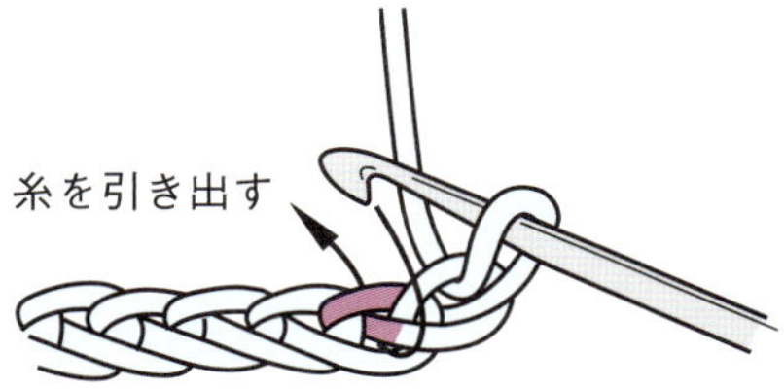

2 針にかかった目から3目め（作り目の右端）から編みます。矢印のように鎖目のハの字の上側半目と裏山の2本を拾うように針を入れます。

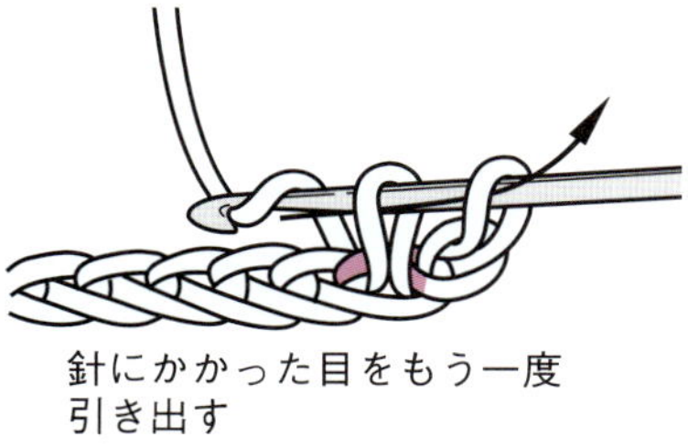

3 手前から針を入れ、糸をかけて引き出し、もう一度糸をかけて、2ループを一度に引き出します。

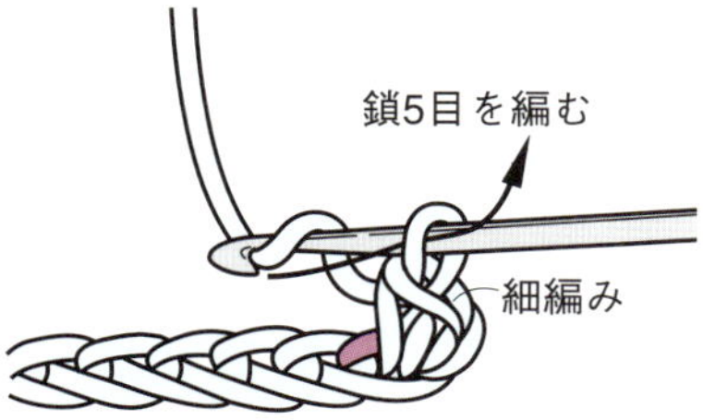

4 最初の細編みが編めたら、続けて鎖5目を編みます。

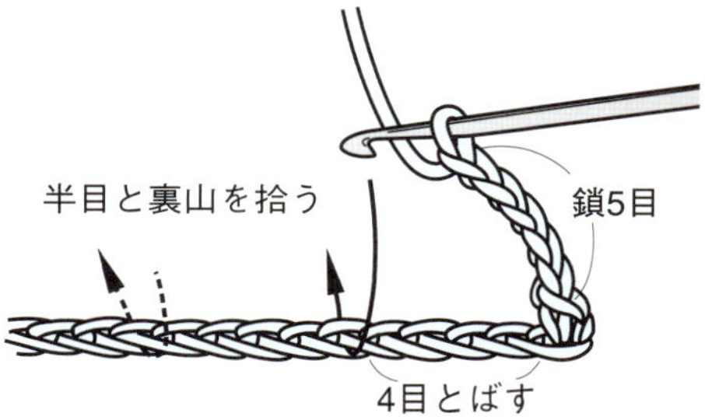

5 編み図に合わせて、作り目を4目とばします。

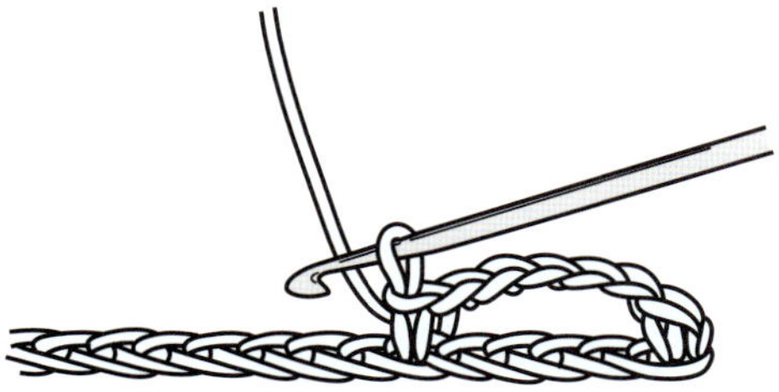

6 同要領に拾い目して細編みを編みます。

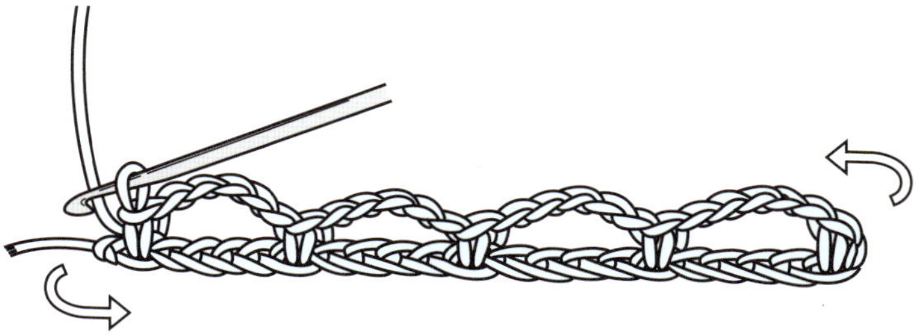

7 くり返して、編み始めと編み終わりまで完全なネット編みが4山編めました。編み地の右端を向こう側に押しながら、左側を手前に回して持ち替えます。

2段め

両端が半模様ずつの段になります。

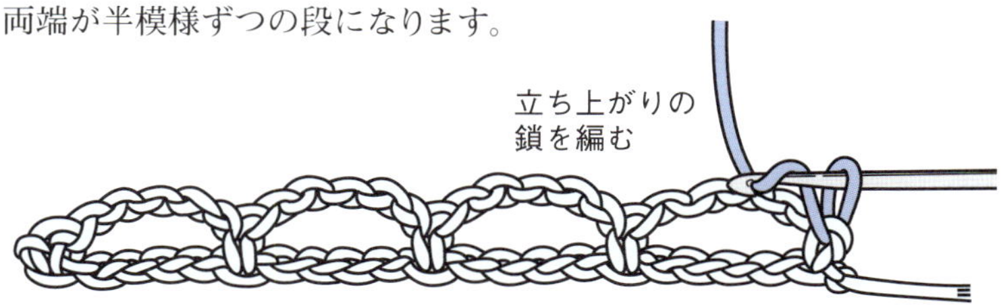

1 1段めの裏が手前になります。編み地を持ち替えたときは糸が手前にあります。糸をかけて立ち上がりの鎖を編みます。

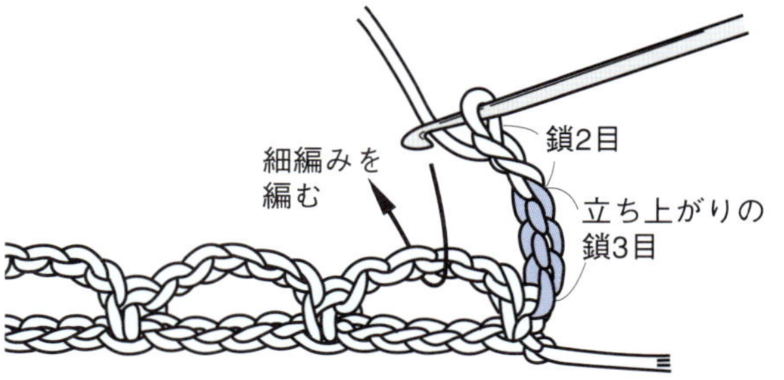

2 立ち上がりの鎖3目とネット編み半山分の鎖2目を編みます。前段のネット編みを束に拾って細編みを編みます。

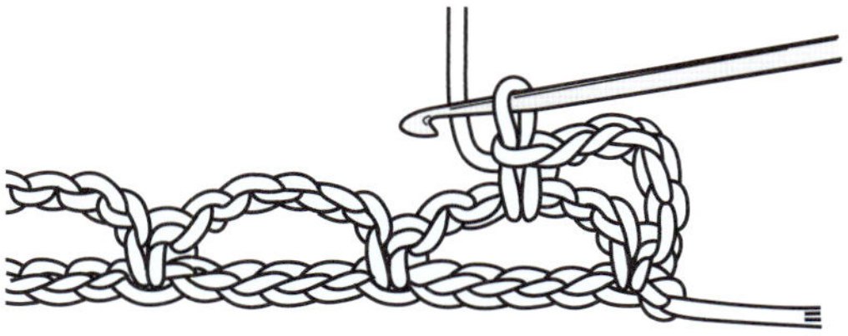

3 右端のネット編み半山が編めました。

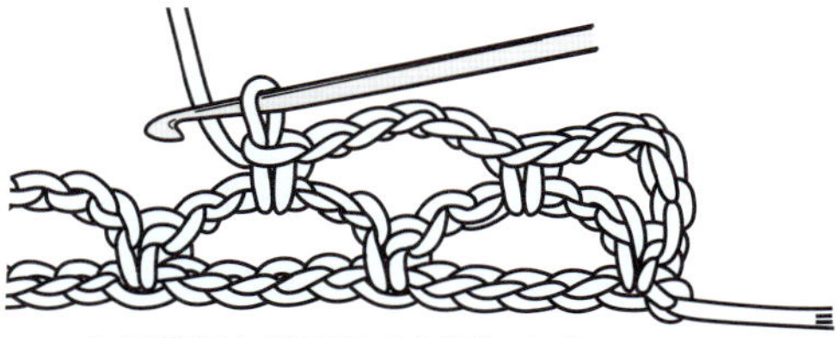

4 同様に左端までくり返します。

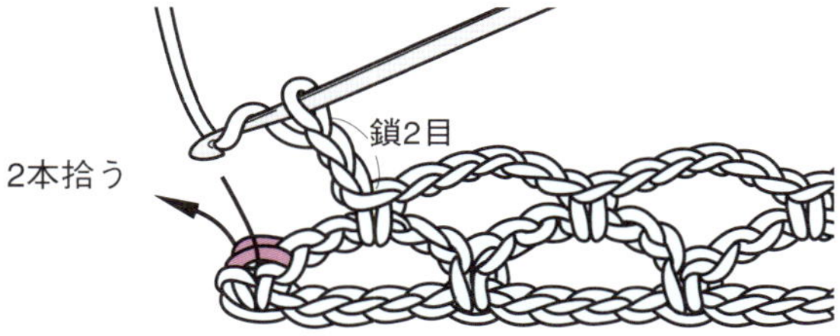

5 編み終わりは半山分の鎖2目を編み、針に糸をかけて前段の編み始めの細編みの頭（ハの字の鎖2本）に針を入れます。

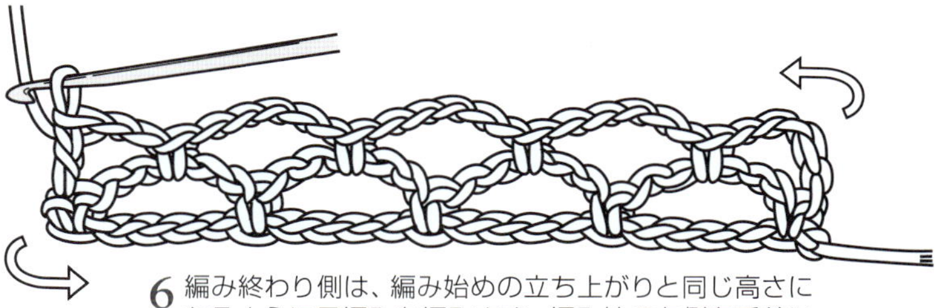

6 編み終わり側は、編み始めの立ち上がりと同じ高さになるように長編みを編みます。編み地の左側を手前に回して持ち替えます。

3段め

表側が手前になります。

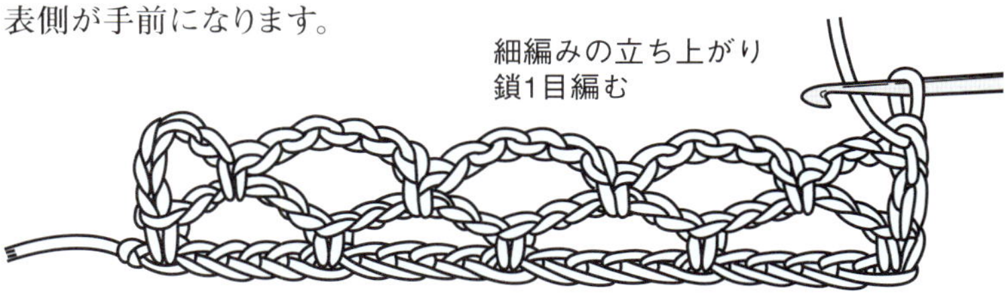

1 編み地を持ち替えたときは糸が手前にあります。糸をかけて立ち上がりの目を編みます。

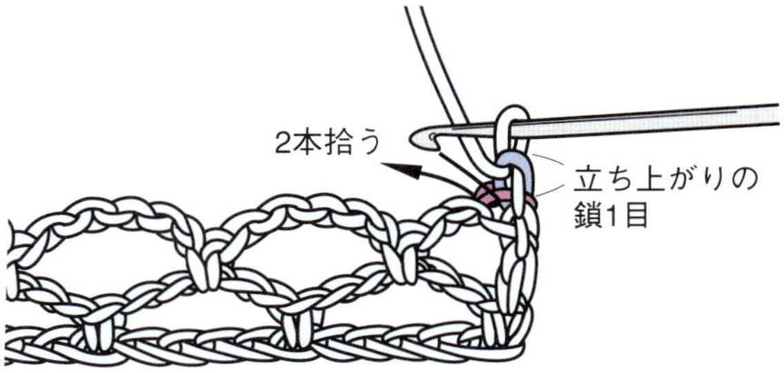

2 細編みの立ち上がりの鎖1目を編み、前段の長編みの頭（ハの字の鎖2本）を拾って、細編みを編みます。

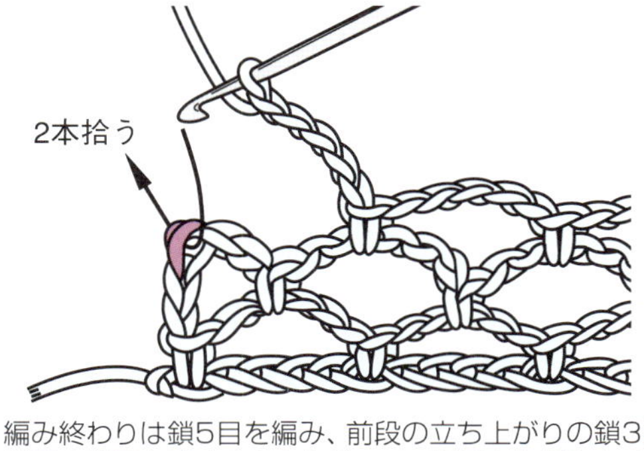

3 編み終わりは鎖5目を編み、前段の立ち上がりの鎖3目めの外側の半目と裏山の2本を拾って、細編みを編みます。

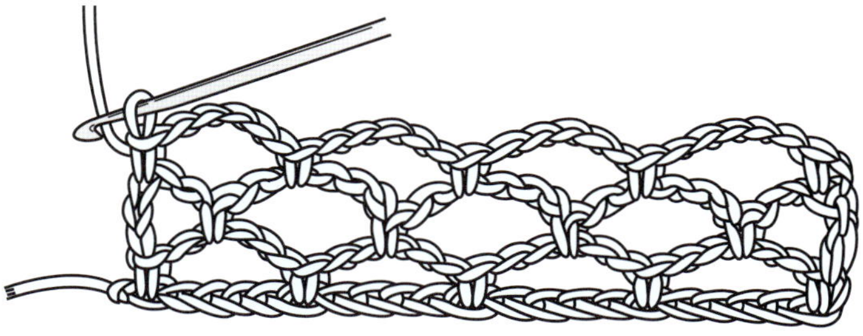

4 3段めは1段めと同じに、完全なネット編み4山が編めました。この2段めと3段めを同様にくり返して編み進みます。

〈実物大〉
A

パイナップル編みのドイリー

作品A〜C、どれもがレッスン作品です。
パイナップル編みは長編みの台にネット編みを山型に編んだ部分をいいますが、外側にシェル編みを組み合わせて編むのが一般的です。
ここでは太さの違う3種類の糸で同じものを編んでいます。実物大で載せていますので、その違いは一目瞭然です。サイズが直径17.5cm〜26cmと違い、それぞれにパイナップル編みらしい、美しさが感じられます。初心者の方は、まず太めの糸から編んでみましょう。

編み方（3点共通）／46ページ

パイナップル編みのドイリー

A ●使用糸／ハマナカ　ティティクロッシェ　ピンク25g
●レース針／0号　●出来上がり／直径26cm

B ●使用糸／ダルマ　スーピマレース糸#30　白15g
●レース針／4号　●出来上がり／直径22.5cm

C ●使用糸／DMC　コルドネスペシャル#40　ベージュ10g
●レース針／8号　●出来上がり／直径17.5cm

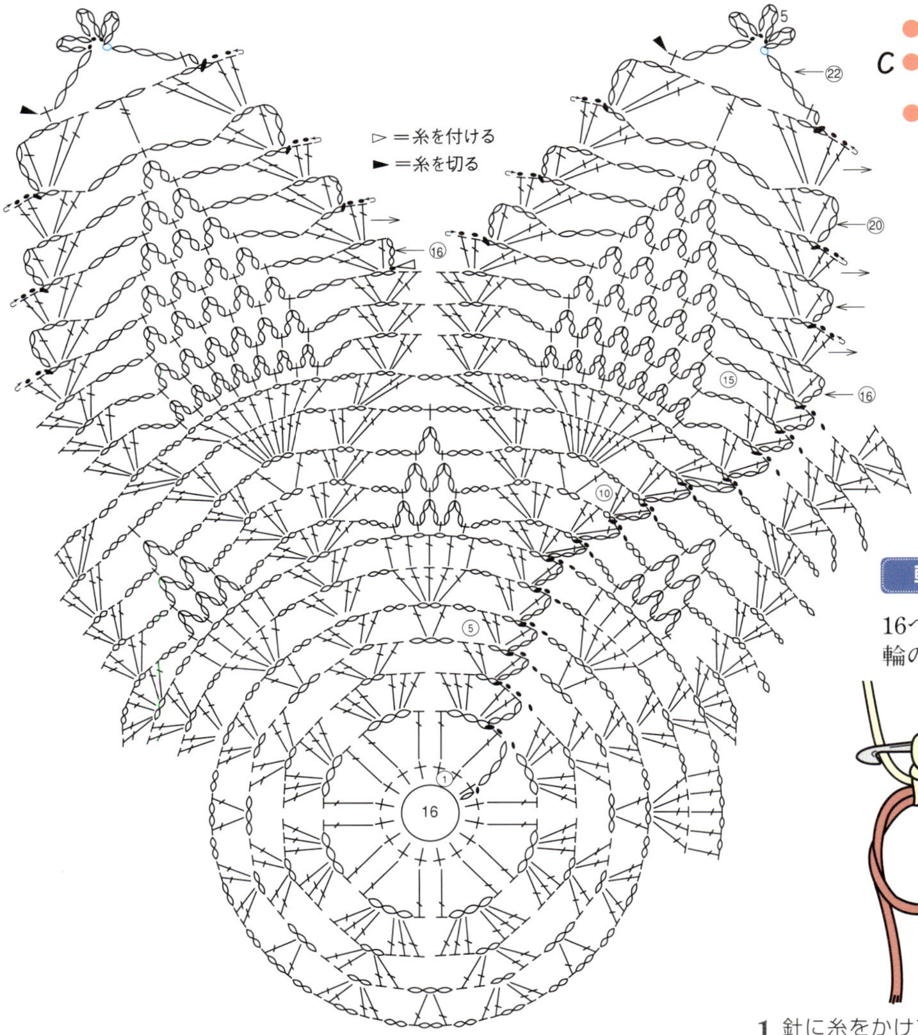

●編み方とポイント

編み図の要領で、15段までは毎段表を見て円形に編みます。16段めからはパイナップル模様の柄ごとに8枚に分けて、毎段編み地を表・裏、表・裏と持ち替えて、平編みします。

ここでは、パイナップル編み8柄を別々に編むポイントのところから解説します。輪の作り目と1段めは下図で確認しましょう。

輪の作り目

16ページの「糸端で輪を作る」を参照し、輪の作り目をします。

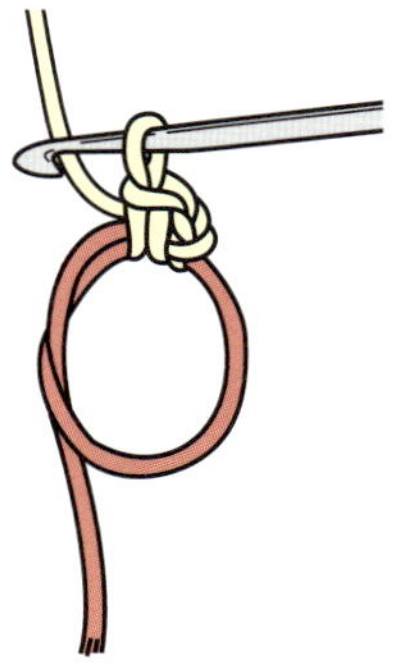

1 針に糸をかけて引き出し、立ち上がりの鎖1目を編み、束に拾って、細編みします。

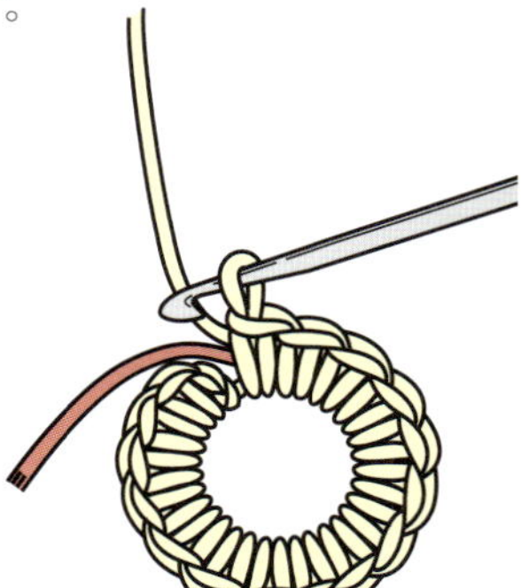

2 同様にくり返して、細編み16目を編みます（16・17ページを参照）。

ネット編みの細編み

ネット編みは鎖目をそろえて引きしめて編み、細編みは鎖編みの中央をしっかり捉えて編みます。細編みを引きしめるために、一度に引き抜くのではなく、ちょっと一呼吸おく感じで2回で引き抜きます。慣れるとチョッとしたコツですが、細編みを引きしめて編むのに有効です。

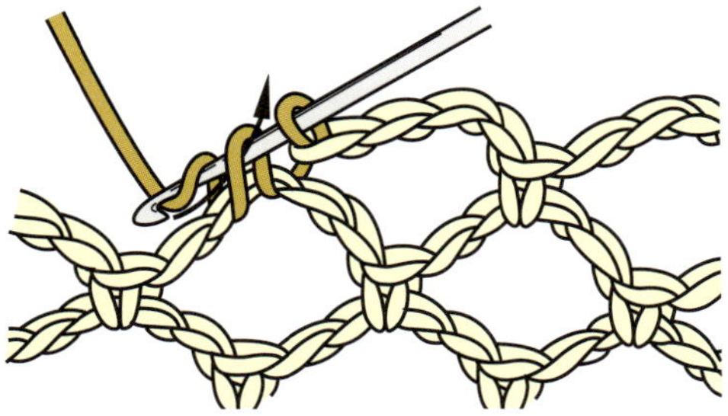

1 束に針を入れて糸を引き出しますが、ネット編みスレスレの高さで針に糸をかけて、一度に引き抜くところを2回に分けて引き抜きます。針先からループ1本だけ抜いたときに一寸針をとめます。

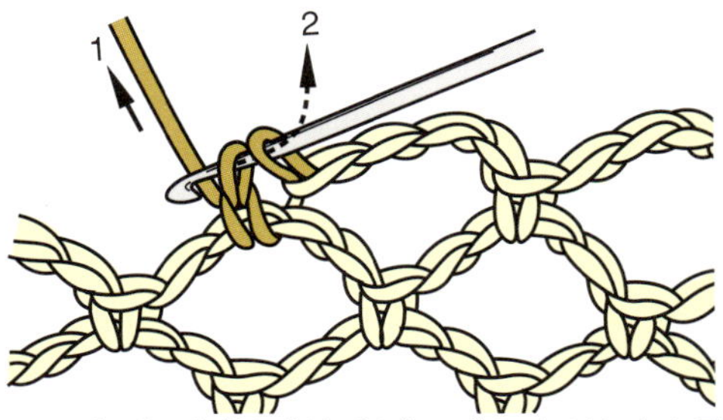

2 左手の人差し指を上げて、指にかけた糸を引き、束に拾ったループを引きしめたら、最後まで引き抜きます。細編みは鎖編みの中央をしっかり捉えています。

15段までは円形に編みます

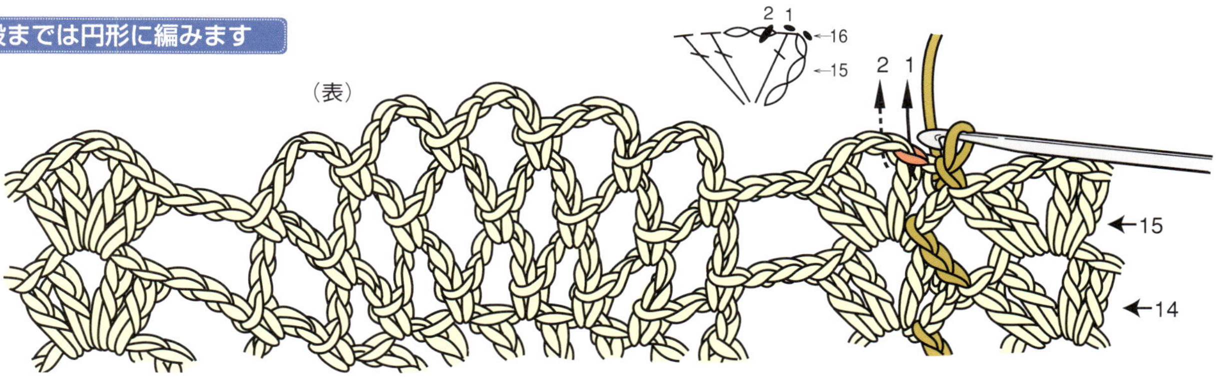

編み方図の要領で15段まで毎段表側を見て編みます。
16段めも前段と同様に、引き抜き編みで立ち上がり位置を移動します。

16段めからは平編みです

パイナップル模様1柄（左側のシェル編み1模様まで）を編んだら、毎段編み地を持ち替えて22段まで平編みします。

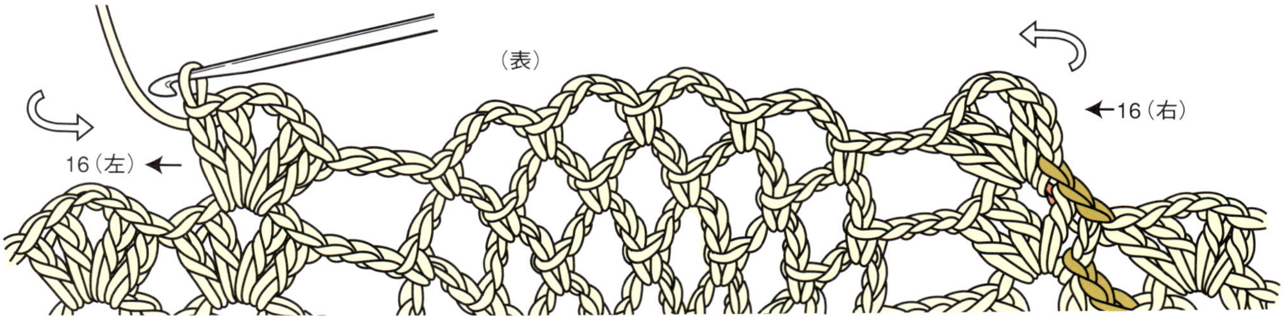

1 パイナップル模様を1柄編んだら、編み地の右端を向こう側に押しながら、左側を手前に回して編み地を持ち替えます。

2 編み地の裏側を手前にします。編み地を持ち替えたときは糸が手前にあります。

17段め

編み始めの立ち上がり位置を移します。

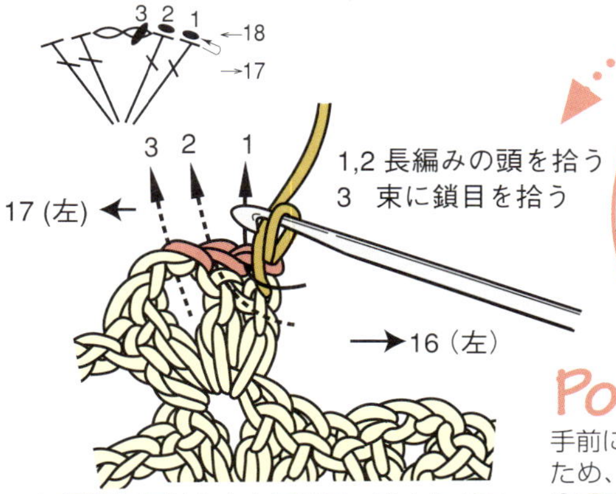

1 円形に編むときと同じで、引き抜きで立ち上がり位置を移します。手前に出た糸を後ろにおいて、端の目から矢印**1**～**3**の要領で引き抜きます。

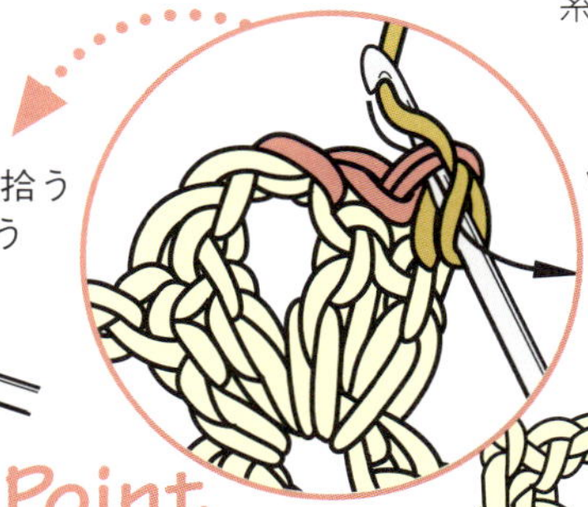

Point

手前に出た糸を後ろにやるため、端の目が拾いにくいのですが、端の長編みの頭（ハの字の鎖2本）に手前から針を入れ、図の要領で糸をかけて引き出します。

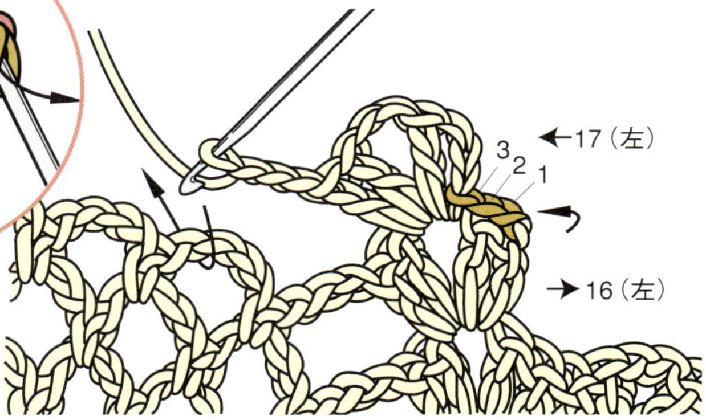

2 あとは同様に左端まで編みます。

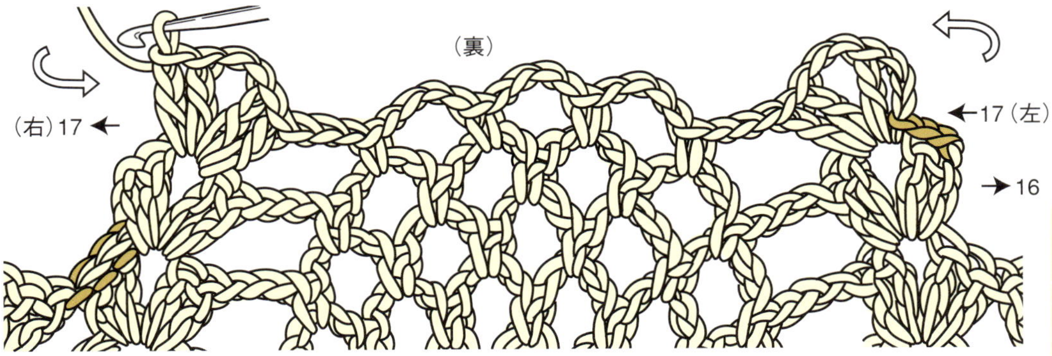

3 左端まで編んだら編み地を回して、編み地を持ち替えます。

18段め

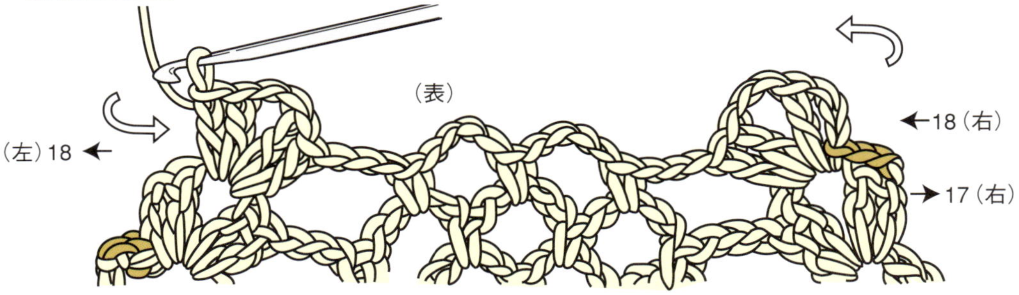

1段ごとにネット編みの山数が減りますので、シェル編みが柄の中心に寄ってきます。
左端まで編んだら編み地を回して、編み地を持ち替えます。

19段め

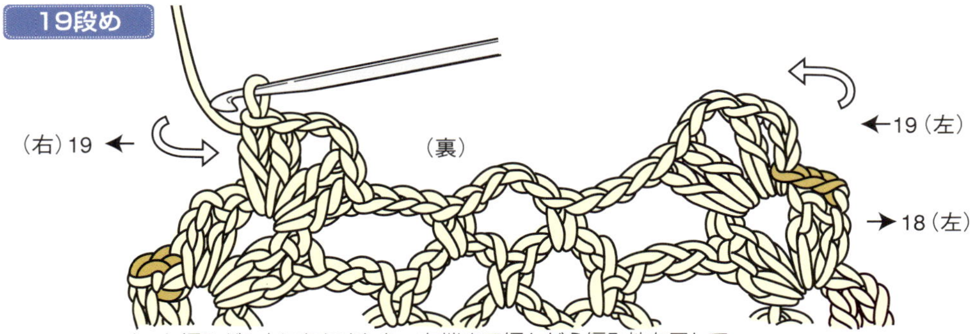

ネット編みが1山になりました。左端まで編んだら編み地を回して、
編み地を持ち替えます。

20段め

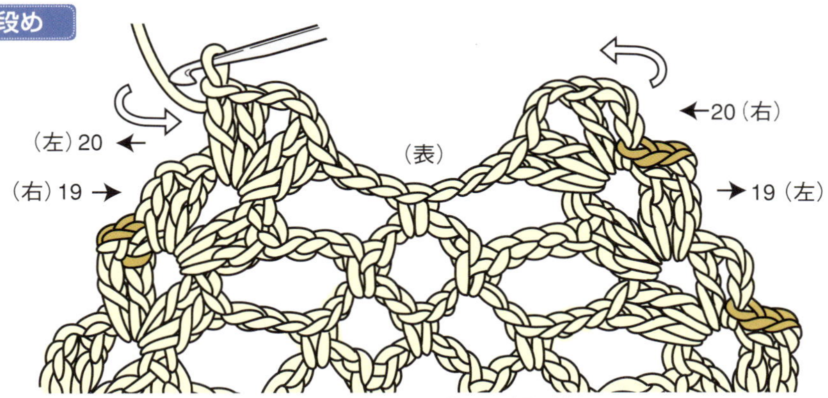

ネット編みの中心を拾って細編み1目を編み、左端まで編んだら
編み地を回して、編み地を持ち替えます。

長々編みの編み方

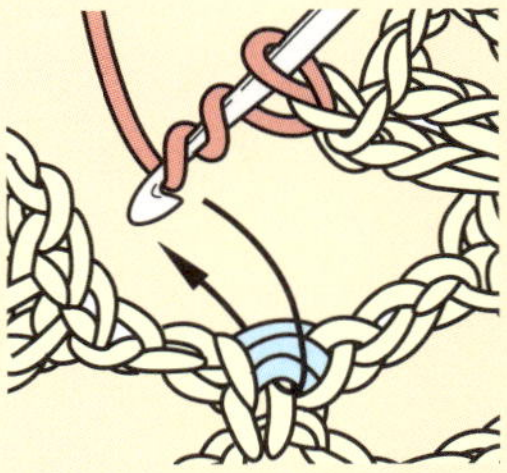

1 針に糸を2回巻き、49ページのポイントを参照に、細編みのまん中に矢印のように針を入れます。

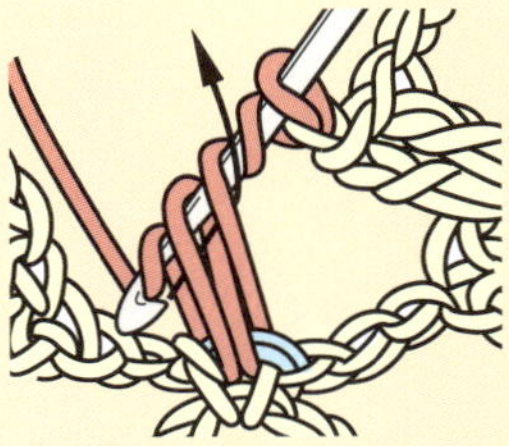

2 鎖2目分の高さの糸を引き出し、針に糸をかけて針先からループ2本を矢印のように引き出します。

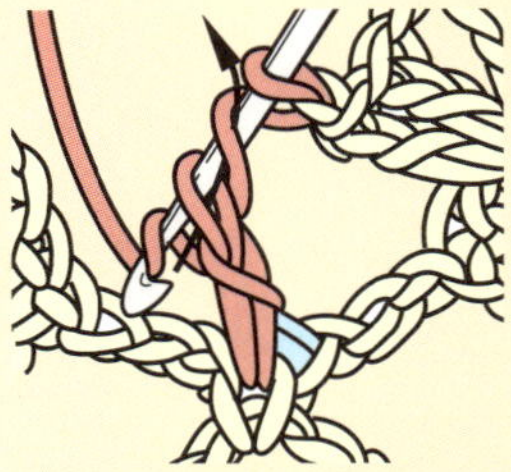

3 もう一度針に糸をかけて、針先からループ2本を引き出します。

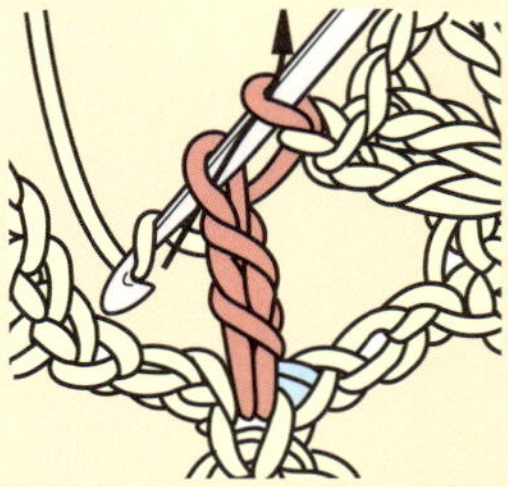

4 さらにもう一度針に糸をかけ、一度に引き出し長々編みの完成です。（49ページ参照）

21段め

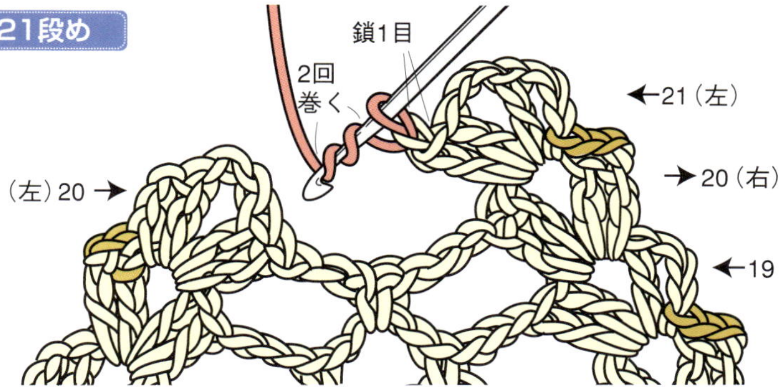

1 右のポイントを参照に、前段中央の細編みの頭（ハの字の鎖2本）と裏山の3本をすくって、長々編みを編みます。

Point

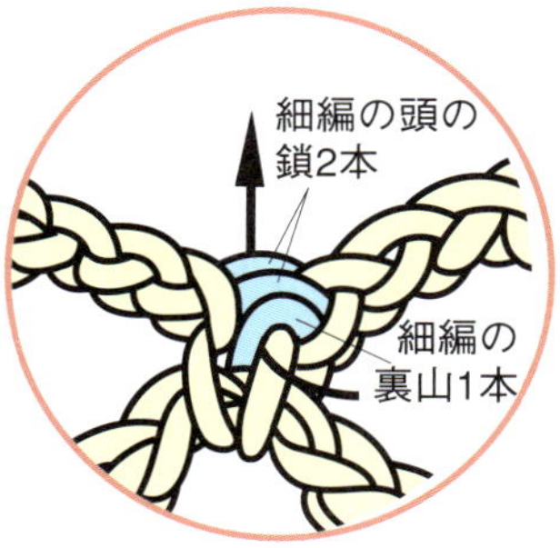

長々編みは、細編みの頭（ハの字の鎖2本）と裏山（1本）の3本をすくって編みます。前段は細編みの裏が手前ですので、矢印のように細編みの裏側から針を入れます。長々編みの足が動きにくいので編み地が安定します。

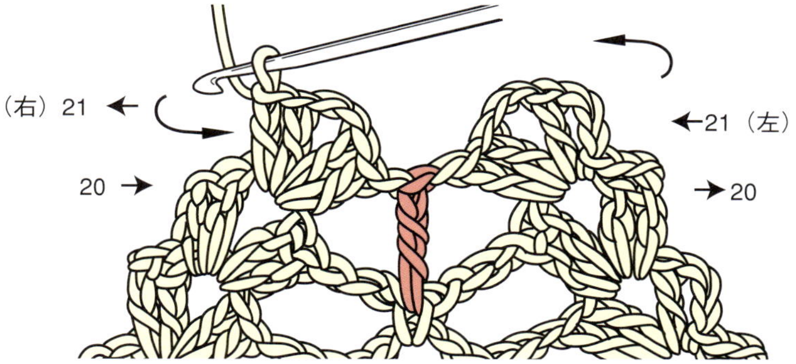

2 左端まで編んだら編み地を回して、編み地を持ち替えます。

22段め

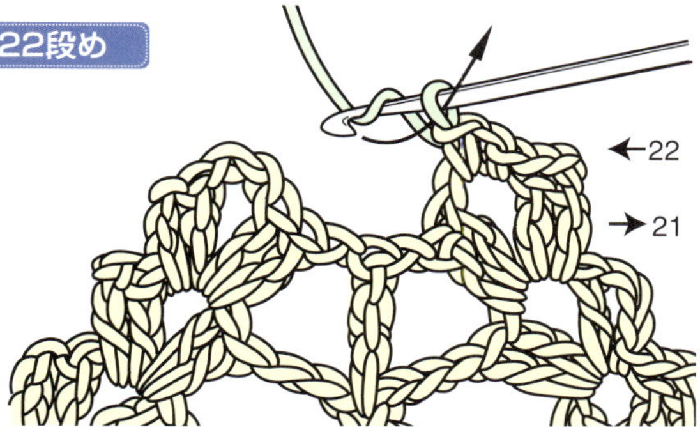

最終段は両側のシェル編みの中心に、3連の引き抜きピコット編みをします。

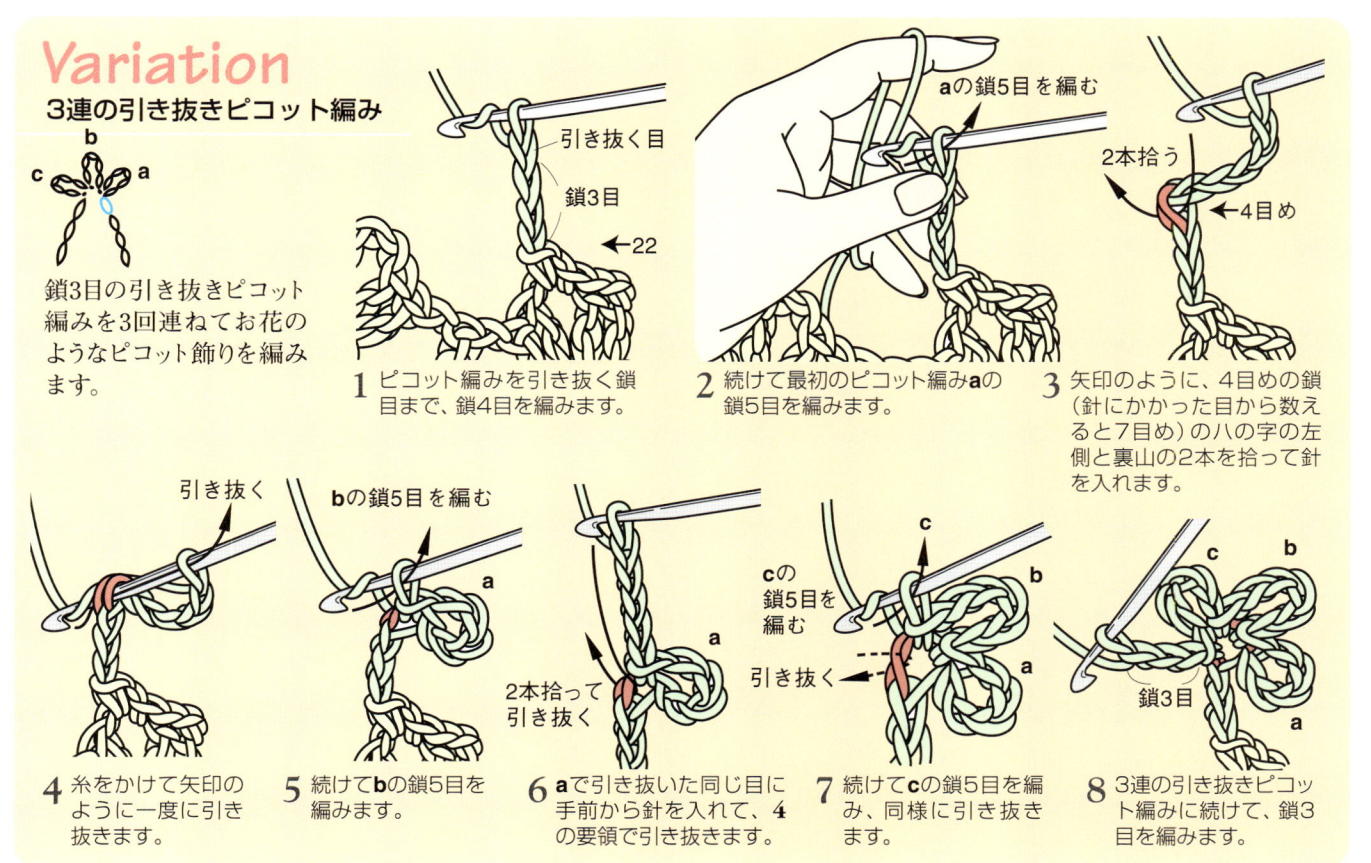

Variation

3連の引き抜きピコット編み

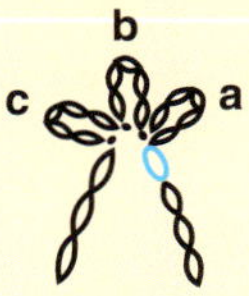

鎖3目の引き抜きピコット編みを3回連ねてお花のようなピコット飾りを編みます。

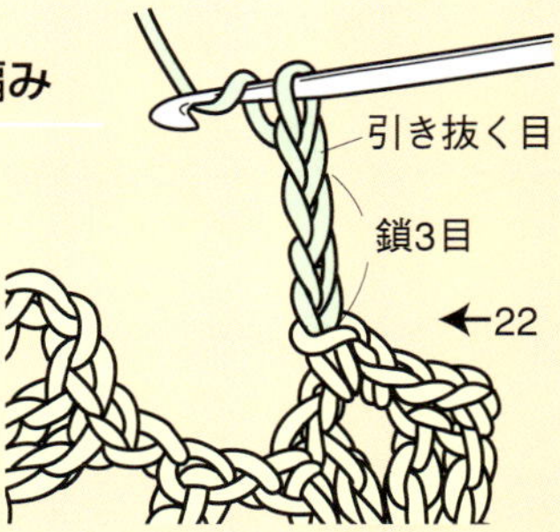

1 ピコット編みを引き抜く鎖目まで、鎖4目を編みます。

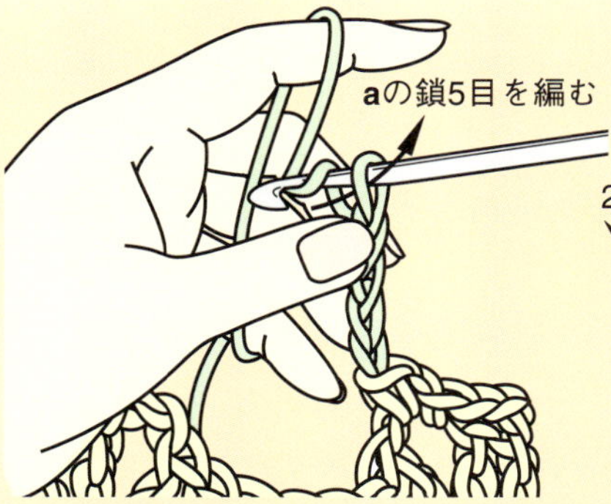

2 続けて最初のピコット編み**a**の鎖5目を編みます。

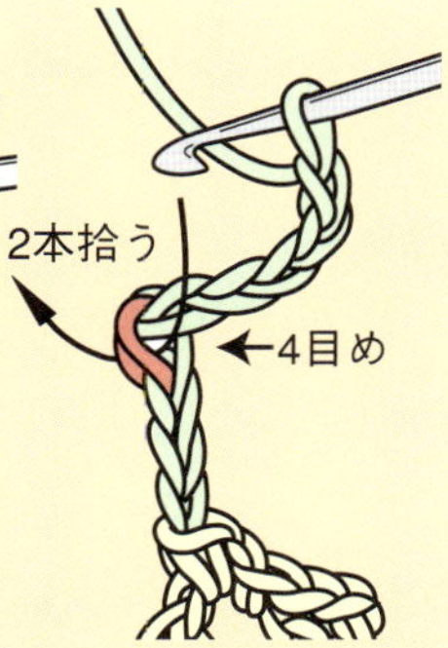

3 矢印のように、4目めの鎖（針にかかった目から数えると7目め）のハの字の左側と裏山の2本を拾って針を入れます。

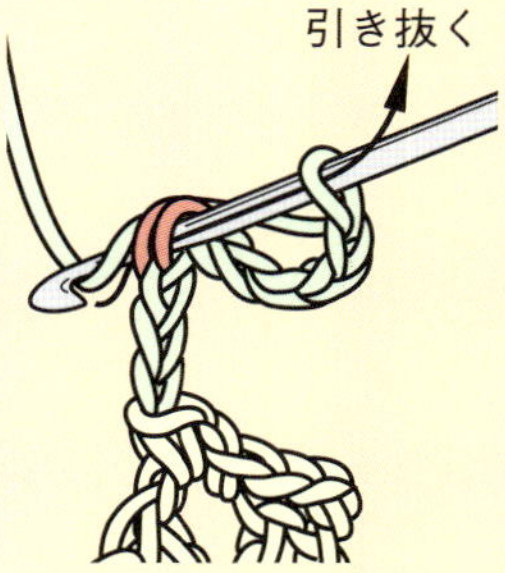

4 糸をかけて矢印のように一度に引き抜きます。

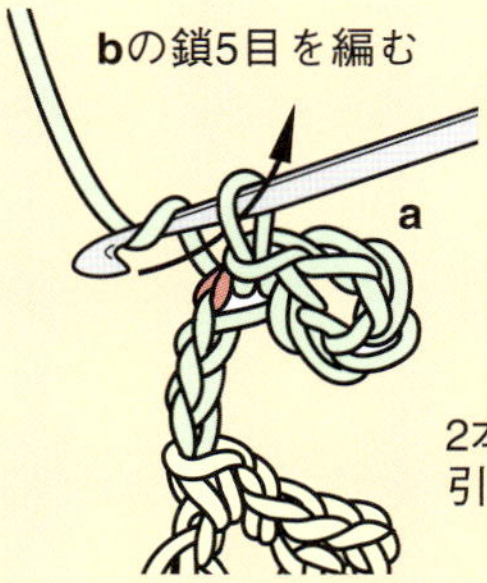

5 続けて**b**の鎖5目を編みます。

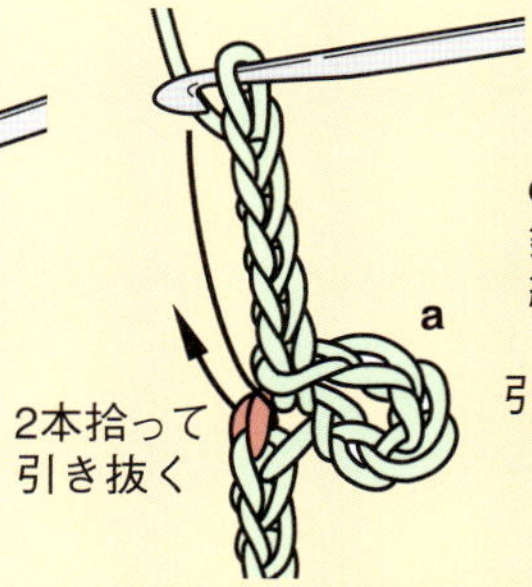

6 **a**で引き抜いた同じ目に手前から針を入れて、**4**の要領で引き抜きます。

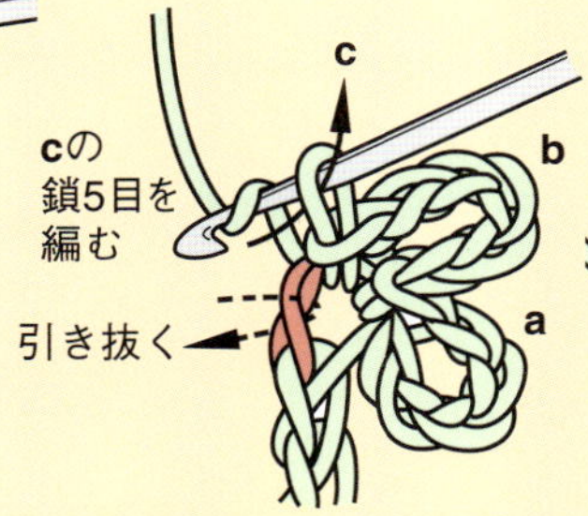

7 続けて**c**の鎖5目を編み、同様に引き抜きます。

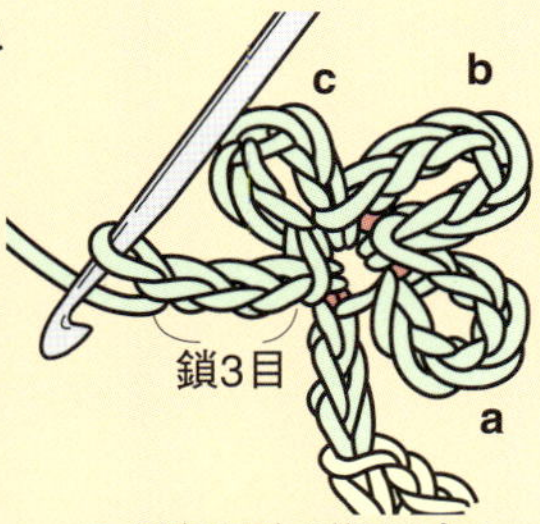

8 3連の引き抜きピコット編みに続けて、鎖3目を編みます。

最後の始末

1柄ごとに糸始末します。

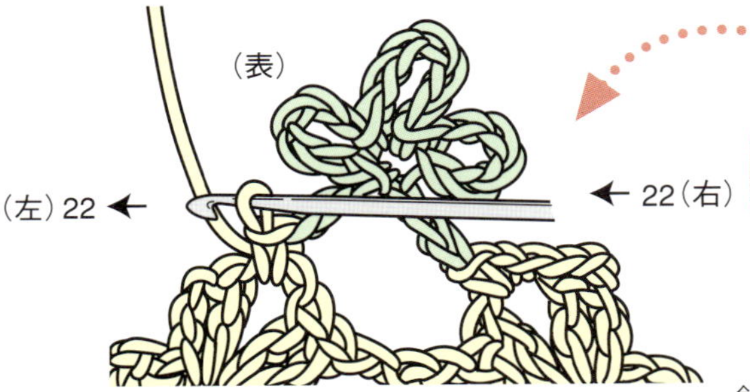

1 左側のシェル編みに、最後の目の細編みを編みます。

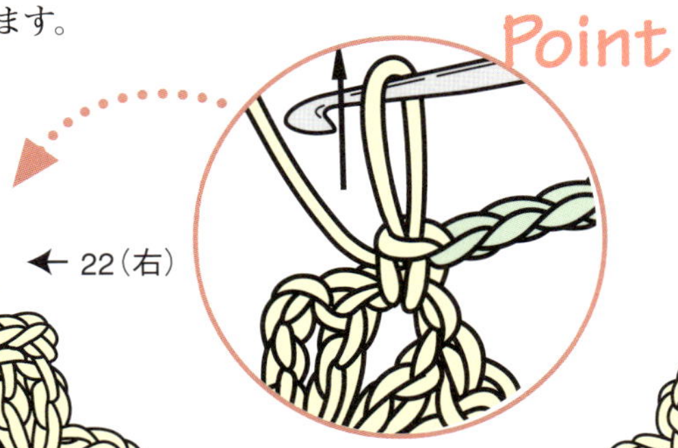

針にかかった最後の目を引いてループを伸ばし、糸端を15cmくらい残して切ります。

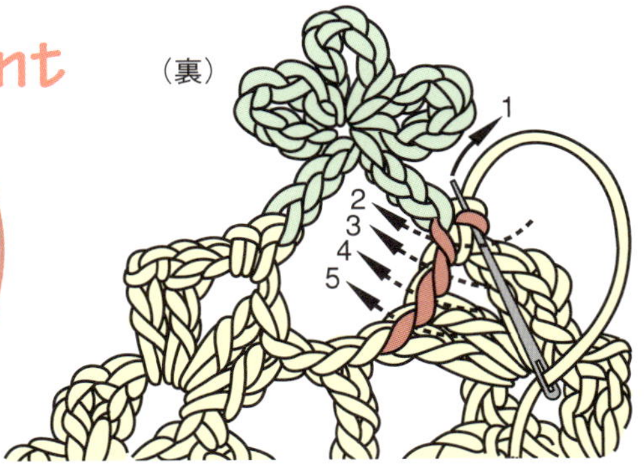

2 針に糸を通し、編み地を裏返して、矢印**1**～**5**の順に、編み地をすくって糸始末します。

次のパイナップル模様を編みます

続けて新しく糸をつけて、左側のパイナップル模様を編みます。

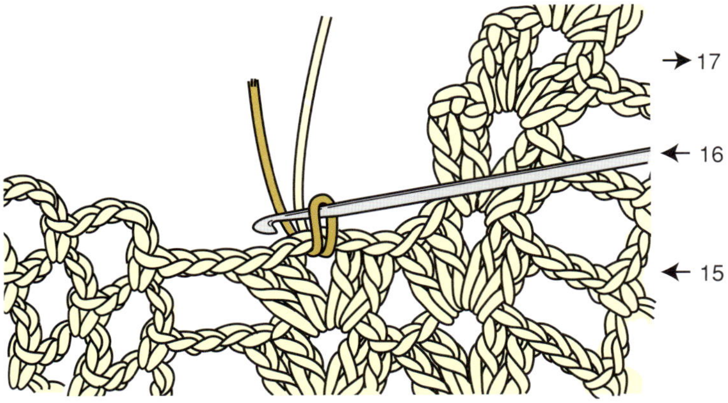

1 隣のシェル模様の中心の鎖を、束に拾って引き出し、糸を付けます。

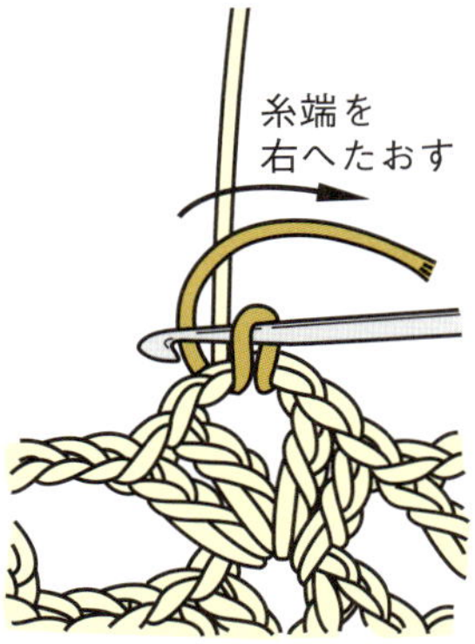

2 シェル模様の長編みの立ち上がりの鎖に、毎段糸端を編み込みながら糸始末します。

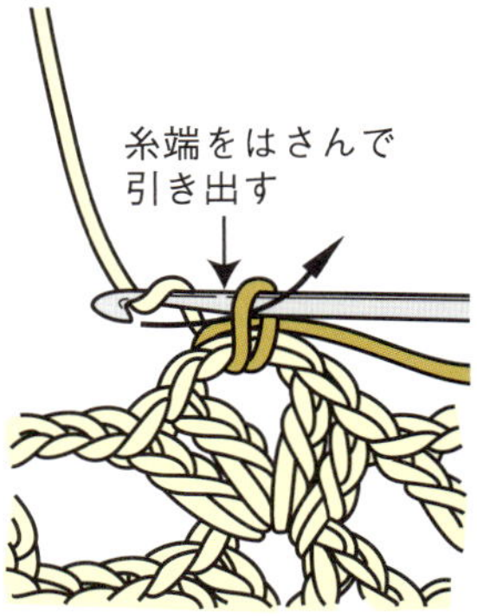

3 右へたおした糸端をはさんで、引き出します。

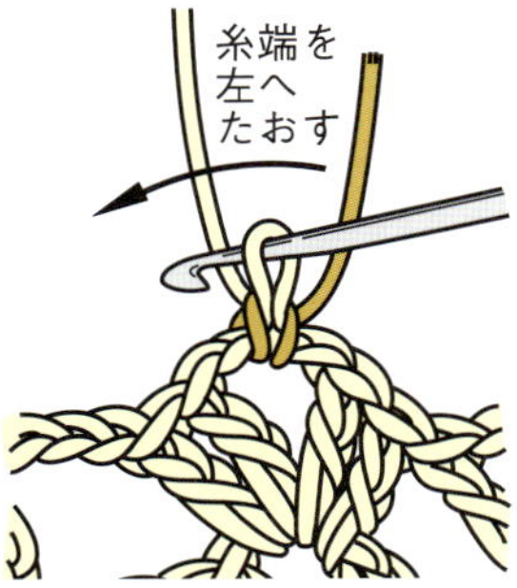

4 つけた糸の手前を、糸端をはさむように左へたおします。

5 左の糸端を右へ渡し、3目めの鎖を編みます。

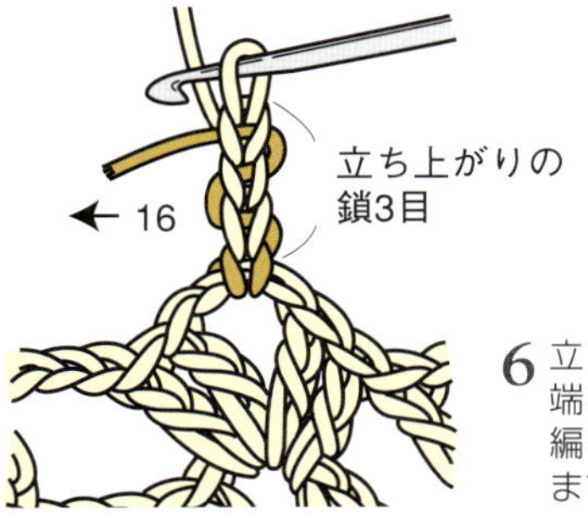

6 立ち上がりの鎖3目に糸端をからませて編んだら、編み地の際で糸端を切ります。

同様にくり返します

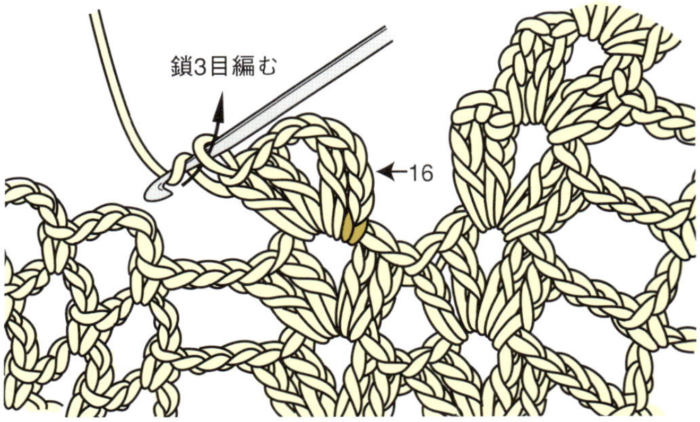

立ち上がりの鎖3目を編んだら、続けてシェル編みし、2柄めも22段まで編みます。
新しくつけた糸端を編み込む（糸始末しながら鎖目を編む）方法は、レース編みには欠かせない、美しく編むためのポイントです。

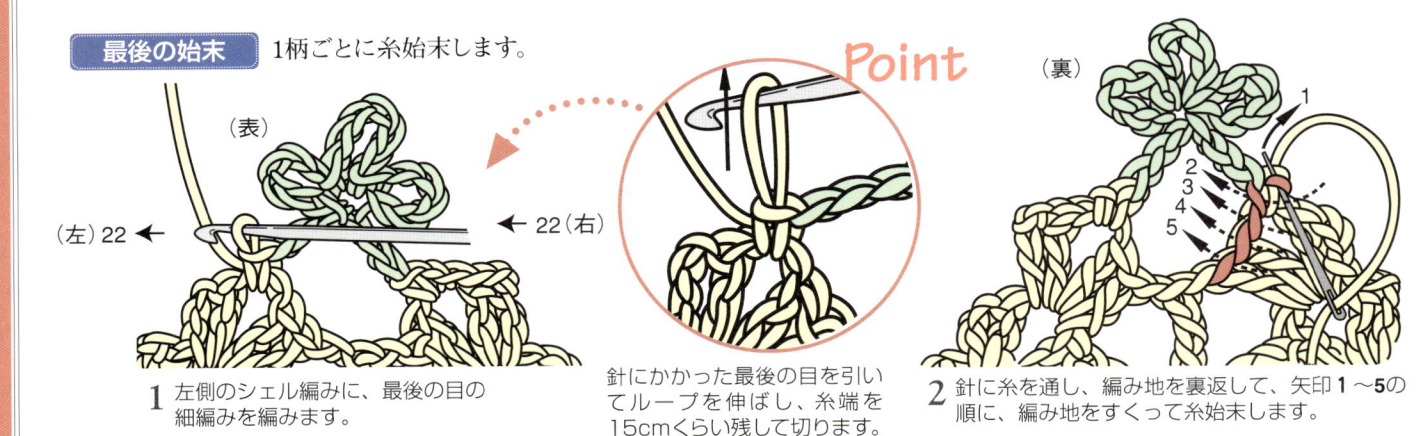

方眼《ほうがん》編《あ》みのドイリー

円形に編むハートのドイリー

中心から放射状に広がり、簡単な編み方でいろいろ図柄を編み地の中に表現できる楽しさが魅力です。

編み方/54・95ページ

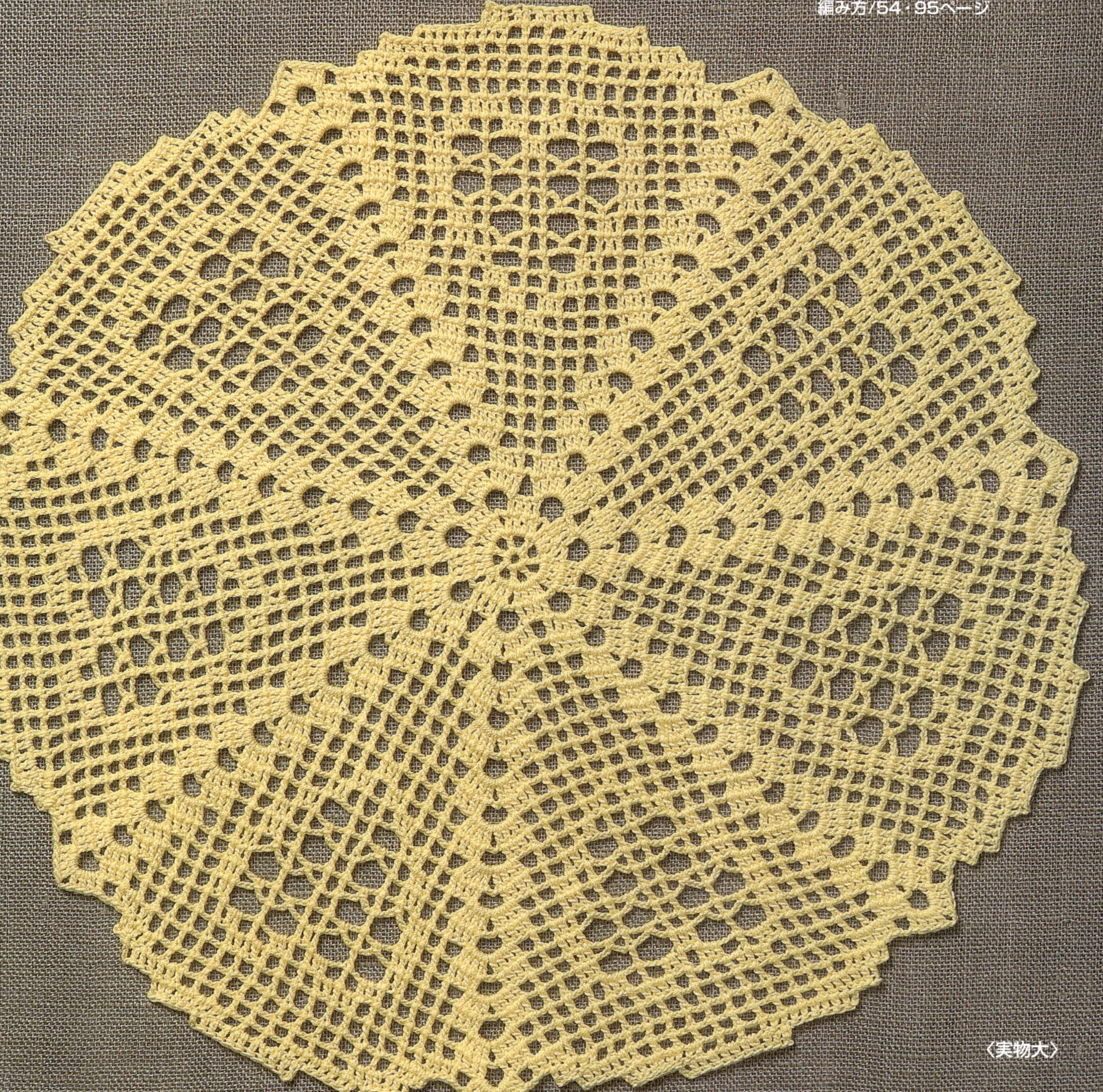

〈実物大〉

方眼《ほうがん》編《あ》みの基礎

●使用糸／オリムパス　金票#40レース糸
●レース針／8号

〈実物大〉

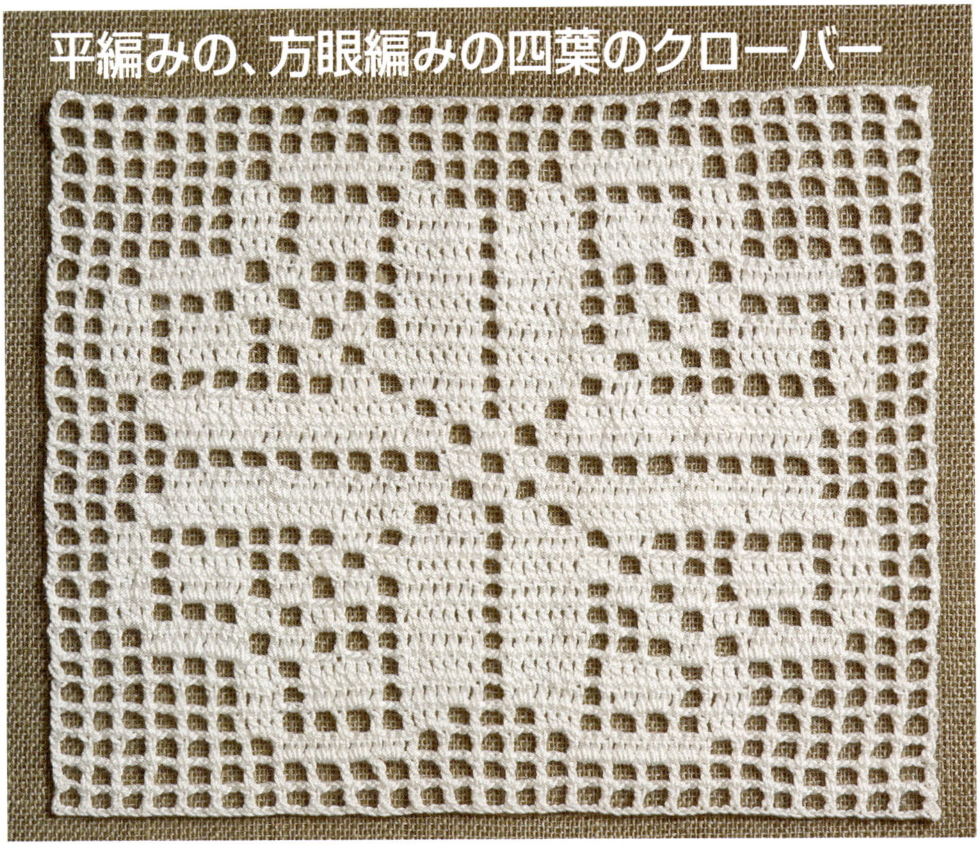

方眼編みはマス目編みともいい、基本になる編み方は柱になる長編みと鎖目でマス目の空間を作り、図柄部分を長編みでうめて表します。1マスの縦（長編み1段）と横（長編み1目と鎖2目）のバランスは正方形に近くなります。
ここでは美しい方眼編みを編むために、従来の長編みの頭だけを拾うのではなく、長編みのまん中に針を入れて、長編みの頭の下の裏山も一緒に拾います。長編みの中心を拾うため、長編みの足が少し下がりますので、方眼編みのバランスではほんの少し縦が低くなります。

Point
長編みのまん中を拾う
（前段が裏の場合）。

編み目記号と図案の見方

方眼編みは編み目記号と図案のどちらでも表現することができます。図案を表す符合は、編み目記号と関連づけた、方眼編み独特のものが決められています。多くは普通のマスは□、長編みでうめたマスは⊠、または▒が使われます。

方眼編みの長編みの拾い方に一工夫

普通、長編みの頭を拾うときは、ハの字の鎖2本を拾います。方眼編みの場合は、この編み方では長編みの頭が右寄りになるため、マス目の空間が歪みます。そこで長編みのまん中を拾うことで流れを押さえ、空間を揃えています。

模様編み記号図

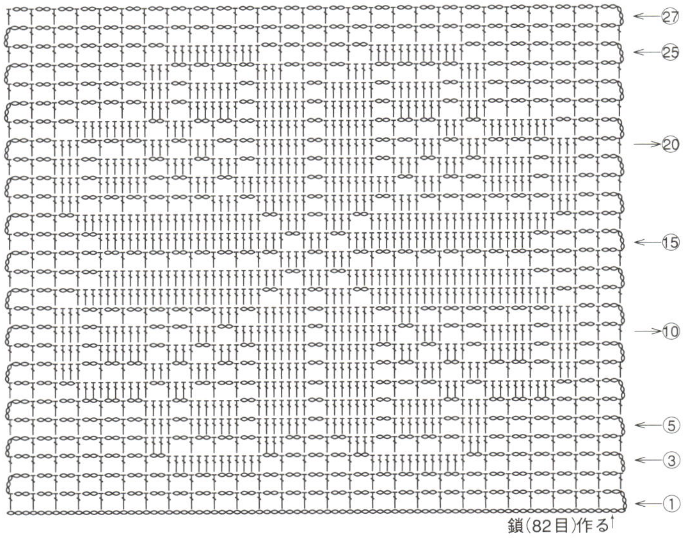

模様編み図案

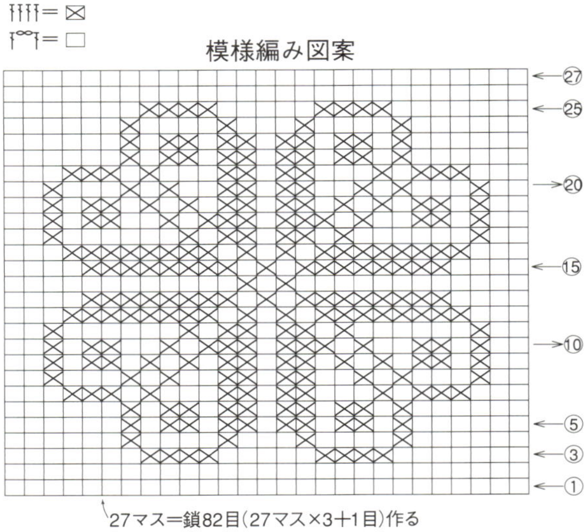

 の編み方

基本になる、1マスが「長編み1目と鎖2目」の方眼編みです。

1段め

作り目の拾い方

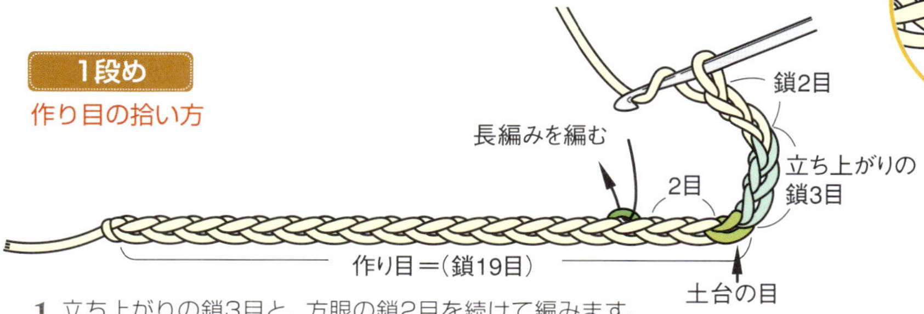

1 立ち上がりの鎖3目と、方眼の鎖2目を続けて編みます。針に糸をかけて、針にかかった目から数えて10目めの鎖の裏山1本を拾います。

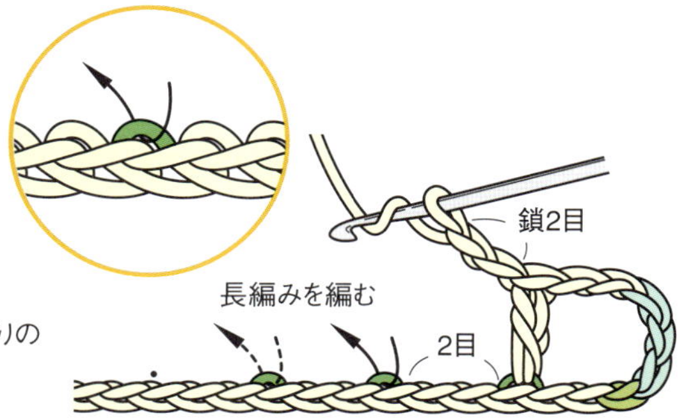

2 鎖2目・長編み１目をくり返します。

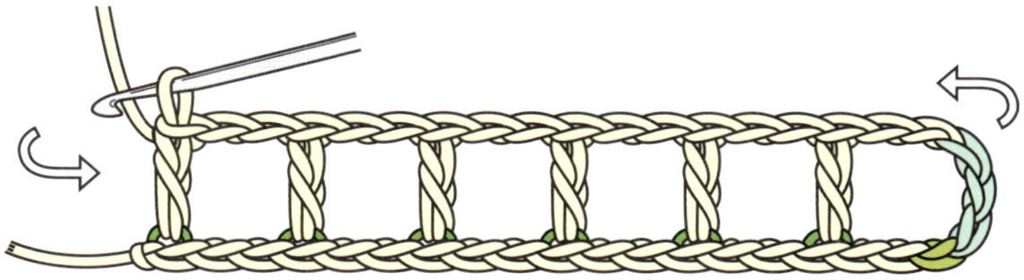

3 左端まで編んだら編み地の、左側を手前に回して、編み地を持ち替えます。

2段め

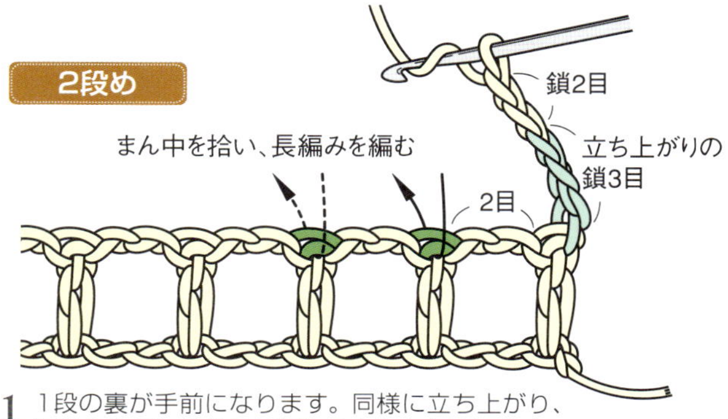

1 １段の裏が手前になります。同様に立ち上がり、矢印のように前段の長編みのまん中を拾います。

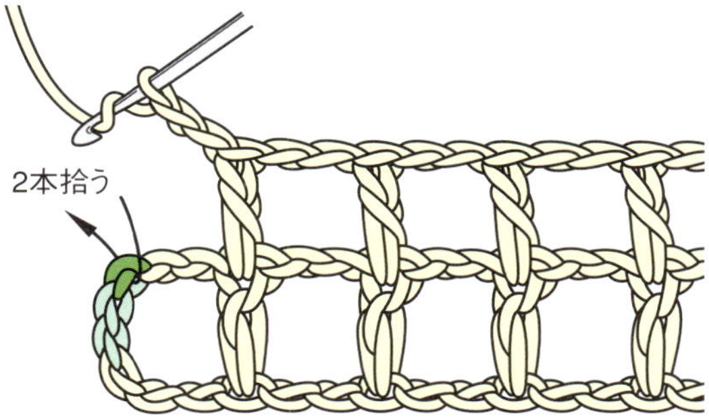

2 左端の最後は、前段の立ち上がりの鎖3目めの裏山と外側半目の2本を、矢印のように拾います（1段めの立ち上がりの鎖は裏向きになっています）。

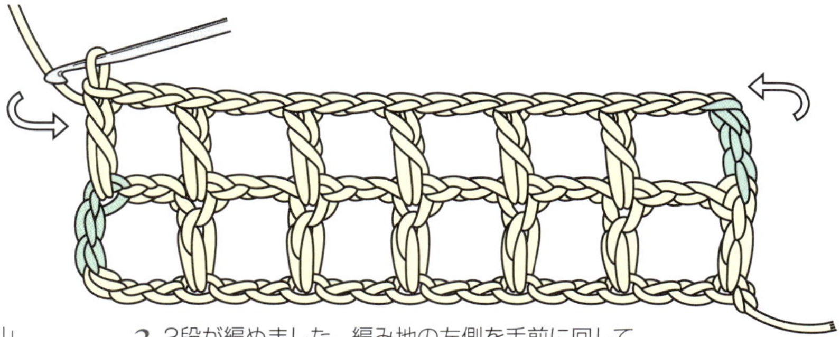

3 2段が編めました。編み地の左側を手前に回して、編み地を持ち替えます。

 の編み方

図柄部分のマスを長編みでうめます。

3段め

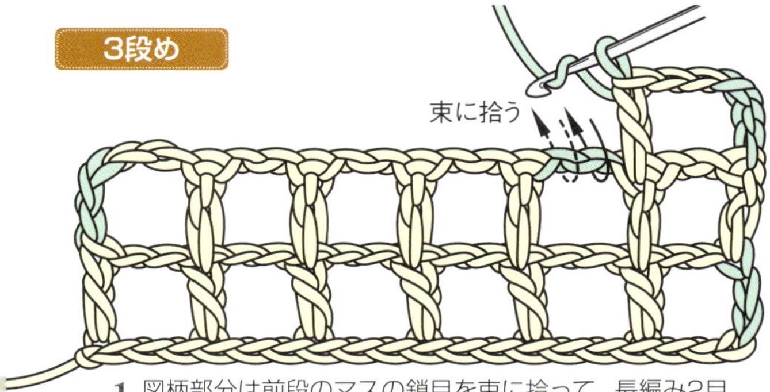

1 図柄部分は前段のマスの鎖目を束に拾って、長編み2目を編み入れ、図柄を編み地の中に表現します。

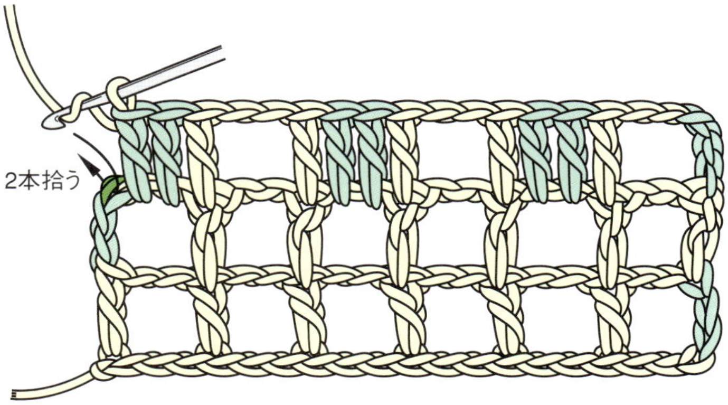

2 左端の最後は、前段の立ち上がりの鎖3目めのハの字の外側半目と裏山の2本を拾います（2段めからは、前段の鎖が表向きになっています）。

円形に編むハートのドイリー

中心から7等分の放射状に編み広がります。24段までは毎段表を見て円形に編みますが、25～28段は別々に平編みし、59ページの要領で両端の減目をしてスカラップ状にします。

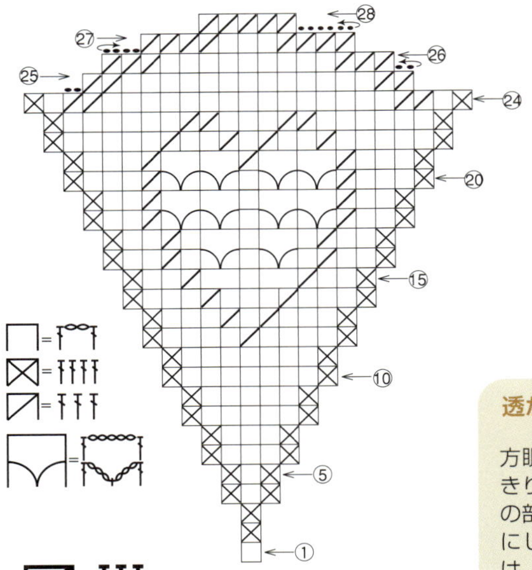

Point
毎段、表を見て編む場合

長編みのまん中を拾う

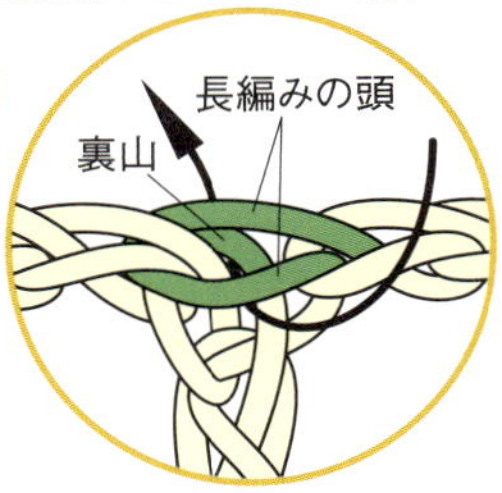

3本の糸を拾うことで長編みの頭をしっかり捉え、柱の縦線をまっすぐに空間を揃えることができます。

透かし模様を編む裏ワザ　編み目調整法

方眼模様の中に、模様を作るときは、模様がすっきりと明確に見えるように、空間を絞めます。柄の部分は、マスの中に長編み2目編むところを1目にして、模様の部分を絞めます。このテクニックは、欧州では昔から使われている技法です。

Point

長編みの頭(ハの字の鎖2本)だけを拾うと

6ページの「編み目の頭」でもふれましたが、円形に毎段同一方向に編むため、特に目の流れが目立ちます。

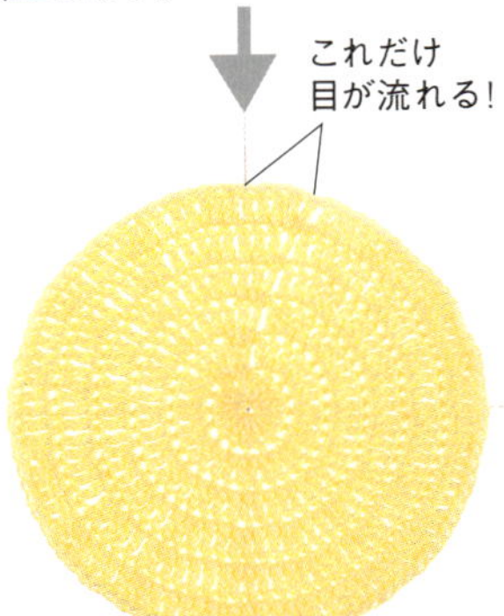

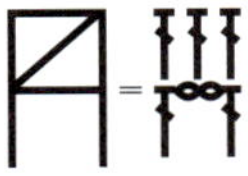

の編み方(11～13段め)

ハート柄の周りはハーフ(1マスの鎖目に、長編みを1目)で編みます。
柄の輪郭を絞めて、編み地の表情を安定させます。

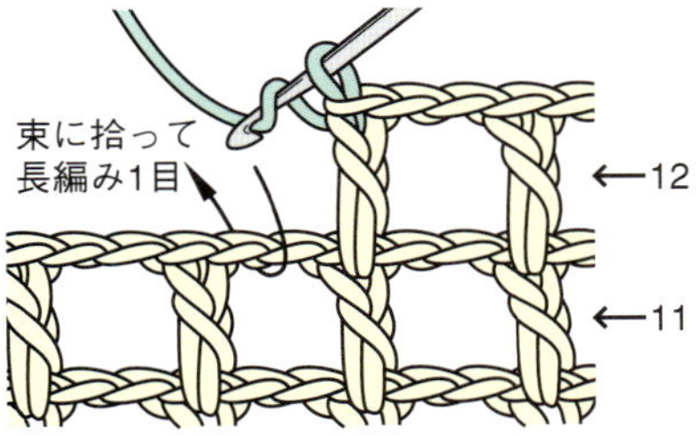

1 前段の鎖2目の空間に針を入れて、鎖を束に拾って長編みを編みます。

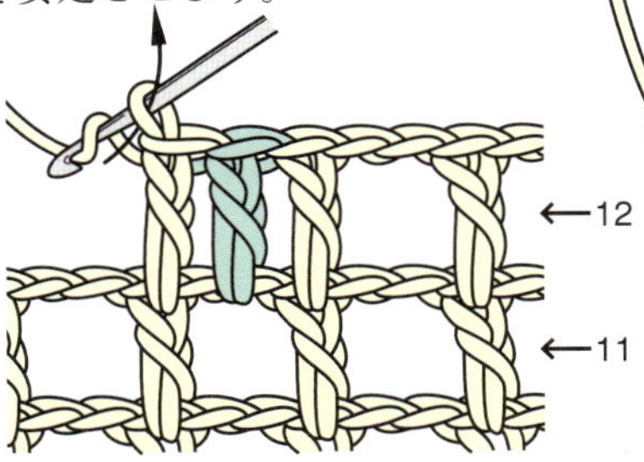

2 このハーフの記号は、1マスの空間に長編み1目を編みます(この目がハート柄の中心になります)。

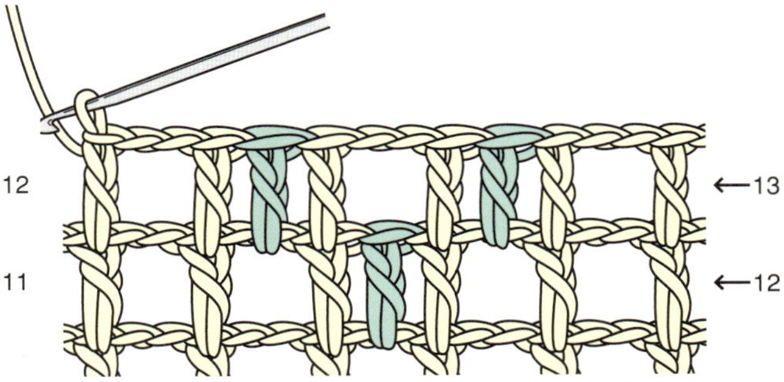

3 ハート柄の周りのハーフ記号では、1マスの鎖目に長編みを1目だけ編み、柄の部分を絞めます。

の編み方(15・16段め)

15段めでは、2マス分の鎖5目を編みます。

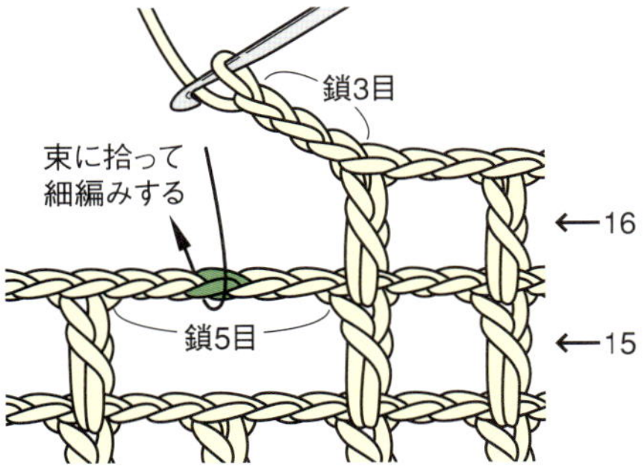

1 鎖3目を編んだら、前段の鎖5目の中心を捉えて束に拾い、細編を編みます。

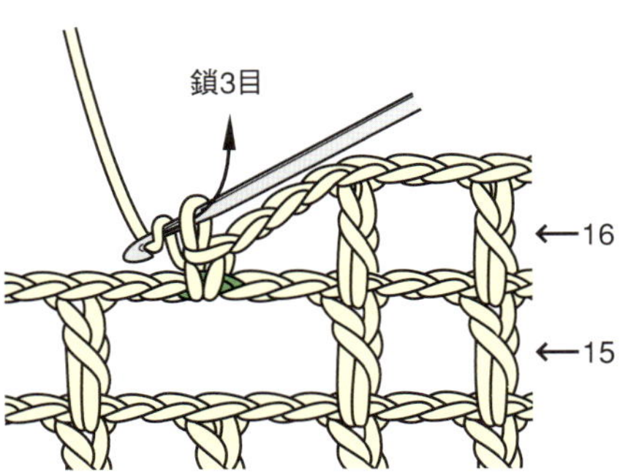

2 続けて鎖3目を編みます。

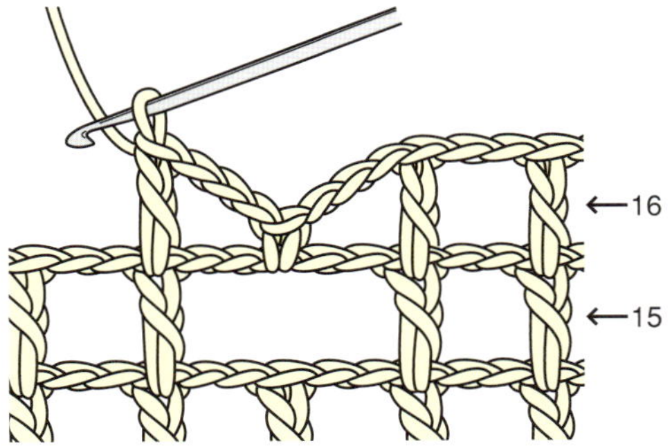

3 長編みを編むと、図案のような が編めました。

Variation
方眼編みの増減目

前段の長編みのまん中を拾います。方眼編みはマス単位で形が作られていますので、増減目もマス単位になります。方法も方眼のマス、長編みで埋めたマス、編み始め、編み終わりとそれぞれ違いますので、正しい方法を覚えましょう。

中間で1マス増やす

編み広げるときに使います。

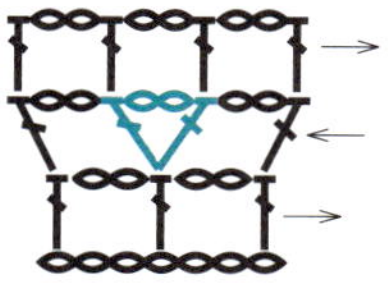

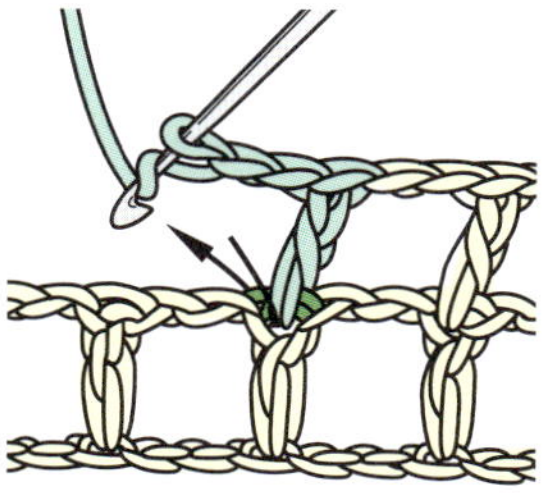

1 同じ長編みに、1マス分の目数を編みます。

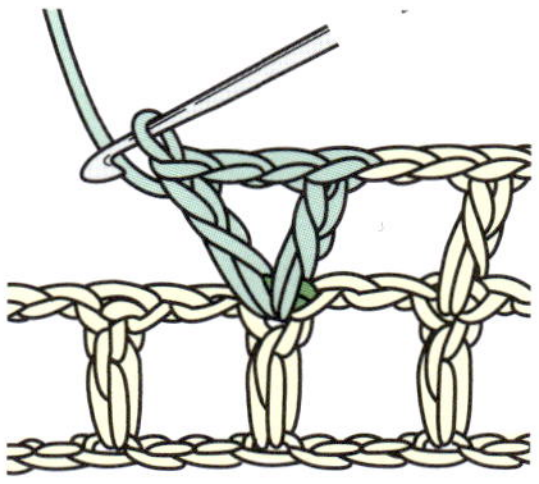

2 V字に1マス増え、その分編み地が左右に広がります。

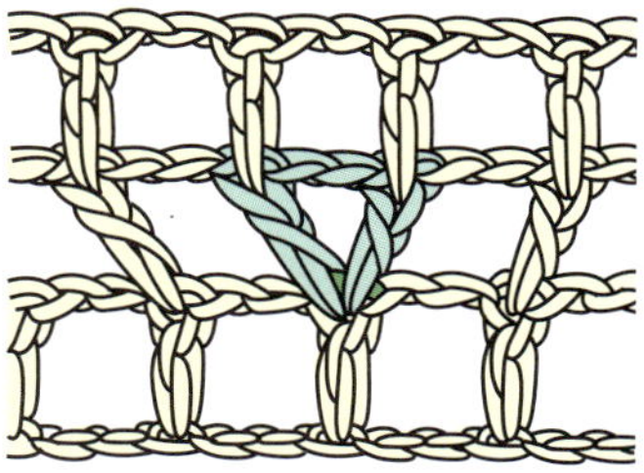

3 3段めではキレイな方眼になります。

両端で1マス増やす

前段に続けて鎖編みで作り目をして、その上に新しいマスを編みます。

方眼のマス目（編み始め）

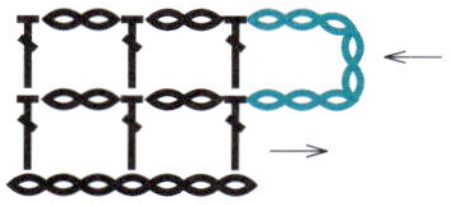

編み始めで、合計8目の鎖を編みます。

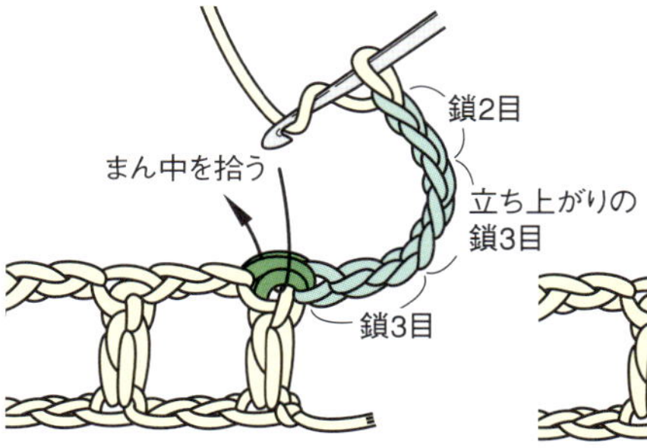

1 編み地を持ち替えて、鎖8目を続けて編みます。

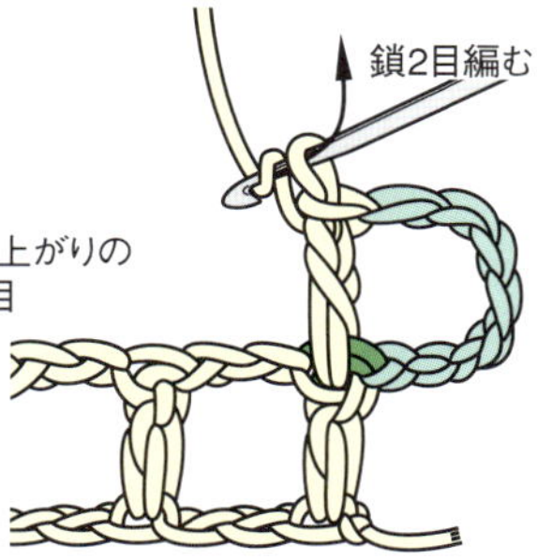

2 前段の端の長編みのまん中を拾って、長編みを編みます。

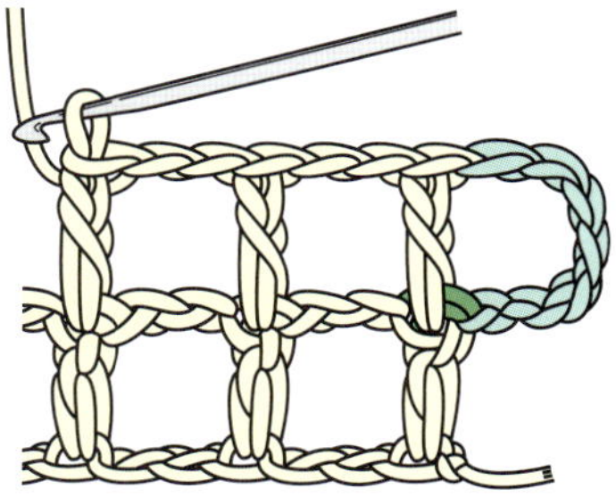

3 四角のマス目ができました。左端まで編みます。

方眼のマス目（編み終わり）

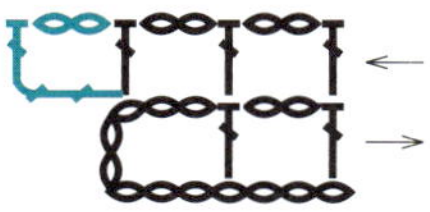

1マス分の「鎖2目と三つ巻き長編み」を編みます。

Point

左端は巻き技法を使うため、土台の目を長編みと同じ足元から拾い出し、巻き目の伸びを鎖1目分カットします。

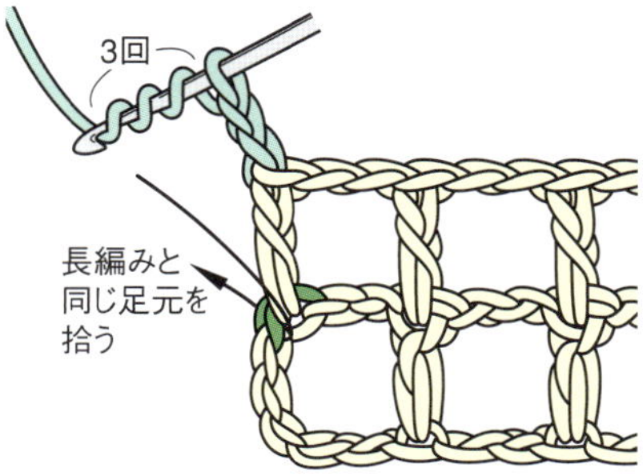

1 針に糸を3回巻いて、長編みと同じところを拾います。

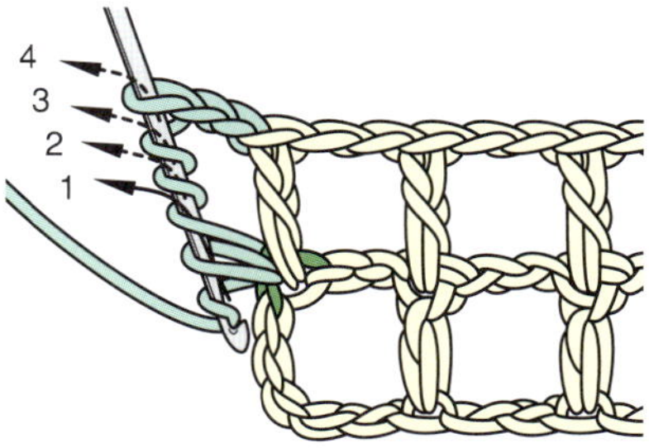

2 針に糸をかけて、矢印**1**〜**4**の順に引き出し三つ巻き長編みを編みます。

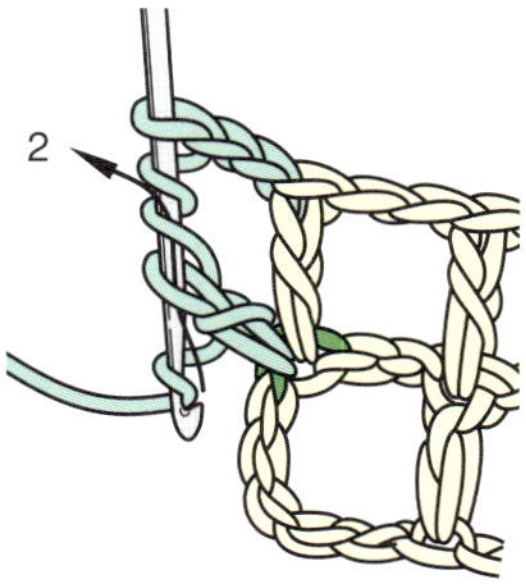

3 未完成の長編みまで編めています。針に糸をかけて、矢印**2**の要領で2ループを引き出します。

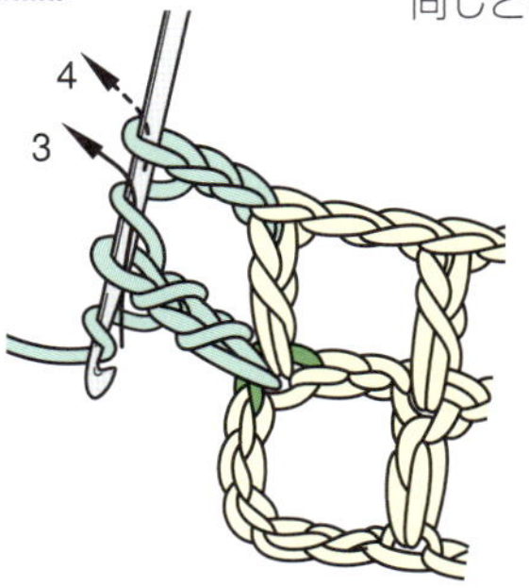

4 針に糸をかけて、矢印**3**の要領で右端の目まで2ループを引き出します。

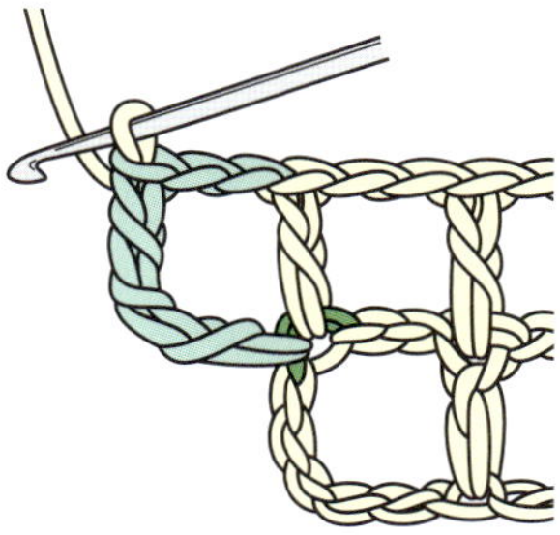

5 針に糸をかけて、矢印**4**の要領で最後まで引き抜きます。

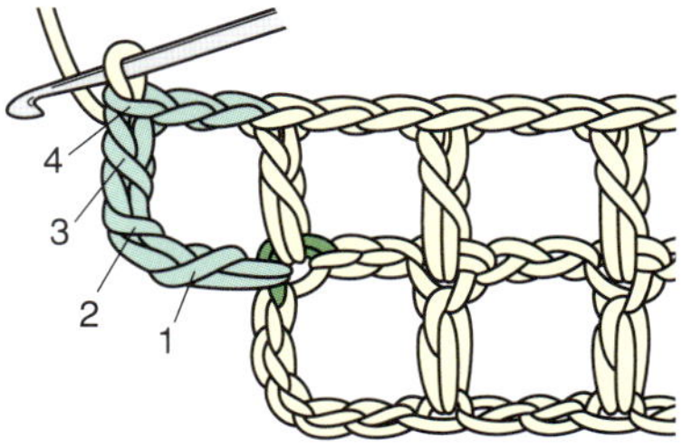

6 カット中の**2**が作り目分の長編みの頭、**4**が左端の柱の長編みの頭に相当し、四角いマス目ができました。

長編みでうめたマス目（編み始め）

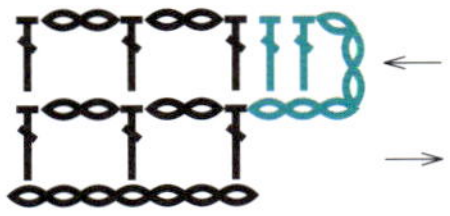

編み地を持ち替えて、編み始めで合計6目の鎖を編みます。

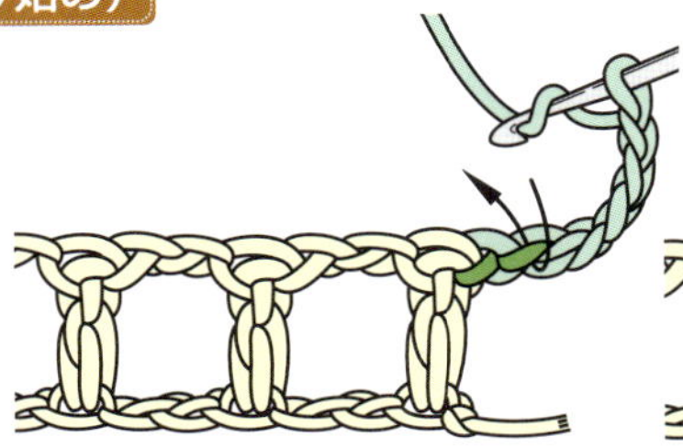

1 針にかかった目から数えて6目めの鎖の裏山に矢印のように針を入れ、マスをうめる長編みを編みます。

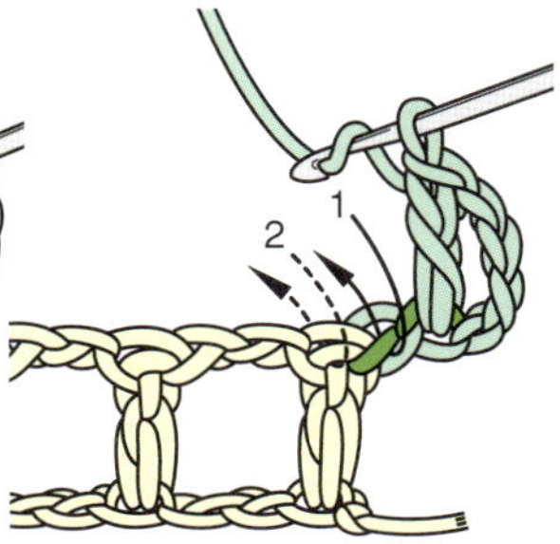

2 同様にもう1目、裏山を拾って長編みを編みます。

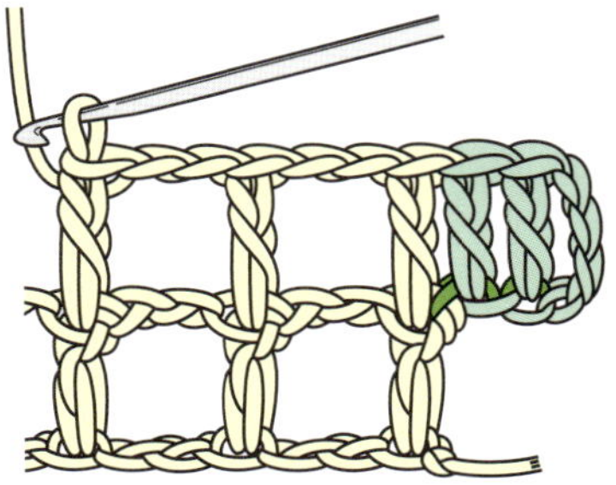

3 前段の端の長編みのまん中を拾って、柱の長編みを編み、四角の長編みのマス目ができました。

長編みでうめたマス目（編み終わり）

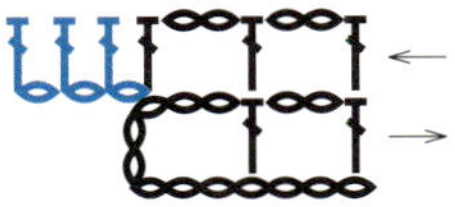

土台つきの長編みを1目ずつ編み加えていきます。
増すマス目の数に応じて**2〜4**をくり返して編みます。

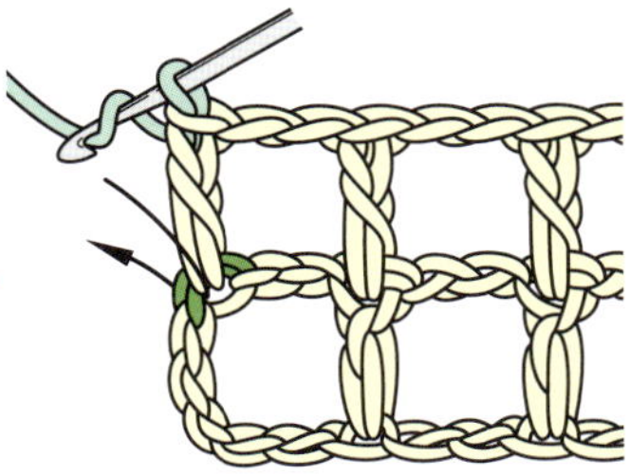

1 左端を編み、針に糸をかけ同じところに針を入れます。

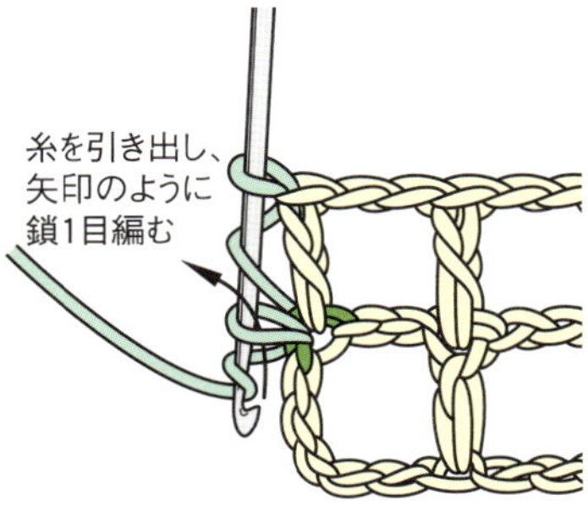

2 この鎖目が最初の長編みの土台になります。

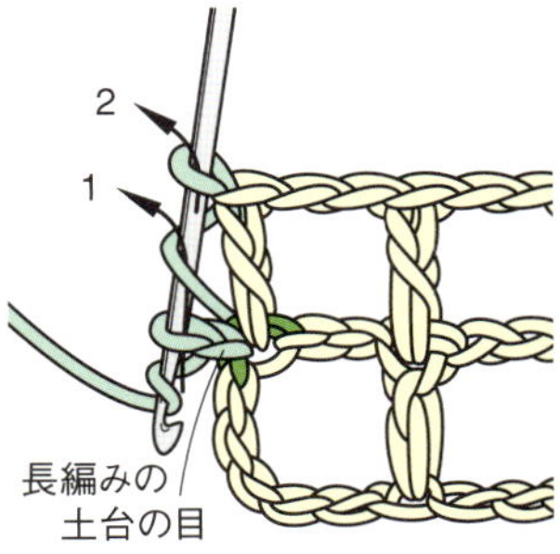

3 あとは長編みを編むように、糸を引き出して編みます。

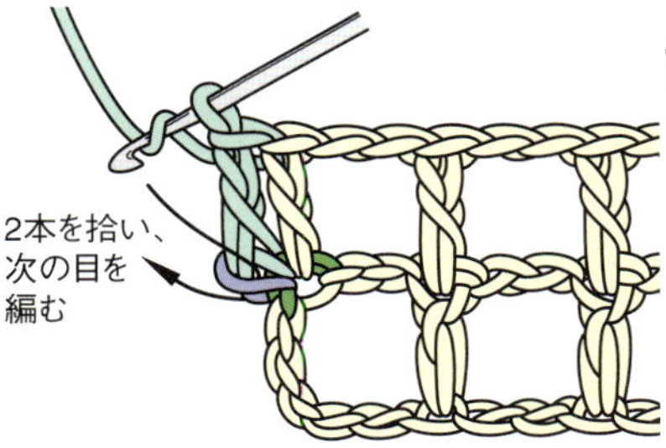

4 土台つきの長編みが1目できました。2目めは、1目めの土台の鎖目の手前側の半目と裏山（1目めの長編みの足元に続くループ）の2本を拾います。

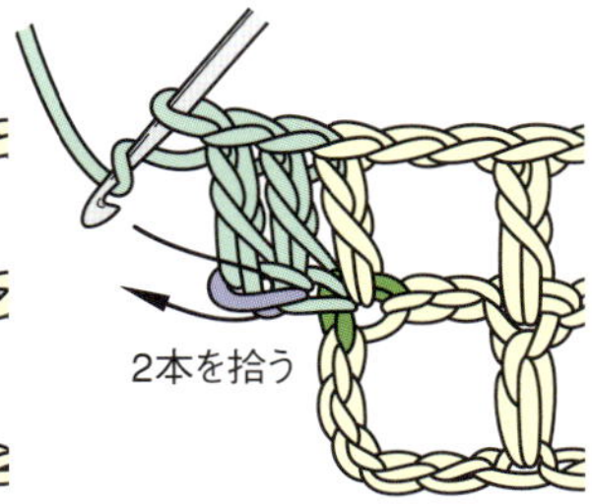

5 糸をきつめに引き出し、**2〜4**をくり返して土台つきの長編みを編みます。

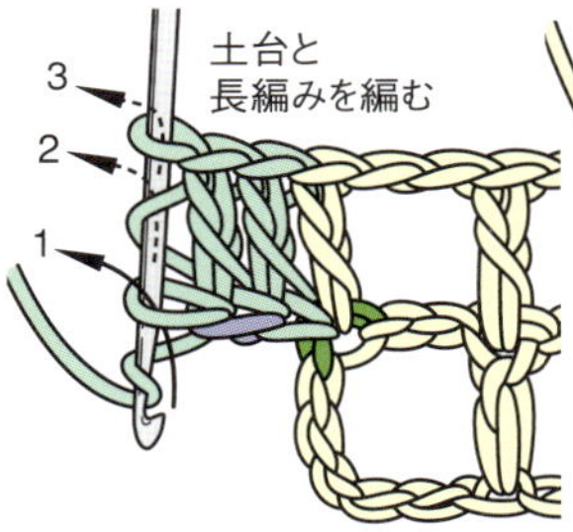

6 左端の柱の長編みも同様に編みます。

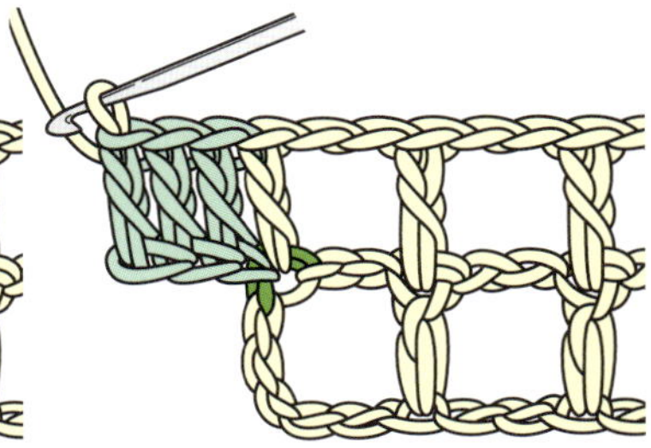

7 1マス分の増し目ができました。土台の目の大きさを揃えて編みましょう。

両端で2マス増やす

2マス以上増すときも、この方法で同要領にくり返して編みます。

方眼のマス目（編み始め）

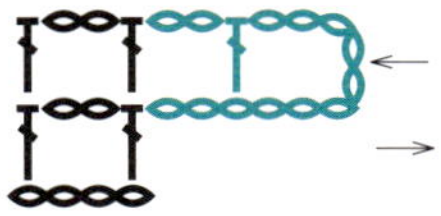

編み地を持ち替えて、編み始めで、合計11目の鎖を編みます。

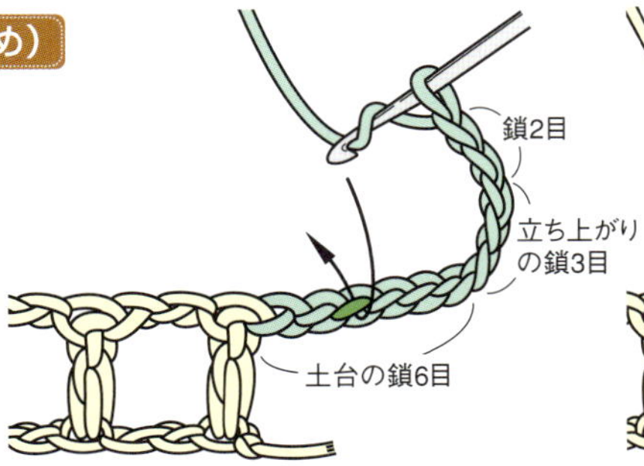

1 針にかかった目から数えて10目めの、鎖の裏山を拾って柱の長編みを編みます。

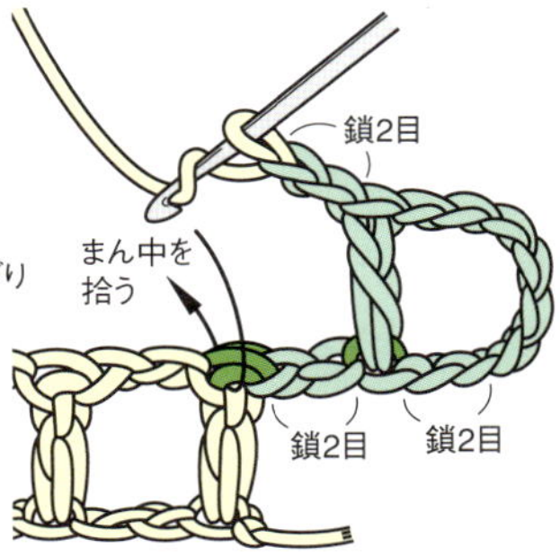

2 鎖2目を編み、今度は前段の端の長編みのまん中を拾って、長編みを編みます。

3 2マス増したら、同様にくり返して左端まで編みます。

方眼のマス目（編み終わり）

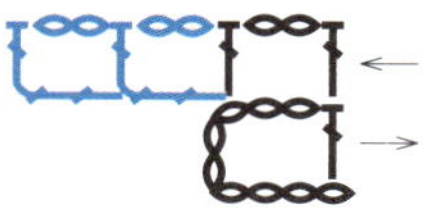

1マス増すのと同要領に1マスを編んだら、続けて2マスめの「鎖2目と三つ巻き長編み」を編みます。

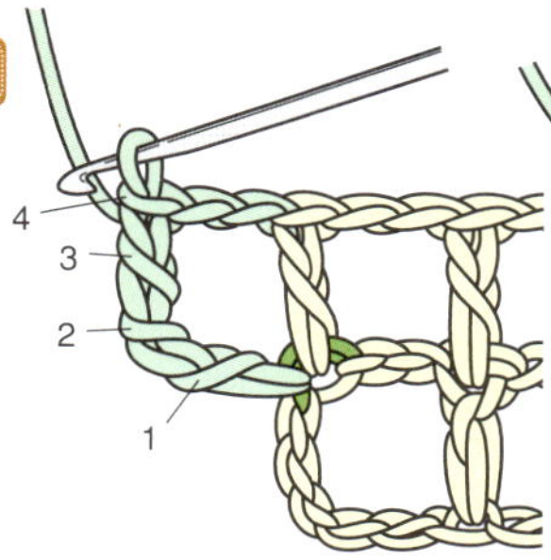

1 55ページを参照に1マス増しました。

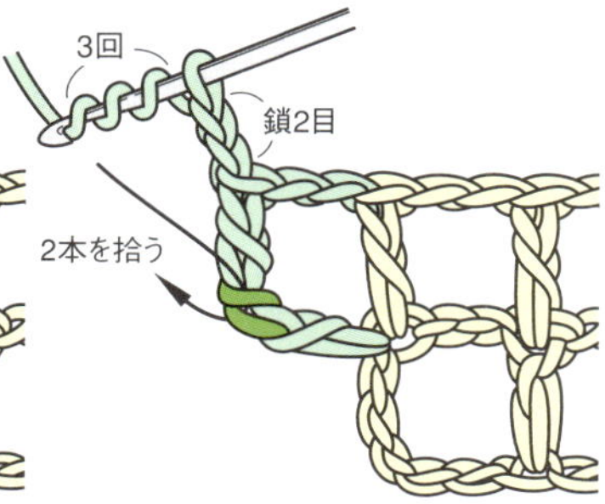

2 **1**のカットの**2**（長編みの頭に相応の手前に巻いた糸）とその下の外側の糸の2本を拾います。

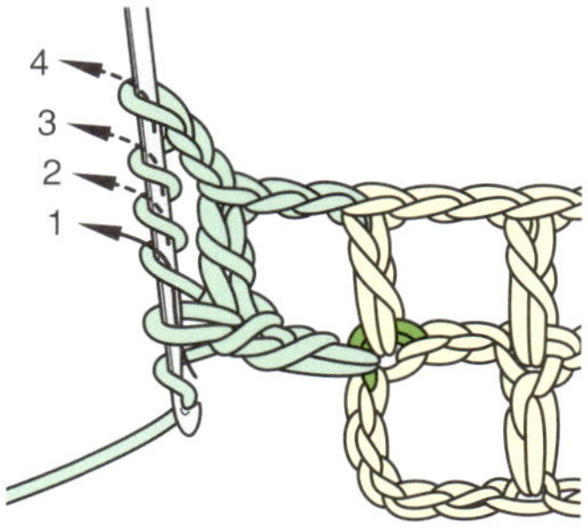

3 針に糸をかけて、**1**～**4**の順に2ループずつ引き出して、三つ巻き長編みを編みます。

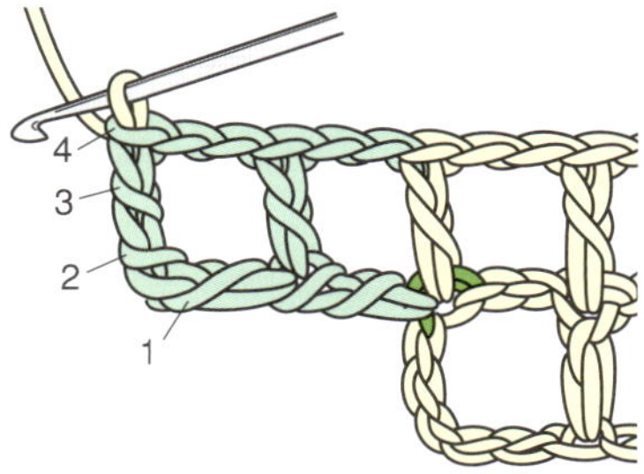

4 2つめの三つ巻き長編みを編み、方眼のマス目が2つできました。

編み終わり側で別鎖をつける方法

新たに糸をつけて、作り目を編みます。前段の立ち上がりの鎖3目めの裏山と、外側の半目の2本を拾って針を入れます。

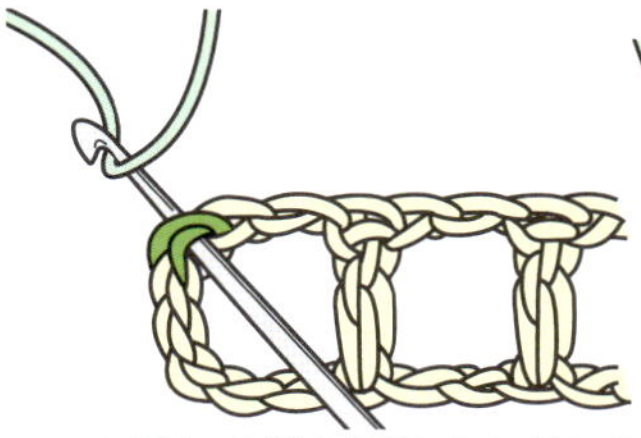

1 新しく鎖を編む糸を針にかけて引き出します。

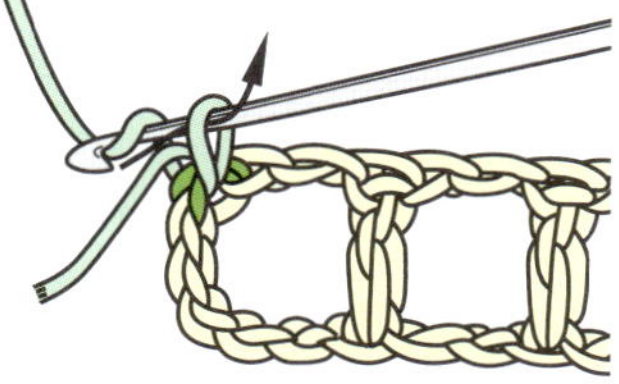

2 引き抜き編みでとめてから、作り目を編みます。

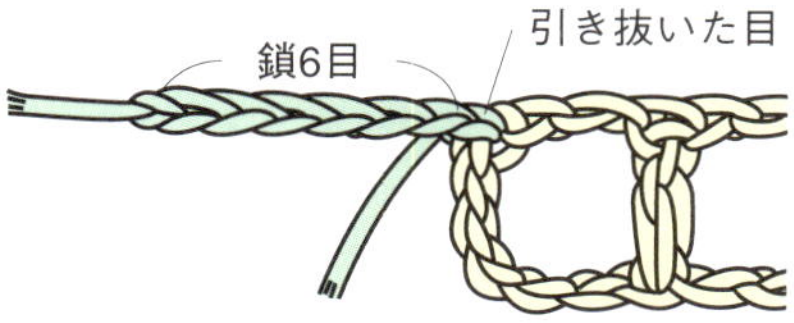

3 6目編んだら、鎖1目を編み、ループを伸ばし、5cmくらい残して糸を切ります。

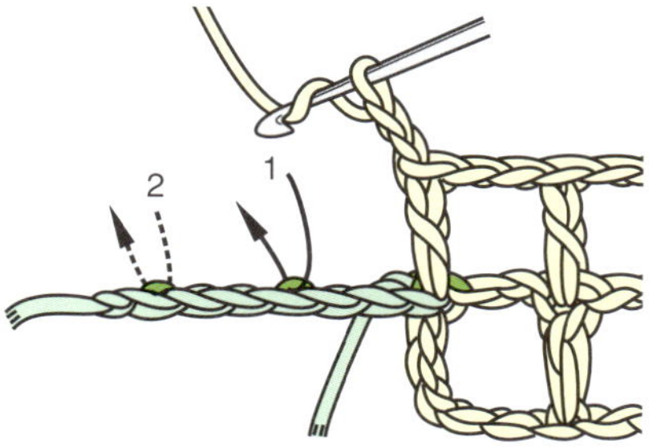

4 左端は別鎖の引き抜き編みと同じ目を拾い別鎖からは、鎖の裏山1本を拾います。

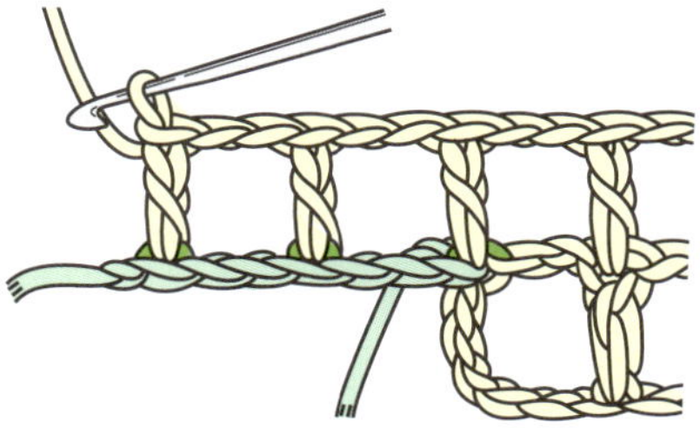

5 方眼のマス目が2つできました。

中間で1マス減らす

1マスを減らすときに使う方法です。

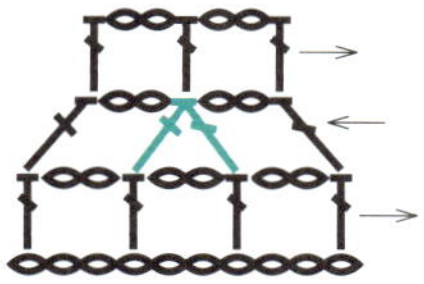

Point

方眼編みの柱2本の、長編み2目一度が編めました。

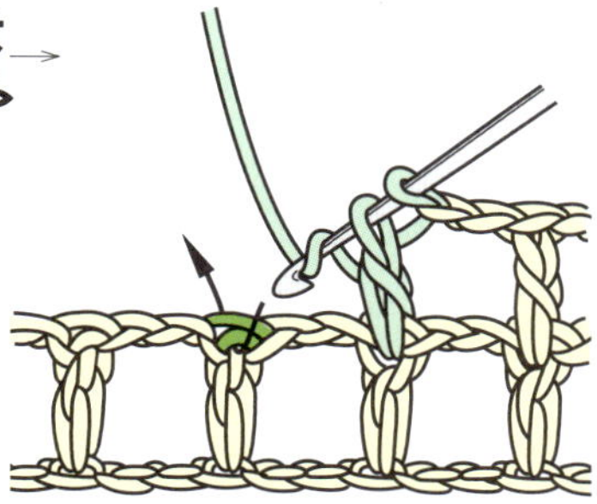

1 未完成の長編みを針にかけたまま、隣の長編みを編みます。

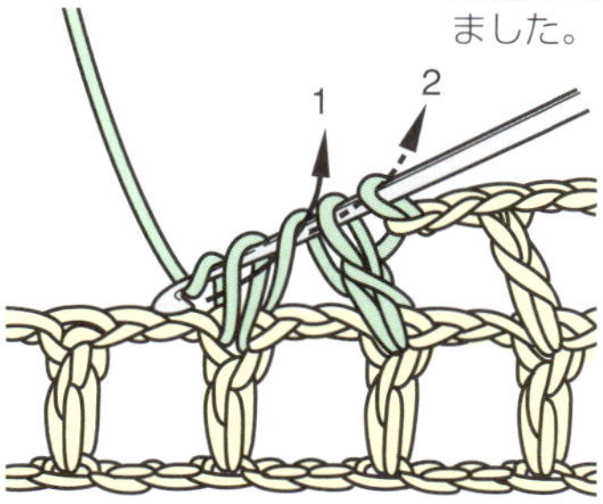

2 同様に矢印**1**の未完成の長編みまで編んだら、矢印**2**の要領で、未完成の長編み2目の頭を一度に引き出します。

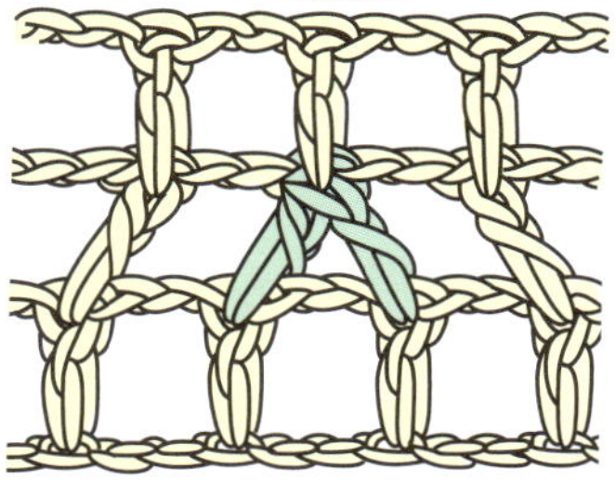

3 この長編み2目一度で、1マス減ります。

両端で1マス減らす

編み始めは引き抜き編みで減らし、編み終わりは編み地に適した方法を選びます。
編み始めの引き抜き編みはマスの端の目から引き抜くと、階段状の角が直角に美しく編み上がります。

方眼のマス目（編み始め）

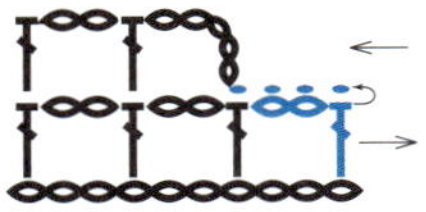

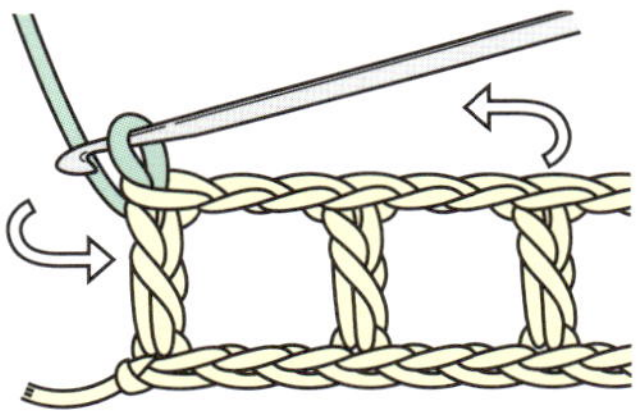

1 1段の端まで編んだら、編み地を持ち替えます。

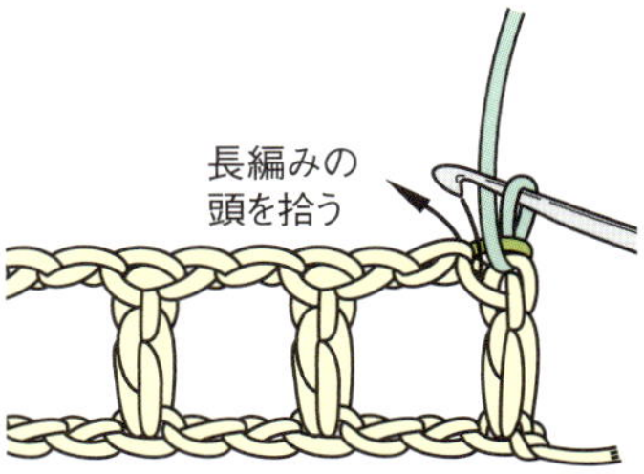

2 手前に出た糸をよけて、端の長編みの頭（ハの字の鎖2本）に針を入れます。

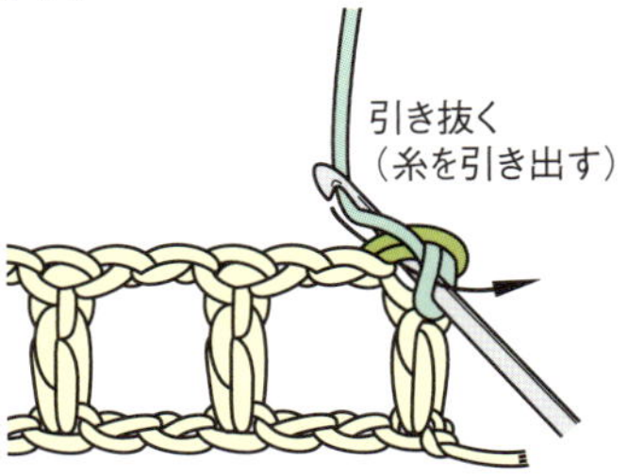

3 糸を向こう側に渡して、針に糸をかけて引き抜きます。

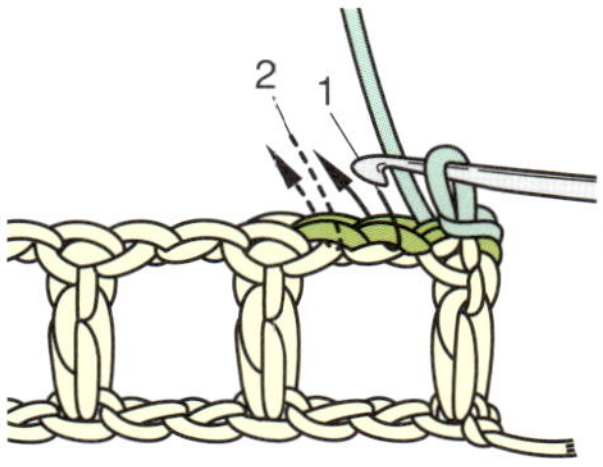

4 鎖目の引き抜きは表側のハの字の鎖2本に、針を入れて、糸をかけて引き抜きます。

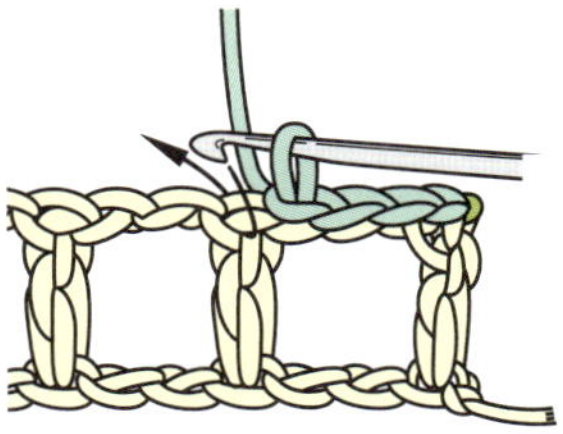

5 長編みはまん中を拾って、引き抜きます。

6 1マスを減らしたら、鎖3目で立ち上がります。

長編みでうめたマスの場合

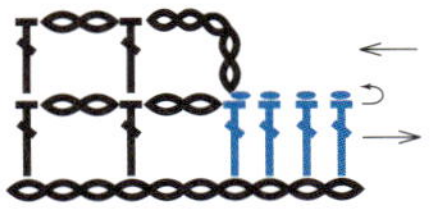

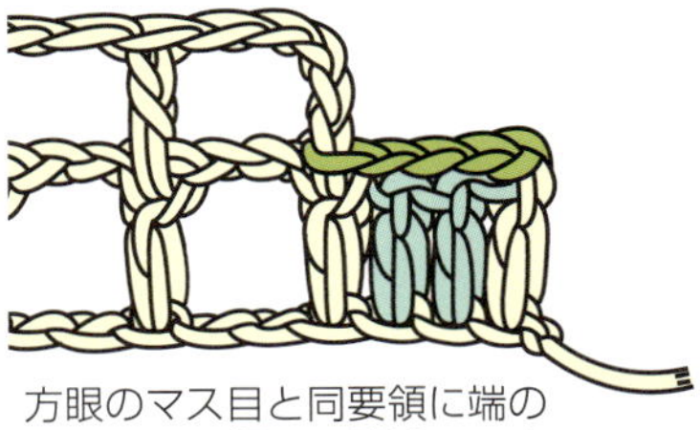

方眼のマス目と同要領に端の目から、長編みの頭（ハの字の鎖2本）を引き抜きます。

方眼のマス目（編み終わり）

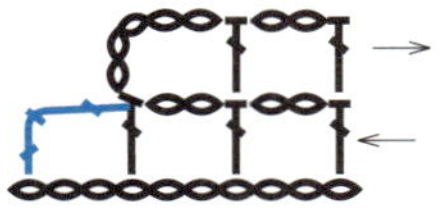

次段の編み始めの位置を替えるので、減らしたいマス目のある段の、1段手前で操作します。

Point

3の1で、角の鎖1目を編むことで高さをしっかり出します（頭を完成させる）。

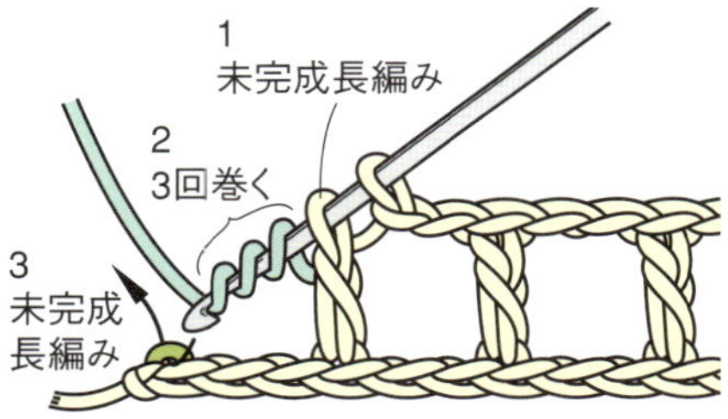

1 1マス手前の柱を未完成長編みにし、糸を3回巻き、左端の鎖の裏山を拾います。

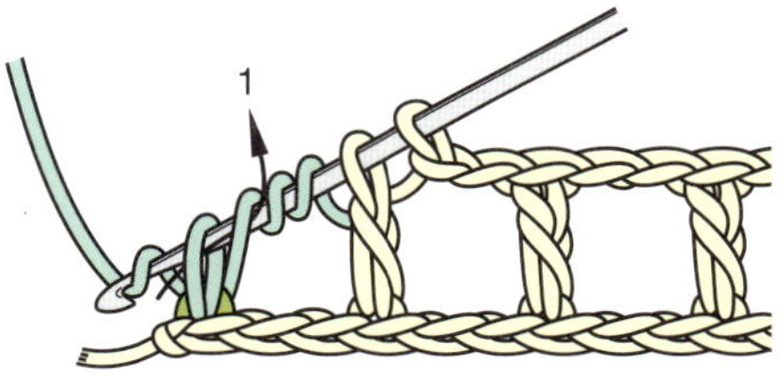

2 糸を長編みの高さまで引き出し、針に糸をかけて2ループを引き出します。

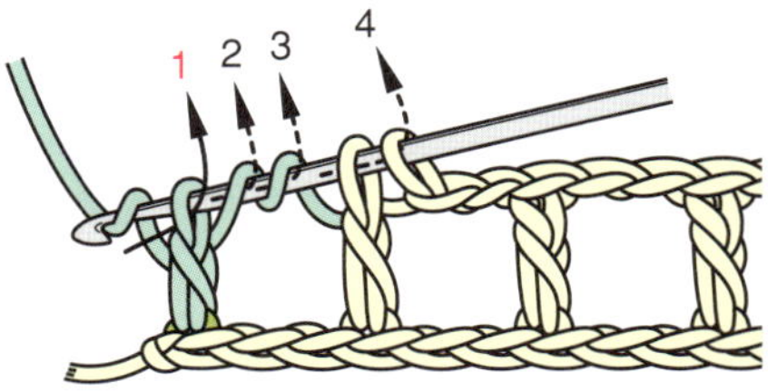

3 未完成の長編みを矢印**1**で鎖1目を編み、**2**、**3**と引き出し、最後は**4**の長編みの頭まで一度に引き出します。

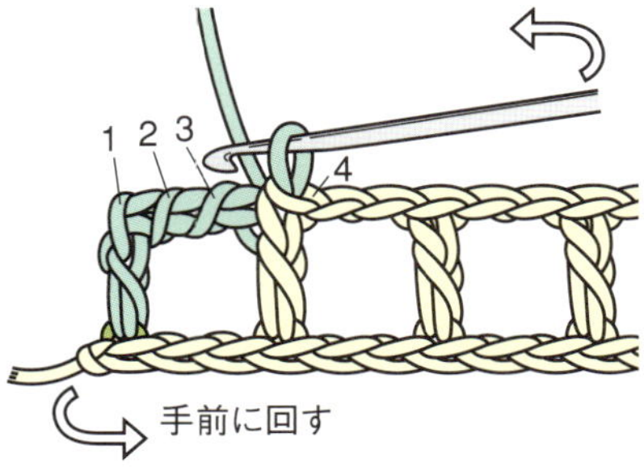

4 針に糸を3回巻いた分の三つ巻き長編みが、1マス手前の柱の長編みと2目一度の状態になり、編み始めの位置が1マス内側になります。

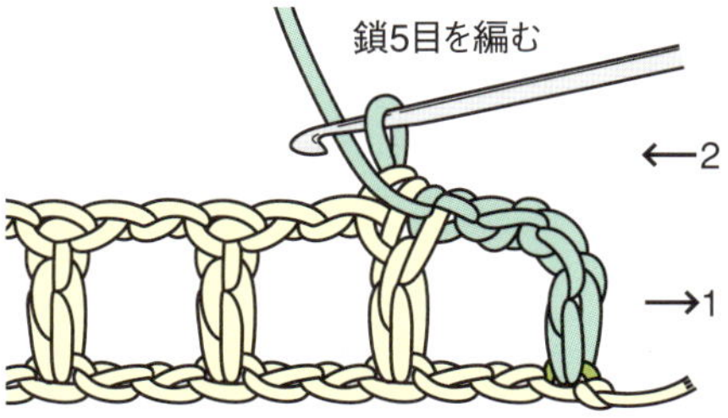

5 1段めで2段めの減目をしました。編み地を持ち替えて、1マス減ったところから2段めを編みます。

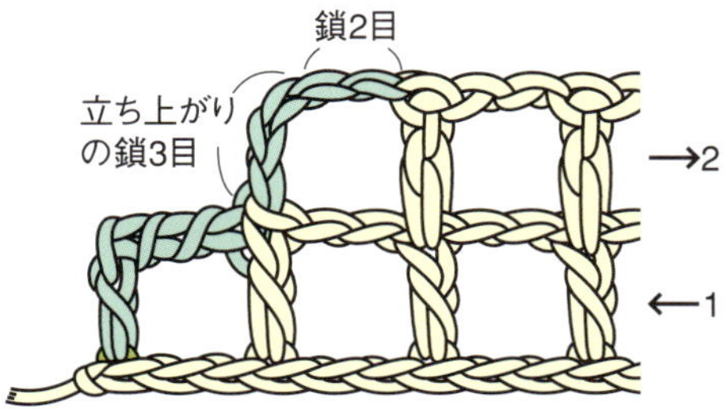

6 階段状に端が1マス減って、2段を編みます。

編み終わりは編み残し、編み始めは引き抜き編み

何マスでも自由に減らせますが、引き抜いたところが少し太くなります。

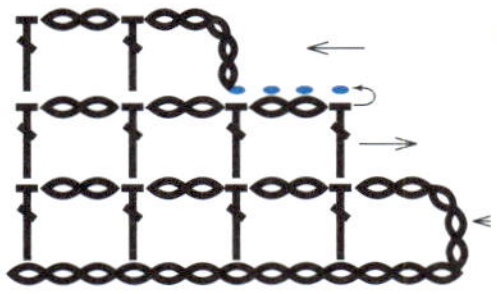

●編み終わり

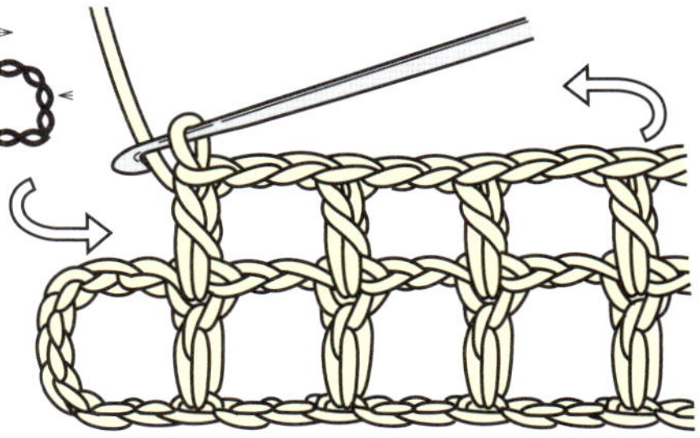

2段めを1マス手前の長編の柱まで編んだら、編み地を回して、持ち替えます。

●編み始め

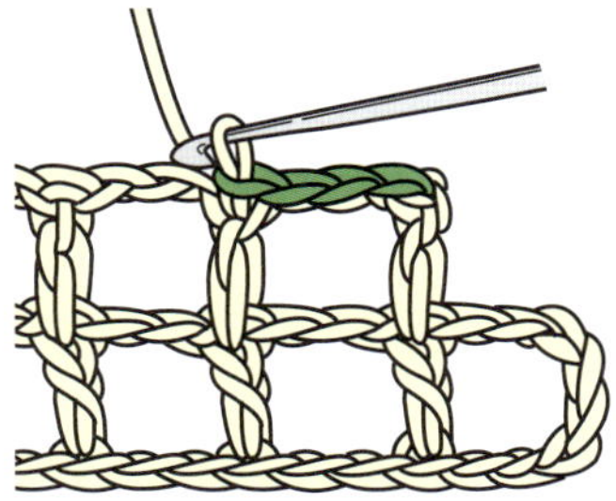

1 端の長編みの頭から引き抜き、1マス減らして、3段めの編み始めの位置を替えます。

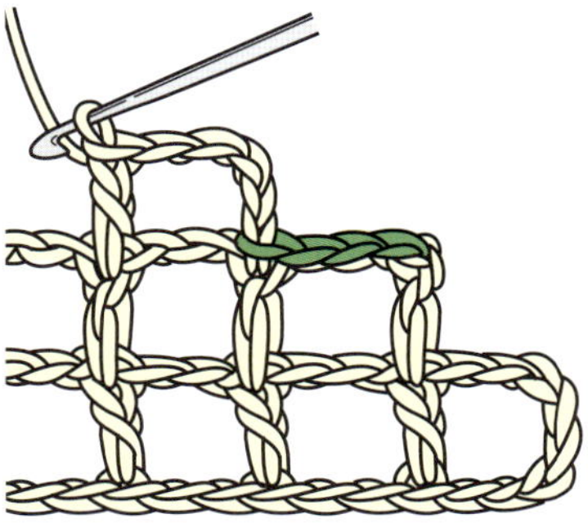

2 3段めの立ち上がりとマスの鎖の5目を編み、続けて編みます。

長編みのマス目（編み終わり）

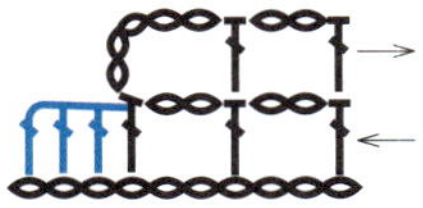

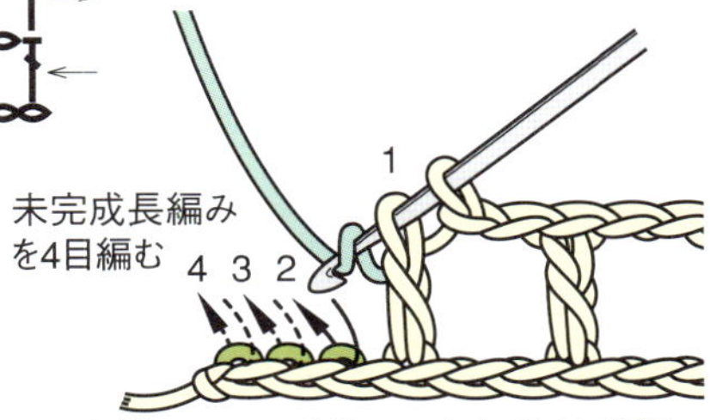

1 左端の1マス手前で、未完成の長編みを針にかけたまま、続けて未完成の長編み3目を編みます。

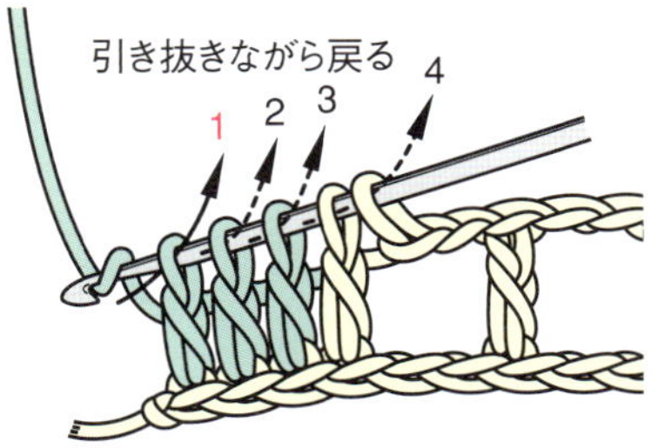

2 未完成の長編み4目が並び、右の内側へ**1**で鎖1目編み、**2**〜**4**の要領で2ループずつ引き出しながら戻ります。

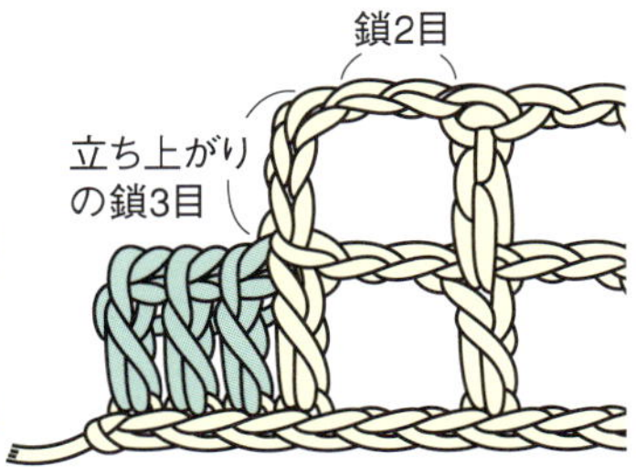

3 1マス減らし、2段めは1マス内側から立ち上がります。

編み終わりで2マス減らす

減らしたいマス目の段の、1段手前の段の編み終わりで操作します。

方眼のマス目

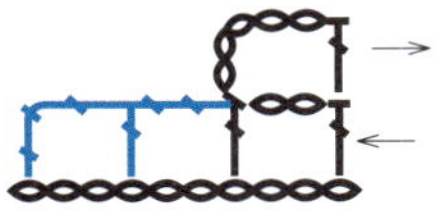

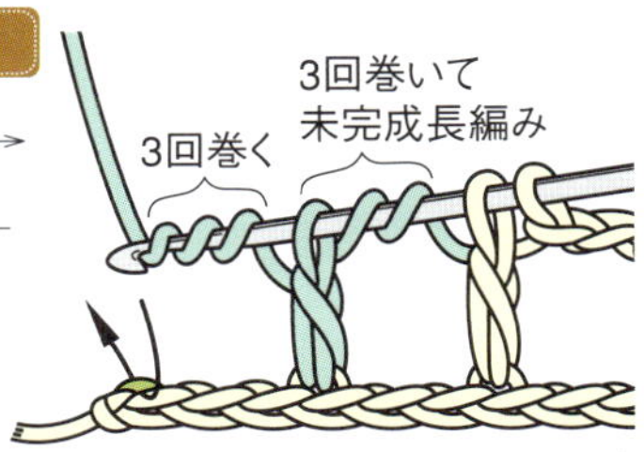

1 2段めで編み始めになるところで未完成の長編みを編み、「3回巻いて未完成長編み」をくり返して編みます。

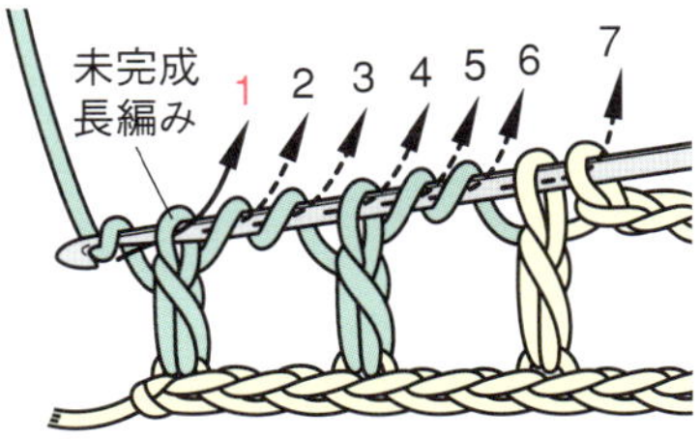

2 今度は**1**で鎖1目編み、**2**〜**7**まで糸をかけて引き出しながら、右に戻ります。

3 **7**〜**1**は、**2**の**1**〜**7**で戻りながら引き抜いて出来た目です。各マス目の高さが揃うように注意して編みましょう。

長編みのマス目

2段めの立ち上がり位置まで、1段めの編み終わりで2マス減らします。

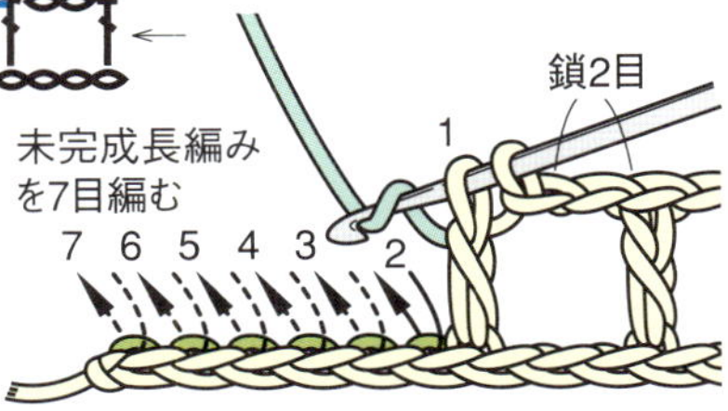

1 まず、2段めで編み始めになるところの**1**から、**7**まで未完成の長編みを編みます。

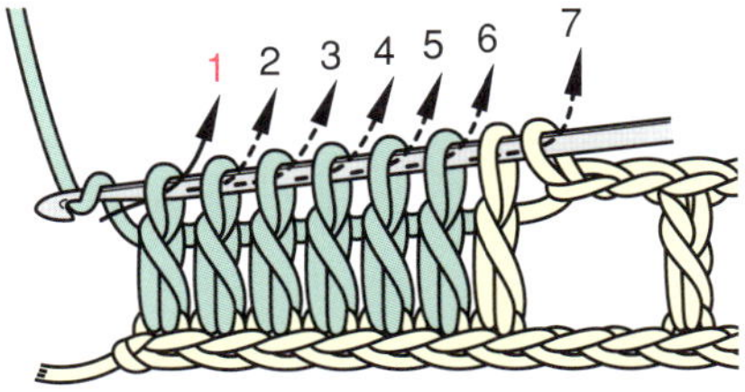

2 今度は**1**で鎖1目編み、**2**〜**7**まで糸をかけて引き出しながら、右に戻ります。

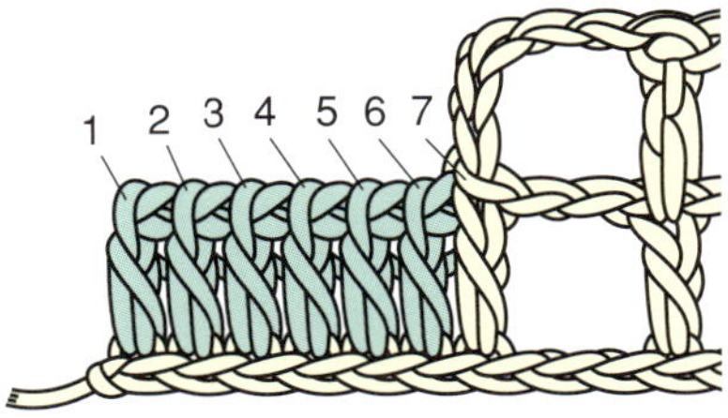

3 **7**〜**1**は、**2**の**1**〜**7**で戻りながら引き出して出来た目です。角を整え、目の高さが揃うように編みましょう。

アイリッシュ レース
野バラと木の実のネックレス

アイリッシュ・クロッシェ・レースは、アイルランドで生れた、かぎ針編みのレースです。
二重、三重の花を編むときには、花びらが浮き出るように立体感を出して編みます。
ここでは鎖編みのブリッジで、野バラを編んでいます。
モチーフのパターンには、花、・葉っぱ・木の実等の自然植物からのアレンジが、多くパターン化されています。

〈実物大〉

アイリッシュ レース レッスン作品の編み方

60ページの「野バラと木の実のネックレス」はレース糸＃40で編んでいますが、ここでは初心者にも編みやすいように、糸を少し太くしました。
野バラBとうね編みのリーフA、細編み（裏目）の木の実の編み方を解説します。

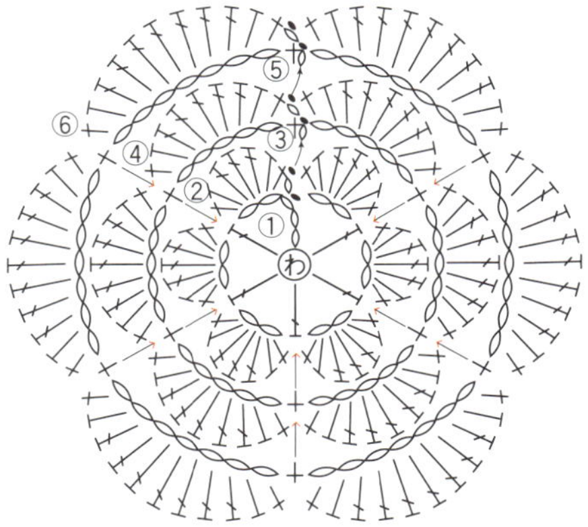

野バラA・B・C

- 糸／オリムパス エミーグランデ
- レース針／2号

A ❶〜❷　B ❶〜❹　C ❶〜❻

〈実物大〉

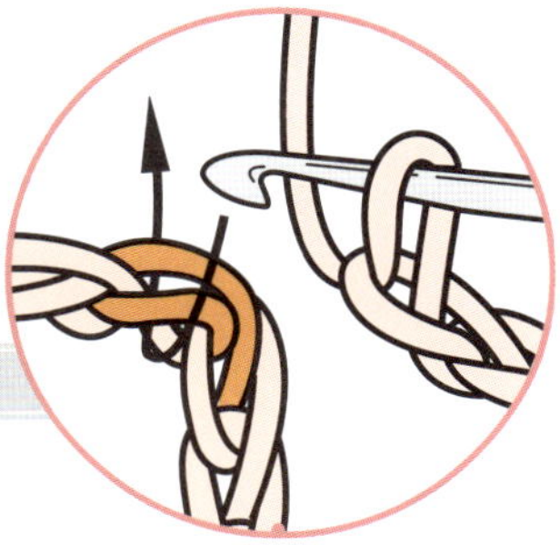

Point

野バラBの編み方

1段め　輪の作り目は16ページ参照

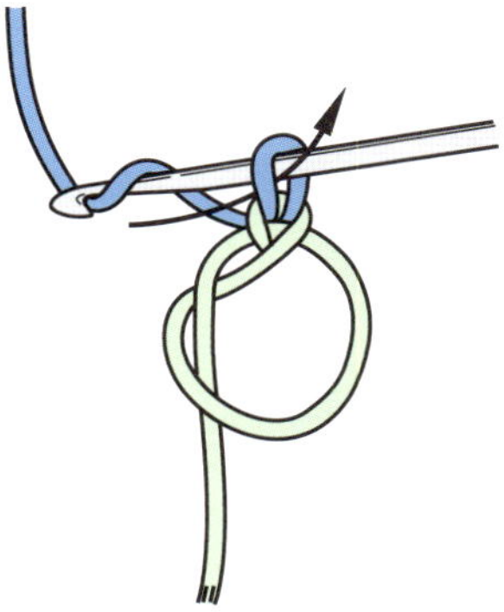

1 針にかかった目から、立ち上がりの鎖目になります。

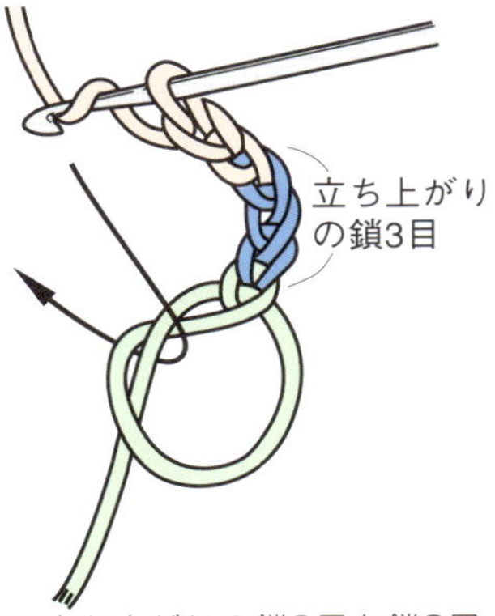

2 立ち上がりの鎖3目と鎖2目を編み、輪を束に拾って長編みを編みます。

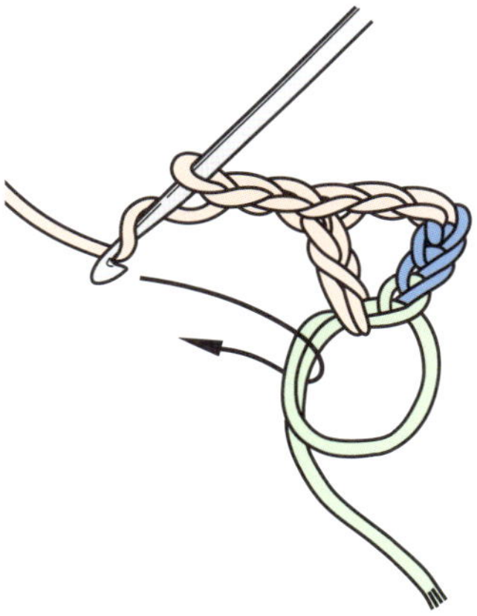

3 続けて1段めを編み、1段めが編めたら糸端を引いて、作り目の輪を引きしめます。

4 編み終わりは、最初の立ち上がりの鎖3目めに針を入れて、目を引き抜きます。

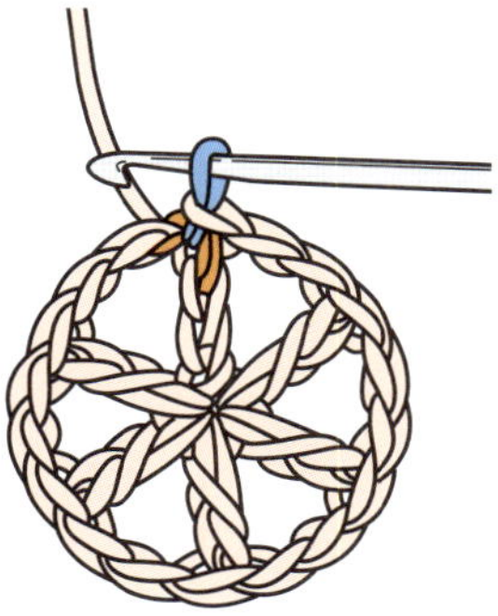

5 1段めが編めました。この1段めが中心の花びらの土台になります。

2段め

花びらは土台の鎖編みを束に拾います。

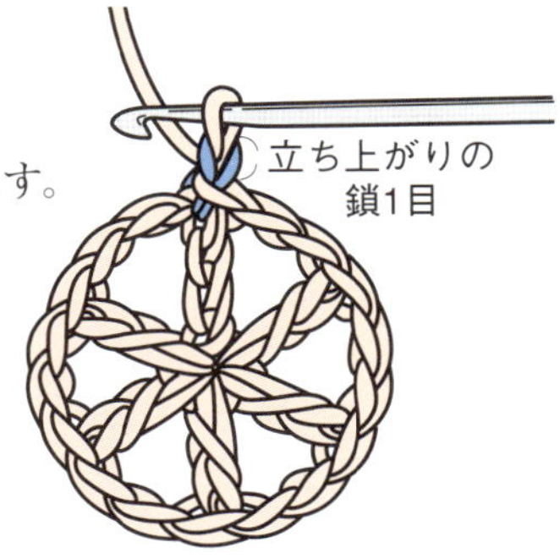

1 細編みの立ち上がりの鎖1目を編みます。

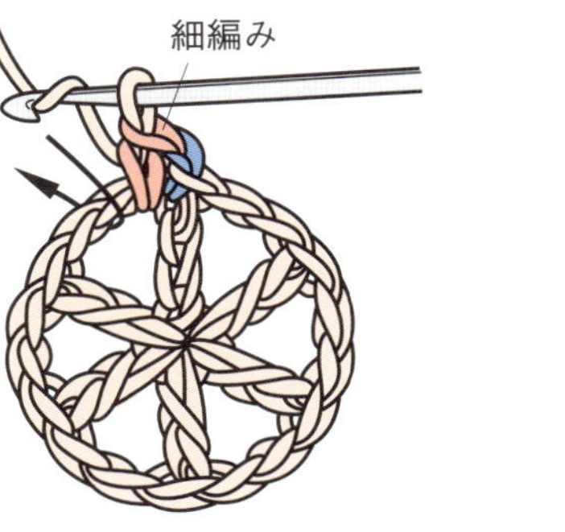

2 前段の鎖編みの空間に束に細編み1目を編みます。続けて針に糸をかけ、前段の鎖編みの空間に束に針を入れます。

野バラB

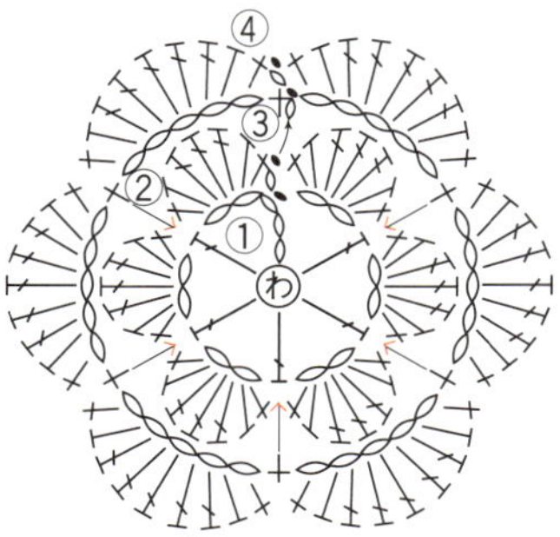

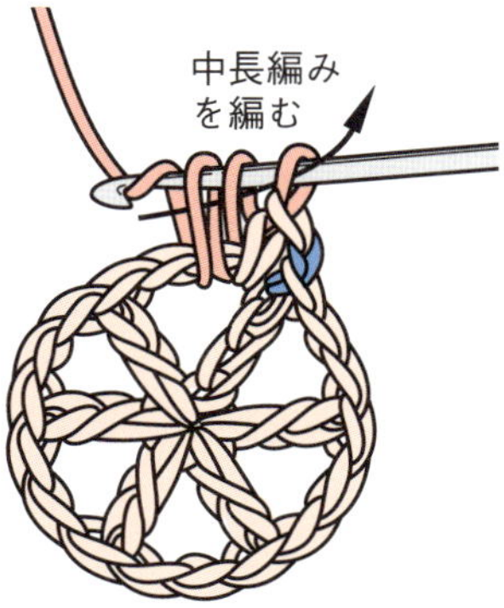

3 糸をかけて鎖2目分の高さの糸を引き出し、糸をかけて3ループを一度に引き出し、中長編みを編みます。

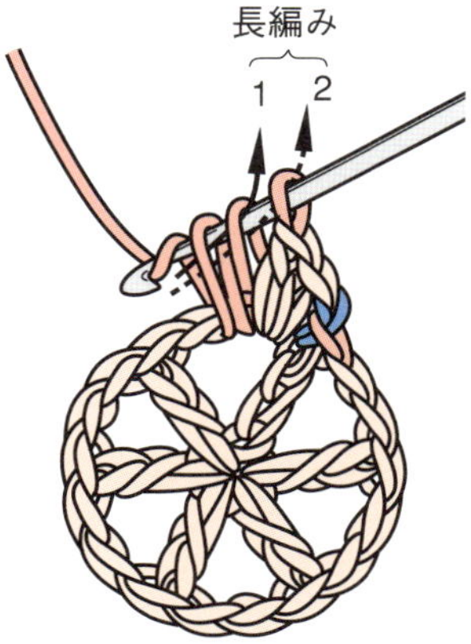

4 長編みを編みます。**3**と同様に糸を引き出したら、糸をかけて、矢印**1**、**2**の順に2ループずつ引き出します。

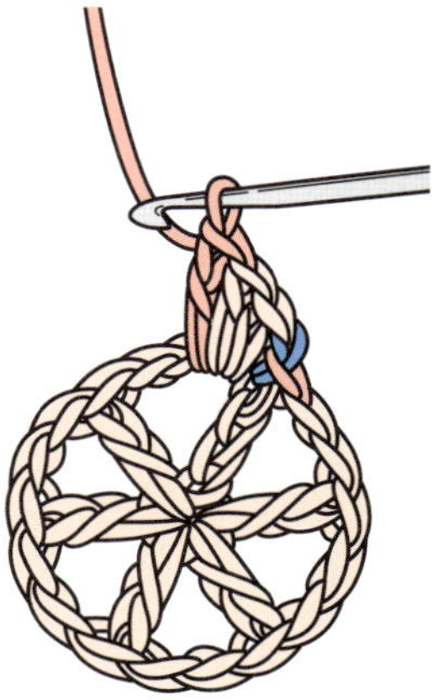

5 長編み1目が編めました。続けて長編み2目を編みます。

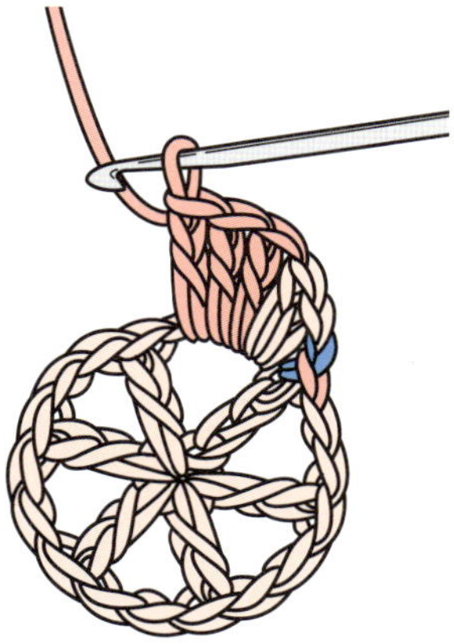

6 花びら中心の一番背の高い長編み3目が編めました。

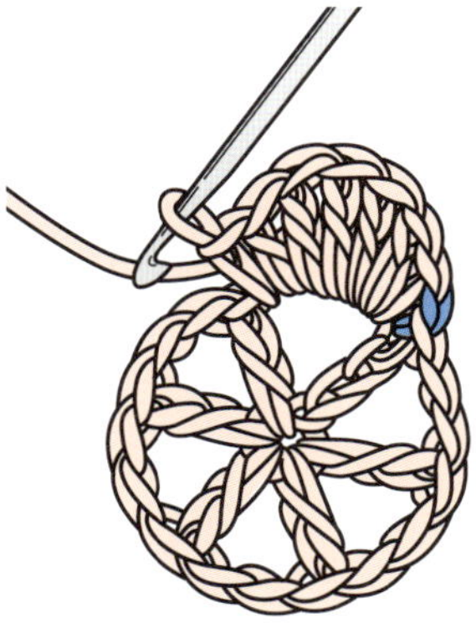

7 続けて中長編み、細編みと順に編みます。花びら1枚が編めました。

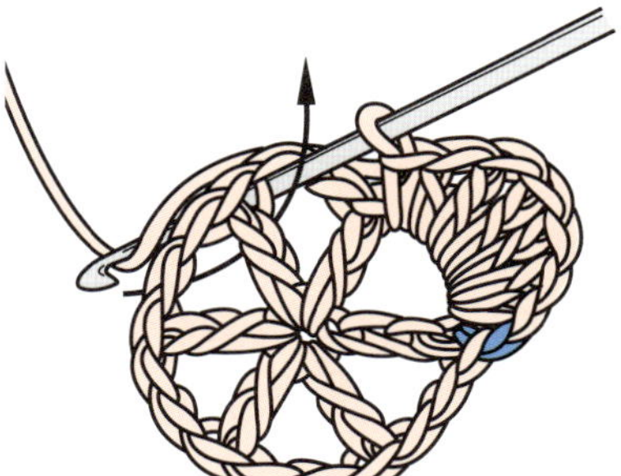

8 続けて2枚めも**2**〜**7**と同様に編みます。

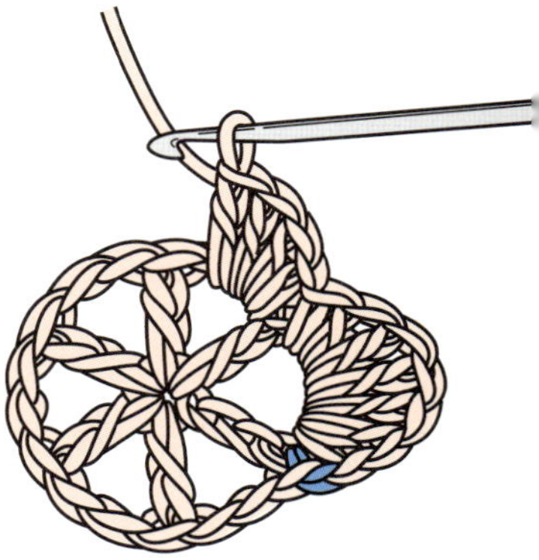

9 花びらの中心まで編んだところです。続けて花びら6枚を編みます。

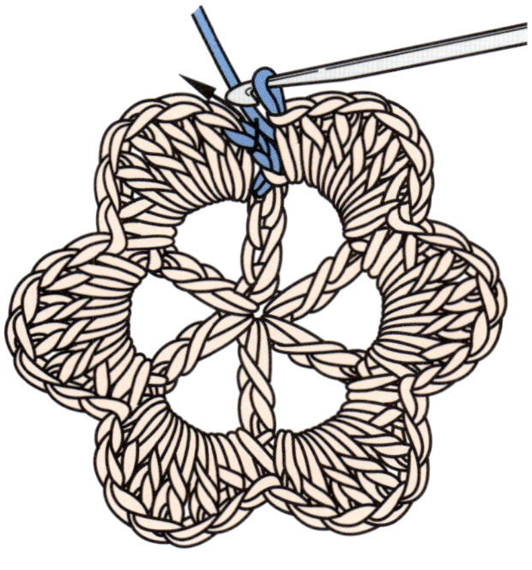

10 編み終わりは、編み始めの細編みの頭(ハの字の鎖2本)に引き抜きます。

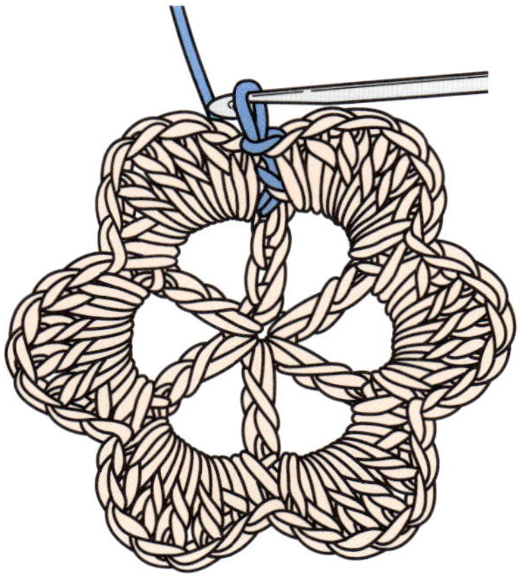

11 2段めが編めました。

●3段め・ブリッジ(鎖5目)の細編みの拾い方

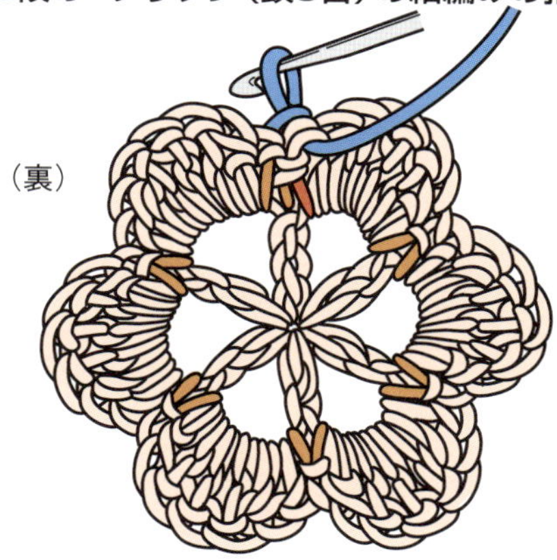

表を見ながら裏の目を拾いますが、分かりやすく裏から、説明します。各花びらの細編みの足外側半分ずつ=前段の長編みの頭の両側にあるハの字(図では濃いオレンジの部分)をすくいます。細編みが固定され、花びらも安定して美しく編めます。

3段め

4段めの花びらを編む土台（ブリッジ）を編みます。

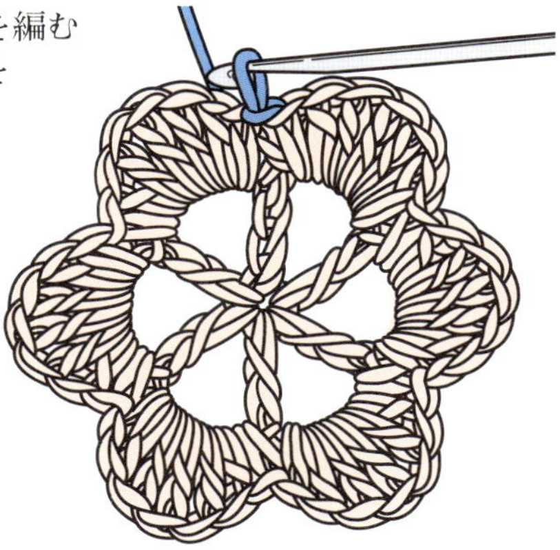

1 細編みは表から編みます。花びらを手前にたおして、裏の拾い位置を手前にします。

Point

最初の細編みの針を入れる位置は、細編みの外側の足1本が奥にあるため、その隣りの足を矢印のようにすくいます。

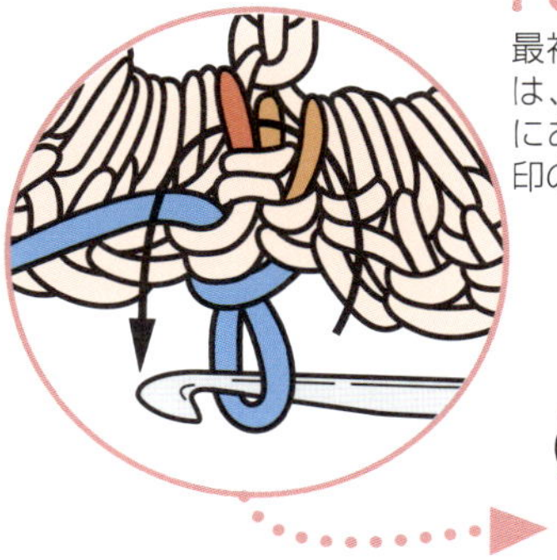

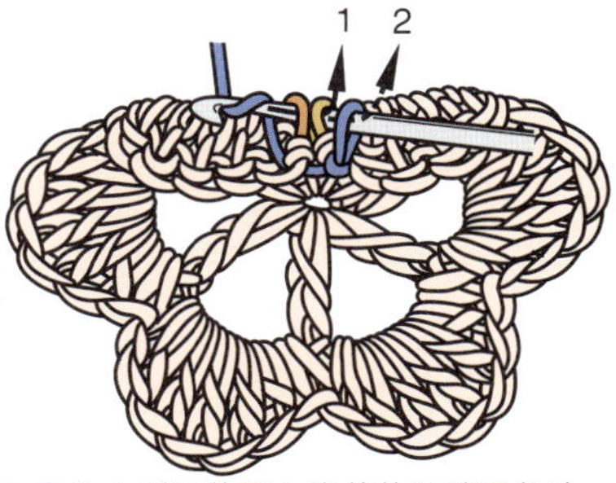

2 立ち上がり位置も立体的にするため、細編みを後ろに引くように、立ち上がりの鎖を編まないで、引き抜き編みの目からすぐ細編みします。

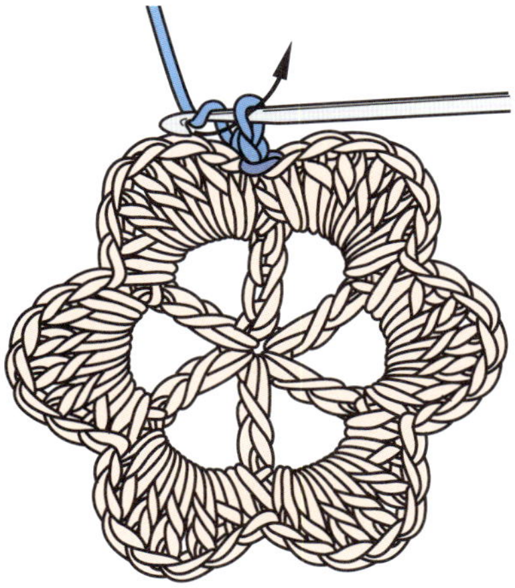

3 細編みを編んで、続けてブリッジの鎖5目を編みます。

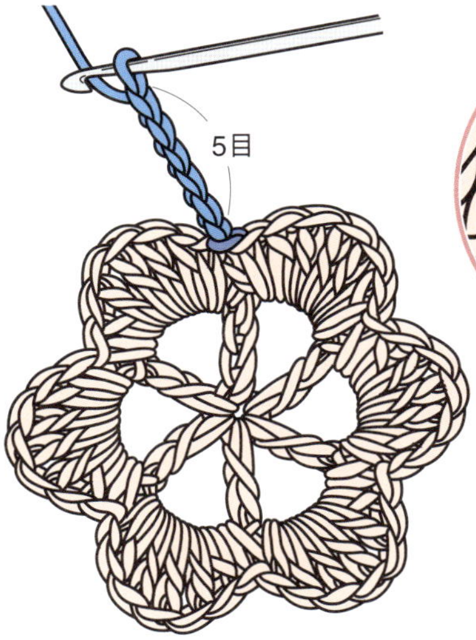

4 次の細編みを編んで、ブリッジが1山できます。

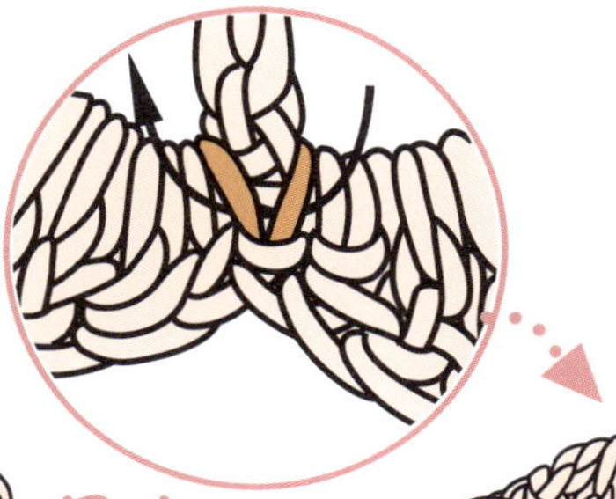

Point

前段の長編みの頭の両側にあるハの字の部分（図では濃いオレンジの部分）をすくいます。

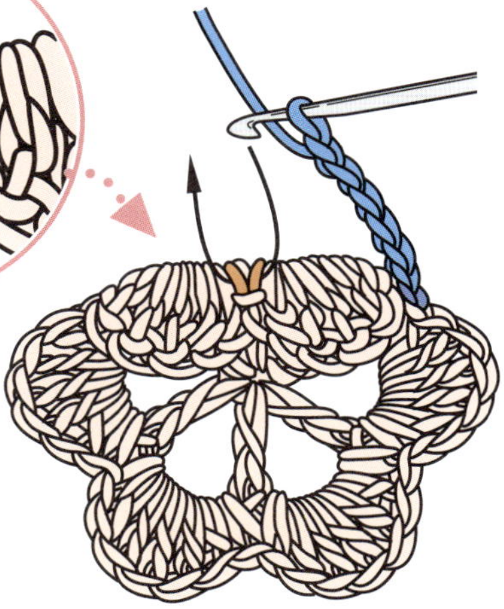

5 花びらを手前にたおして、拾い位置の裏側を手前にし、矢印のように針を入れて細編みします。

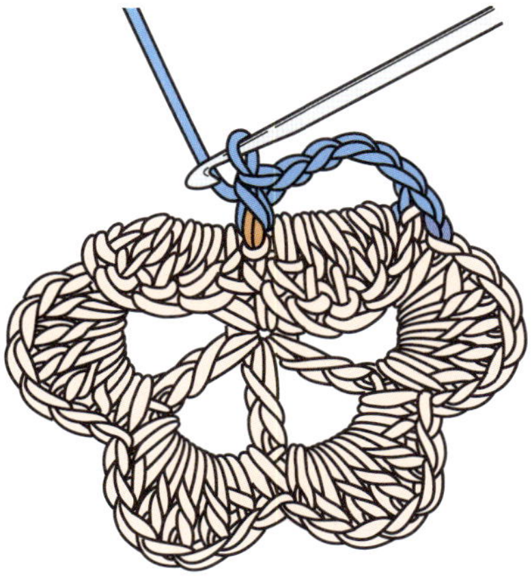

6 細編みを編んで、次からは**5**と同様にくり返します。

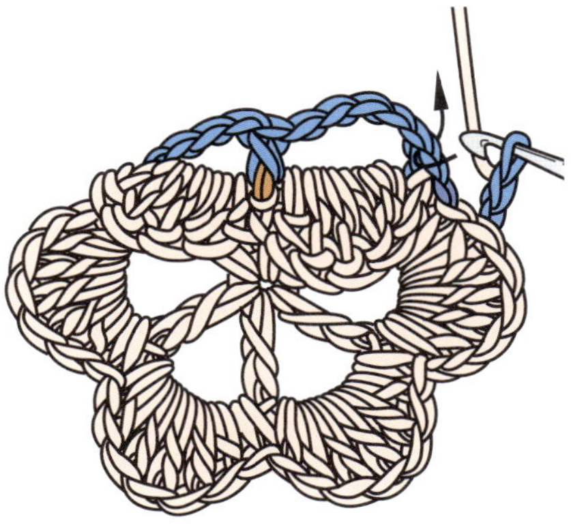

7 編み終わりは、編み始めの細編みの頭（ハの字の鎖2本）に引き抜きます。

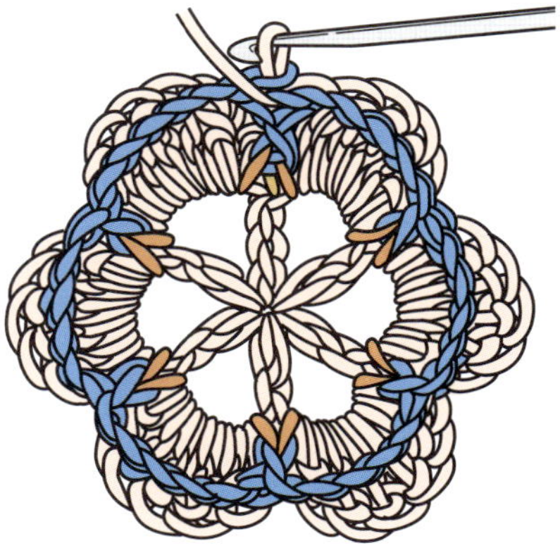

8 4段めを編む土台（ブリッジ）が6山できました（裏から見たところ）。

4段め　二重の花びらは少し大きく編みます。

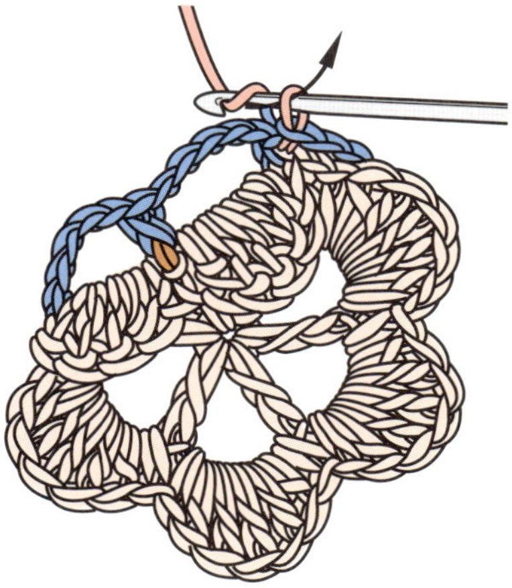

1 立ち上がりの鎖を1目編んで、続けて1枚めの花びらを編みます。表から編みますので、手前の花びらを前にたおして編みやすくします。

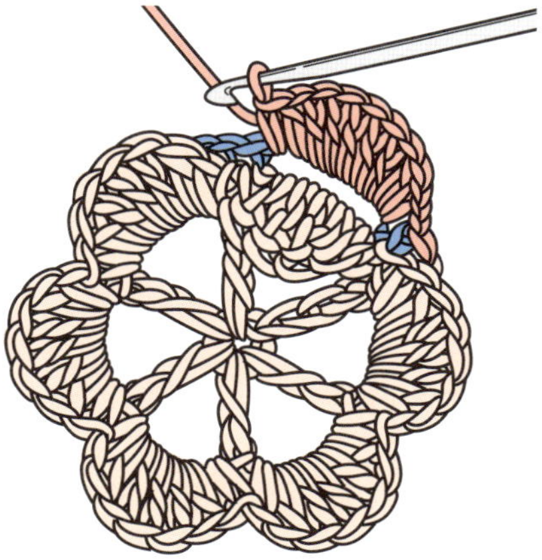

2 くり返して花びら6枚を編みます。

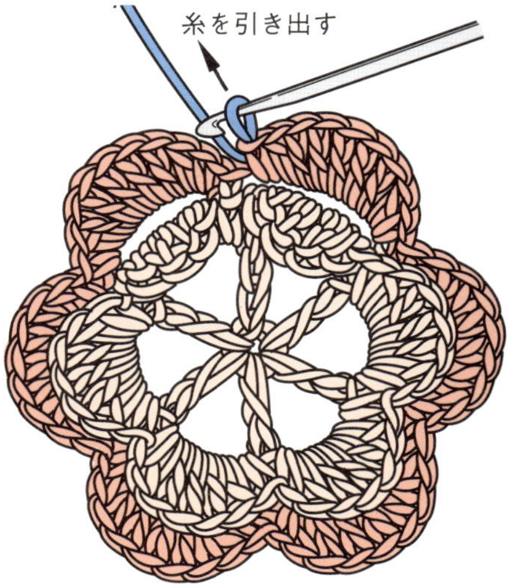

3 一周しました。野バラCを編む場合は、野バラBと同要領で5、6段を編みます。

編み終わりの始末

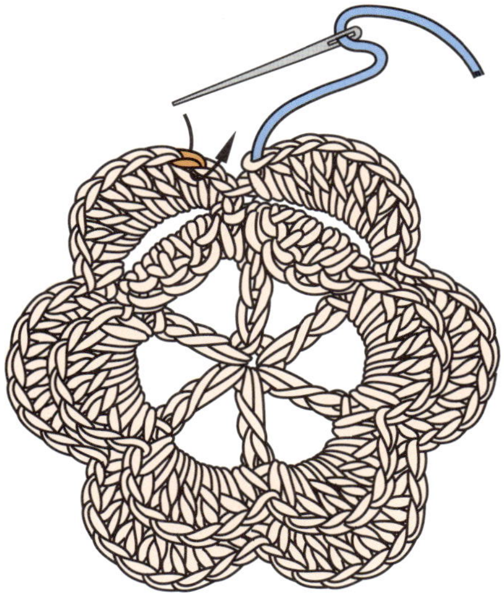

1 最後の目を引いてループを伸ばし、糸端を10cmくらい残して切り、針に通します。

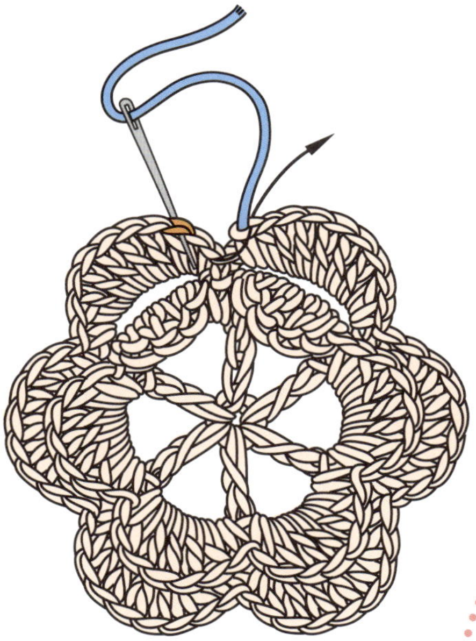

2 4段めの編み始め、2目めの中長編みの頭（ハの字の鎖2本）を向こう側から拾います。糸を引き、4段目の最後の細編みの中心に針を戻します。

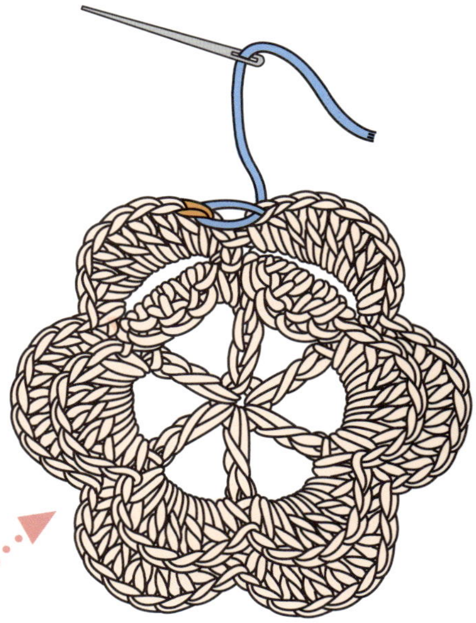

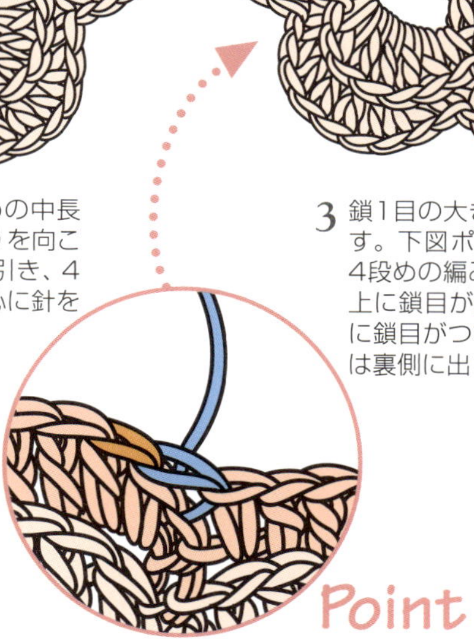

3 鎖1目の大きさで糸を引きます。下図ポイントの要領で、4段めの編み始めの細編みの上に鎖目が重なって、きれいに鎖目がつながります。糸端は裏側に出して、始末します。

うね編みのリーフA

細編みのうね編みで編む、葉のモチーフです。毎段、表・裏と持ち替えて、細編みの頭（ハの字の鎖2本）の向こう側半目を拾います。
立ち上がりは端まで、うね編みを編んで、角を出します。

- 糸／オリムパス エミーグランデ
- レース針／2号

〈実物大〉

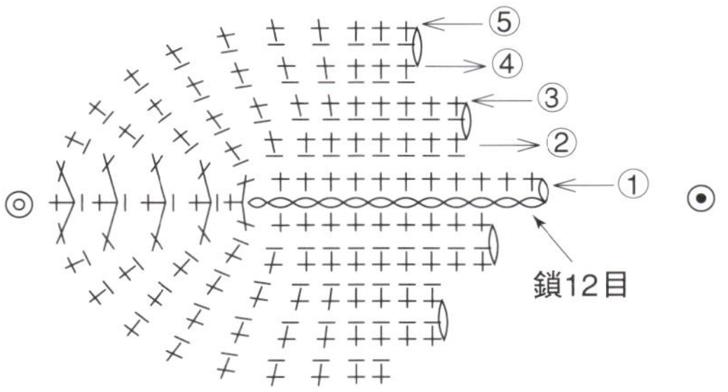

作り目

作り目は針を2号太くします。
9ページを参照して、
鎖目を編みます。

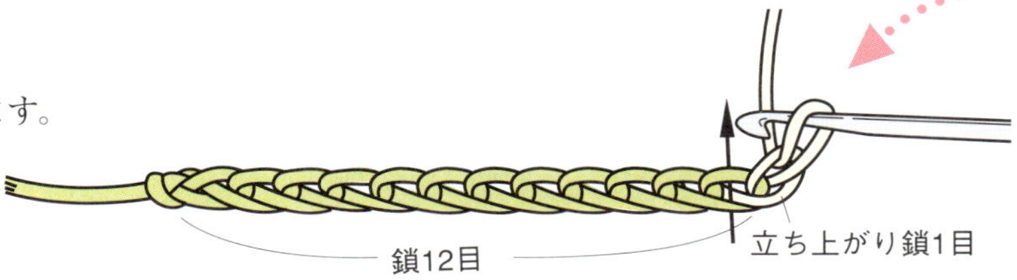

鎖目を12目編み、続けて立ち上がりの鎖1目を編みます。

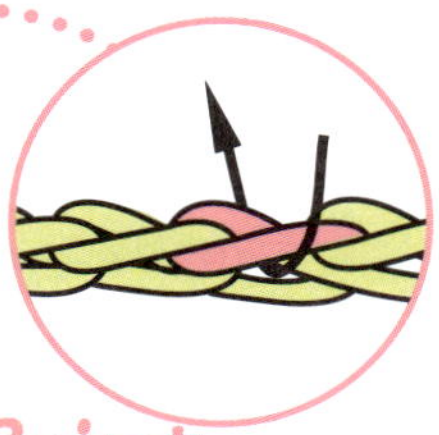

Point

作り目からの拾い方は、まず鎖目の半目と裏山の2本を拾います。

1段め

細編みで作り目の鎖をぐるっと回って上下に編むため、鎖目の左右から拾います。記号図とカットの合印（◎・⊙）を合わせて、どこを編んでいるか確認しましょう。

1 ポイントの要領で針を入れて、針に糸をかけて引き出します。

2 針に糸をかけて、2ループを一度に引き出します。

3 葉先⊙印の細編みが編めました。矢印のように次の鎖目の半目と裏山の2本に針を入れ、細編みを編みます。

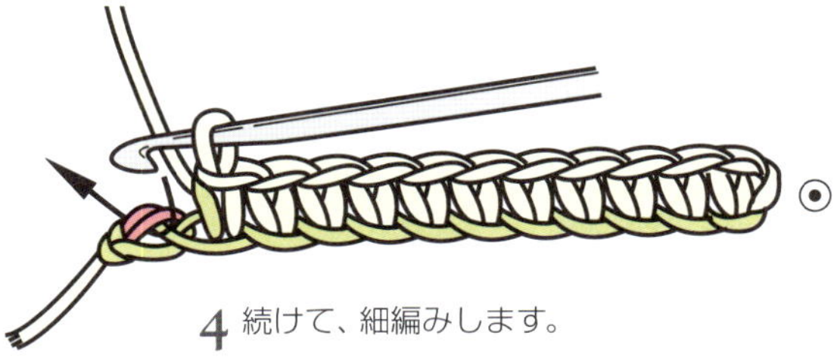

4 続けて、細編みします。

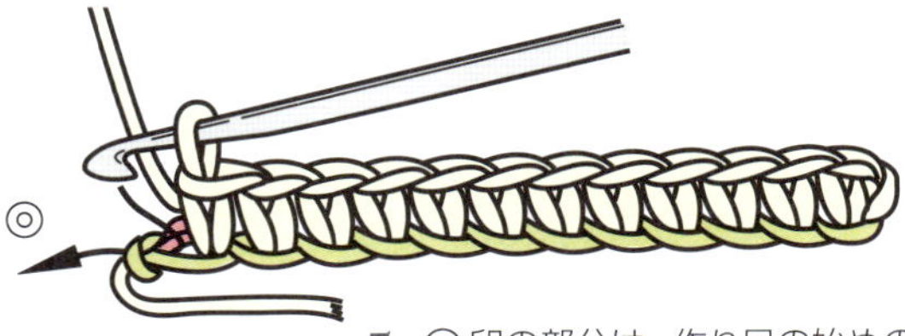

5 ◎印の部分は、作り目の始めの1目めまで編みます。

Point

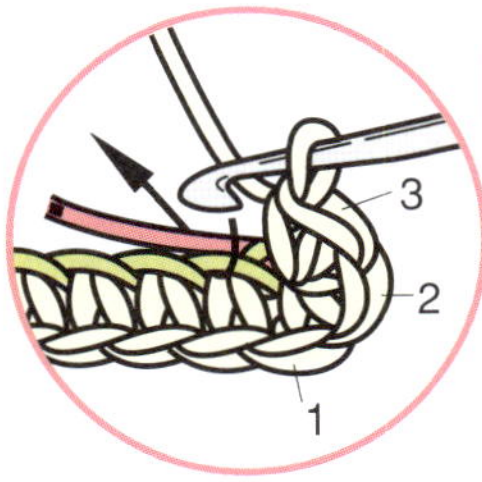

編み地を進行方向に回しながら、同じ目に細編み3目を編みます。

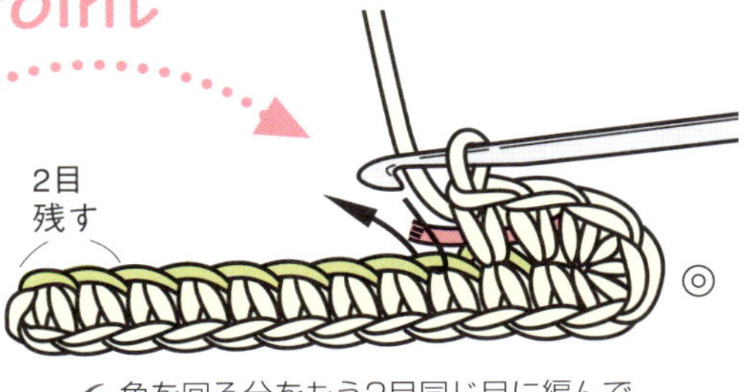

6 角を回る分をもう2目同じ目に編んで、増し目をします。

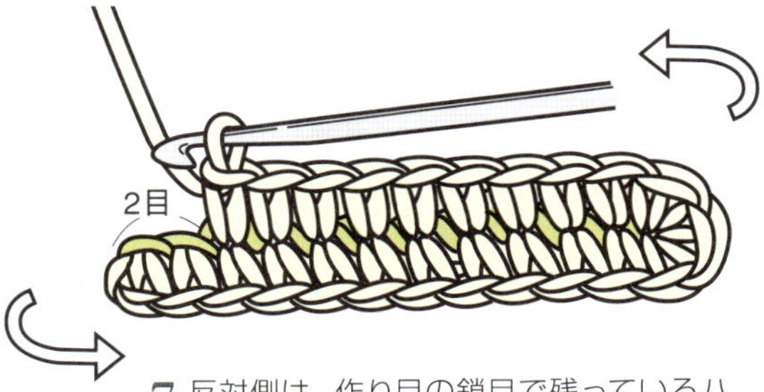

7 反対側は、作り目の鎖目で残っているハの字の1本を拾い、編み始めの糸端をくるみながら編みます。

2段め

裏側を見て編みます。立ち上がりは端までうね編みを編みます。

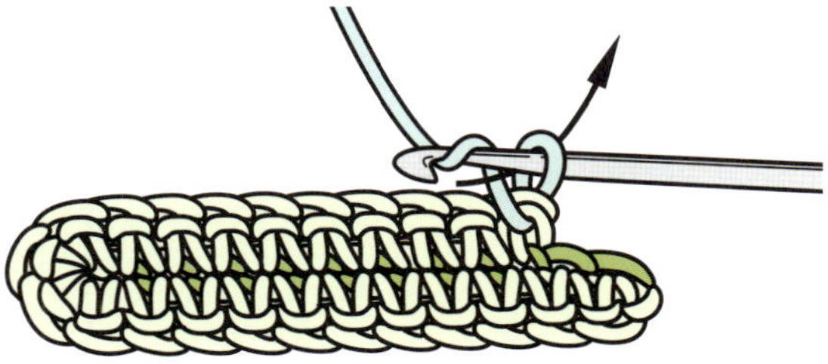

1 編み地を持ち替えたときは糸が手前にあります。図の要領で立ち上がりの鎖1目を編みます。

Point

反対側(表)から見たところ。実際には裏を見て、細編みの頭の向こう側半目を矢印のように拾います。

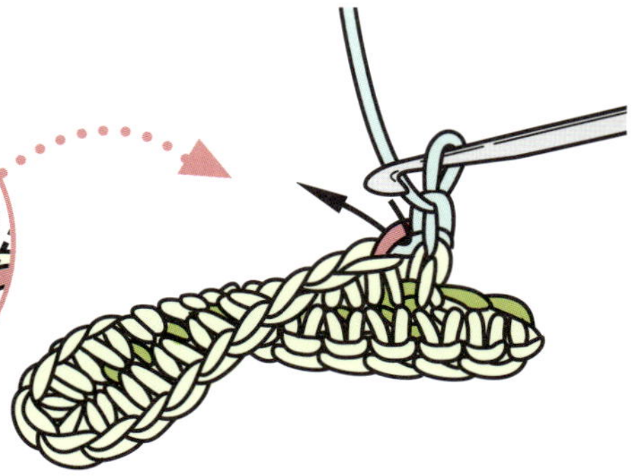

2 前段端の細編みからも、矢印のように向こう側半目を拾います。

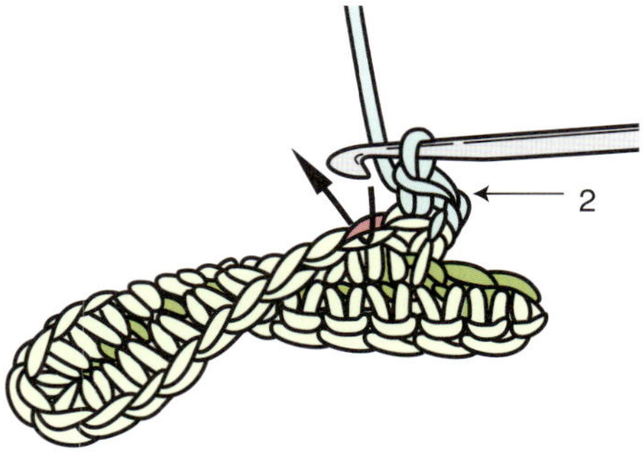

3 端のうね編み1目が編めたところ。2目めも向こう側の半目を拾って編みます。

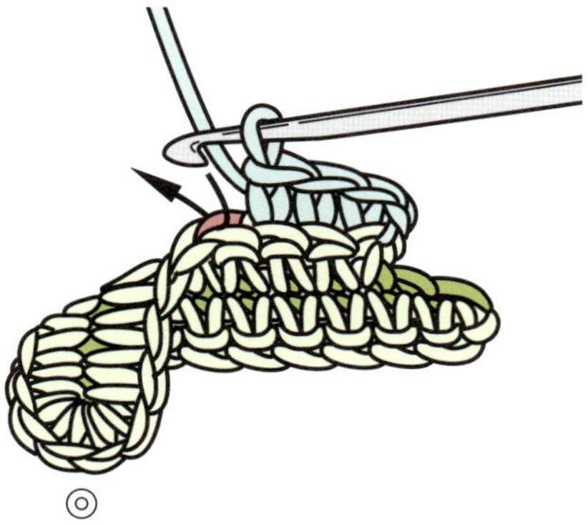

4 向こう側の半目を拾い、◎印まで前段の細編み1目から1目を拾って編みます。

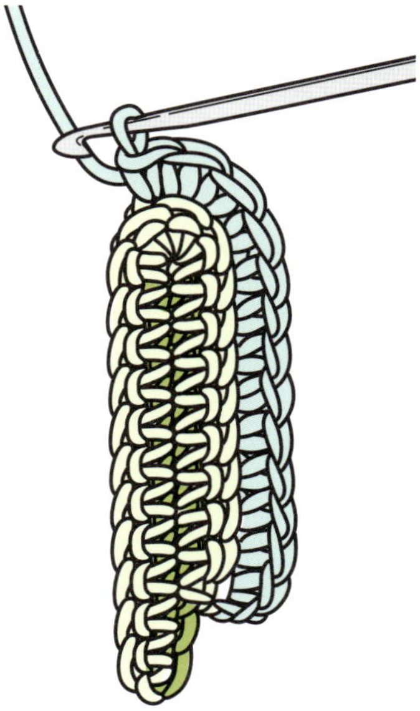

5 ◎印は1段めで、同じ目に3目を編み入れた中心の目です。向こう側の半目を拾って、3目を編み入れます。

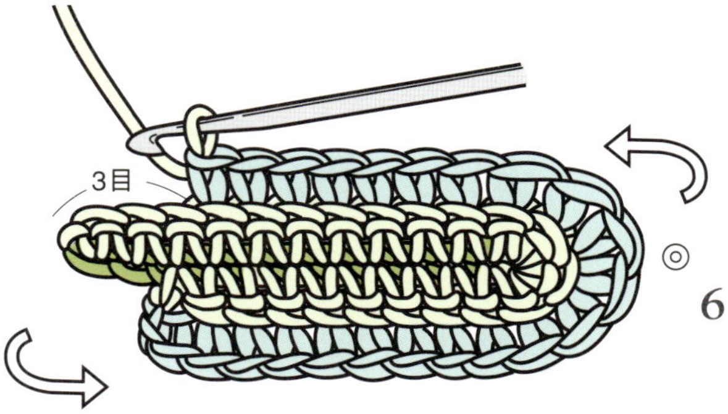

6 3目を残して、編み地を左側を手前に回して持ち替えます。

3段め

編み地を持ち替えて、表側を見て編みます。

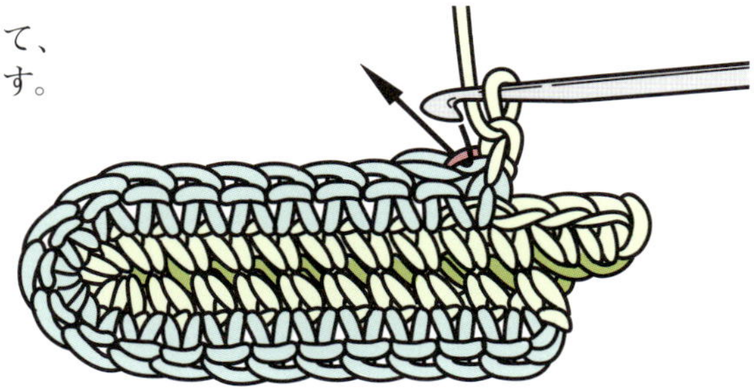

1 立ち上がりの鎖1目を編み、向こう側の半目を拾って、端目からうね編みを編みます。

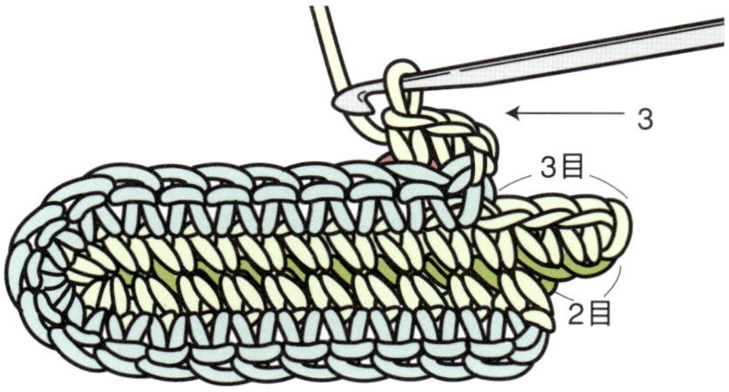

2 同様に向こう側の半目を拾い、前段の細編み1目から1目を拾って編みます。

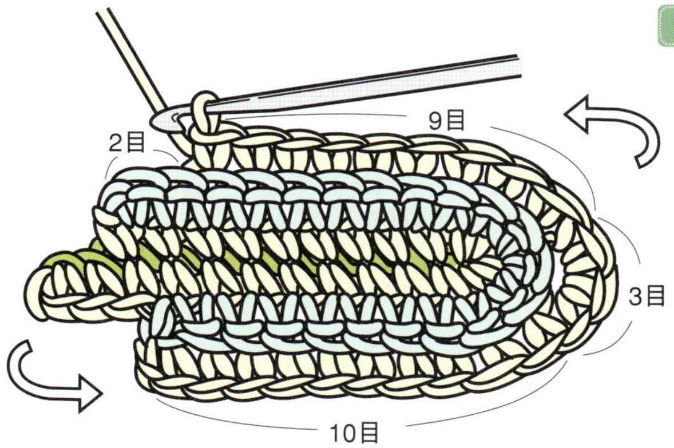

3 ◎印で3目を編み入れ、後は同様に編みます。2目を残して、編み地を左側を手前に回して持ち替えます。

4段め

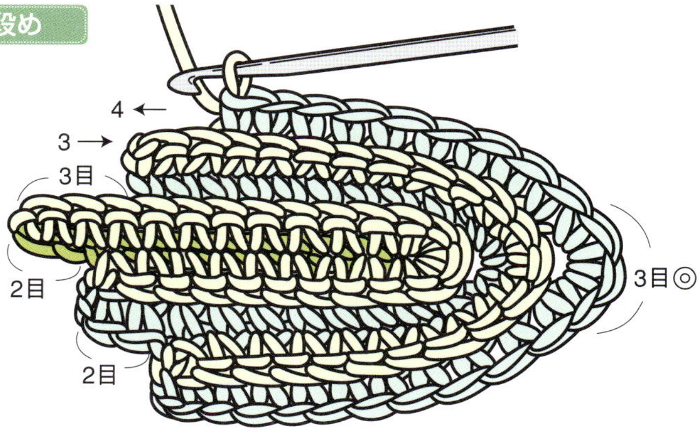

裏側を見て編みます。◎印で3目を編み入れて増し、最後の2目を残して4段めが編めました。

5段め

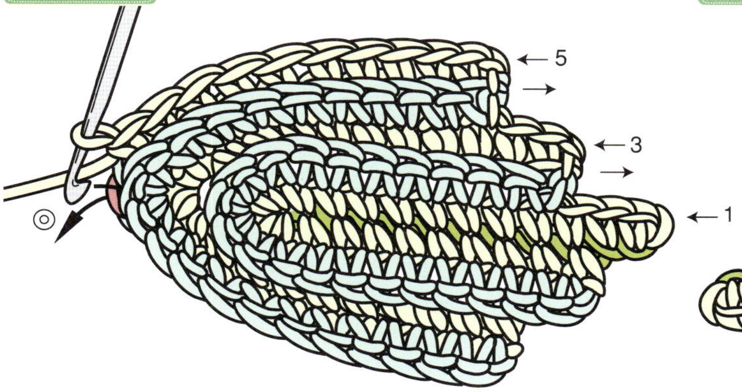

編み地を持ち替え、表側を見て編みます。◎印で3目を編み入れて増し、最後の2目を残して5段めを編みます。

編み終わりの仕上げ

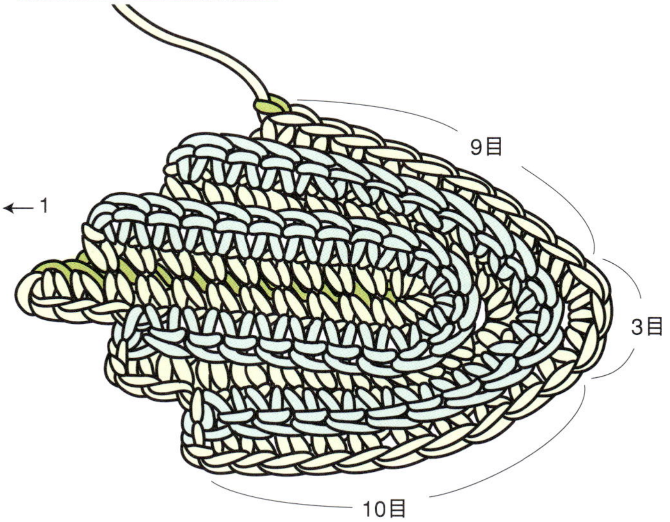

1 最後の目を引き抜いてループを伸ばし、糸端を10cmくらい残して切り、針に通します。

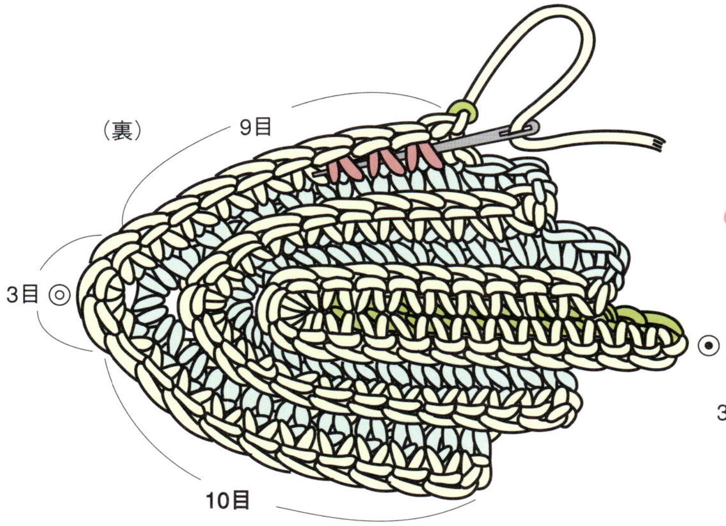

2 裏側で始末します。5段目の細編みの足部分の編み地の中にくぐらせて切ります。

●でき上がり

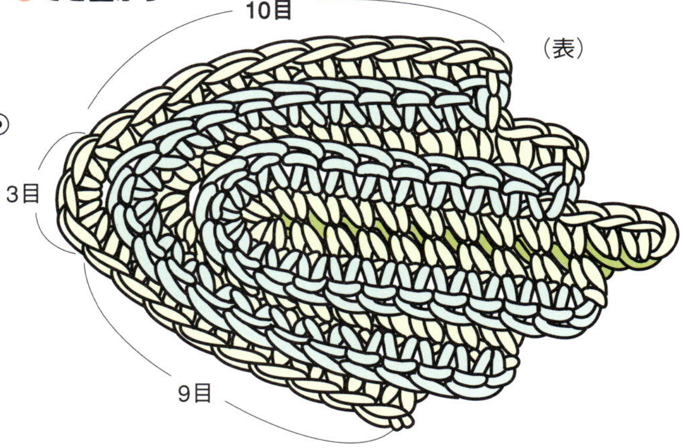

表からみたところです。畝状の立体的なモチーフができました。

細編み（裏目）の木の実

作品に動きを演出する木の実は、細編みの立ち上がりをつけないでぐるぐると丸く編みます。
編み玉は表を見て編み進むと、自然に細編みの裏目が外側になりますので、そのまま表に使います。

〈実物大〉

- 糸／オリムパス エミーグランデ
- レース針／2号

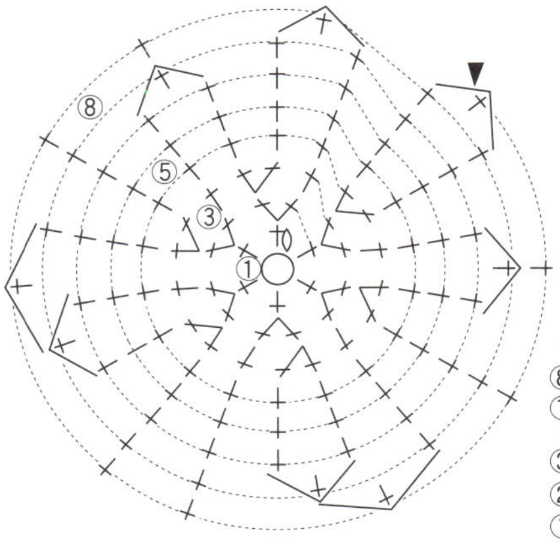

目数
⑧＝10目
⑦＝14目
～
③＝18目
②＝12目
①＝6目
►＝切る

1段め

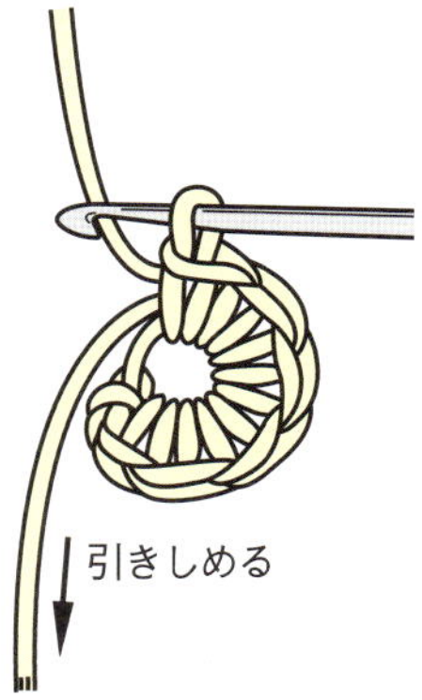

17ページを参照に輪の作り目をして、細編みを6目編みます。

2段め

細編みの立ち上がりをつけないで追いかけるように、ぐるぐると丸く編みます。

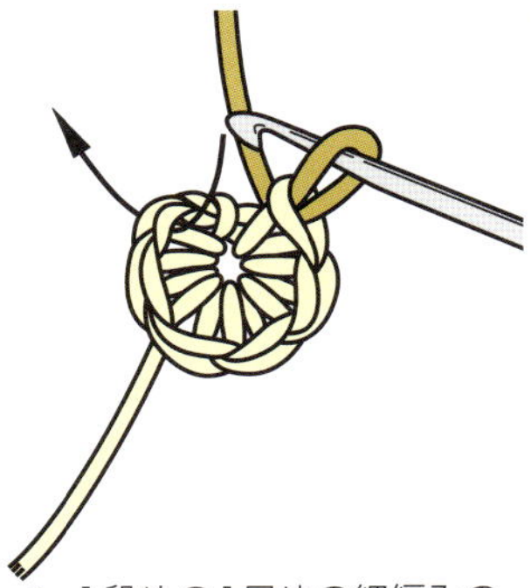

1 1段めの1目めの細編みの頭（ハの字の鎖2本）に矢印のように針を入れます。

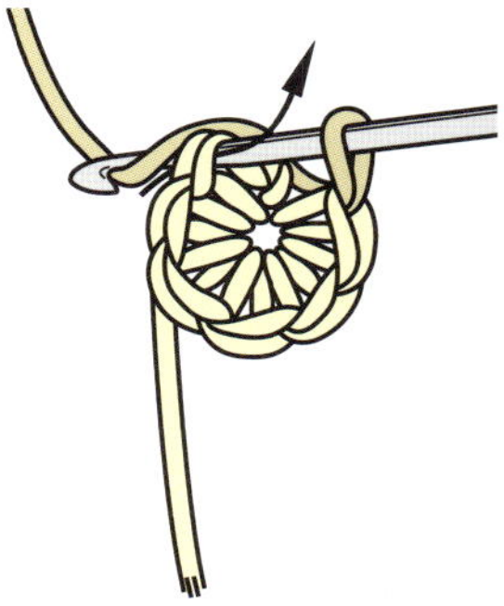

2 そのまま針に糸をかけて、次の細編みの目を引き出します。

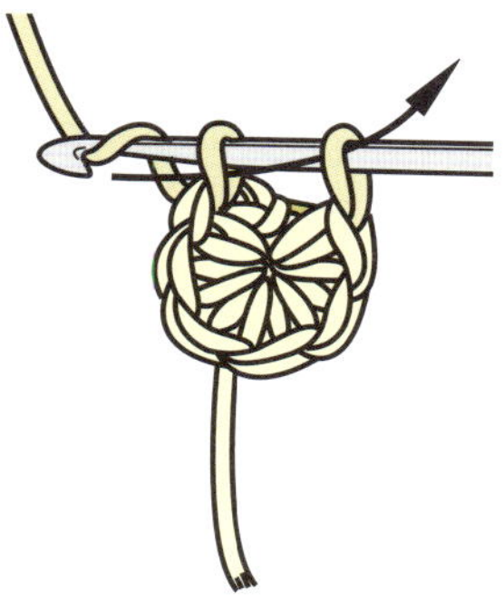

3 針に残る2ループを一度に引き出して、細編みを編みます。これで1段から2段めに続く細編みを編みます。

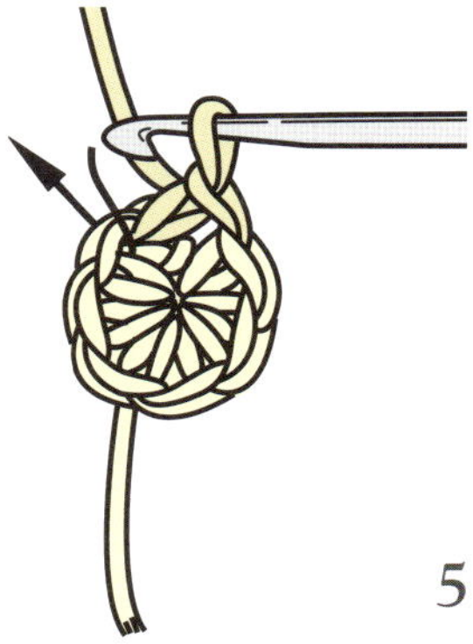

4 続けて、同じところにもう1目編みます。

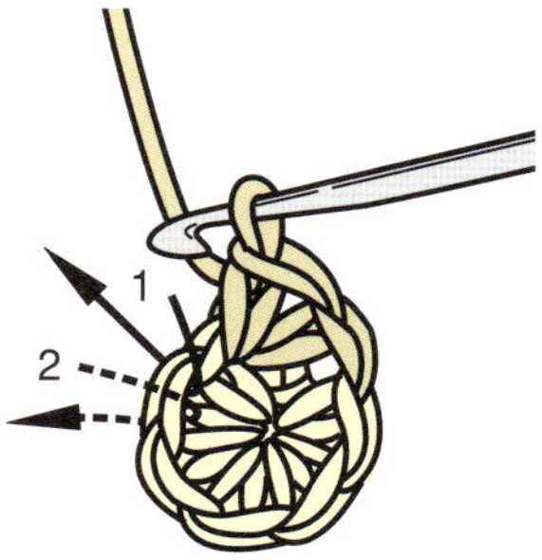

5 2段めは前段の細編みに、全目2目ずつ編み入れて、6目増し目して編み広げます。

3段め

3段めは18目を編みます。1目おきに2目を編み入れて、6目増し目します。

4段め

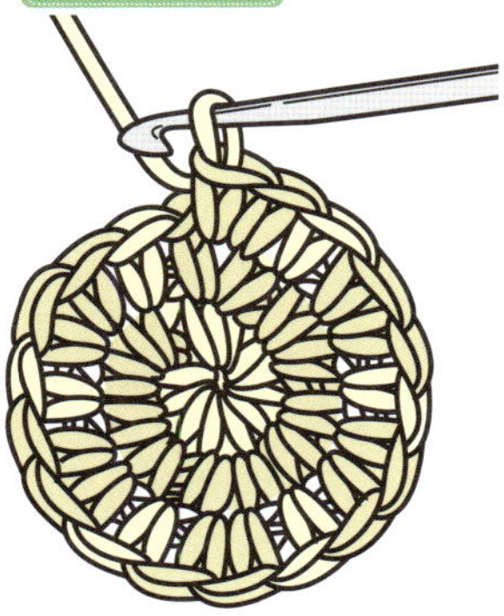

丸く編むため、増し目をしないで前段と同じ18目を編みます。

5段め

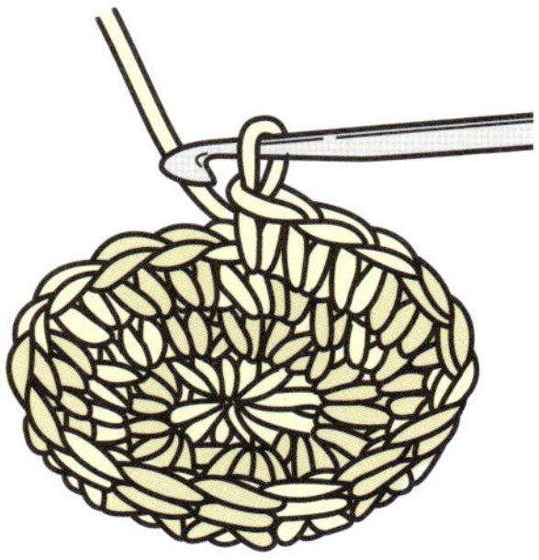

18目を編みます。4段めから増し目をしないので、編み地が少しすぼむように外側が浮き上がります。

段数の糸印をつけましょう。

ぐるぐると続けて編むため、段を数えにくくなります。
糸印をつけて、数えやすくします。

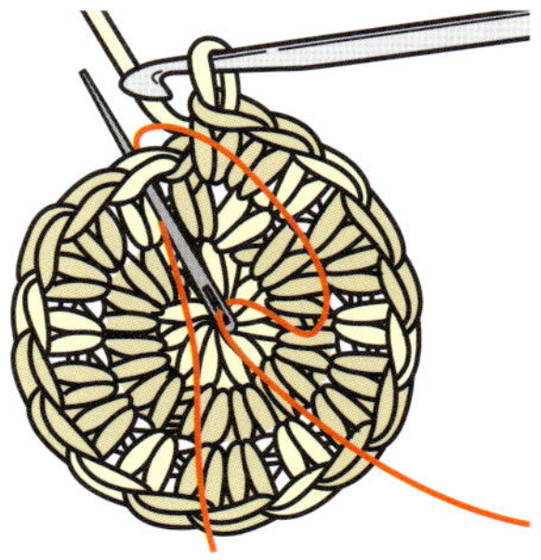

1 目立つ色の細い糸を針に通し、段を替えるところで毎回、手前から向こうへ細編みの頭を拾って、上に渡していきます。

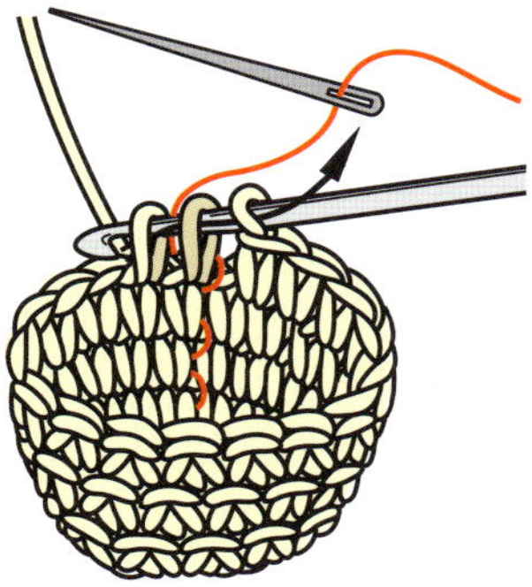

2 段の替わるところがよく分かり、増減目などの目安にします。

6段め

18目を編みます。丸く立ち上がり、後ろの裏目が表側に見えるようになります。木の実はこのまま裏目を表に使いますので、編むときは表の出ている内側を見て編みます。

7段め

丸くすぼめるため、ここから減目をします（細編み2目一度）。

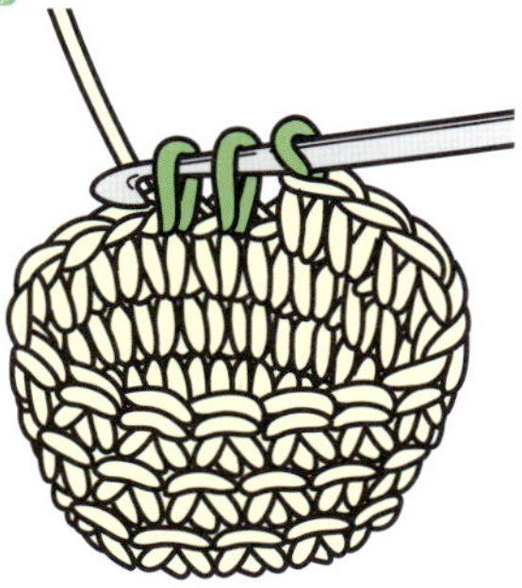

1 未完成の細編み（68ページの2段め3の要領で、前段の細編みの頭から糸を引き出しただけの状態）を、2目編みます。

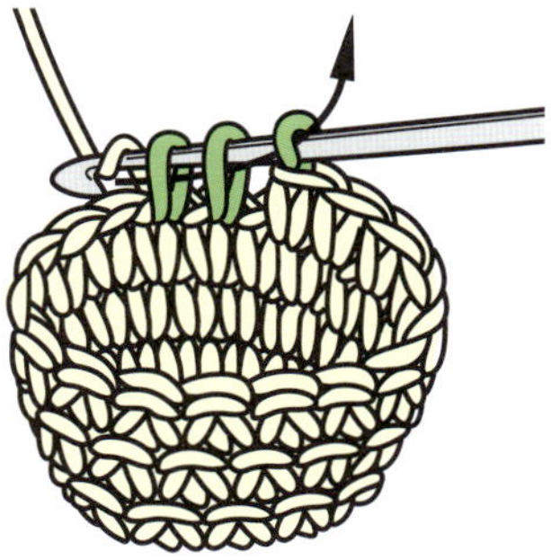

2 針に糸をかけて、矢印のように針にかかった3ループを一度に引き抜きます。

Point

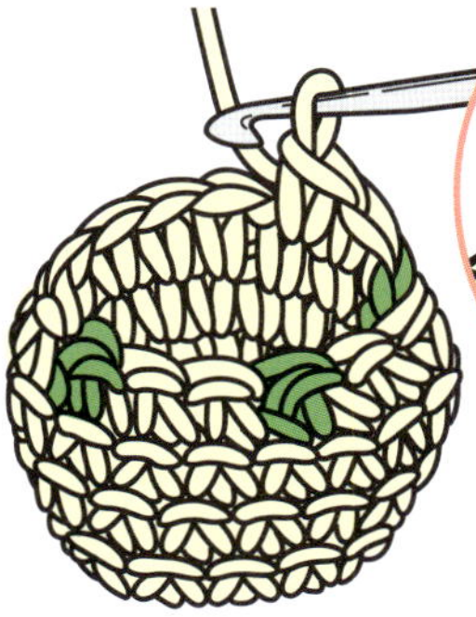

3「2目細編み、2目一度1回」を4回くり返し、4目減目されて14目になります。

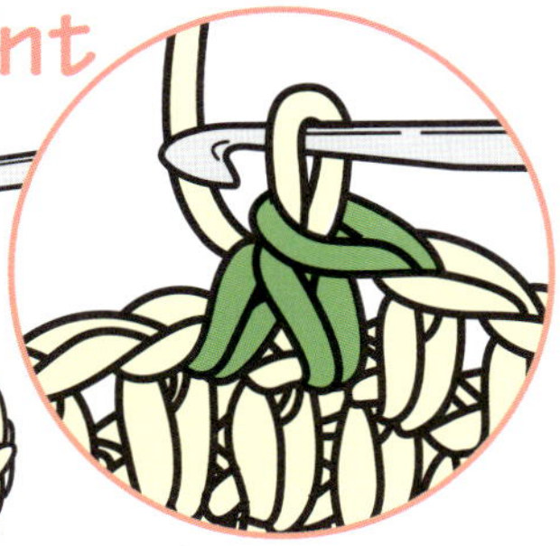

未完成の細編み2目を一度に引き抜いたので、細編み2目の頭が1個になり、2目一度の減目が編めました。これで1目減目です。

芯の作り方

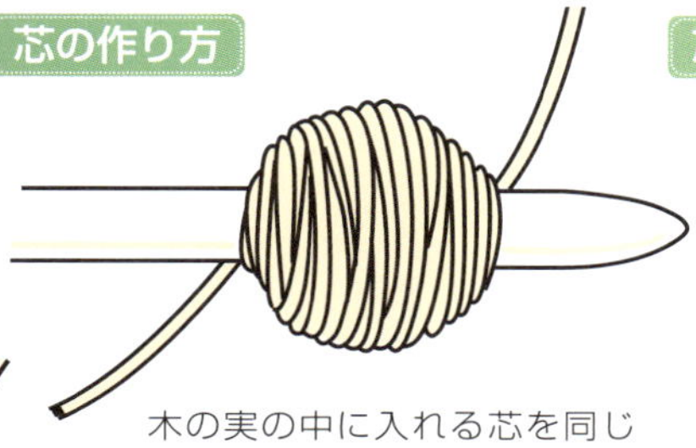

木の実の中に入れる芯を同じ糸か、同色の毛糸で作ります。太い棒針に糸を巻き、木の実の大きさに合わせて丸くします。

芯の詰め方

棒針から丸い糸玉を抜き、そのまま摘まんで中に入れます。

8段め

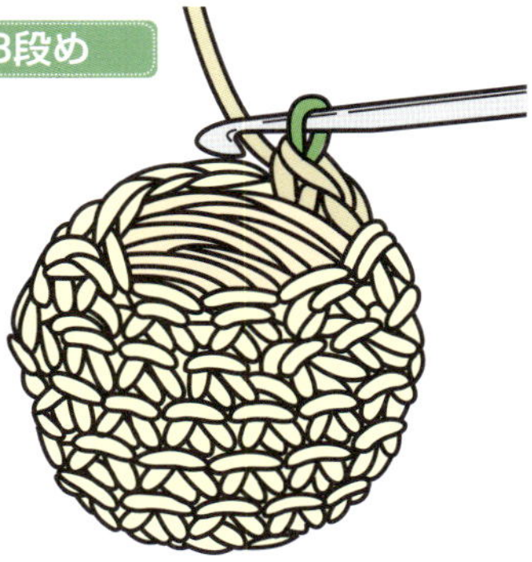

1 中に芯を入れてもう1段編みます。7段めと同要領で4目減目して10目になります。

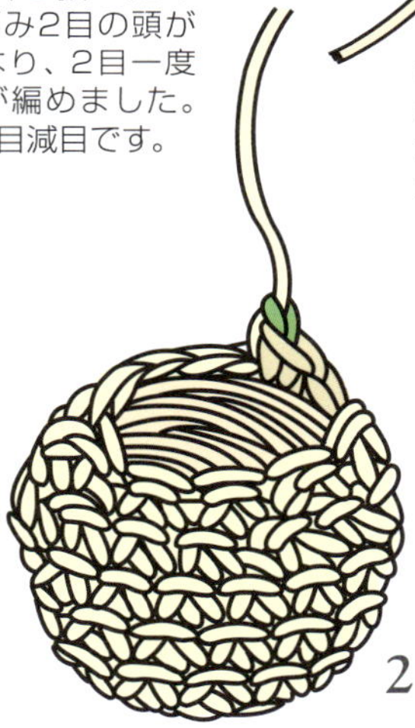

2 最後の目を引き抜いてループを伸ばし、糸端を20cmくらい残して切り、針に通します。

絞ってとじる

1 最終段の細編みの頭（ハの字の鎖2本）の外側の1本ずつを拾います。

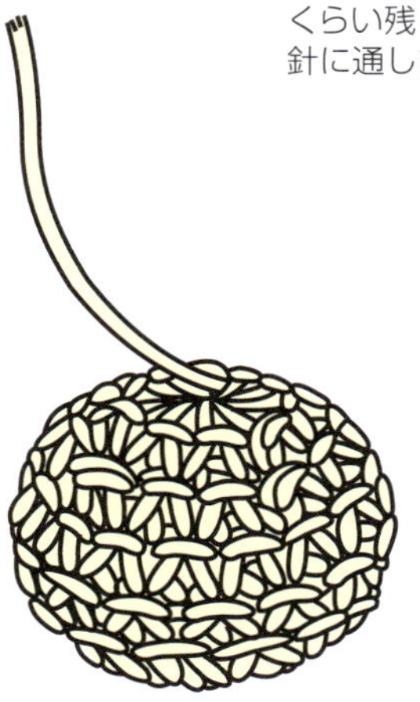

2 10目全目を拾って、糸を引いて絞ります。

仕上げ

針に通して絞った糸をそのまま仕上げに使います。ネックレスでは所定位置にとじ付けたり、コサージュでは鎖にすくいとじするのに使い、糸端はこの編み玉の中に入れて始末します。

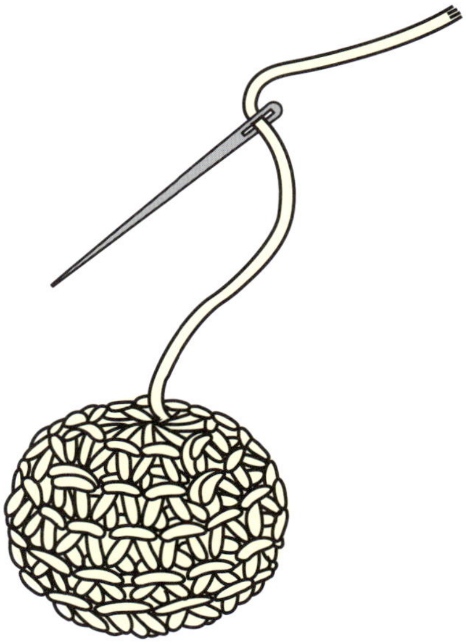

Variation

アイリッシュレースのコサージュ

糸の太さでこんなに表情が違います。
アレンジした花は一輪でも存在感があり、
気軽に楽しめそう。始めて編む方は
Bのバラからチャレンジしてみましょう。

A ●糸／DMC　コルドネスペシャル #20　15g
●レース針／8号

B ●糸／ハマナカ ティティクロッシェ
●レース針／0号

C ●糸／ハマナカ ティティクロッシェ
●レース針／0号　●編み方／96ページ

野バラと木の実のネックレス

●60ページの作品

「レッスン作品の編み方」で、詳しく解説しました。
各モチーフを、必要枚数編んで、ネックレスに仕上げましょう。

●糸／オリムパス　金票#40レース糸　アイボリー10g、サーモンピンク15g、ペールローズ少々。
●レース針／8号　クロスステッチ針no.23
●まとめ方
①野バラ（サーモンピンク）：A＝1枚　B＝4枚　C＝2枚、リーフ（アイボリー）：A＝8枚　B＝3枚、木の実：サーモンピンク・ペールローズ＝各2個　アイボリー＝1個の各モチーフを編みます。
②野バラA～Cは、一重から三重に変化しますが、編み方は同様です。
③リーフBは、Aを4段まで編んだものです。
④スレッドコードは90ページを参照します。230cmのスレッドコードを編むのに必要な添え糸は約6.5mで、必要なコードの約3倍弱の糸が必要です。三つ折にして、10cm間隔に縫いとめて、まとめます。
⑤コードの上に、モチーフを縫いとめます。糸はモチーフの編み終わりの糸を使います。

野バラと木の実のネックレスのまとめ方

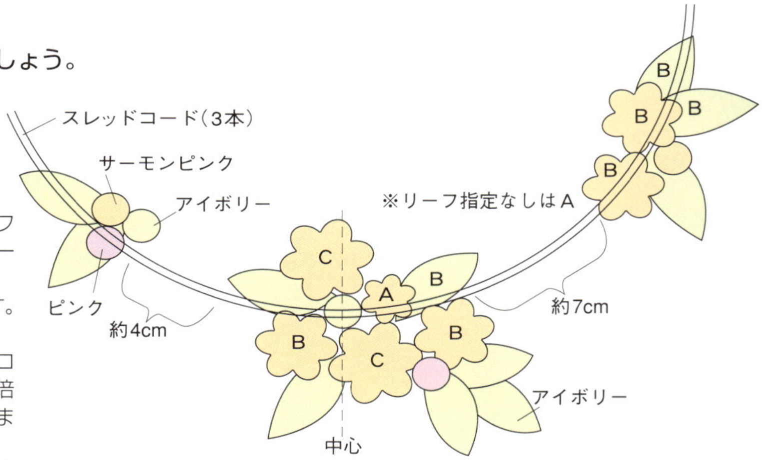

スレッドコードのまとめ方

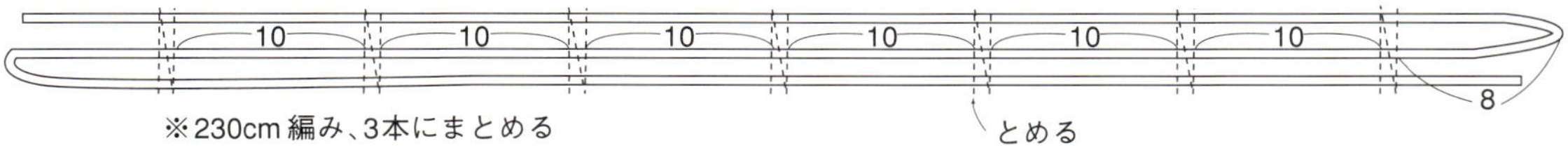

ブレードとエジングレース

レース編みの装飾的な飾りとして、ブレードとエジングがあります。
ブレードは「平たく織ったひも」という意味で、単独にひも状に編んだもので、幅も細いものから広いものまであります。
エジングは「縁取り、縁をつけること」で縁飾りのことです。
編みながらつける方法と別に編んでつける方法がありますが、ここでは別に編むエジングを紹介します。

●1～4の編み方／93～95ページ

〈実物大〉

ブレードのバリエーション

- 72～74ページの糸／オリムパス　金票#40レース糸
- レース針／8号

1

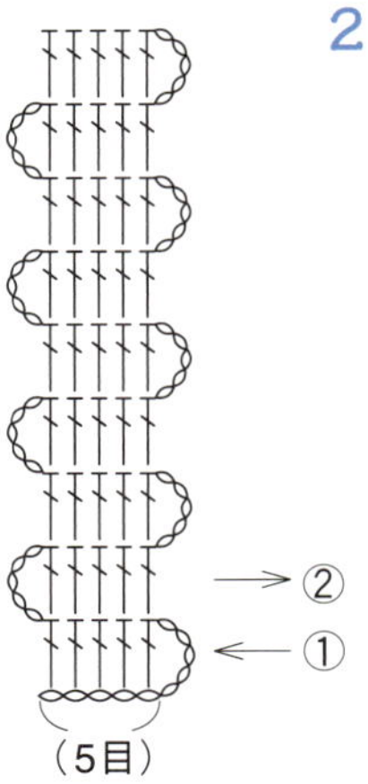

2

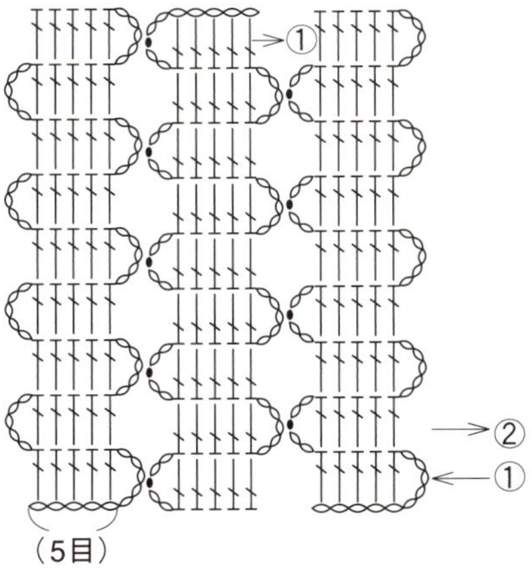

3

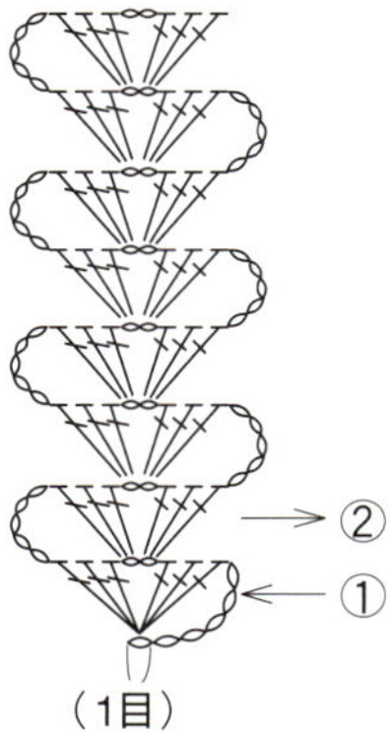

4

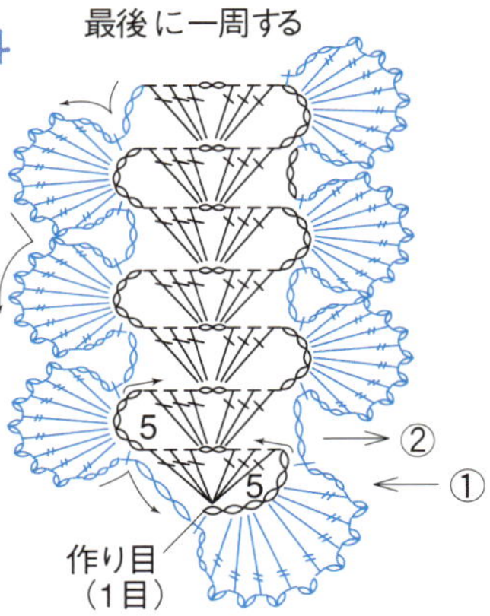

5

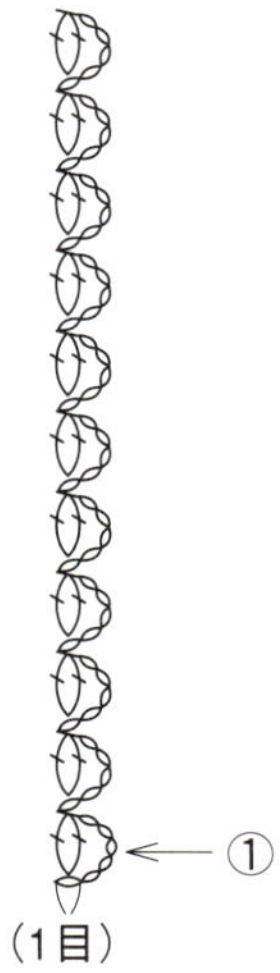

6

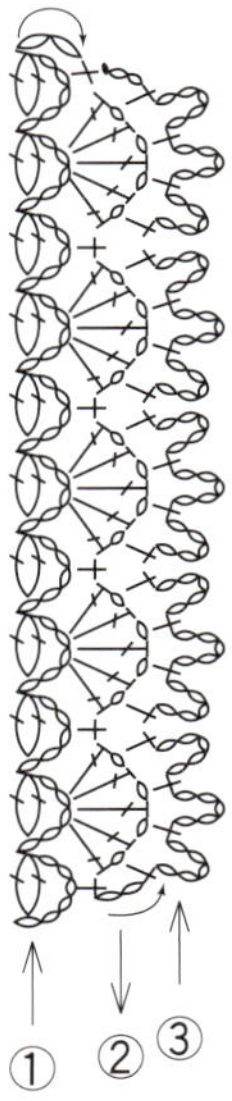

7

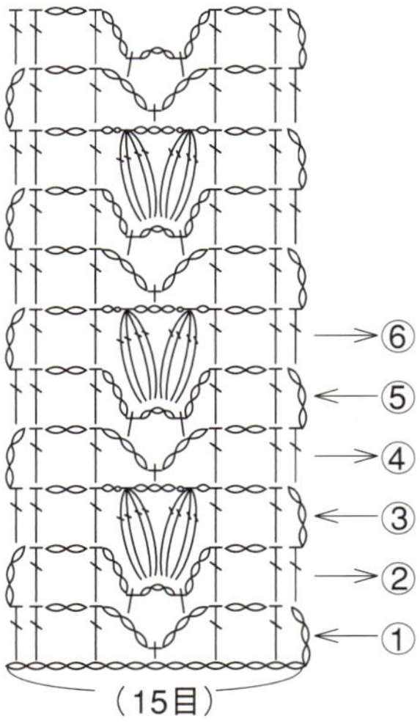

エジングのバリエーション

1

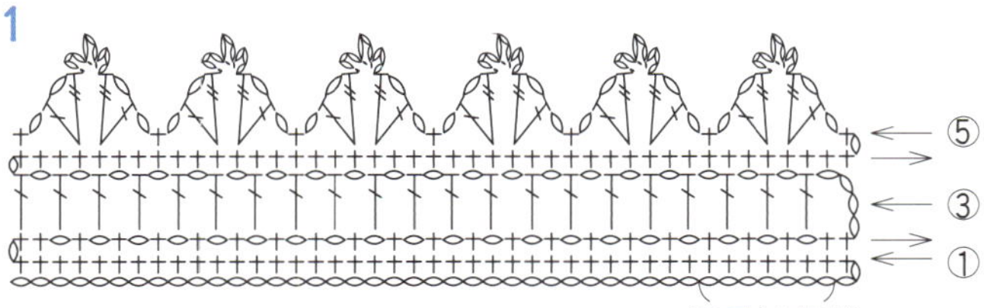

（7目）1模様

2

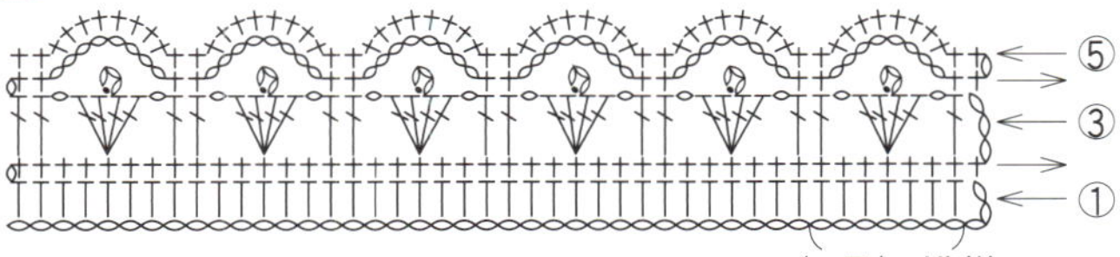

（7目）1模様

3

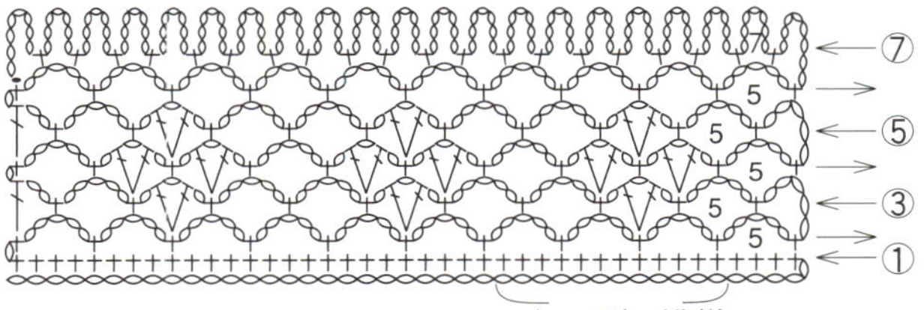

（12目）1模様

4

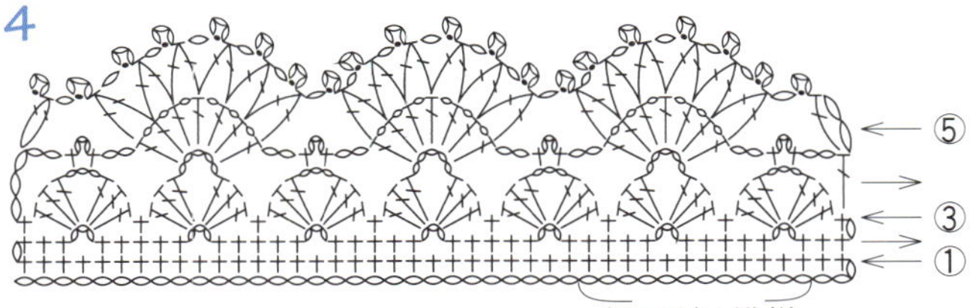

（12目）1模様

5

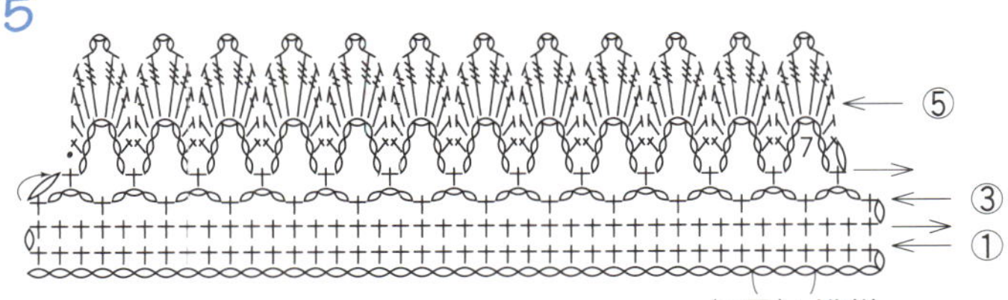

（3目）1模様

6

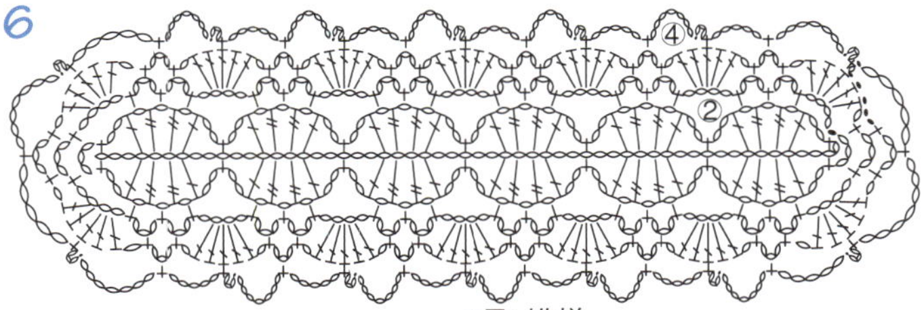

9目1模様

●7の編み方／94ページ

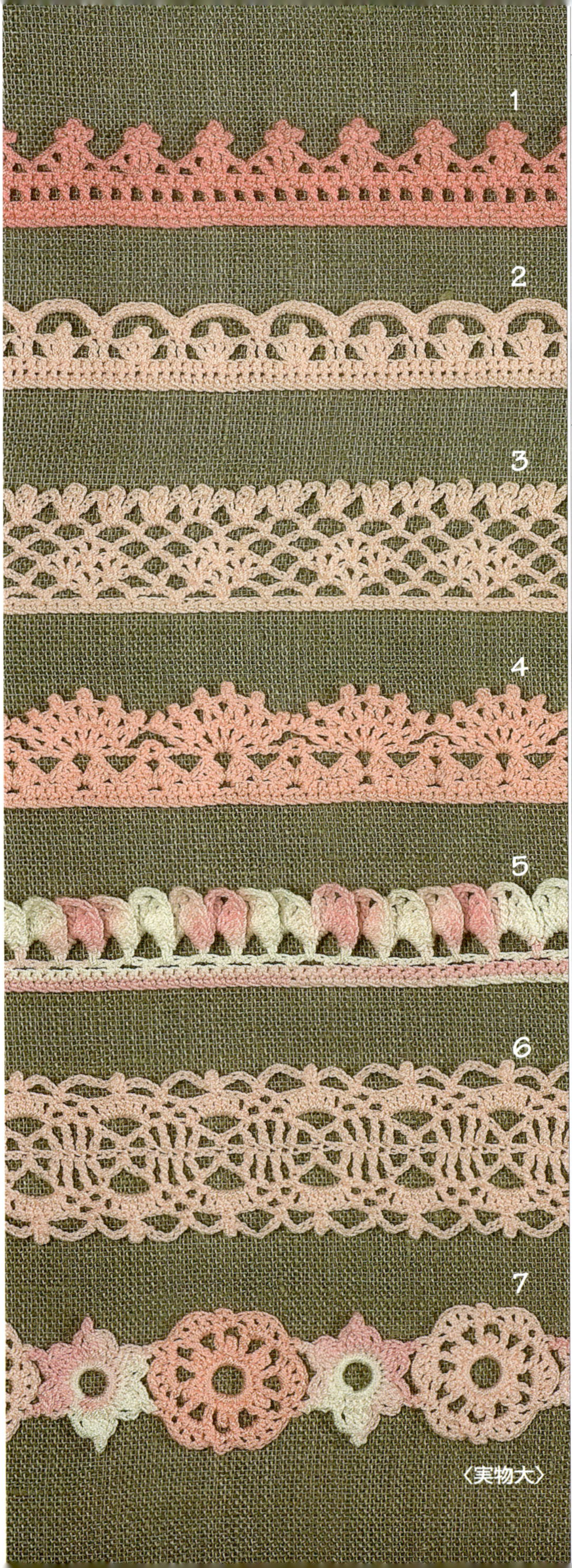

1本の糸を切らずに、モチーフを編みつないで、形を作ります。「連続編み」という名称から、何かむずかしく思われそうですが、コツさえ分かればむずかしくありません。糸を切らずに続けて編みますので、面倒な糸始末もありません。

〈実物大〉

連続編みモチーフ

●2～4の編み方の分解図／92ページ

2

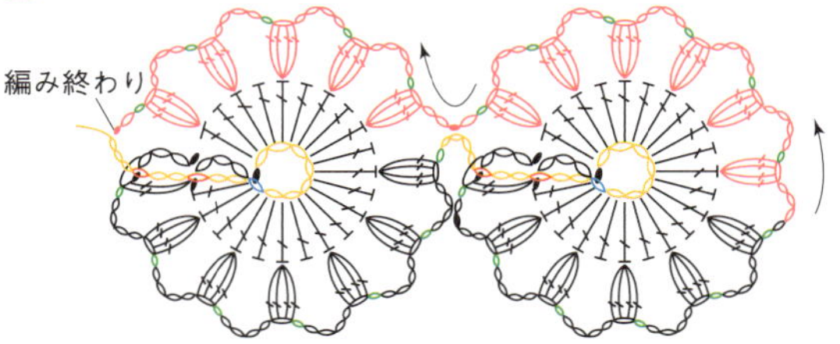

3

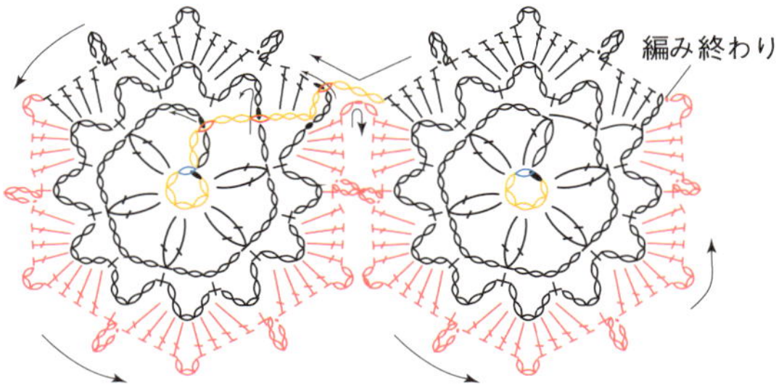

4

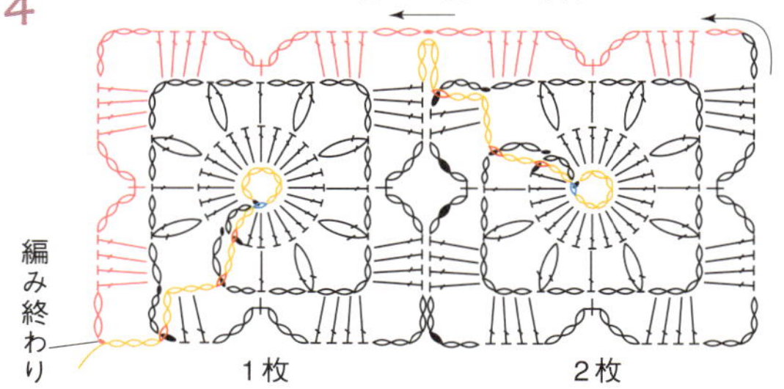

連続編みモチーフ1の分解図

1本の糸を切らずに、続けて編みつないでいきますので、その工程を分かりやすく、分解図に直して表現しています。1枚めから2枚めへと、軸になる連続鎖でつながって編み進みます。

連続鎖：1枚めから2枚めへとつなぐ、軸になる連続した鎖目を連続鎖といいます。中心の鎖目の作り目や、立ち上がり分に相当する鎖目が含まれます。

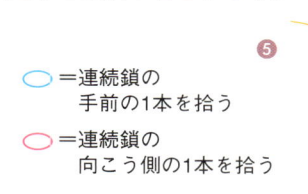

○＝連続鎖の手前の1本を拾う

○＝連続鎖の向こう側の1本を拾う

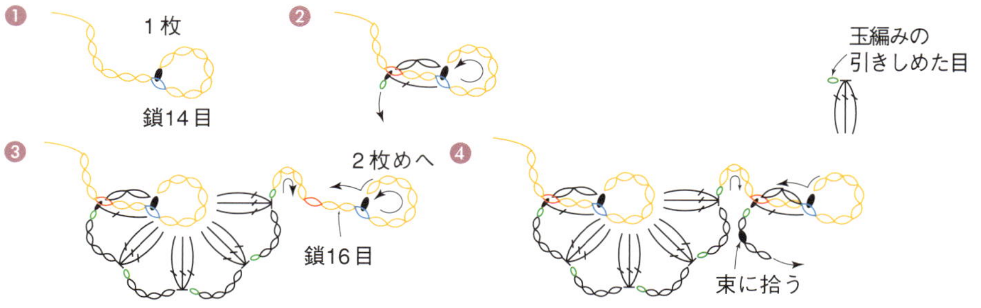

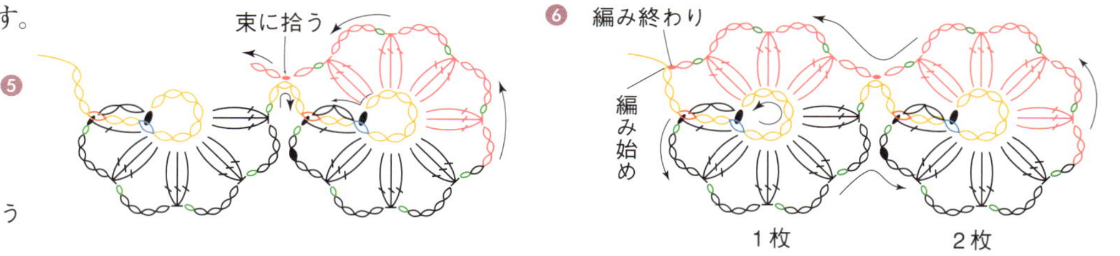

連続編みモチーフ１の編み方手順

1枚めの往路（下半分）

最初に、編む枚数分のモチーフの下半分を続けて編みます。

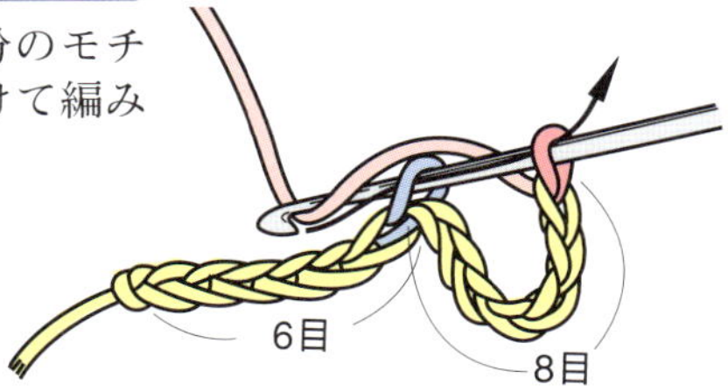

1 軸になる連続鎖14目を編んで、針にかかった目から数えて9目めの鎖の手前の1本を拾って引き抜き、輪の作り目にします。

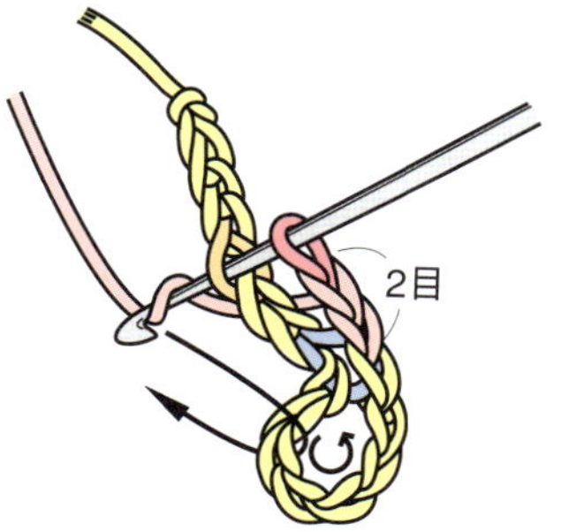

2 鎖2目を編んで立ち上がり、連続鎖の最初の鎖から数えて4目めの向こう側の1本に針を入れ、そのまま針に糸をかけて、次の目は束に拾います。

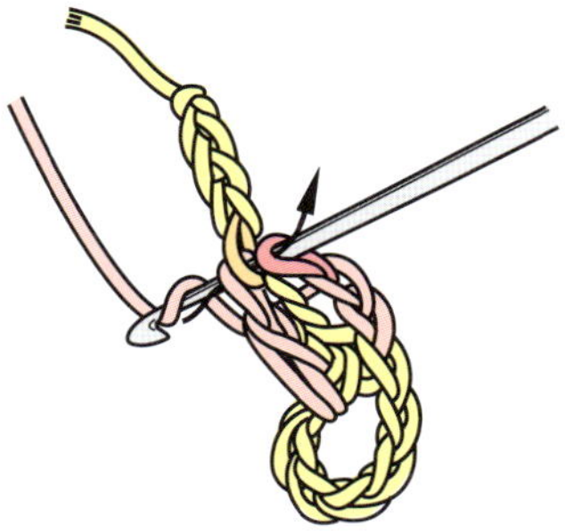

3 針に2目かけたまま、未完成の長編みを編み、針に糸をかけて一度に引き抜きます。

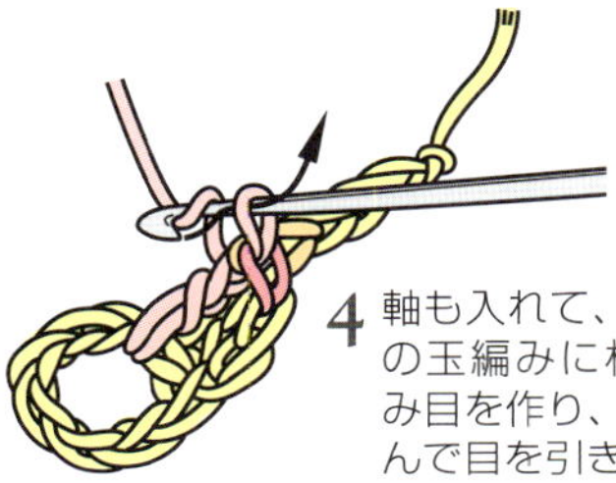

4 軸も入れて、長編み3目の玉編みに相応する編み目を作り、鎖1目を編んで目を引きしめます。

5 続けて鎖4目を編み、長編み3目の玉編みを編み、鎖1目で引きしめます（85ページ参照）。

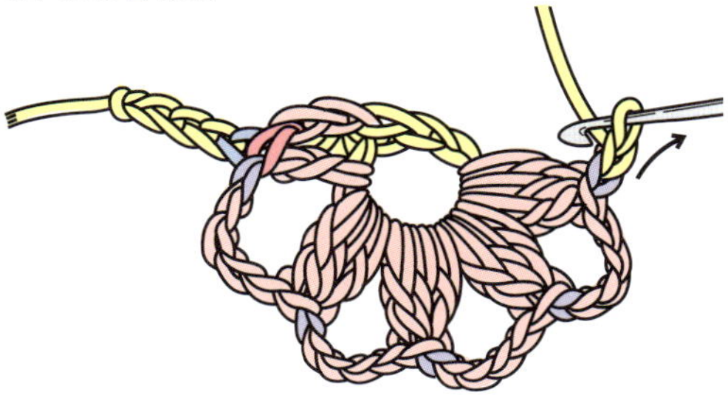

6 同様にくり返して、モチーフの下半分を編みます。

2枚めに移るとき

「1枚めの往路」1の要領で軸になる連続鎖を編み、2枚めに続けます。

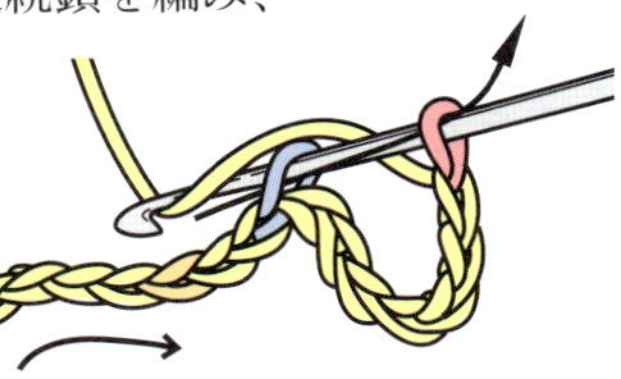

1 鎖15目を編んで、針にかかった目から数えて9目めの鎖の手前の1本を拾って引き抜き、2枚めの輪の作り目にします。

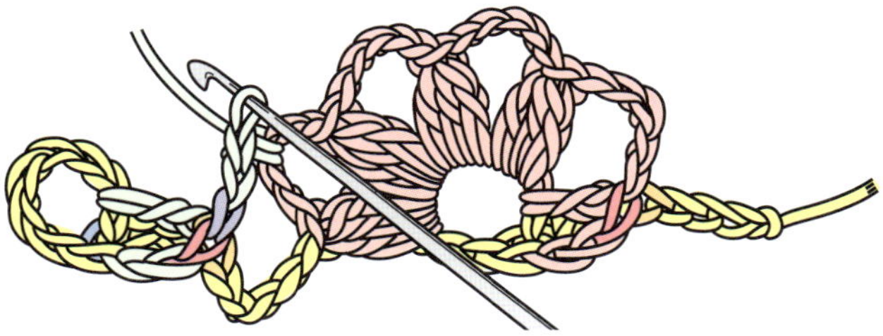

2 続けて「1枚めの往路」**2**～**4**の要領で長編み3目の玉編みに相応する編み目を作ります。続けて鎖1目編んだら、1枚めのモチーフのつなぎ位置に引き抜く（76ページ参照）のを忘れないようにします。

1枚めと2枚め復路（上半分）

「1枚めの往路」と「2枚めに移るとき」をくり返せば、何枚でもモチーフを続けて編むことができます。

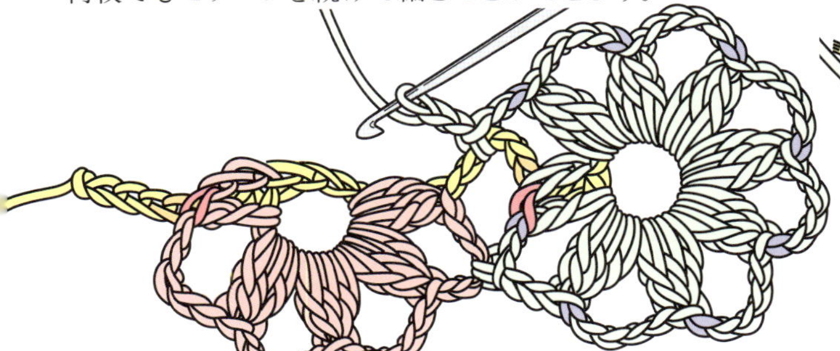

1 2枚めに移るときに編んだ連続鎖まで編んだら引き抜き、1枚めに戻ります。

2 最後は連続鎖の、最初の1目に引き抜きます。糸始末は鎖目の裏山をすくい、編み地の中に入れます。

モチーフのつなぎ方

モチーフつなぎは、レース編みの代表的な技法の一つで、つなぎ方や並べ方で表情が変わります。つなぎ方はモチーフの最終段で編みながらつなぐ方法と、全てのモチーフを編み上げてからつなぐ方法があります。モチーフのデザインによって、つなぎ方を決めましょう。

最終段で編みつなぐ方法

●引き抜き編み（表から針を入れる方法）

一番多く使われる、一般的なつなぎ方です。

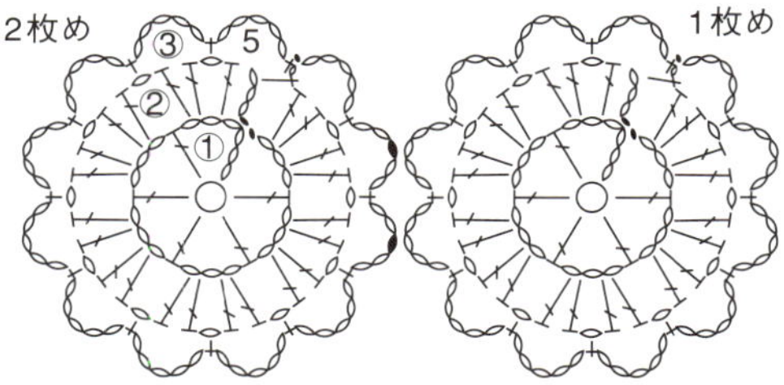

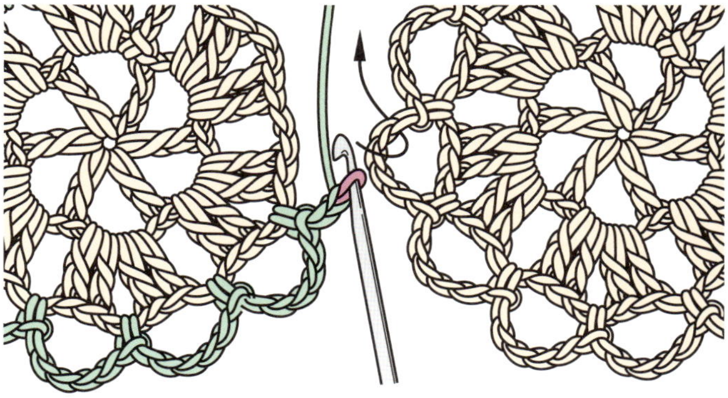

1 2枚めのモチーフのつなぎ位置の鎖2目を編みます。1枚めの鎖編みの空間に上から矢印のように針を入れます。

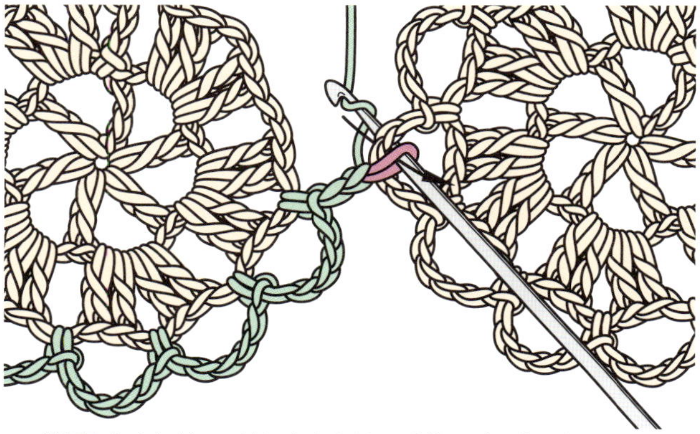

2 鎖編みを束に拾い、針に糸をかけて手前に引き抜き編みします。

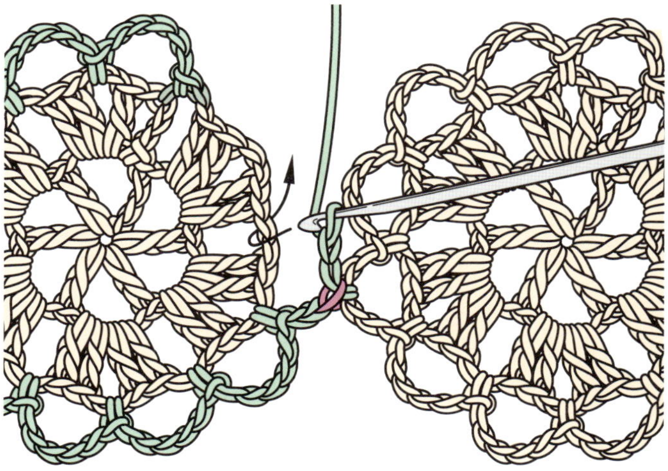

3 引き抜き編みで1枚めにつないだら、鎖2目を編んで2枚めの細編み位置に戻って、細編みします。

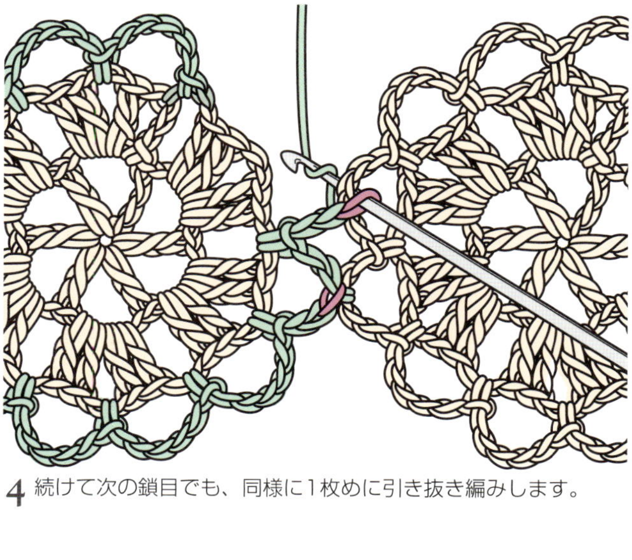

4 続けて次の鎖目でも、同様に1枚めに引き抜き編みします。

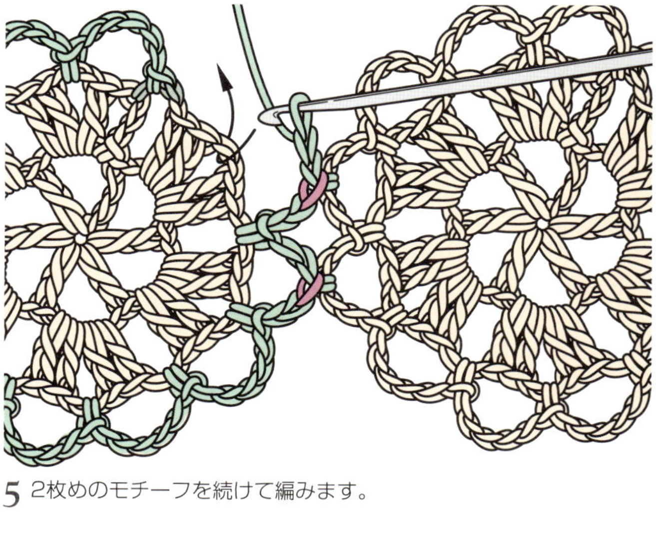

5 2枚めのモチーフを続けて編みます。

●引き抜き編み（一旦針をはずし、表から針を入れる方法）

相手の鎖目をしっかり捉えていますので、モチーフが固定されます。

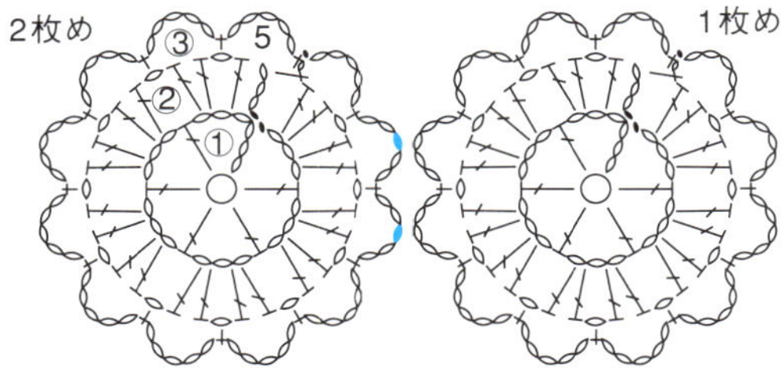

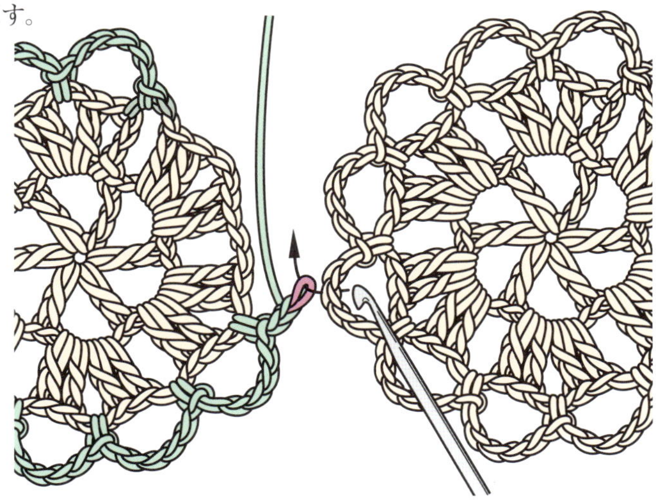

1 つなぎ位置の鎖2目まで編んだら、鎖目から一旦針を抜きます。針だけを1枚めの鎖編みの空間に上から矢印のように入れます。

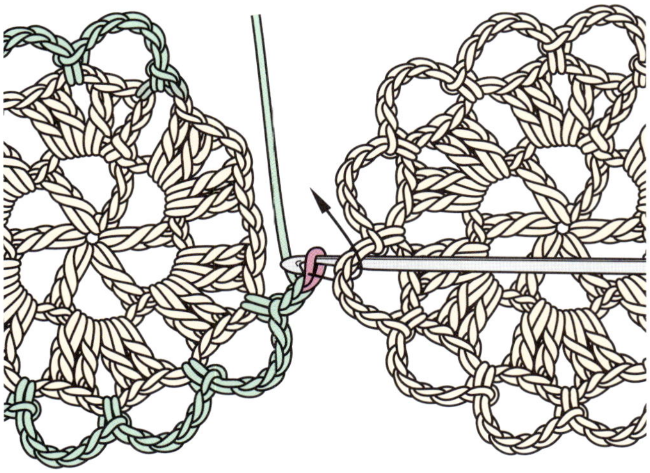

2 鎖編みの下から、はずした鎖目に針を戻して手前に引き出します。

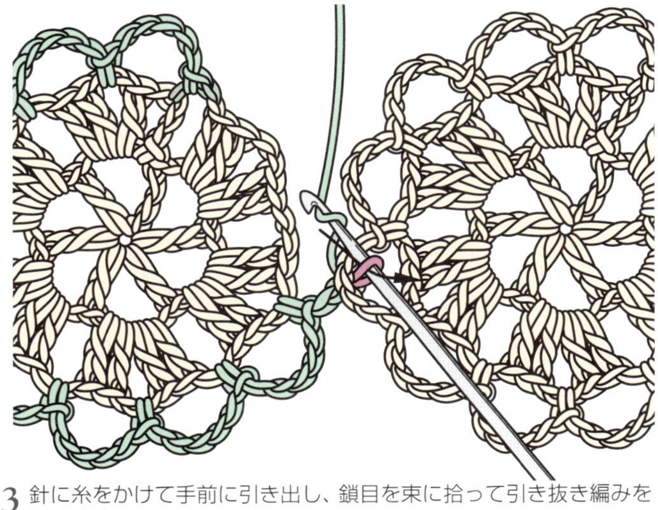

3 針に糸をかけて手前に引き出し、鎖目を束に拾って引き抜き編みを編みます。

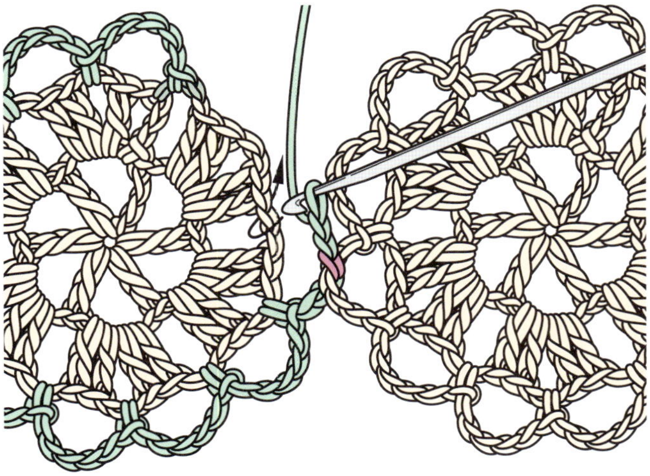

4 1枚めにつないだら、鎖2目を編んで2枚めの細編み位置に戻って、細編みします。

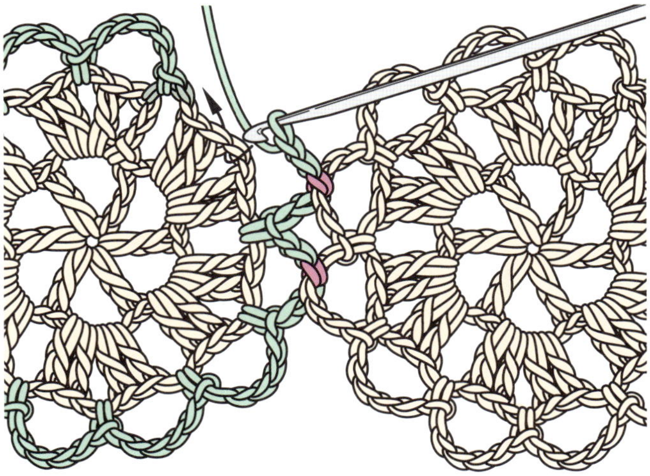

5 次の鎖目でも同様に1枚めに引き抜き編みし、続けて編みます。

●引き抜き編み（表から針を入れる方法）で4枚をつなぐ

4枚をつなぐポイントは角のつなぎ方にあります。3、4枚めをつなぐときは、2枚めで引き抜いた引き抜き編みの足元のループに編みます。2枚めまでは76ページの要領で、表から針を入れて引き抜き編みでつなぎます。

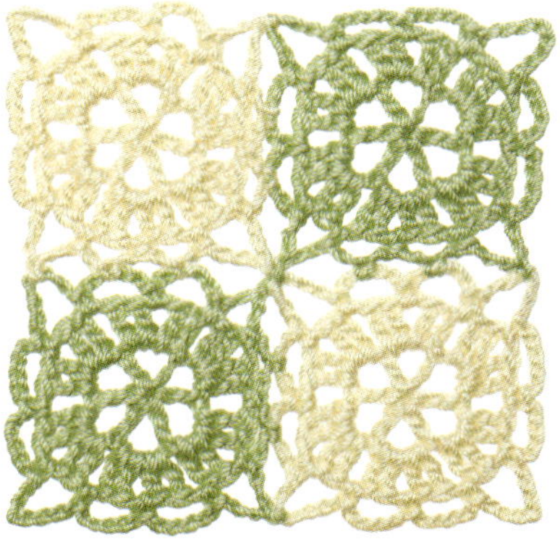

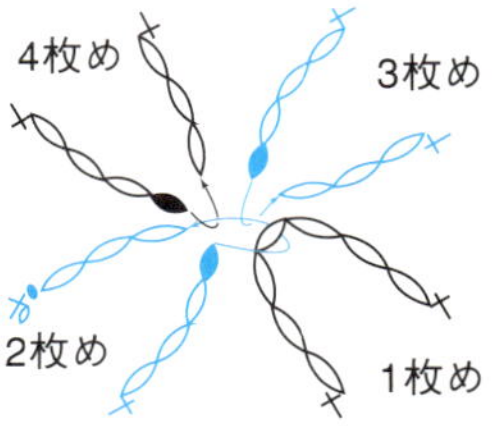

3枚めをつなぐ

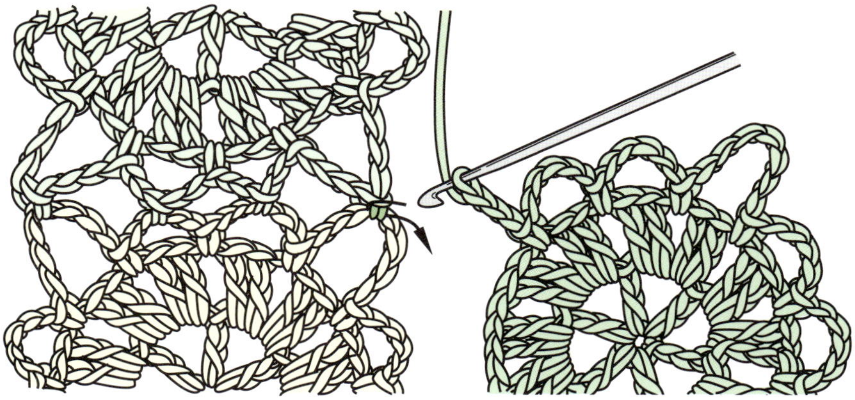

1 3枚めのモチーフのつなぎ位置の鎖3目を編み、2枚めで引き抜いた引き抜き編みの足元に矢印のように針を入れます。

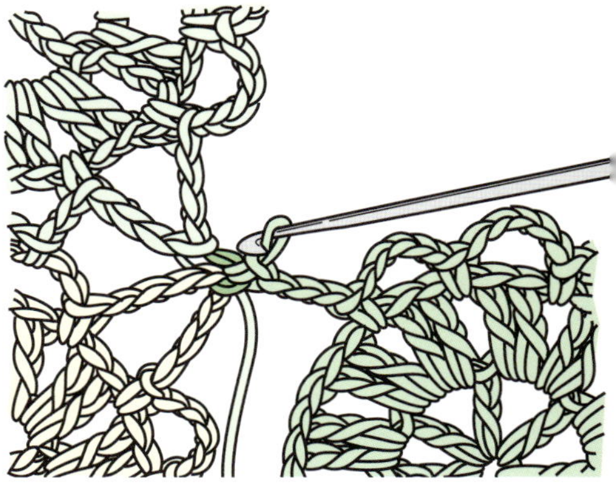

2 針に糸をかけて手前に引き出して、引き抜き編みし、1枚めと3枚めを引き抜きでつなぎます。

4枚めをつなぐ

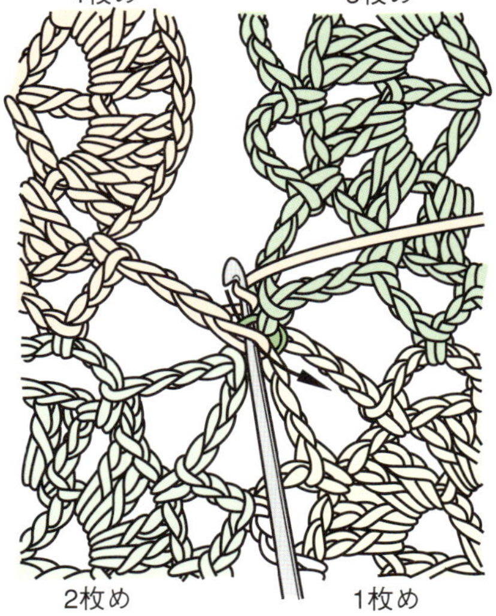

1 4枚めのモチーフのつなぎ位置の鎖3目を編みます。3枚めで引き抜き編みしたループに図のように針を入れ、糸をかけて手前に引き出します。

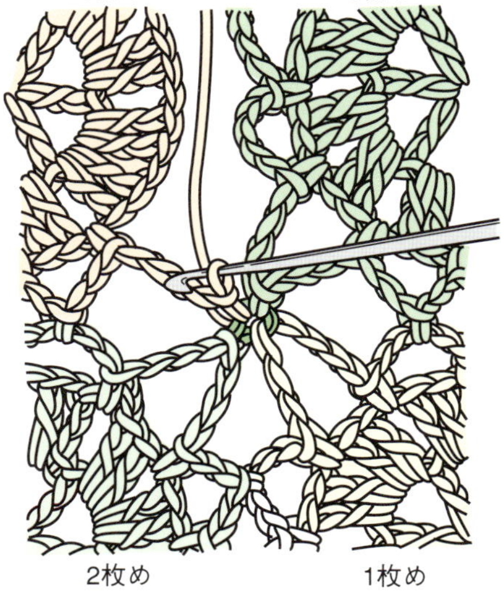

2 引き抜いたところです。

3 続けて鎖3目を編んで、4枚めの細編み位置に戻って細編みし、4枚めと3枚めを引き抜き編みでつなぎます。枚数が増えても同じ要領です。

●細編みでつなぐ方法

細編みでつなぎますので、つなぎ部分が多少ごろつきますが、
しっかりしています。この方法はループの鎖目が奇数の場合に使います。

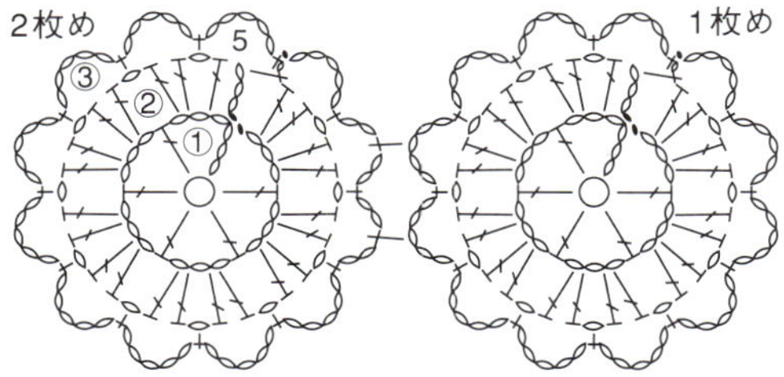

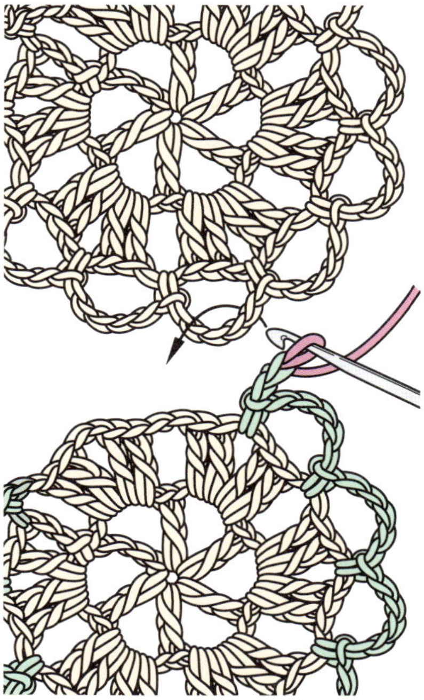

1 つなぎ位置の鎖2目まで編みます。1枚めのつなぎ位置の鎖編みの空間に、矢印のように下側から針を入れます。

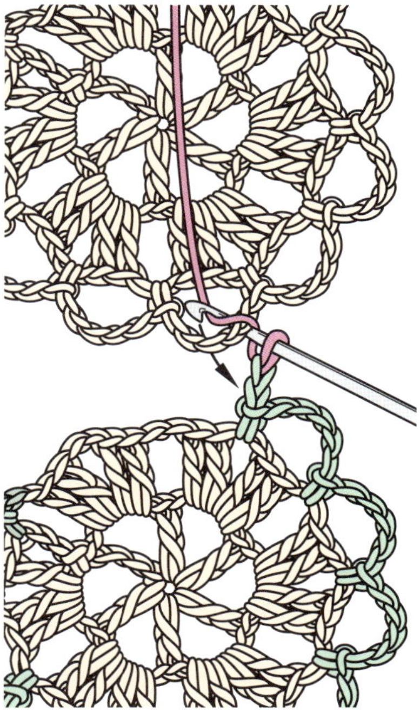

2 上から渡る糸を針にかけて、引き出します。

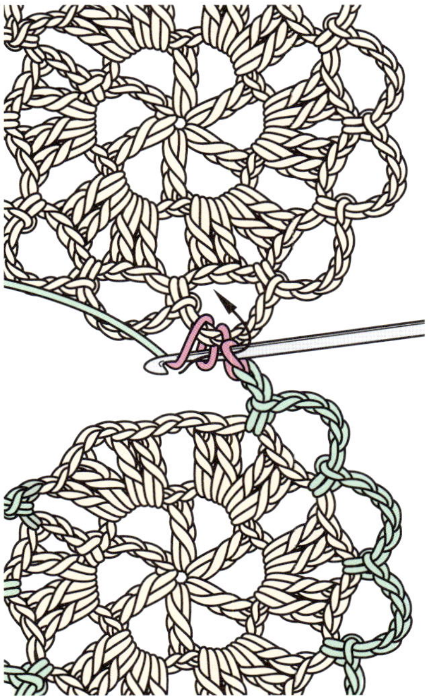

3 もう一度糸をかけて引き出し、細編みを編んでつなぎます。

4 続けて鎖2目を編み、2枚めの細編み位置に戻って細編みします。

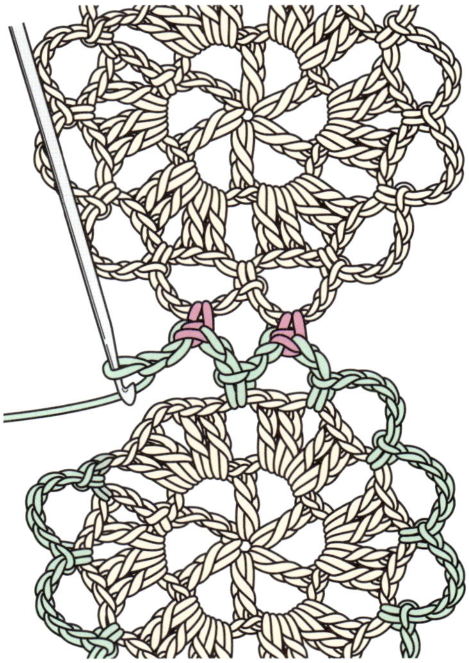

5 同様にもう一ヵ所細編みでつなぎ2枚めに戻ってモチーフを完成します。

●長編み１目でつなぐ方法

つなぐ位置で、相手のモチーフの長編みに通して編む方法です。

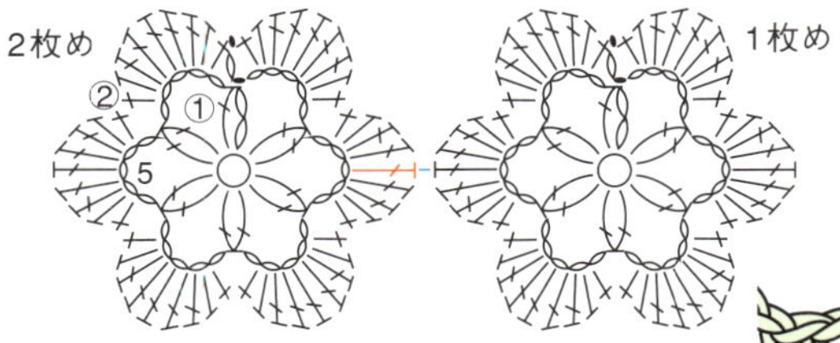

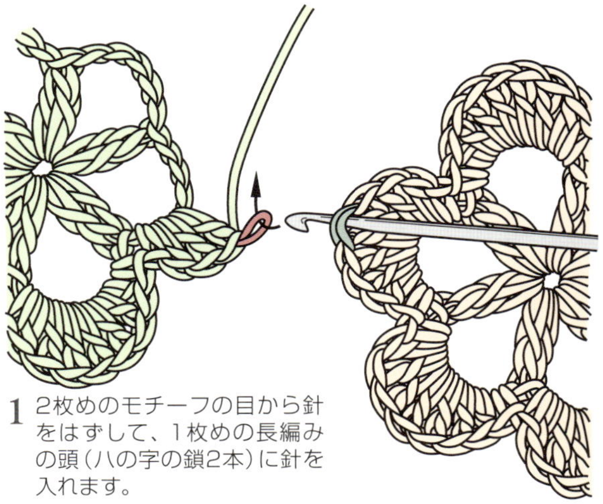

1 2枚めのモチーフの目から針をはずして、1枚めの長編みの頭（ハの字の鎖2本）に針を入れます。

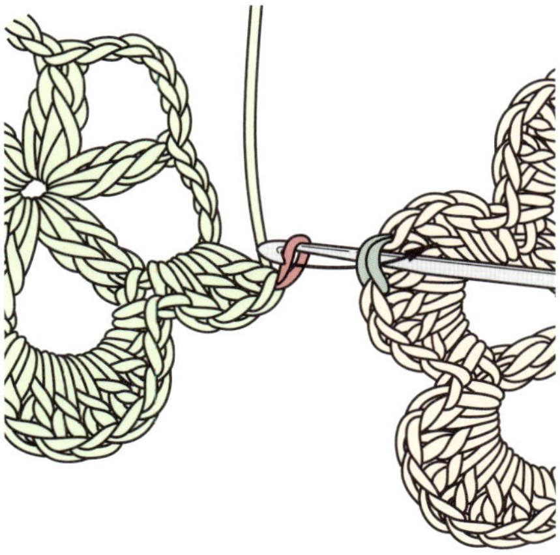

2 2枚目のモチーフの目に針を戻します。

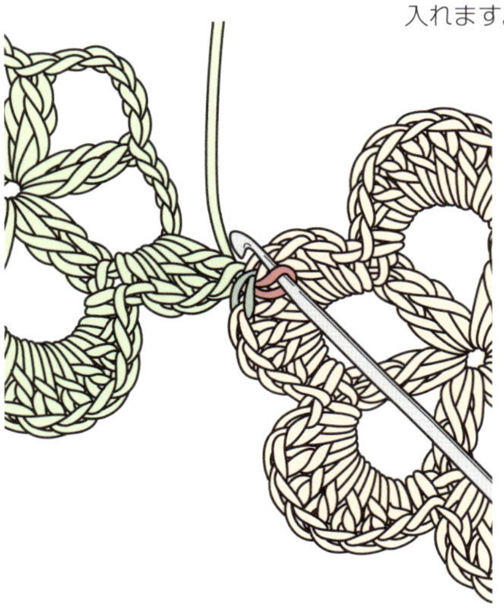

3 1枚めの長編みの頭を通して引き出します。

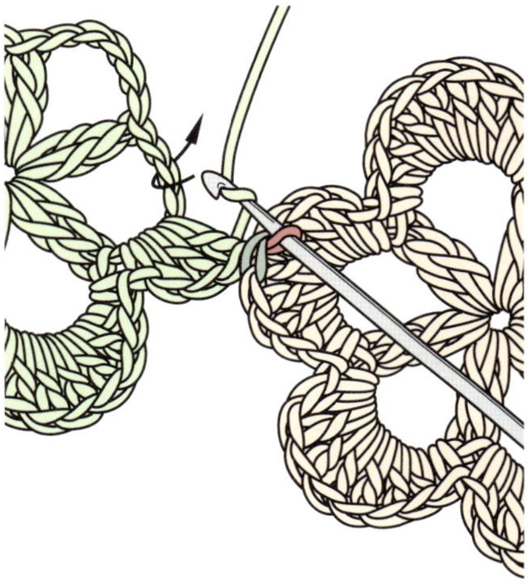

4 針に糸をかけて、2枚めのモチーフに戻って長編みを編みます。

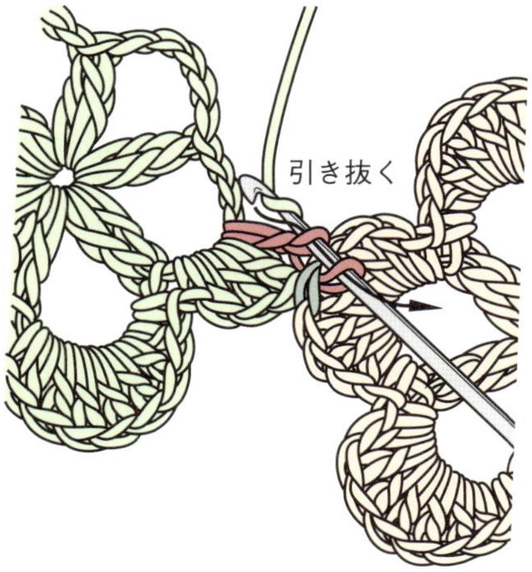

5 未完成の長編みの状態で、最後に糸を引き抜くときに一度に引き抜いて、1枚めにつなぎます。

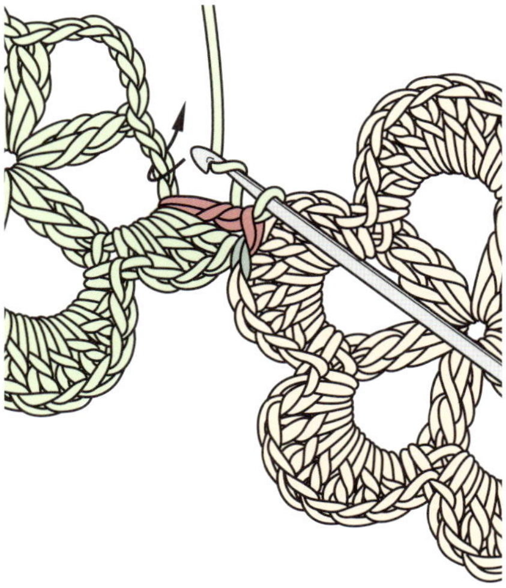

6 つないだら、次の長編みを編みます。

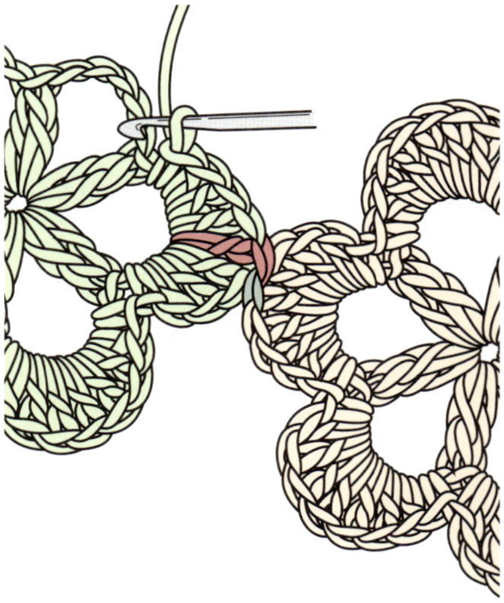

7 残りの花びらを編みます。

編み上げてからつなぐ方法

●巻きかがりでつなぐ方法（外表に合わせて外側の半目をかがる）

モチーフを編み上げて糸始末をしてから、縦横とも外側の半目を1目ずつ巻きかがりします。

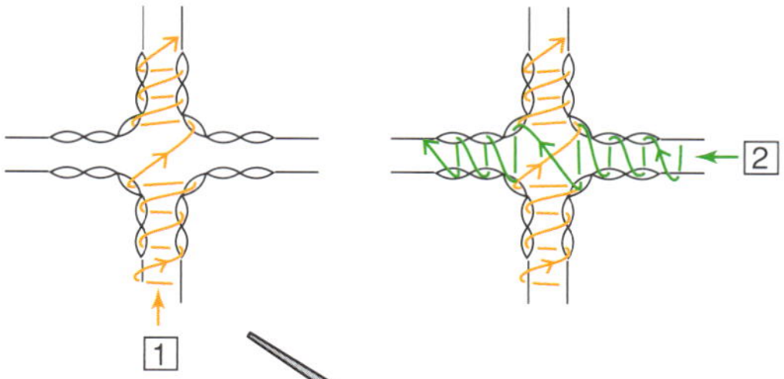

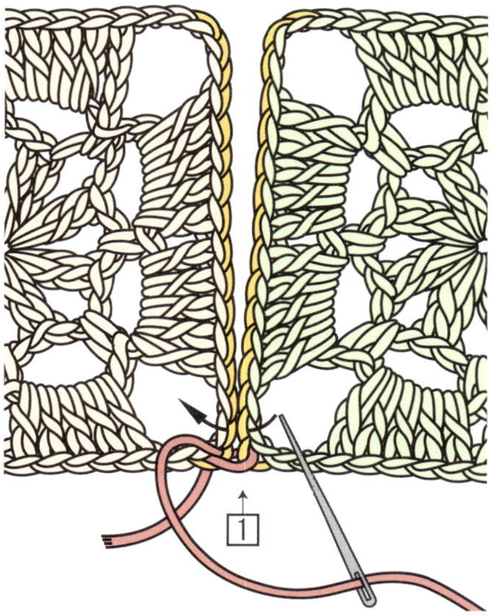

1 まず、[1]を巻きかがります。2枚のモチーフを外表に合わせ、角の鎖目から図のように針を入れてとじ糸を出します。

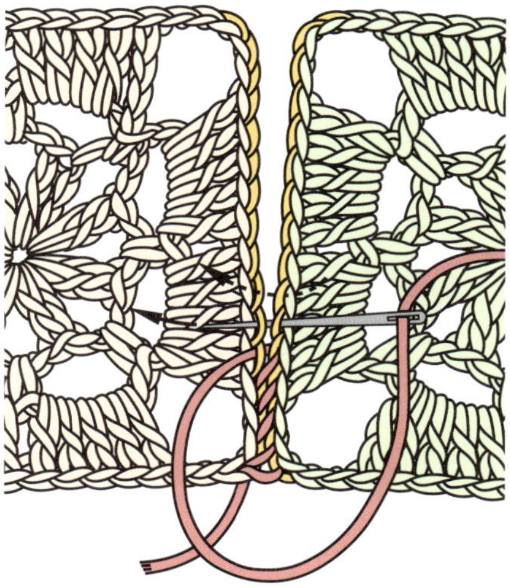

2 両側のモチーフの、編み目の頭の外側の半目を1目ずつすくって、かがります。

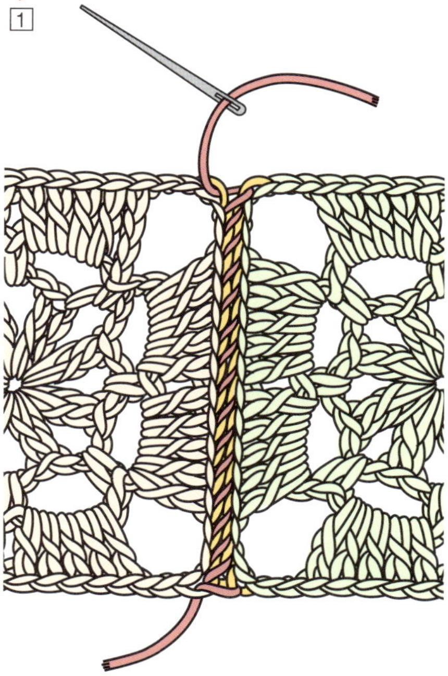

3 モチーフの形が変わらないように糸の引きを揃えます。角の中央まで、2枚をつなぎます。

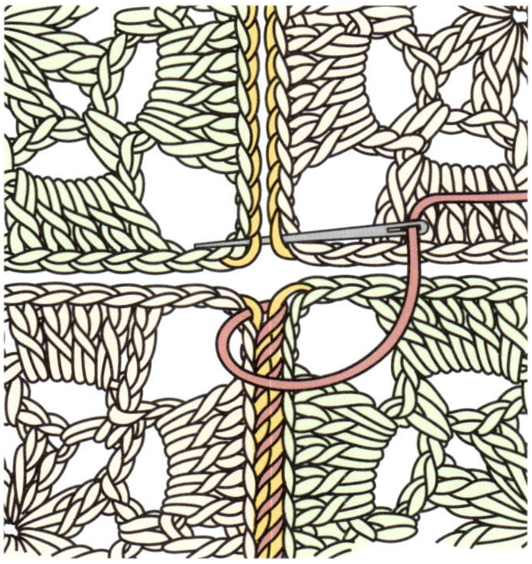

4 2列めも同要領に、角中央の鎖目から針を入れます。

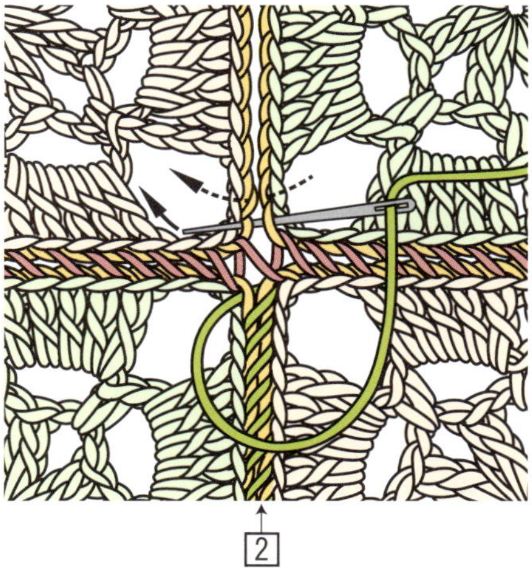

5 時計回りに90度回転して持ち替えて、[2]も同様にかがります、1列め、2列めとも角中央の外側半目に針を入れます。

6 交点がきれいにクロスして、モチーフの半目が残り、輪郭線がはっきりしたモチーフつなぎです。

レース編みの美しい仕上げ方

丹念に編み上げたレース編みも指先の汗や、埃で汚れています。洗剤を使ってすっきり洗い流して、編み目を整えることが大切な最後の仕事になります。

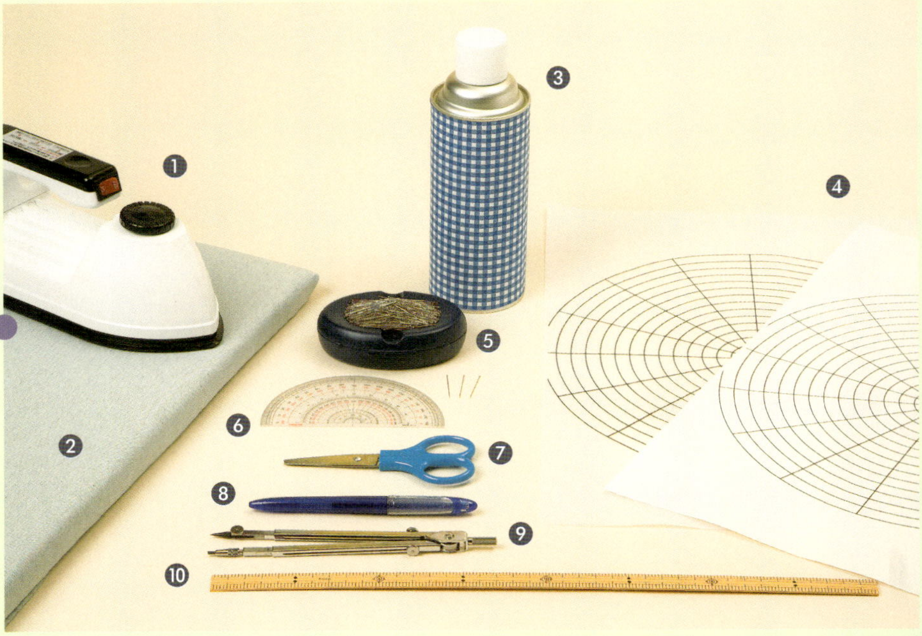

仕上げに必要な用具

①**アイロン**：最後の仕上げに必要です。
②**アイロン台**：実物大の用紙にピンを打つので、広がる大きさとピンが刺さることが大切です。
③**スプレーのり**：作品に張りを出すための、仕上げ用の糊です。
④**トレーシングペーパー**：ピン打ちの目安になる円や、分割線を描きます。
⑤**シルクピン**：錆び止めの虫ピン。なるべく細いもの、アイロンで押さえるため弾力性が必要です。
⑥**分度器**：角度を決めたり、分割線や区分線を割り出すのに必要です。
⑦**ハサミ**：紙切り用。
⑧**シャープペン又はエンピツ**：トレーシングペーパーに型紙を描きます。
⑨**コンパス**：作品の大きさより、少し大きな円を描く。1cmごとに案内線をつけると目安になり、ピン打ちが楽です。
⑩**定規**：線引き等に必要です。

洗って真っ白に

1 洗濯用洗剤を水によく溶かしてから作品をつけ、掴み洗いをします。水を取り替え、よくすすぎます。

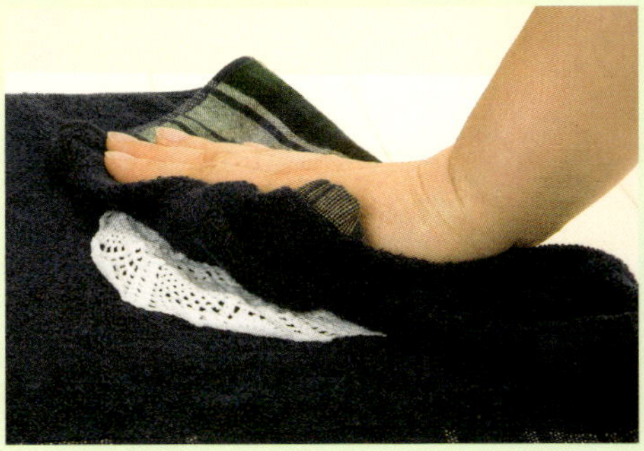

2 乾いた厚手のタオルに挟み込み、押しながら、半乾きくらいまで水気をとります。

糊のつけ方

1 作品の裏側から、スプレー糊を吹きつけ、軽くもむようにして糊を十分にしみ込ませます。

2 糊を含んだ作品は編み目がちぢんでいますので、指先で広げていきます。

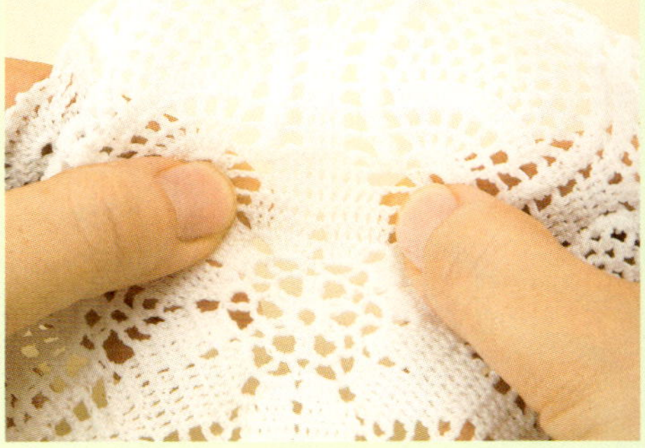

3 編み目に沿って丁寧に、縦目、横目を元の編み目になるように整えていきます。そのときに編み目を伸ばしすぎないように注意しましょう。

ピンの打ち方

ピンを打ち、形を整えます。レース編みは、透かし模様の美しさです。編み目と編み目の間の空間をそろえることが、透かし柄の一番大切な、気を入れるところです。

1 アイロン台の上に型紙の裏面を出して、四隅を動かないようピンでとめます。貼った型紙の上に作品も裏面を出して、中心を決めて周りにピンを打ちます。

2 型紙の分割縦線と、円横線に合わせながら、1模様ごとにポイント位置を決めて、編み目を伸ばしながら、少し引っぱりぎみにピンを打ちます。

3 外側に向かってピンを打ちますが、模様が同じ線上になるように注意します。

4 模様が別れる段にきたら、1柄ずつが同じふくらみになるように、両サイドにピンを打ちます。

アイロンのかけ方

中心のピンを抜いて、アイロンをかけます。少し押さえ気味に、丁寧に外側に向かってかけます。完全に乾くまでピンは抜かないようにします。急ぐときはドライヤーで熱風をあてるのも一手です。

しまっておく方法

きれいに仕上がった作品は、大切に扱いましょう。しまうときは、薄紙などを添えて、ラップの芯筒などに巻いて保管します。編み目が動かず、美しいまましまえるので重宝です。

レース編みでよく使う、編み目と編み方

編み目記号(JIS)日本工業規格

編み目記号を標準化するために1955年、財団法人日本規格協会の承認を得て、制定されました。
記号は表から見た組織図で、編み目の状態がよく分かる表現になっています。
JIS記号で定められた細編みの記号は[×]ですが、弊社の出版物では細編みに限り、
独自に[+]の記号を使っています。これは表現上の利点に基づいたものです。

未完成の編み目

模様編みの多くは鎖編み、細編み、長編みが基礎になって構成されています。
各編み目の最後の引き抜き操作をする前の、針にループを残した状態を未完成の編み目といいます。
1目にまとめる模様を構成するときには、未完成の編み目の状態で変化していきます。
玉編み目、2目一度、3目一度など、1目にまとめるときに未完成の状態で操作します。

未完成の細編み

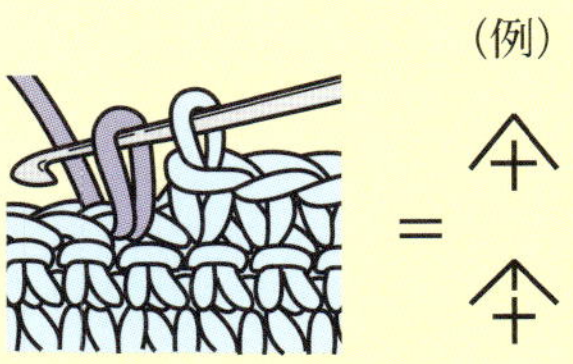

未完成の中長編み

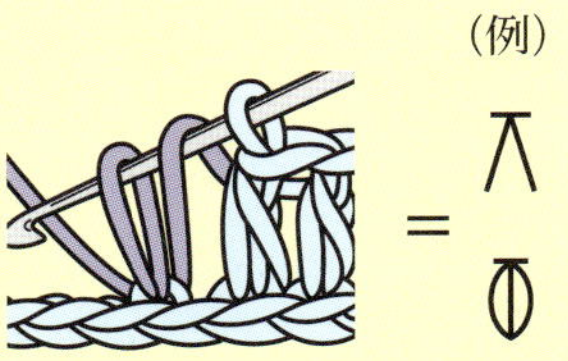

未完成の長編み

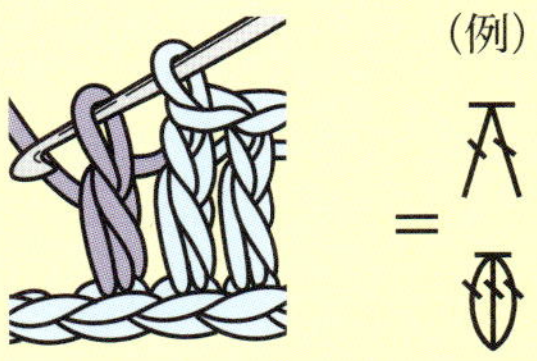

未完成の長々編み

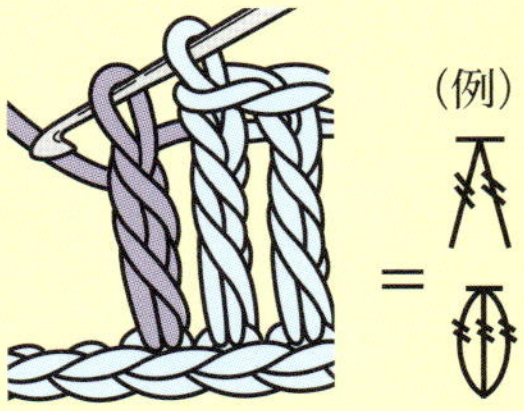

※84～91ページの編み地は、オリムパス エミーグランデの糸をレース針0号で編んだ実物大です。同じ糸で編むときの目安にしてください。

中長編み目

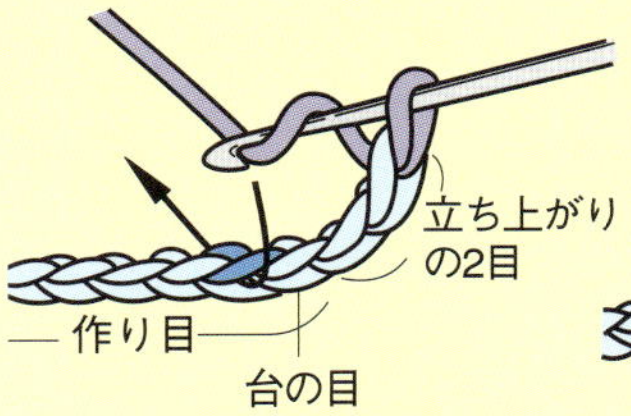

❶鎖2目で立ち上がり、針に糸をかけて針から5目めの鎖の上側半目と裏山の2本に針を入れます。

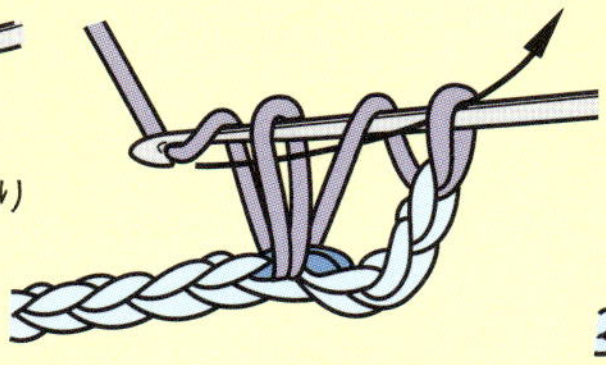

❷糸をかけて長めのループ(鎖2目分の高さの糸)を引き出します。もう一度糸をかけて、3ループを一度に引き出します。

❸中長編みが編めました。❶、❷をくり返して編みます。

❹立ち上がりを1目に数えますので、4目編めたところです。

長編み2目一度

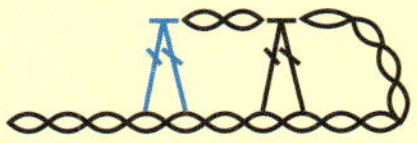

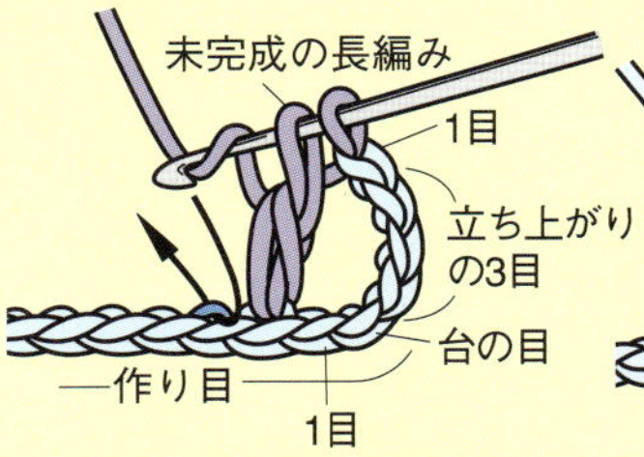

❶まず、未完成の長編みを1目編み、次の目にも同様に編みます。

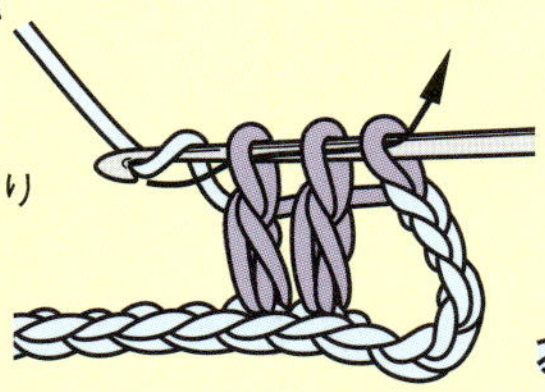

❷未完成長編み2目を編み、糸をかけて針にかかっている3ループを一度に引き出します。

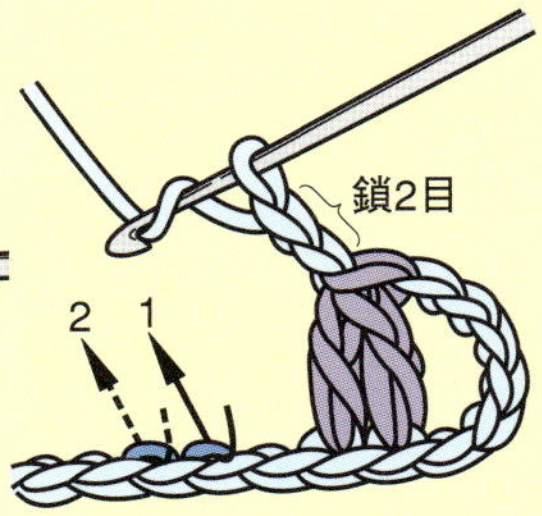

❸長編み2目一度のでき上がりです。鎖2目を編み、次は矢印の位置に未完成長編み2目を編みます。

❹2つめが編めました。頭の目が少し後ろ(右)にずれますが、次の鎖目を編むと頭の目が安定します。

中長編み3目の玉編み目

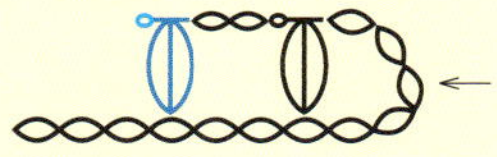

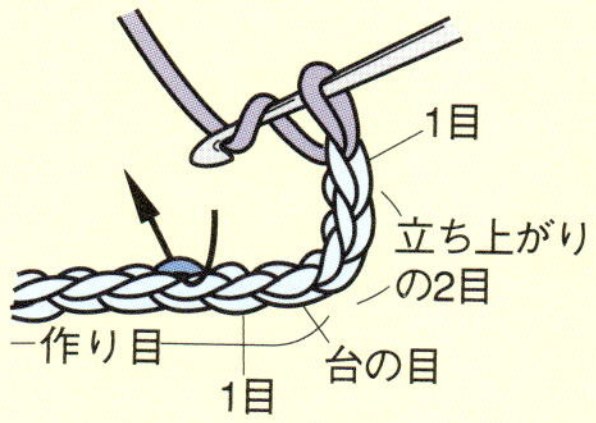

❶針に糸をかけ、矢印の位置に針を入れて長めのループ（鎖2目分の高さの糸）を引き出します。

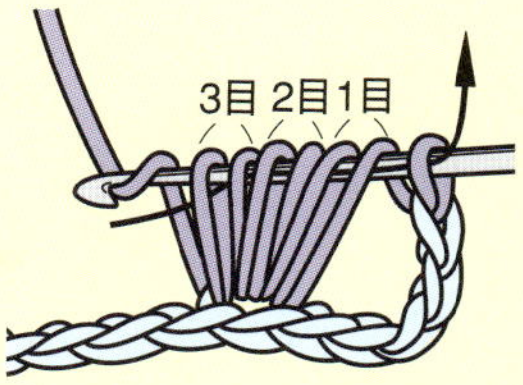

❷同じ位置に針を入れてあと2回、❶と同様にループを引き出します。針に糸をかけて矢印のように針にかかっているループを一度に引き出します。

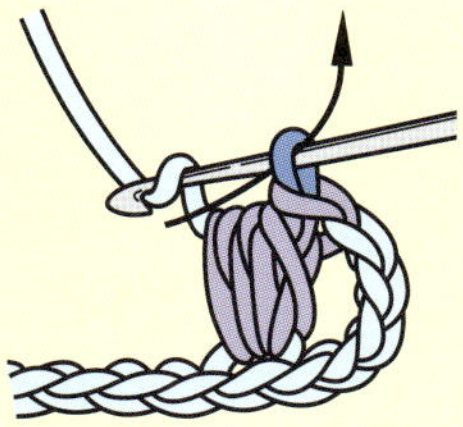

❸中長編み3目の玉編みが編めました。鎖1目で引きしめて、玉編みを安定させます。

❹続けて鎖2目、中長編み3目の玉編みを編み、鎖1目で引きしめたところです。

変わり中長編み3目の玉編み目

中長編みですが鎖1目分背が高いので、立ち上がりの鎖は3目です。

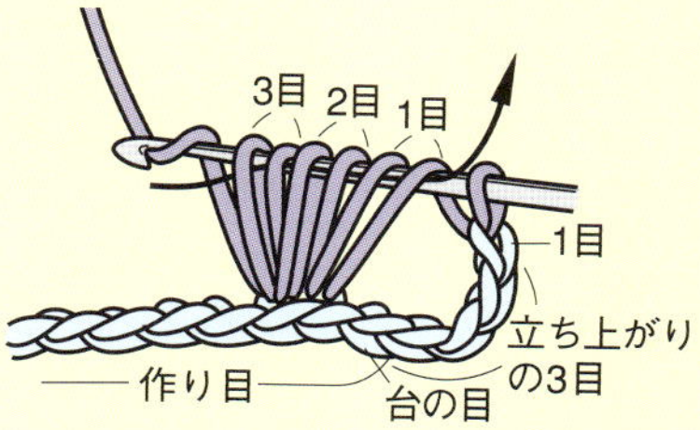

❶中長編み3目の玉編み目の❶、❷の要領で3目分のループを針にかけます。糸をかけて矢印のように、1ループ手前まで引き出します。

❷更に糸をかけて、残りの2ループを引き出して1つめのでき上がりです。

❸2つめのでき上がりです。頭の目がきちんとしまって編み上がります。

長編み3目の玉編み目

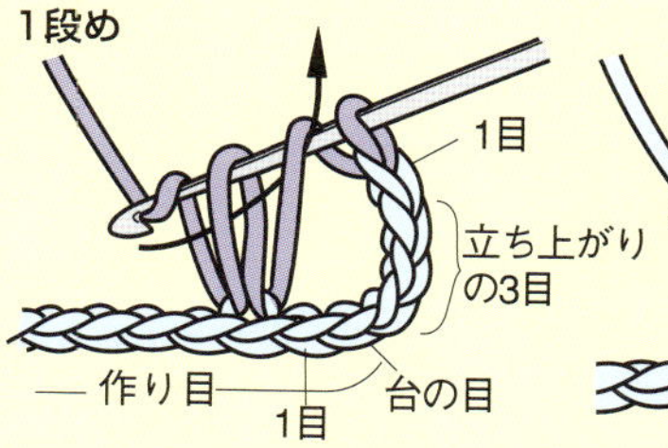

❶立ち上がりは鎖3目です。まず、未完成の長編みを1目編みます。

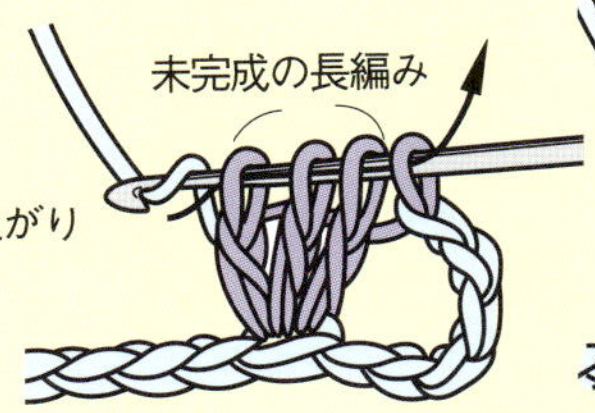

❷同じ目に針を入れて未完成の長編みを3目編み、矢印のように4ループを一度に引き出します。

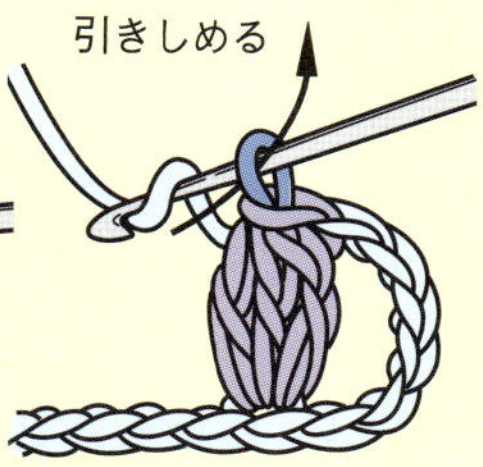

❸3目一度になった頭の目を鎖1目で引きしめます。

❹❶〜❸をくり返して、長編み3目の玉編みを鎖1目で引きしめて編みます。

❺左端まで編めたら、左側を手前に回して編み地を持ち替えます。長編み3目の玉編みの右が頭、左が引きしめた目になります。

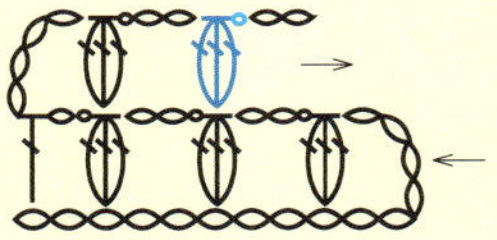

2段め

平編みは前段の編み地の裏を見て編みます。

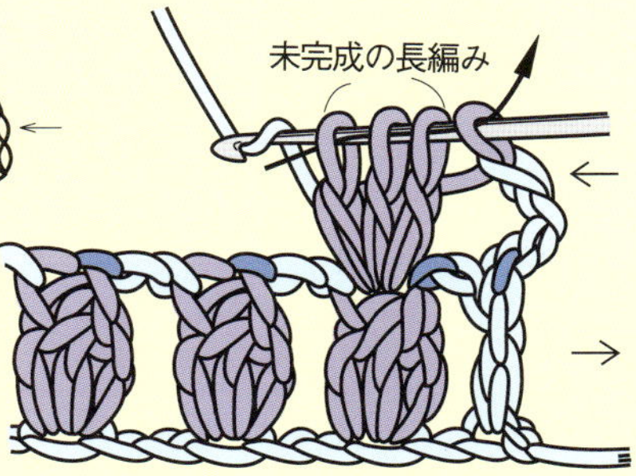

❶1段めの玉編みの頭（裏から見ると左になるハの字の鎖2本）に、未完成の長編みを3目編み、矢印のように4ループを一度に引き出します。

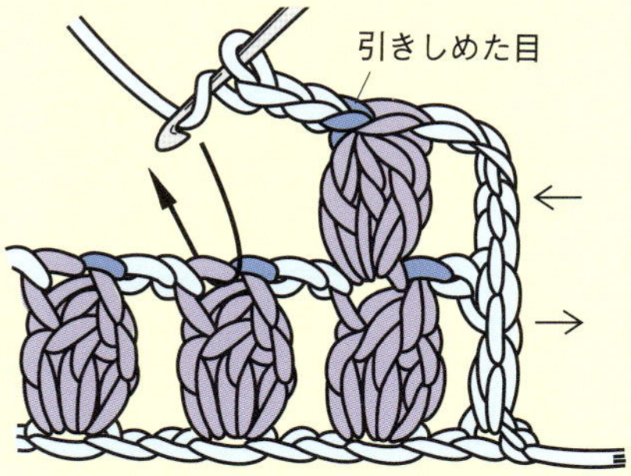

❷同様にくり返して、前段の玉編みの頭に長編み3目の玉編みを編み、鎖1目で引きしめます。

長編み5目のパプコーン編み目

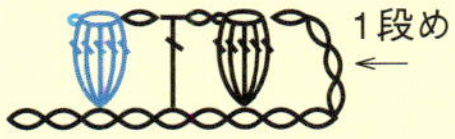

1段め

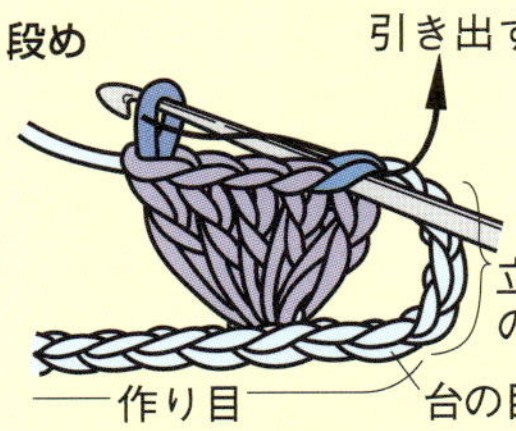

①同じ目に長編み5目を編み、一旦針をはずします。右端の長編みの頭に手前から針を入れ、はずした目を針にかけて手前に引き出します。

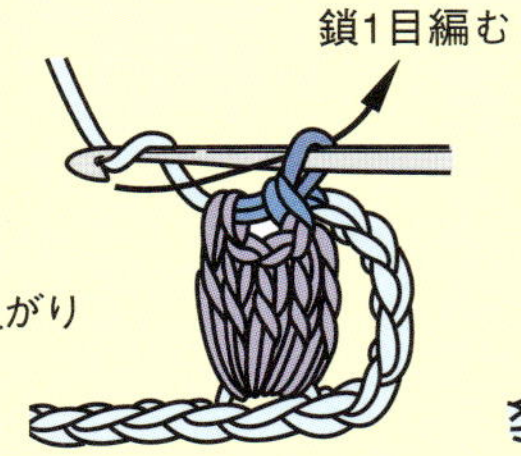

②❶の矢印のように針先のループだけを最初の目に引き出し（針にかかっている目）、更に鎖1目を編んで引きしめます。

③針にかかっている目から2目めが引きしめた目になります。

④編み目記号に合わせて鎖1目、長編み1目、鎖1目を編み、パプコーン編みと編んでいきます。

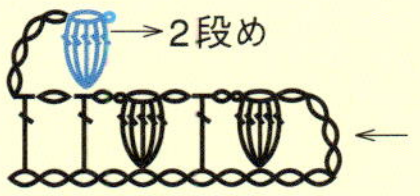

2段め

編み地を持ち替えます。裏側で編む場合は、パプコーンを表に出すために針の入れ方を変えます。

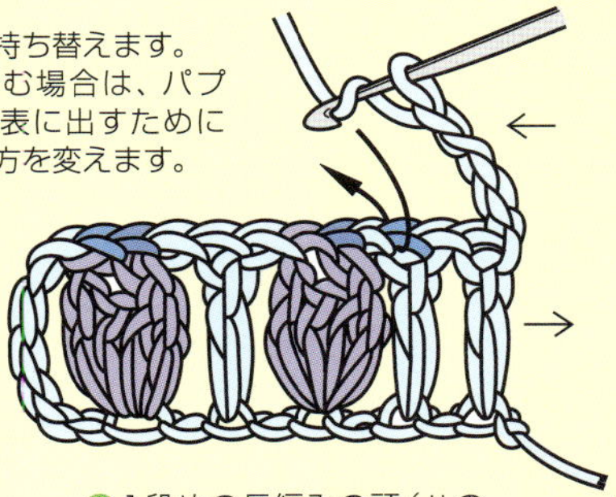

①1段めの長編みの頭（ハの字の鎖2本）にパプコーン編みを編みます。

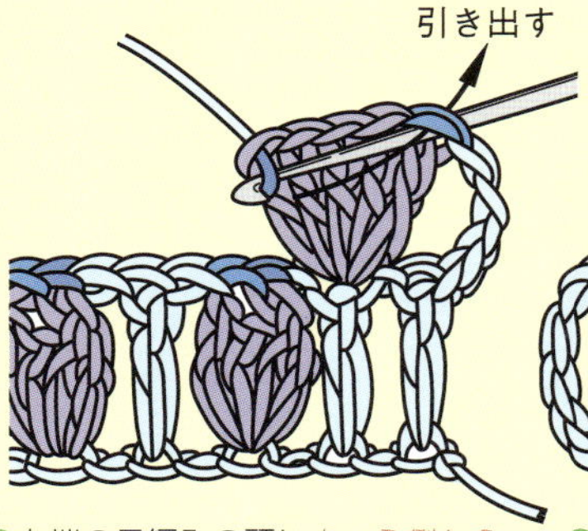

②右端の長編みの頭に向こう側から針を入れて、はずした目を針にかけて向こう側に引き出します。

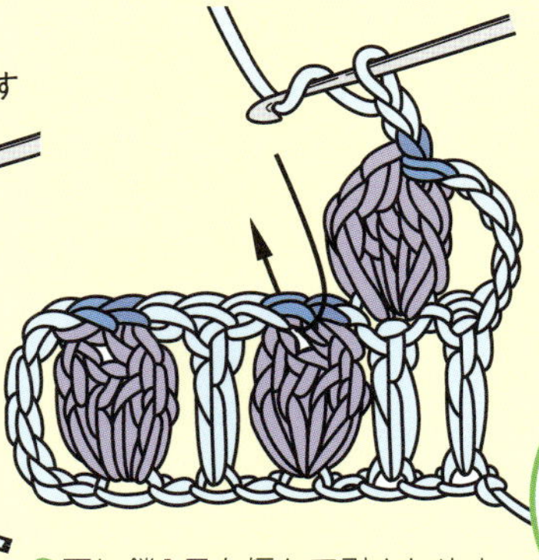

③更に鎖1目を編んで引きしめます。パプコーン編みには長編みを編み入れます。

Point

パプコーン編みの輪（2段めでは向こう側）に、手前の裏側から針を入れて束に拾います。

長編み5目のパプコーン編み目（束に拾う）

前段の方眼編みの鎖目の空間に針を入れて、束に拾って編みます。

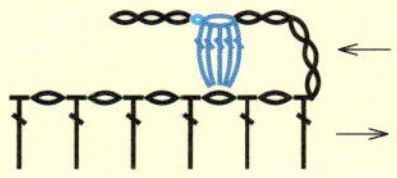

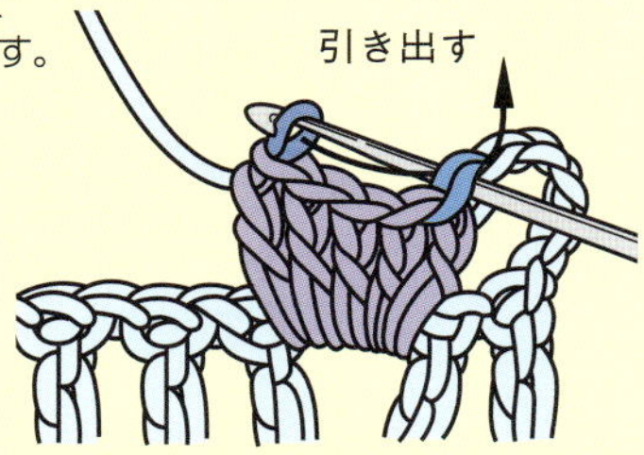

①前段の方眼編みの鎖目を束に拾って編みます。一旦針をはずし、右端の長編みの頭に手前から針を入れ、はずした目を針にかけて手前に引き出します。

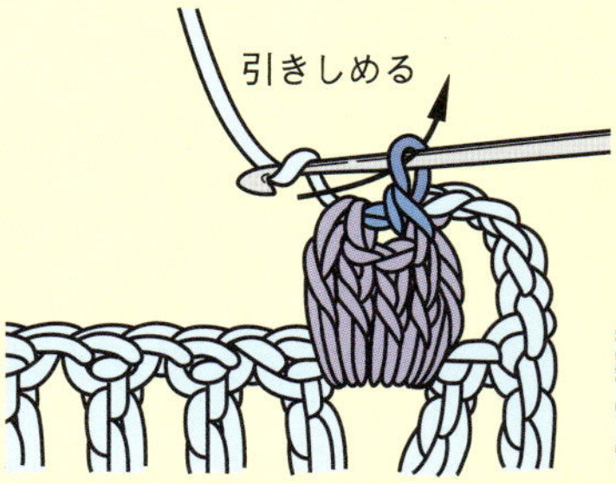

②❶の矢印のように針先のループだけを最初の目に引き出し（針にかかっている目）、更に鎖1目を編んで引きしめます。

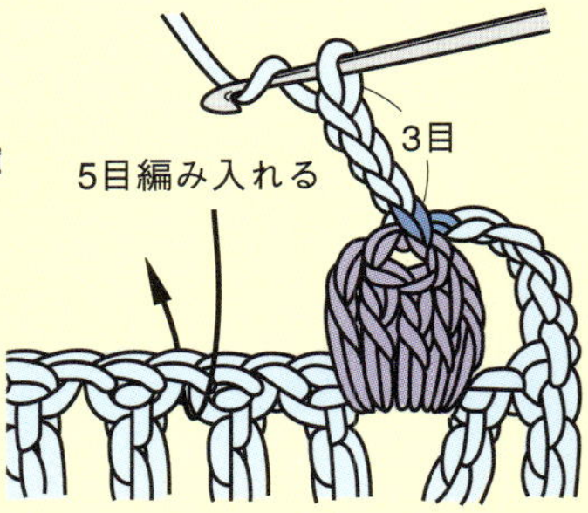

③針にかかっている目から5目めが引きしめた目になります。鎖3目を編んで、次のパプコーン編みを編みます。

長編み2目編み入れる（鎖1目入る）

1目から3目を編み出します。

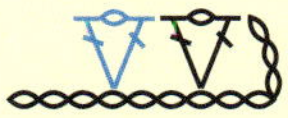

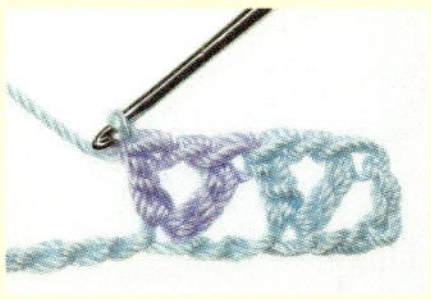

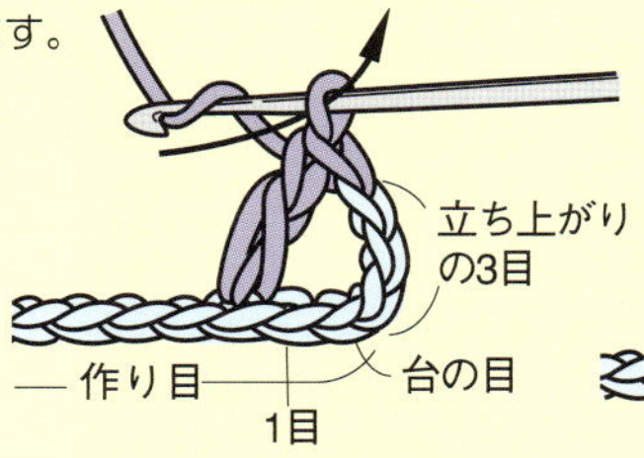

①鎖3目で立ち上がり、台の目から2目めに長編みを1目編み入れます。

②鎖1目編み、長編みを編んだ目に矢印のように針を入れます。

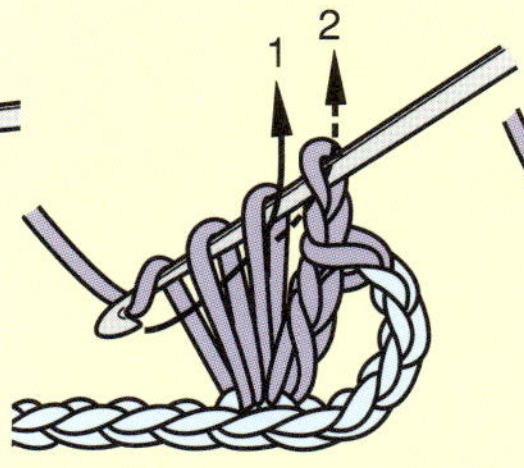

③針に糸を入れてもう1目、長編みを編みます。

④2つめの模様が編めました。

長編み5目を編み入れる（松編み）

1目から5目を編み出します。

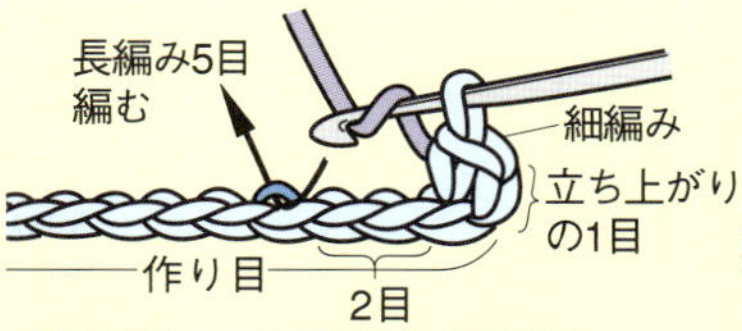

❶細編み1目を編み、針に糸をかけて3目めの矢印位置に針を入れます。

❷長編みを編みます。

❸続けて同じ目に長編みを編みます。

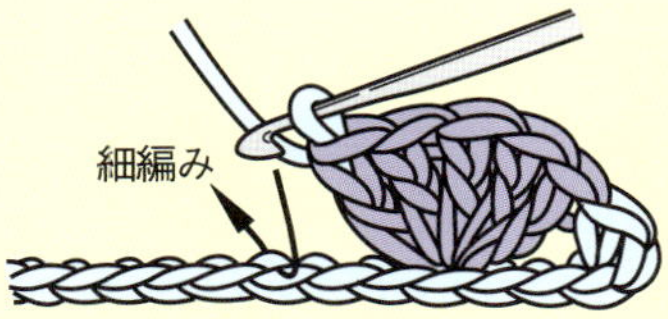

❹長編み5目を編み入れ、3目めに細編みを編みます。

❺1模様編めました。

❻同様にくり返して2模様が編めました。

長編みのクロス編み目

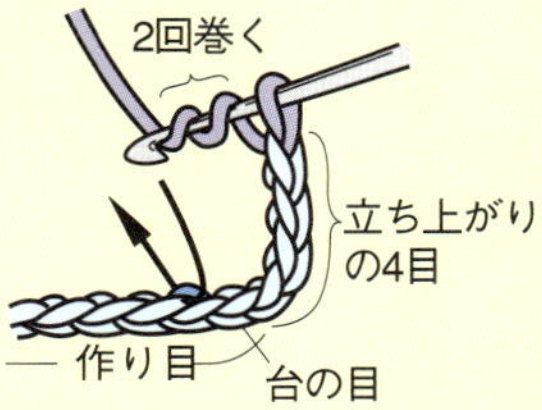

❶針に糸を2回巻き、矢印のように針を入れます。

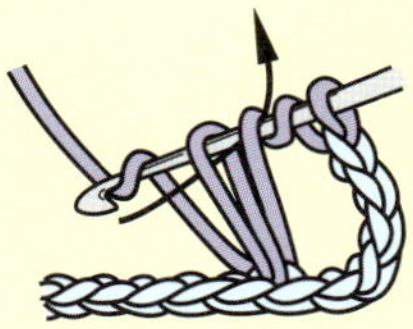

❷鎖2目分の高さの糸を引き出し、未完成の長編みを編みます。

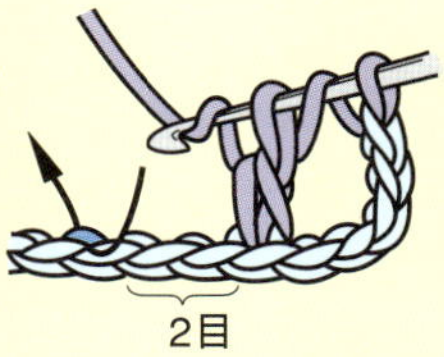

❸2目とばして矢印の位置に、もう1目未完成の長編みを編みます。

❹針に未完成の長編みを2目編みます。針に糸をかけて、矢印のように2ループ引き出します。

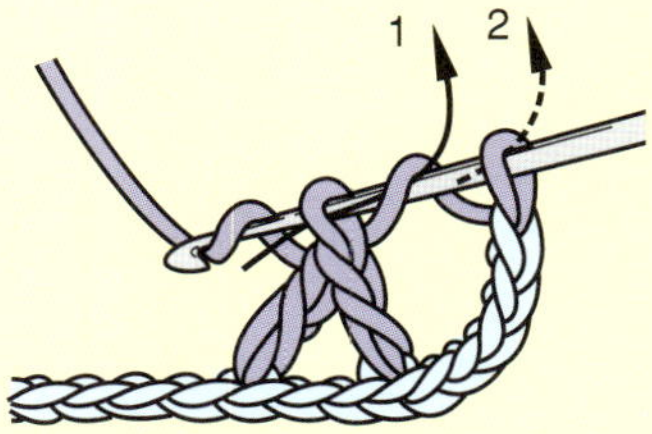

❺未完成長編みを2目一度に編み、続けて針に糸をかけて、2回に分けて引き出して長編みを編みます。

❻鎖2目を編み、針に糸をかけて矢印位置の2本を拾います。

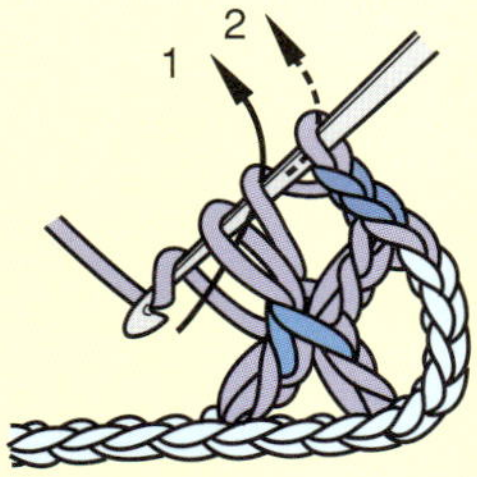

❼糸を引き出して、長編みを編みます。

❽長編みのクロス編みが2模様編めたところです。

Ｙ字編み目

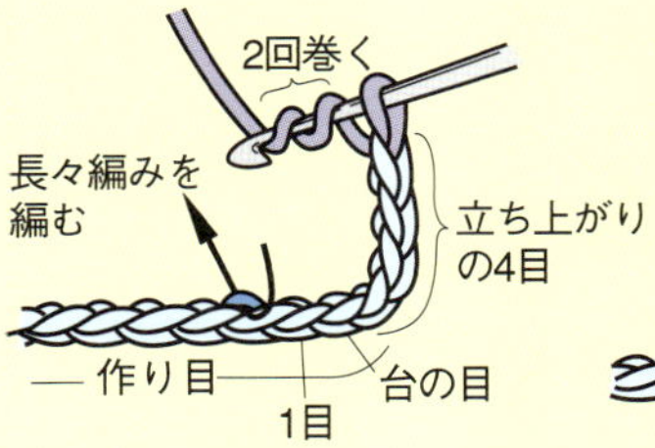

❶針に糸を2回巻き、矢印の目に長々編みを編みます。

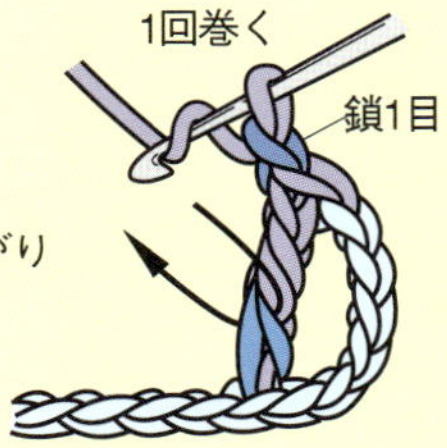

❷鎖1目を編み、針に糸をかけて長々編みの矢印の2本に針を入れます。

❸糸をかけてループを引き出し、長編みを編みます。

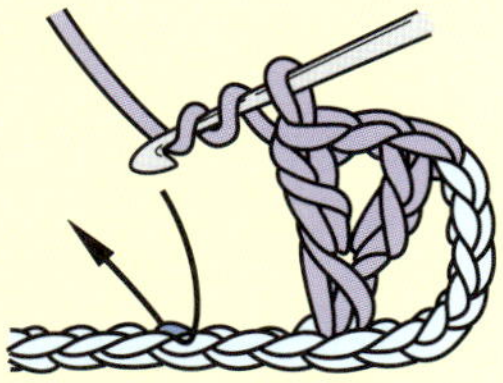

❹Ｙ字のでき上がりです。❶～❸をくり返します。

逆Y字編み目

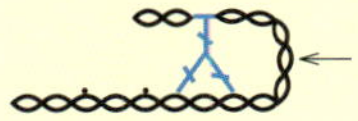

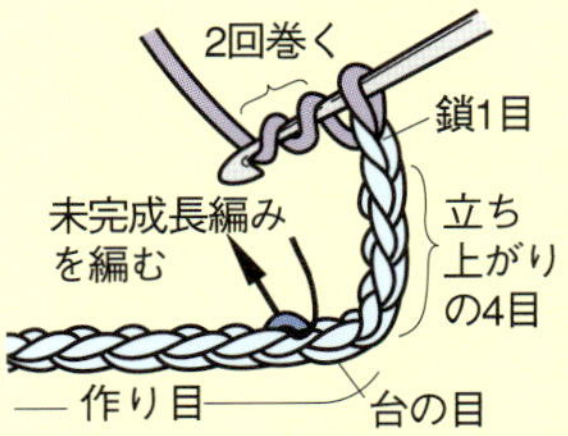

❶針に糸を2回巻き、未完成の長編みを編みます。

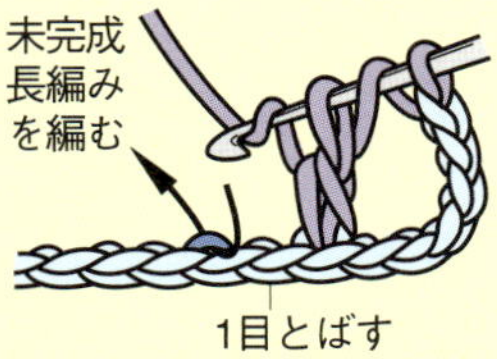

❷もう1目、矢印の目に未完成の長編みを編みます。

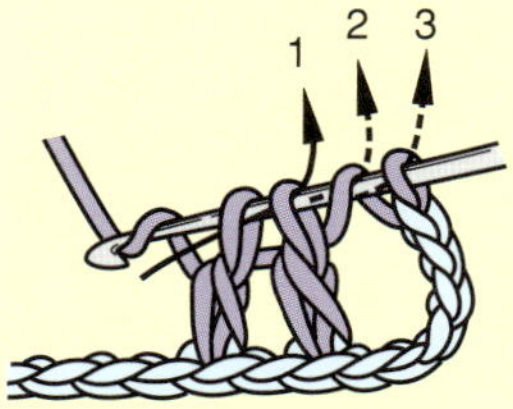

❸針に糸をかけながら矢印の順に、2ループずつを3回引き出します。

❹逆Y字のでき上がりです。❶～❸をくり返します。

鎖3目の引き抜きピコット

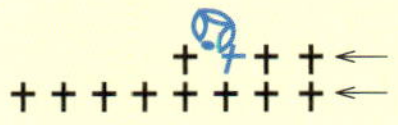

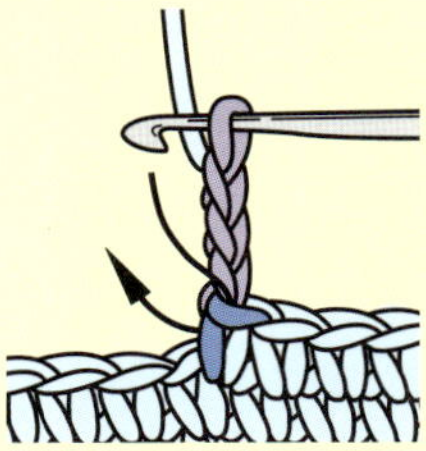

❶鎖3目を編み、矢印のように頭半目と足の2本に針を入れます。

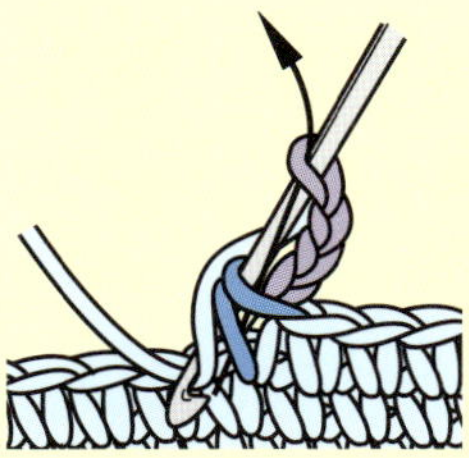

❷針に糸をかけて矢印のように鎖目まで一度に引き抜きます。

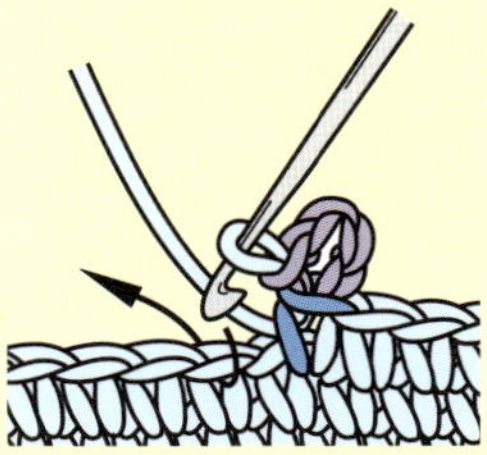

❸引き抜きピコットのでき上がりです。続けて細編みを編みます。

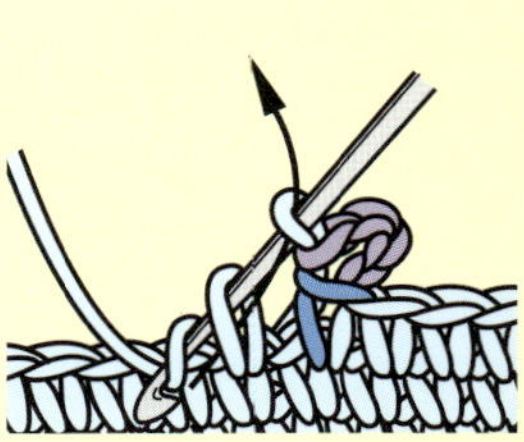

❹ピコットの次の細編みを編むとピコットが安定します。

鎖3目の細編みピコット

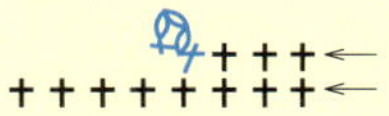

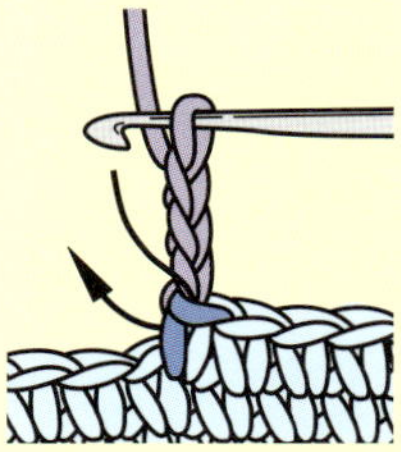

❶細編みに続けて鎖3目を編み、矢印のように細編みの頭の手前の1本と、足の左側1本に針を入れます。

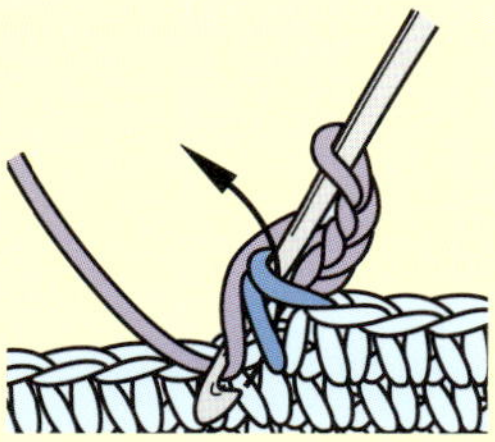

❷針に糸をかけて、矢印のように針を入れた細編みの頭まで糸を引き出します。

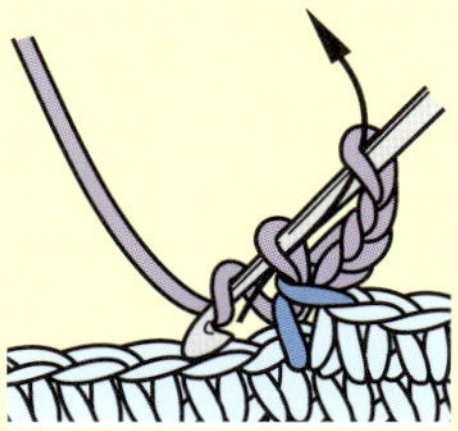

❸もう一度糸をかけて、矢印のように2ループを引き出して、細編みを編みます。

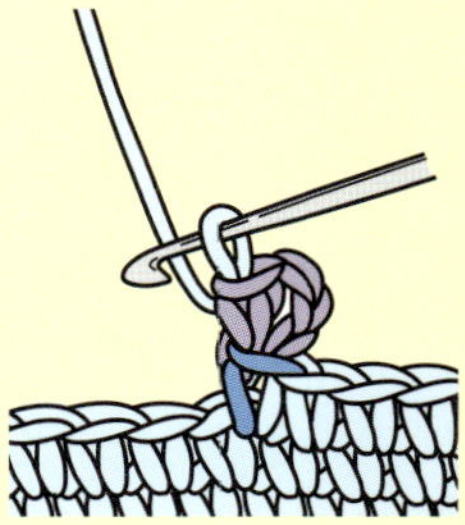

❹細編みの頭に、鎖3目の細編みピコットが編めました。

細編みのうね編み目（平編み）

毎段、前段の細編みの頭（ハの字の鎖2本）の向こう側半目を拾って編みます。
編み地の凹凸が畝(うね)のように見えるところからこの名称がつきました。

1段め（表側）

作り目の「鎖目の上側半目と裏山の2本」を拾って編みます。

2段め（裏側）

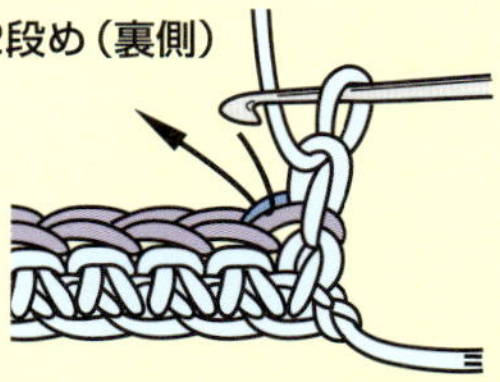

❶編み地を持ち替えて、立ち上がりの鎖1目を編みます。矢印のように、前段右端の細編みの「頭の向こう側半目1本」に針を入れます。

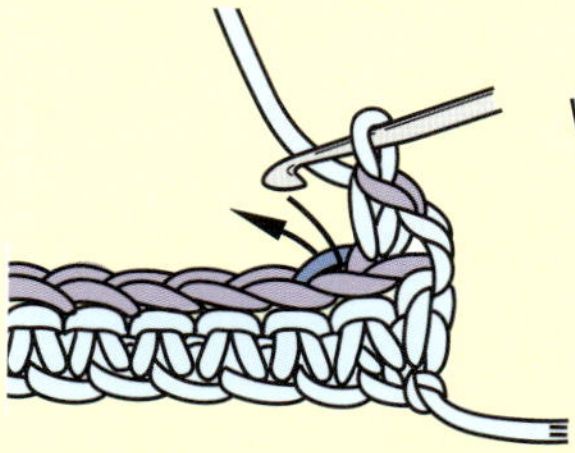

❷細編みを編み、次の目も同様に針を入れます。

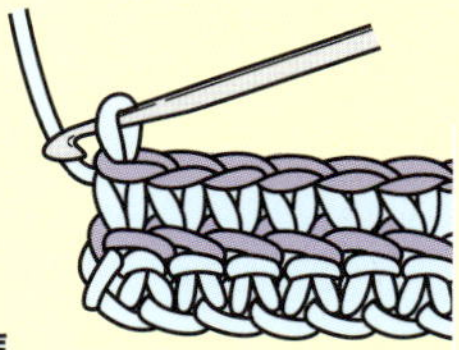

❸左端まで編んだら、編み地を持ち替えます。

3段め（表側）

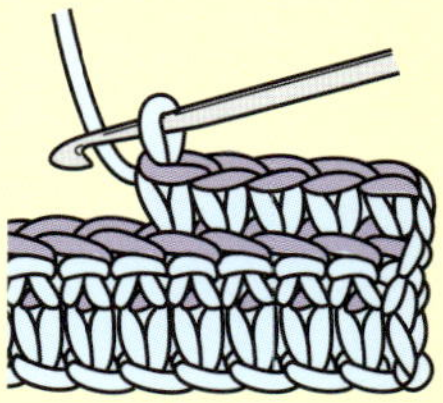

❹立ち上がりの鎖1目を編み、同様に前段の細編みの「頭の向こう側半目1本」を拾って編みます。

長編み2目編み入れる

同じ目に編むと目数が増えます。
増し目や分散増し目などに使う編み方です。

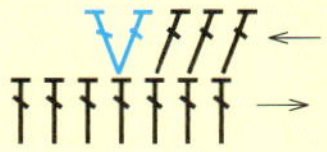

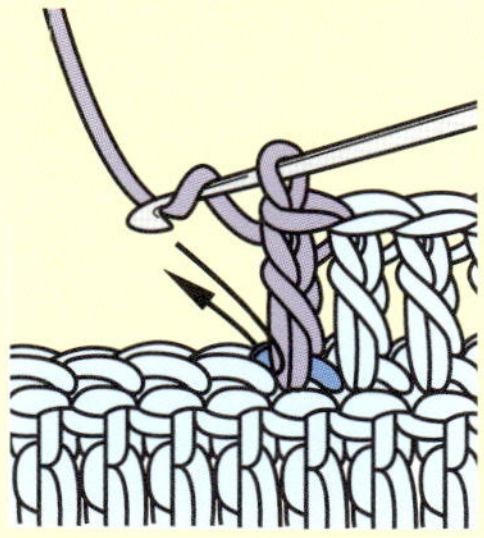

❶同じ目に、目の高さをそろえて長編みを編みます。

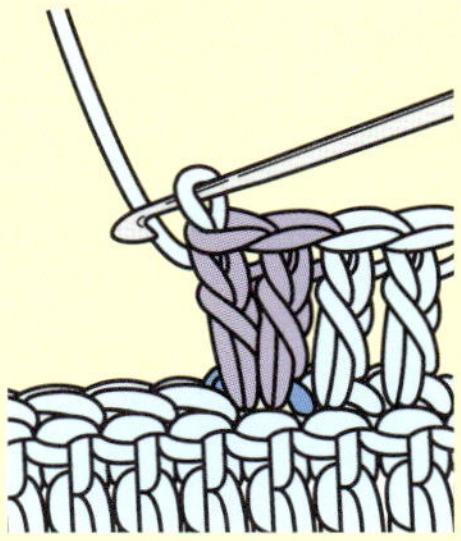

❷長編み2目が編め、1目増し目になります。

長編み3目編み入れる

同じ目に編むと目数が増え、編み地も左右に広がります。

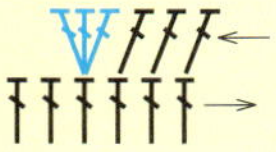

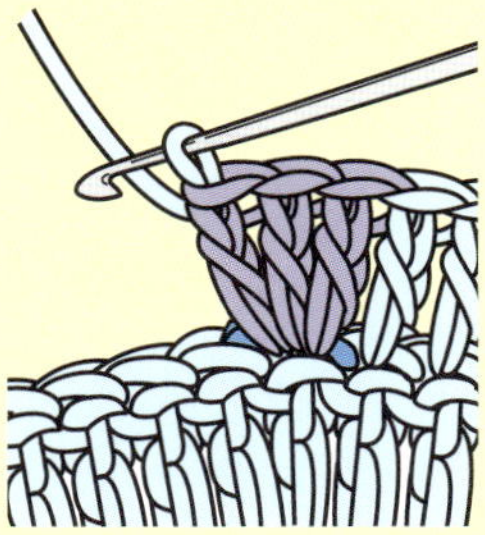

同じ目に続けて、3目の高さをそろえて長編みを編みます。

長編み2目一度

1目にまとめる場合は、未完成の長編み目を使います。
減目や分散減目などに使う編み方です。

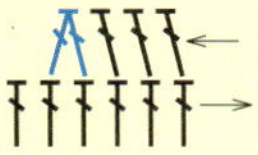

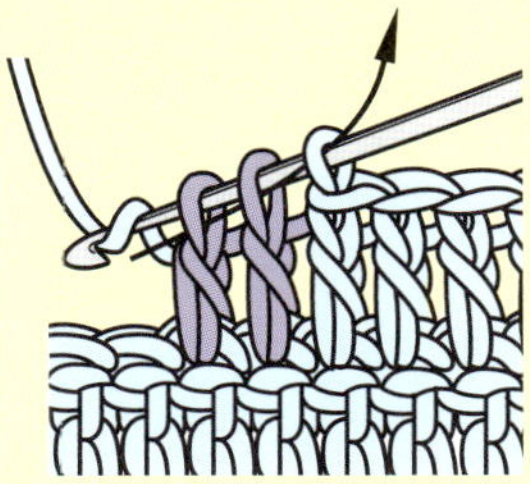

❶未完成の長編みを2目編み、針に糸をかけて3ループを一度に引き出します。

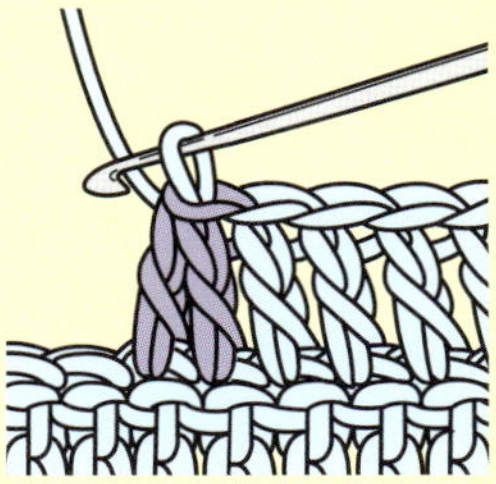

❷長編みが2目一度され、1目減目になります。

長編み3目一度

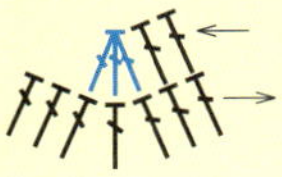

未完成の長編みを3目編んだら、針に糸をかけて4ループを一度に引き出します。2目減目になります。

細編みのすじ編み目（平編み）

表面を決めてから、表に鎖半目のすじが出るように、前段の細編みの頭（ハの字の鎖2本）の手前側半目と向こう側半目を毎段交互に拾って編みます。表に細編みの頭の鎖半目の「すじ」が表れます。

1段め（表側）

❶1段め（表側）は作り目の「鎖目の上側半目と裏山の2本」を拾って編みます。

2段め（裏側）

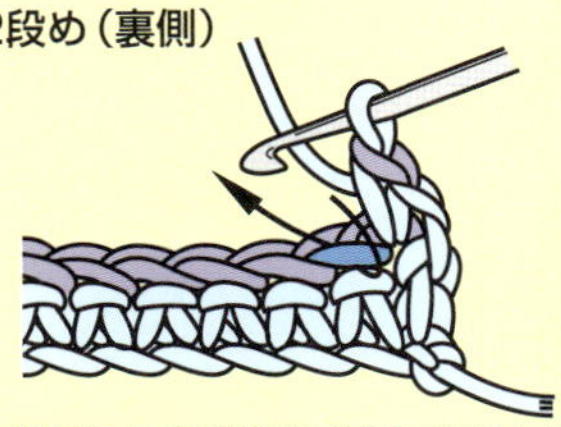

❷編み地を持ち替えて、立ち上がりの鎖1目を編みます。前段の細編みの頭を、矢印のように手前側半目を拾って編みます。

3段め（表側）

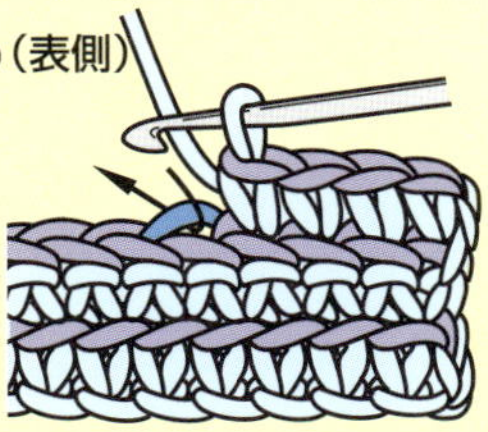

❸編み地を持ち替えて、前段の細編みの頭の向こう側半目を拾って編みます。

4段め（裏側）

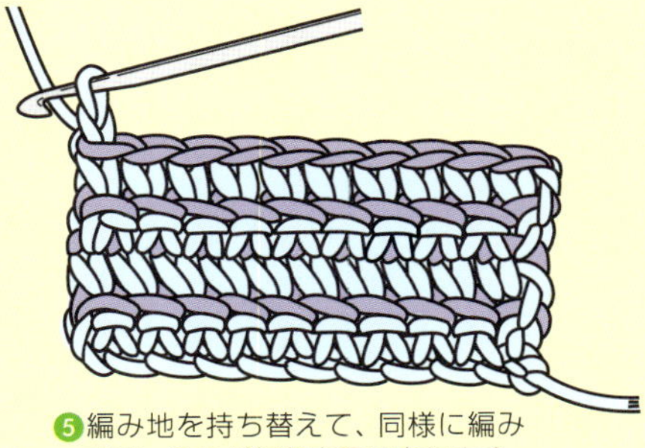

❺編み地を持ち替えて、同様に編みます。うねが毎段交互に表れます。

4段め（裏側）

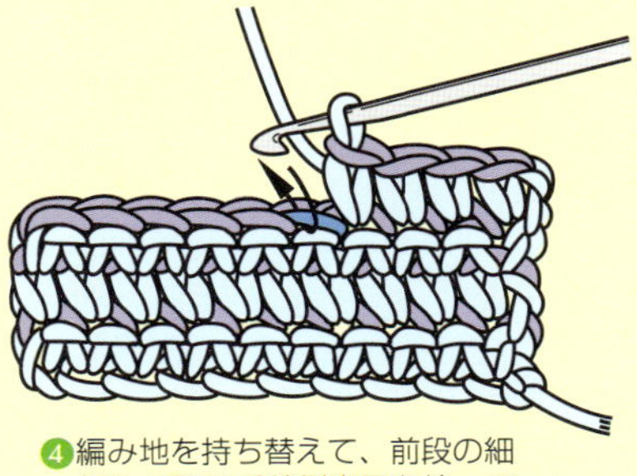

❹編み地を持ち替えて、前段の細編みの頭の手前側半目を拾って編みます。

5段め（表側）

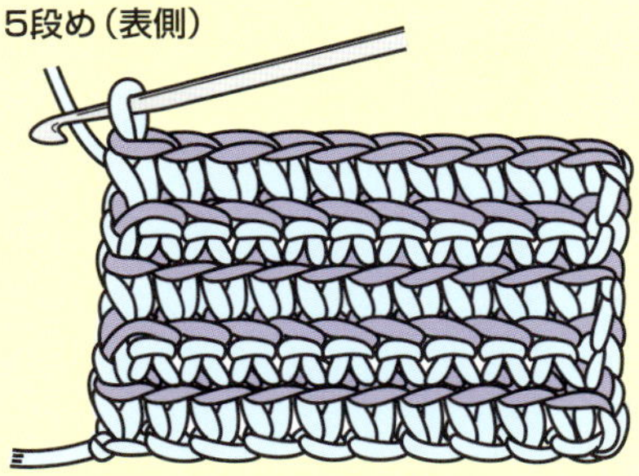

❺編み地を持ち替えて、前段の細編みの頭の向こう側半目を拾って編みます。表に細編みの頭の鎖半目のすじが表れます。

細編み2目編み入れる

同じ目に編むと目数が増えます。増し目や分散増し目などに使う編み方です。

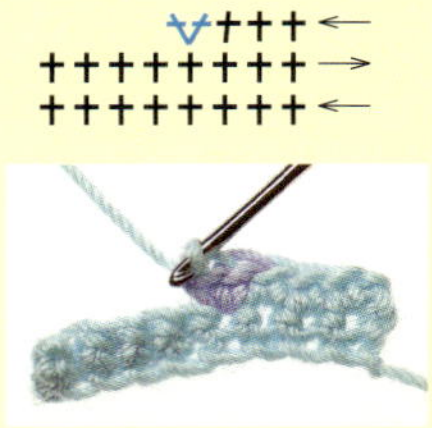

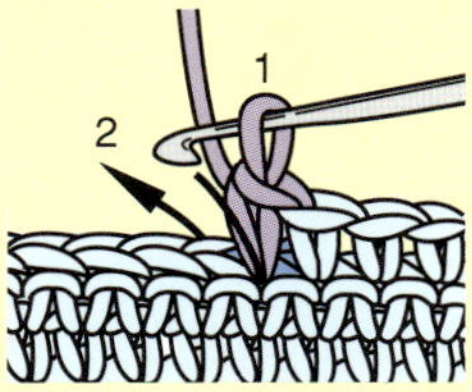

①同じ目に、もう1目細編みを編みます。

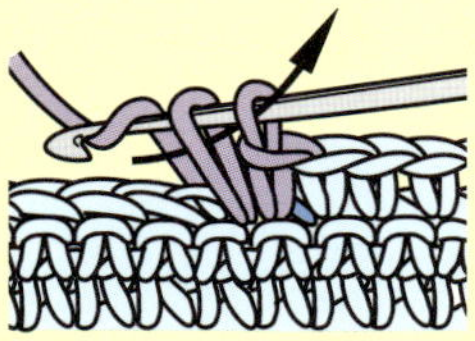

②目の高さをそろえて編みます。

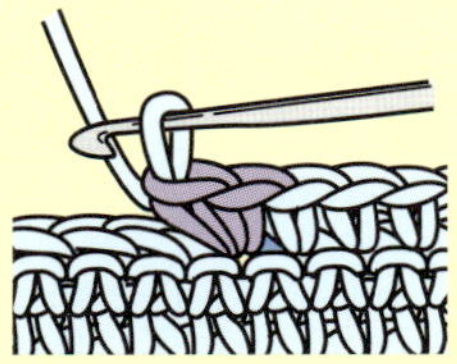

③細編み2目が編め、1目増し目になります。

細編み3目編み入れる

同じ目に編むと目数が増え、編み地も左右に広がります。

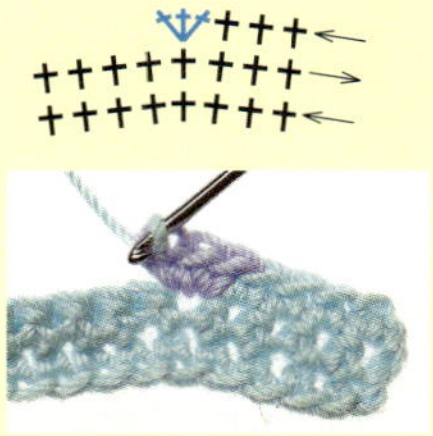

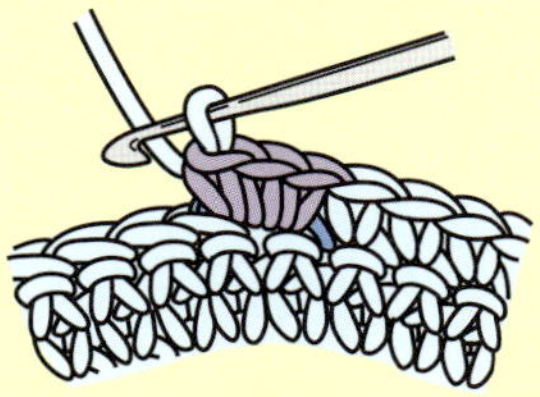

同じ目に続けて、3目の高さをそろえて細編みを編みます。

細編み2目編み入れる（鎖1目入る）

毎段細編み3目を編み入れると、そこだけ編み地が硬くなるときなど、中心の細編みを鎖目にすると、それが緩和されます。

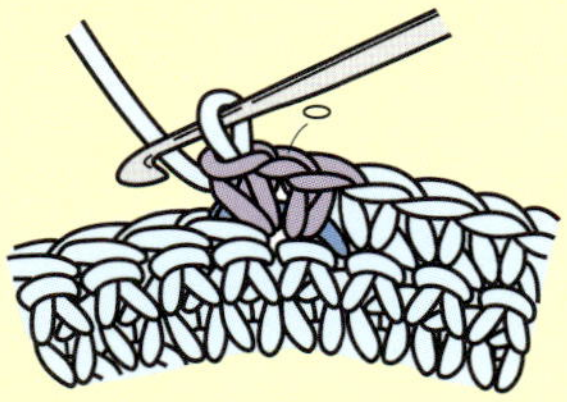

前段の同じ目に、「細編み1目・鎖1目・細編み1目」の3目を編み入れます。

細編み3目一度

減目や分散減目などに使う技法です。

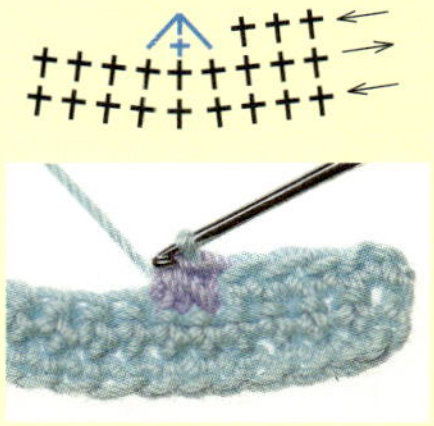

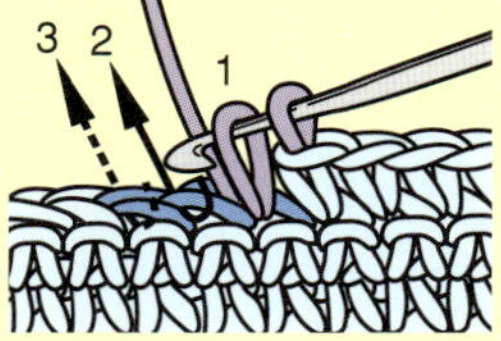

①前段の3目に1目ずつ、未完成の細編みを編みます。引き出す目の高さをそろえます。

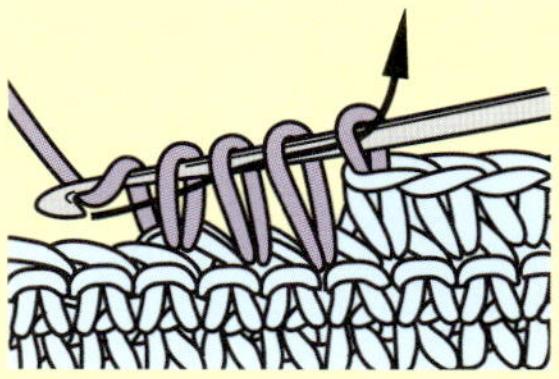

②針に糸をかけ、矢印のように4ループを一度に引き出します。

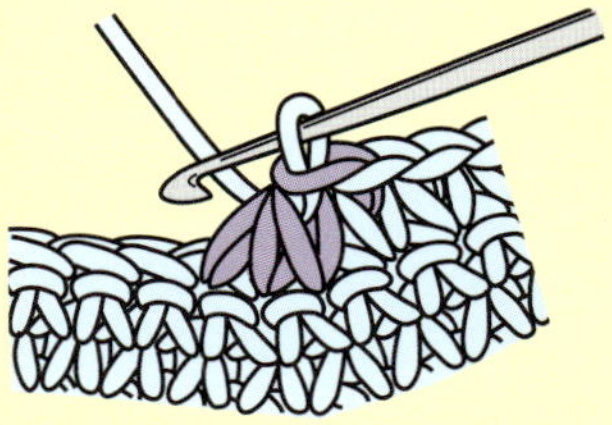

③細編み3目一度が編め、2目減目になります。

引き抜きコード

2重鎖と呼ばれるものの1つです。伸びが少ない編み方ですから、簡単に編めて広く使えます。

①鎖目の1目1目の大きさをそろえて、必要寸法だけ鎖目を編みます。
②鎖の裏山に針を入れて引き抜き編みをします。糸がゆるんだり、つれたりしないように気をつけます。
③同じ調子で引き抜いていきます。鎖目と引き抜きの糸の組み合わせも自由ですので、配色にしたりバリエーションが楽しめます。

スレッドコード

糸端を長く用意しておき、毎回この糸端を針にかけながら、鎖編みを編む要領で編んでいきます。

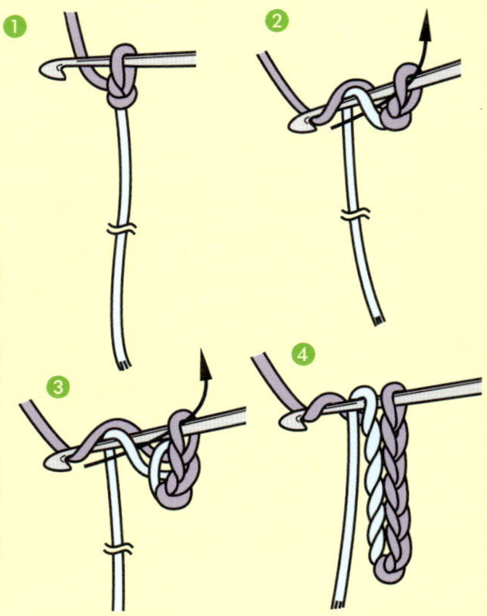

①糸端はでき上がり寸法の3倍くらい残し、鎖編みの作り目をします。
②鎖を1目編み、残した糸端を手前から向こう側にかけ、編み糸を針にかけて引き抜いて鎖を編みます。
③同様に、毎回糸端を手前から向こう側にかけながら鎖を編みます。
④くり返して、必要寸法を編みます。

モチーフからの拾い目

モチーフをつなぎ終わって、縁編みを編むときの編み終わり側を拾う編み方です。

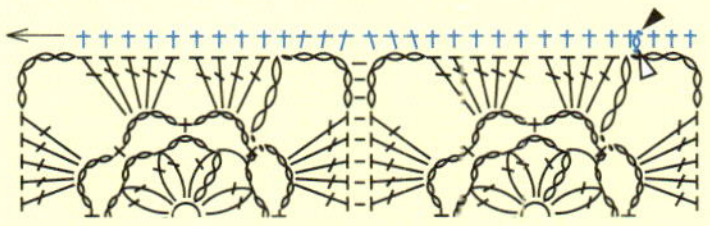

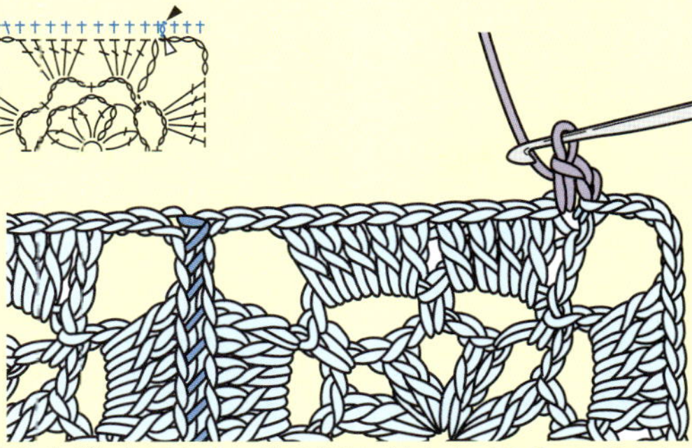

①立ち上がり位置を合わせて糸をつけます。モチーフの立ち上がりの鎖3目め「表側のハの字2本と裏山の間」を引き抜きます。立ち上がりと同じ目に最初の細編みを編みます。

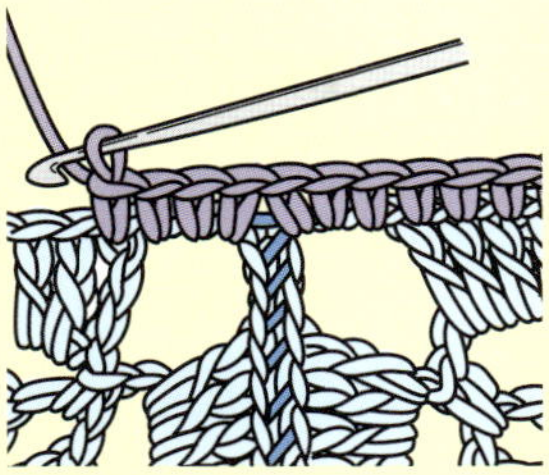

②前段の頭からはハの字の鎖2本、鎖編みの部分からは、束に拾います。

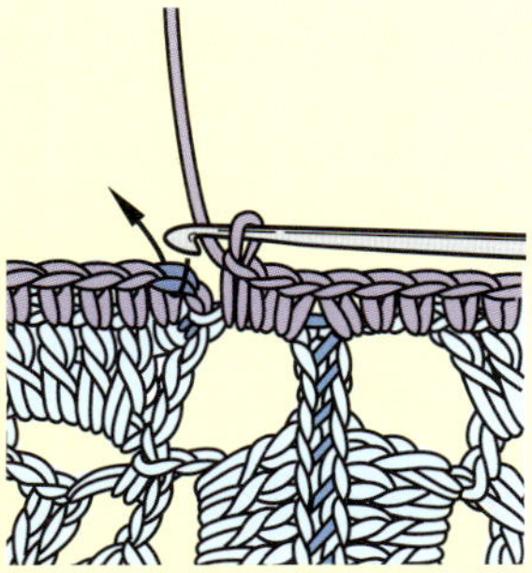

③一周して編んだら、編み始めの細編みの頭のハの字の鎖2本を拾って引き抜きます。

編み地の端での糸の替え方・足し方

糸を足すときや、配色糸に替えるときに使います。ここでは編み地の表で足しています。

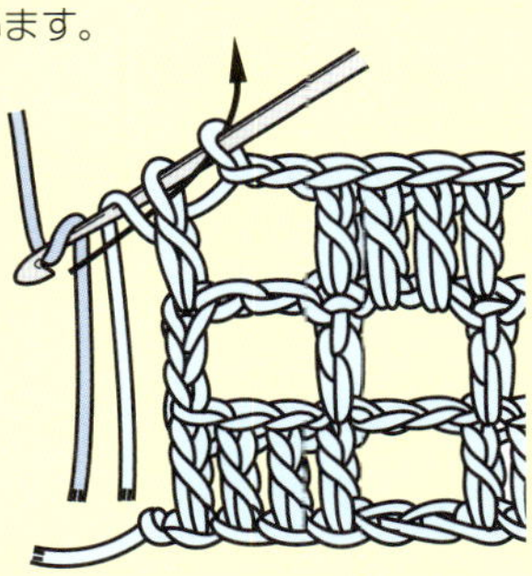

①端の目の最後の引出しをするときに、針の手前から向こう側に糸をかけて、糸をおきます。
足す糸を針の向こう側から手前にかけて、足す糸で矢印のように一度に引き出します。

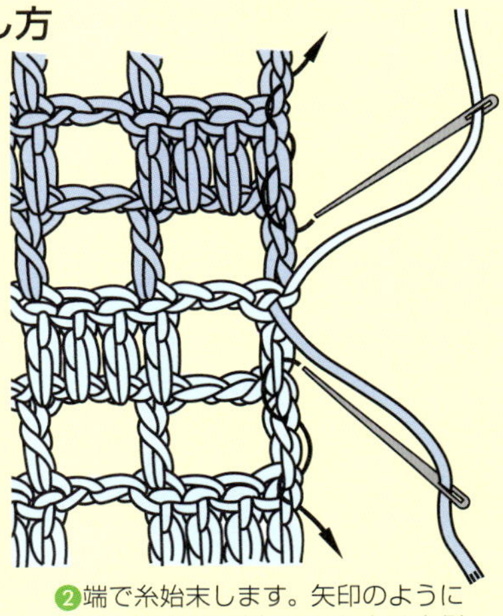

②端で糸始末します。矢印のように足した糸は下側、おいた糸は上側に、端の目にからげて始末します。

配色糸の替え方（円形に編む場合）

配色糸に替える最後の1目を引き抜くときに、新しい糸に替えます。配色ごとに糸始末します。

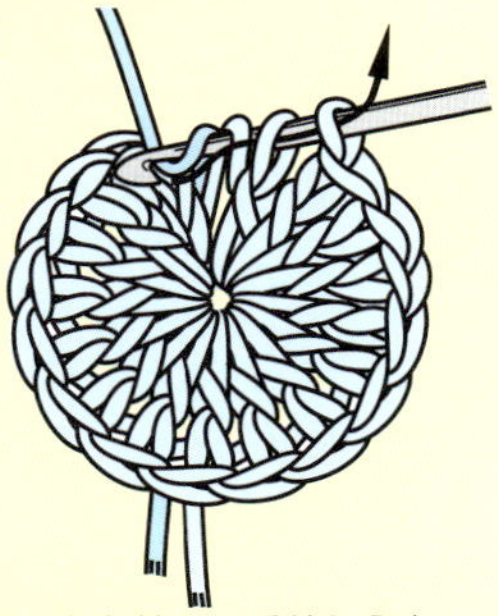

①1段めの糸を針に、手前から向こう側にかけます。配色糸を向こう側から手前に針にかけて、矢印のように一度に引き出します。

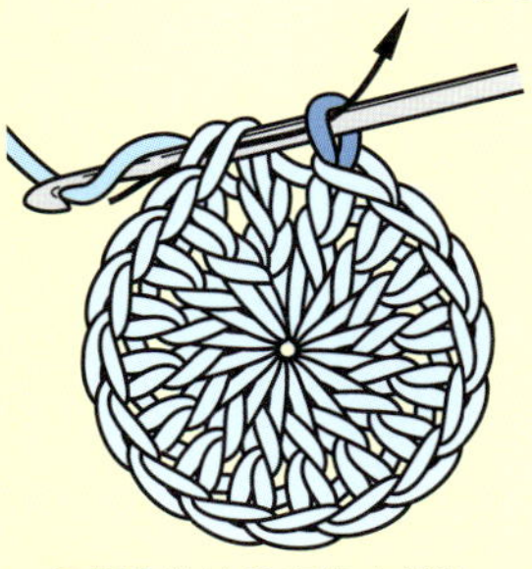

②編み始めの立ち上がりの鎖3目めの「表側のハの字2本と裏山の間」に針を入れ、糸をかけて引き抜きます。

③2段めの配色に替わりました。立ち上がりの鎖を編んで、続けて編みます。糸端は2段めの長編みで編みくるんでおきます。

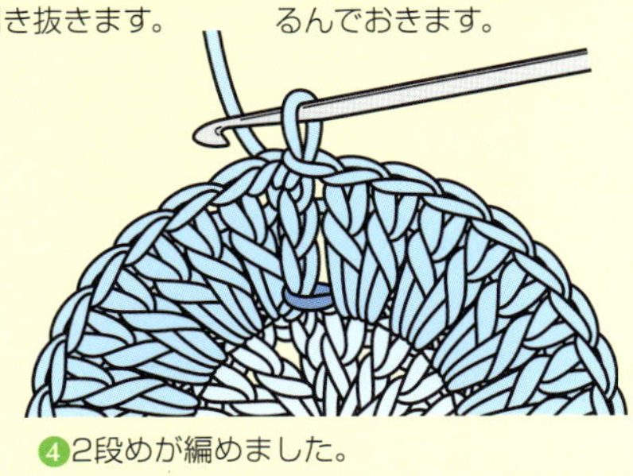

④2段めが編めました。

えびコード

編み地を左にくるくる回しながら編むコードで、編み目の流れが複雑で面白い表情になります。

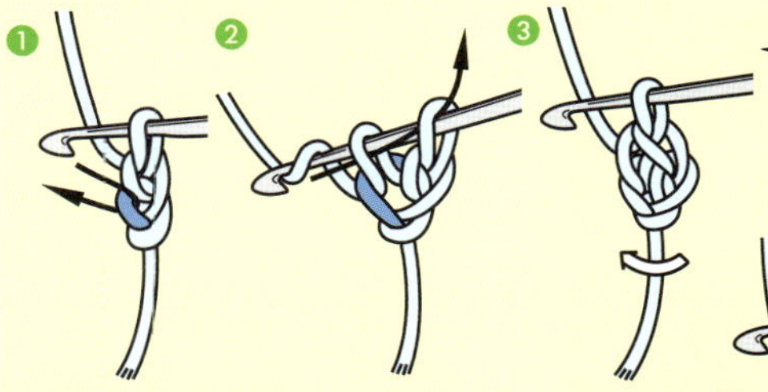

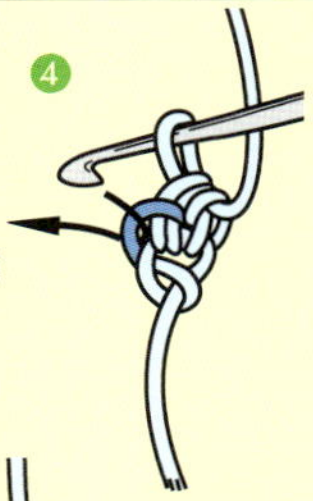

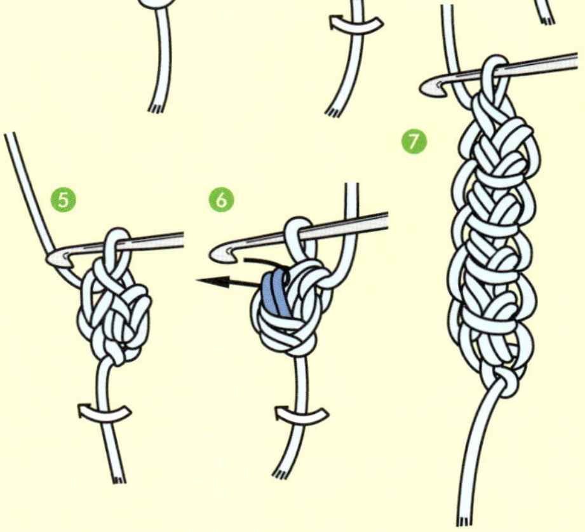

①鎖編みの作り目をして鎖2目を編み、1目めの鎖目に戻り、針を入れて糸をかけて引き出します。
②針に糸をかけて2ループを一度に引き出します。
③編み地を左に回し、
④矢印に細編み1目を編みます。
⑤編み地を左に回し、6の矢印の2本に針を入れて細編みします。
⑥❺、❻をくり返して必要寸法を編みます。

●74ページ  の編み方

モチーフ全体は長編み4目のパプコーン編みですので、軸になる連続鎖に長編み4目に相応するパプコーン編みを編みます。

❹の要領で立ち上がりの鎖で、連続鎖の向こう側半目に引き抜きます。続けて、引き抜いた連続鎖の同じ目に長編み2目を編みます。一旦、針をはずし、立ちあがりの鎖の3目め（鎖の表側のハの字2本と裏山の間）に手前から針を入れ、はずした目を針に戻して針先のループだけを手前に引き出し、更に鎖1目を編んで引きしめます。

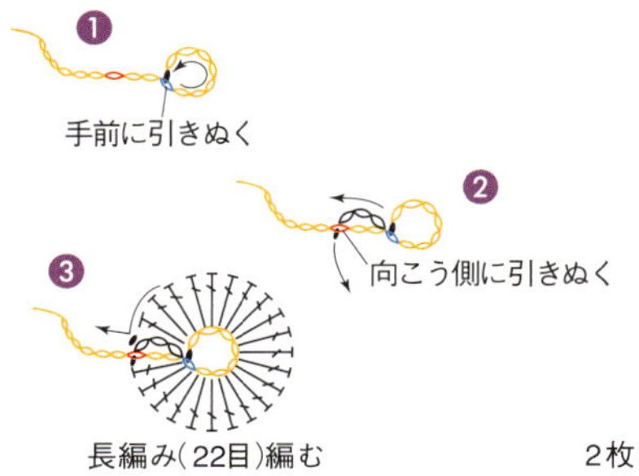

連続編みモチーフ２の編み方

❶軸になる連続鎖17目を編み、針にかかった目から数えて9目めの、手前側半目に引き抜きます。
❸～❺1段めは長編み22目を編み、2段めを半分編んだら、連続鎖18目を編んで2枚めに移ります。
❻～❽同要領に往路を編み、3枚めは続けて復路に進みます。
❾編み始め位置まで復路を戻り、連続鎖の最初の目に引き抜きます。

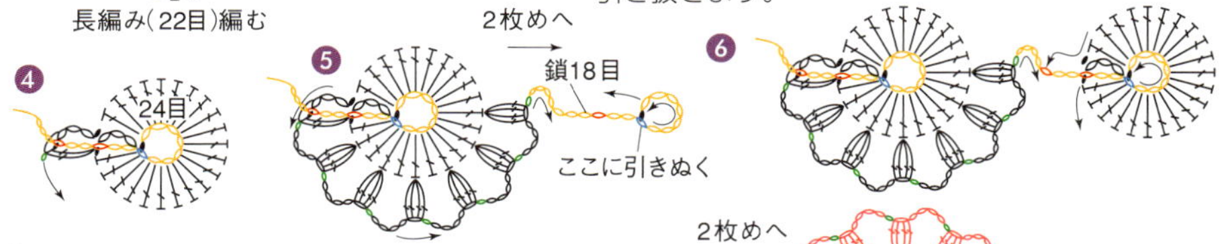

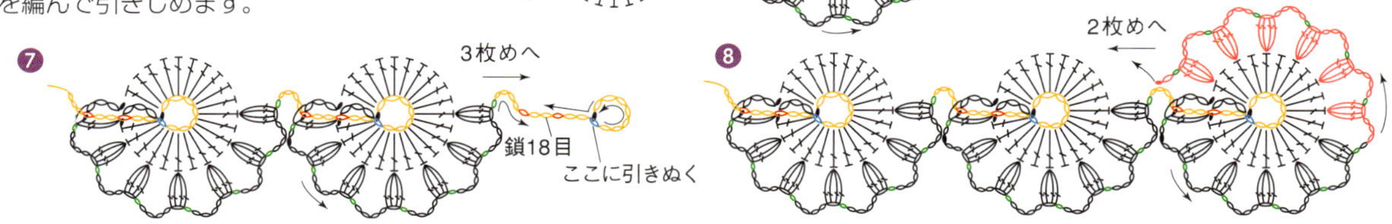

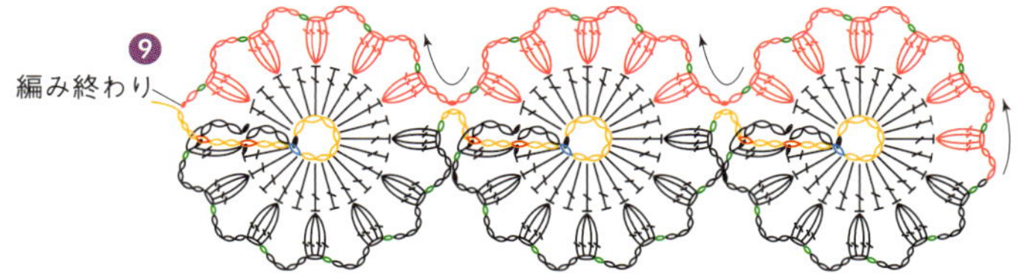

連続編みモチーフ３の編み方

❶～❸鎖6目の輪の作り目をして、2段めまで編みます。
❹3段めの上側を編んだら、連続鎖を編んで、2枚めの中心の輪の作り目をします。
❺～❼同様に3枚めまで進み、復路では3段めを編みながら、編みつなぎます。

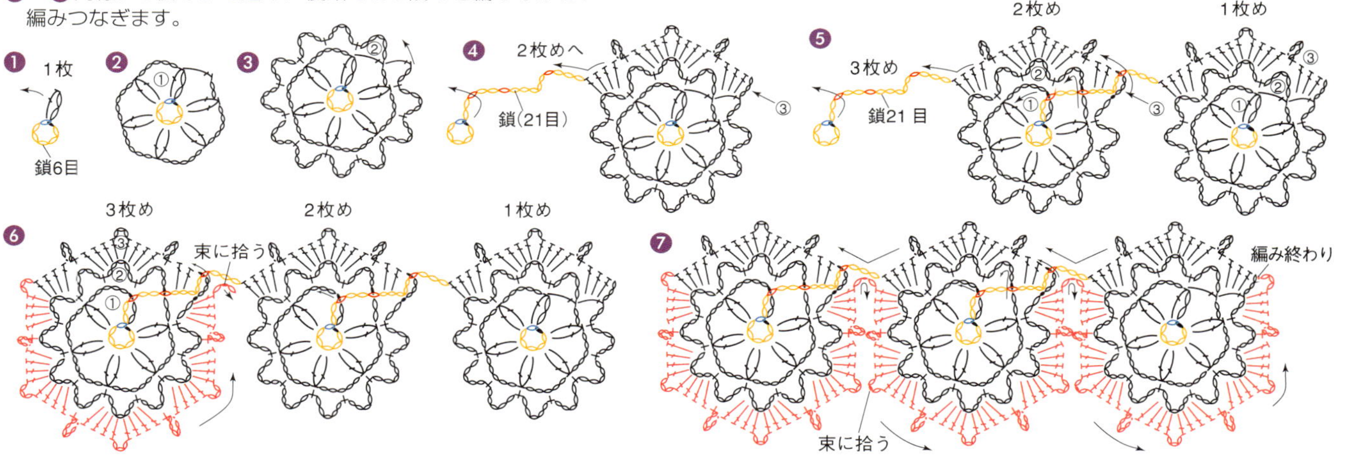

連続編みモチーフ４の編み方

❶～❸連続鎖23目を編んで輪の作り目を作り、連続鎖に引き抜きながら2段めまで編みます。
❹3段めを半分の右角まで編んだら、2枚めの連続鎖を編みます。
❺・❻同要領に3枚めまで編み進み、復路を編みます。
❼編み始め位置まで復路を戻り、連続鎖の最初の目に引き抜きます。

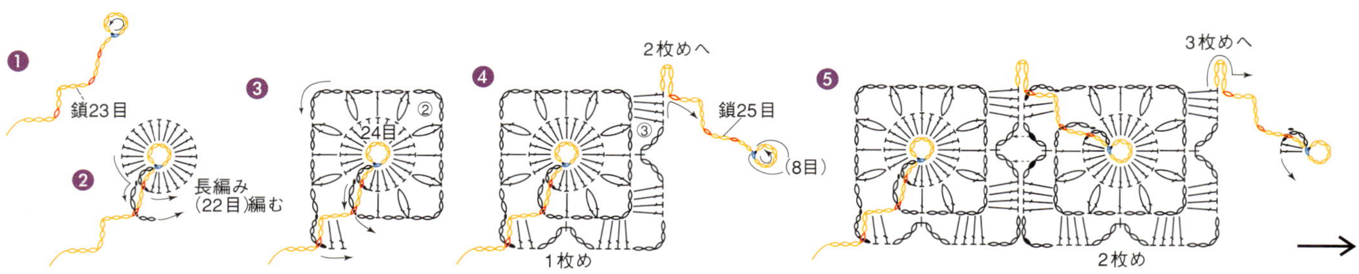

→

●24ページ

バリエーションA の編み方

●糸／DMC　コルドネスペシャル#30　5g
●レース針／8号
●でき上がり寸法／直径約10cm
●編み方ポイント
レッスン作品の1～6段までは同じに編みます。7段めからは、レッスン作品の3～7段を同要領にくり返して、11段まで編みます。12段で「細編み1目＋鎖3目」をくり返して編み、増し目をします。
13・14段は、レッスン作品の9・10段と同じです。

●24ページ

バリエーションBの編み方

●糸／DMC　コルドネスペシャル#30　5g
●レース針／8号
●でき上がり寸法／直径約8.5cm
●編み方ポイント
バリエーションAの1～10段までと同じに編みます。11段めは3段めと同じ模様で36柄を編みます。

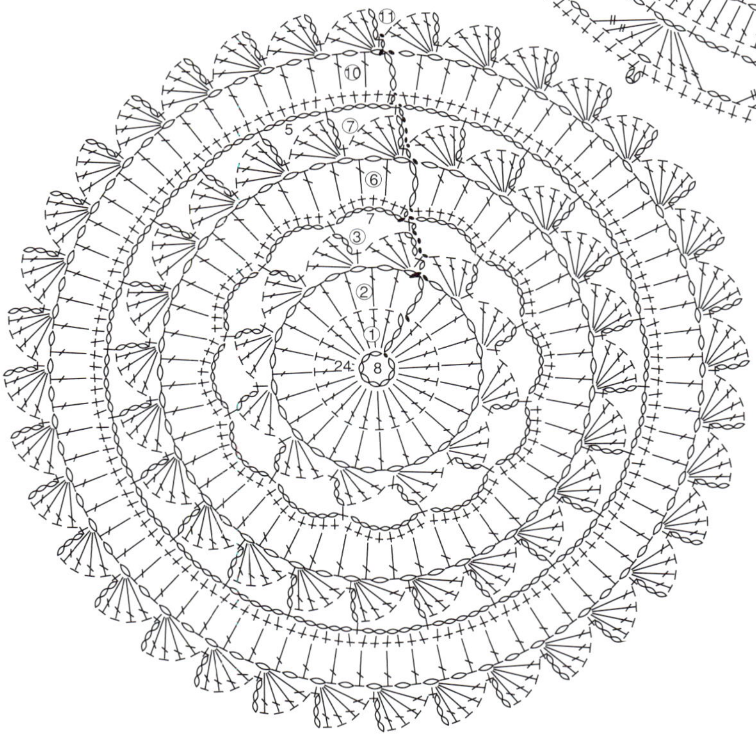

●71ページ

ブレード2の編み方

●糸／オリムパス
金票#40レース糸〈ボカシ〉
●レース針／8号
●編み方ポイント
鎖7目を編んで最初の目に引き抜き、鎖4目で立ち上がり、矢印①方向と②方向を交互に編み進みます。

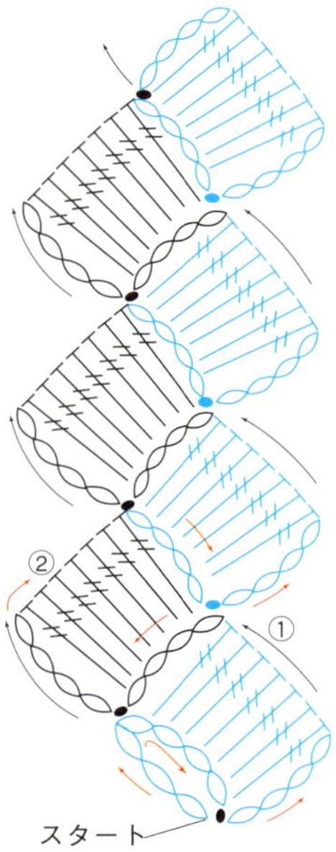

⑥

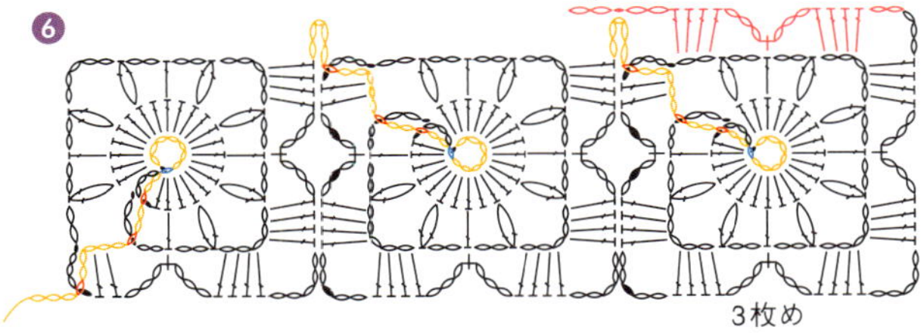

⑦

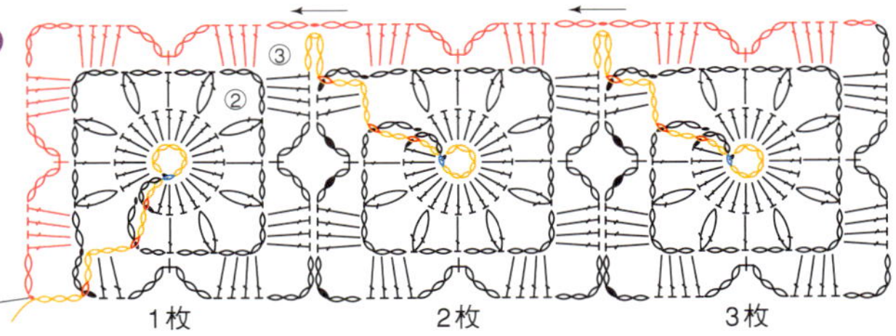

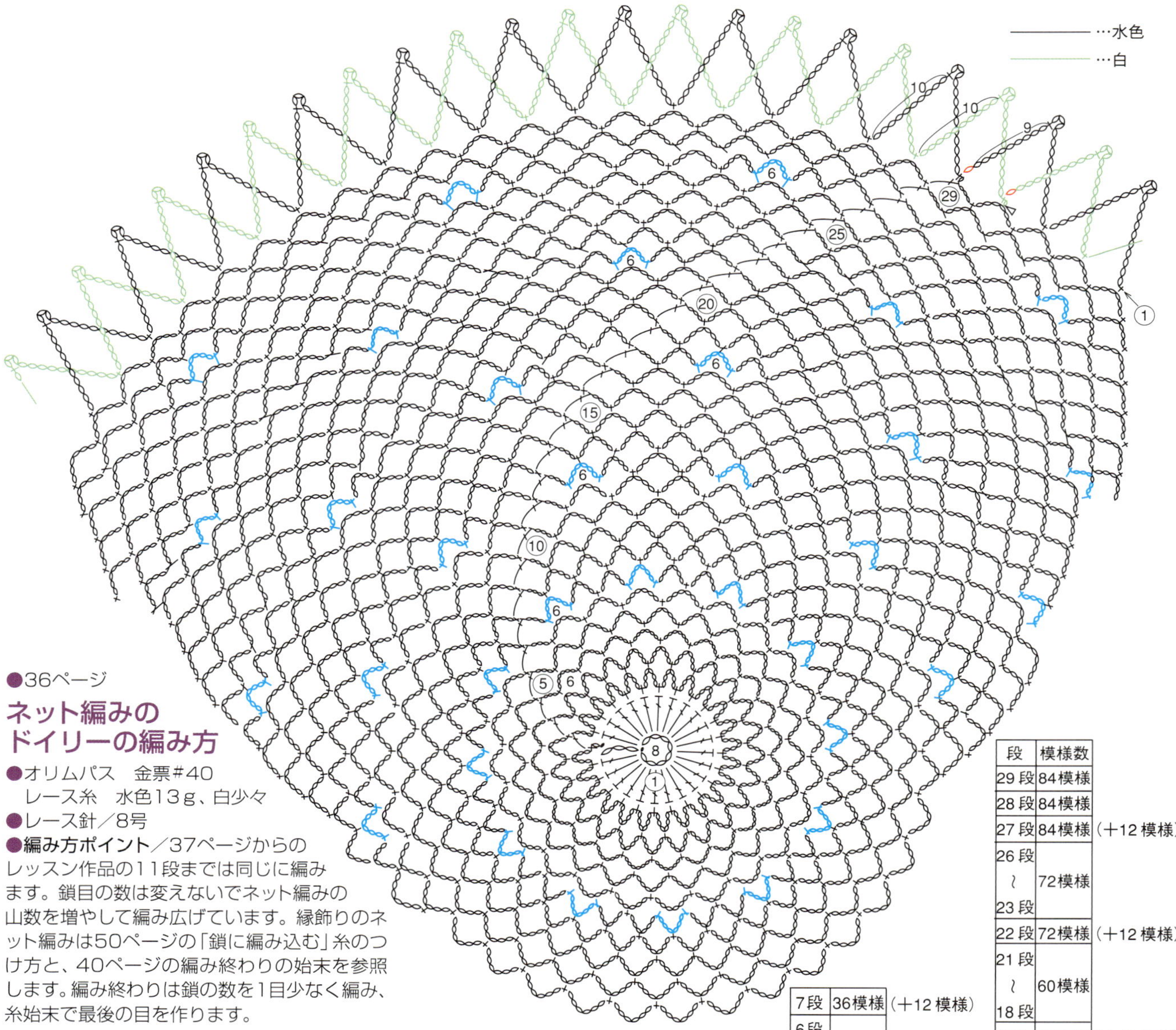

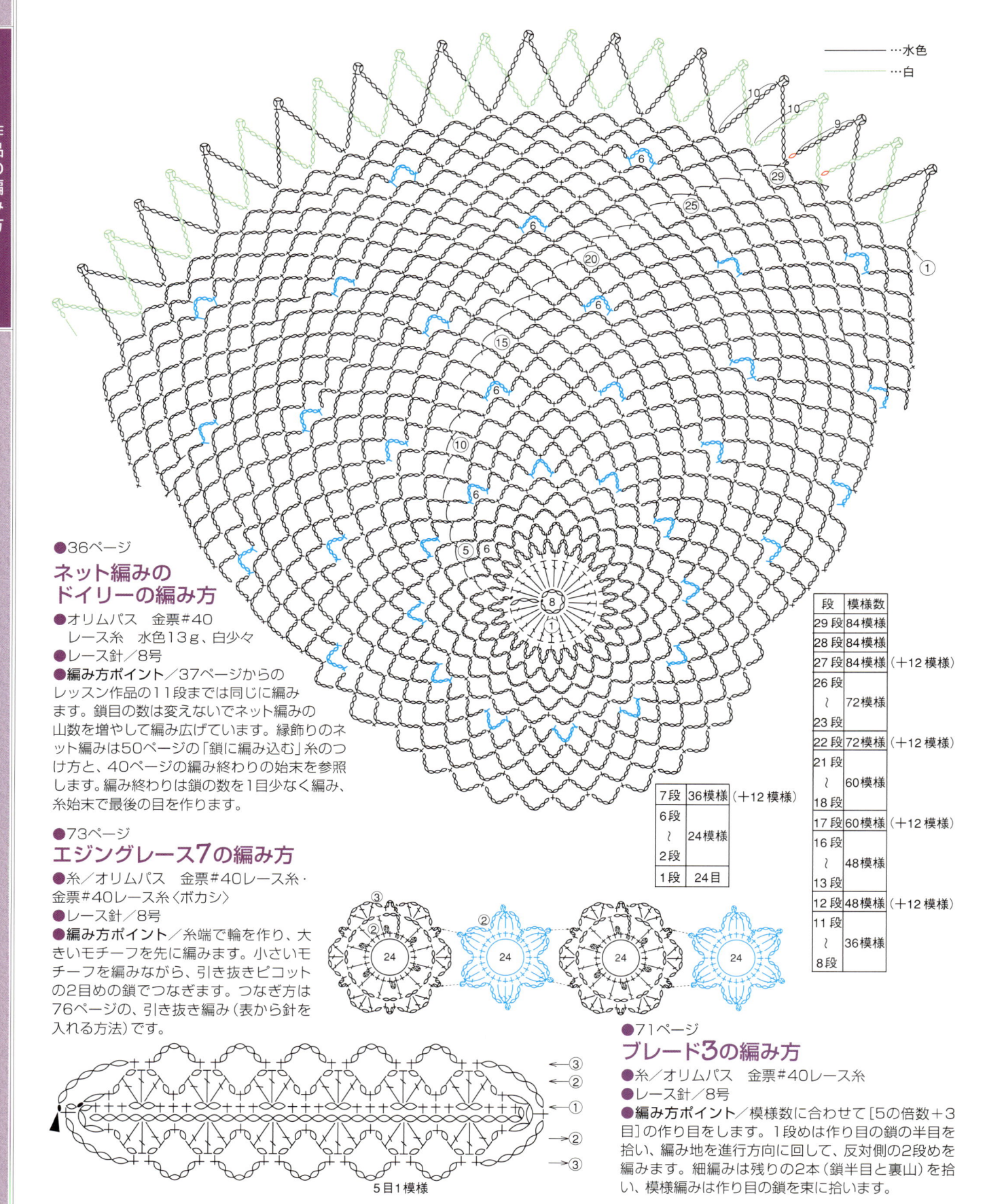

●36ページ

ネット編みのドイリーの編み方

●オリムパス　金票#40
レース糸　水色13g、白少々
●レース針／8号
●**編み方ポイント**／37ページからのレッスン作品の11段までは同じに編みます。鎖目の数は変えないでネット編みの山数を増やして編み広げています。縁飾りのネット編みは50ページの「鎖に編み込む」糸のつけ方と、40ページの編み終わりの始末を参照します。編み終わりは鎖の数を1目少なく編み、糸始末で最後の目を作ります。

7段	36模様	（＋12模様）
6段～2段	24模様	
1段	24目	

段	模様数	
29段	84模様	
28段	84模様	
27段	84模様	（＋12模様）
26段～23段	72模様	
22段	72模様	（＋12模様）
21段～18段	60模様	
17段	60模様	（＋12模様）
16段～13段	48模様	
12段	48模様	（＋12模様）
11段～8段	36模様	

●73ページ

エジングレース7の編み方

●糸／オリムパス　金票#40レース糸・金票#40レース糸〈ボカシ〉
●レース針／8号
●**編み方ポイント**／糸端で輪を作り、大きいモチーフを先に編みます。小さいモチーフを編みながら、引き抜きピコットの2目めの鎖でつなぎます。つなぎ方は76ページの、引き抜き編み（表から針を入れる方法）です。

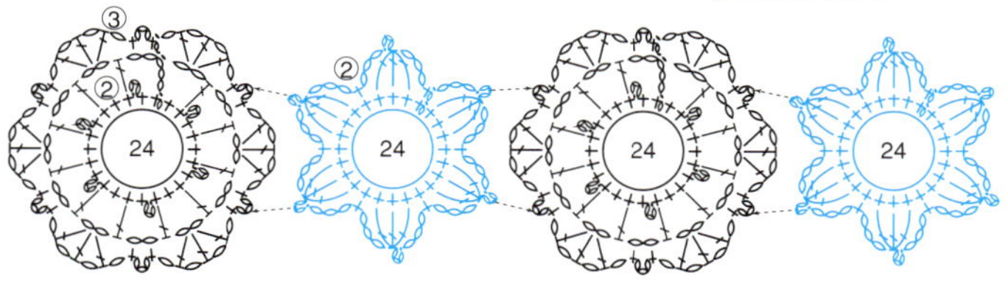

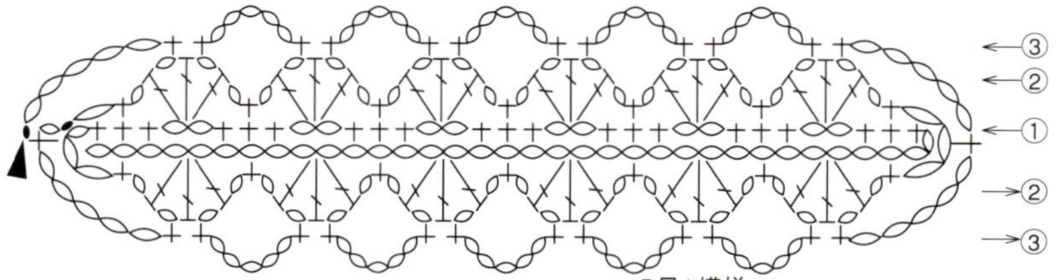

5目1模様

●71ページ

ブレード3の編み方

●糸／オリムパス　金票#40レース糸
●レース針／8号
●**編み方ポイント**／模様数に合わせて［5の倍数＋3目］の作り目をします。1段めは作り目の鎖の半目を拾い、編み地を進行方向に回して、反対側の2段めを編みます。細編みは残りの2本（鎖半目と裏山）を拾い、模様編みは作り目の鎖を束に拾います。

●51ページ

円形に編むハートのドイリーの編み方

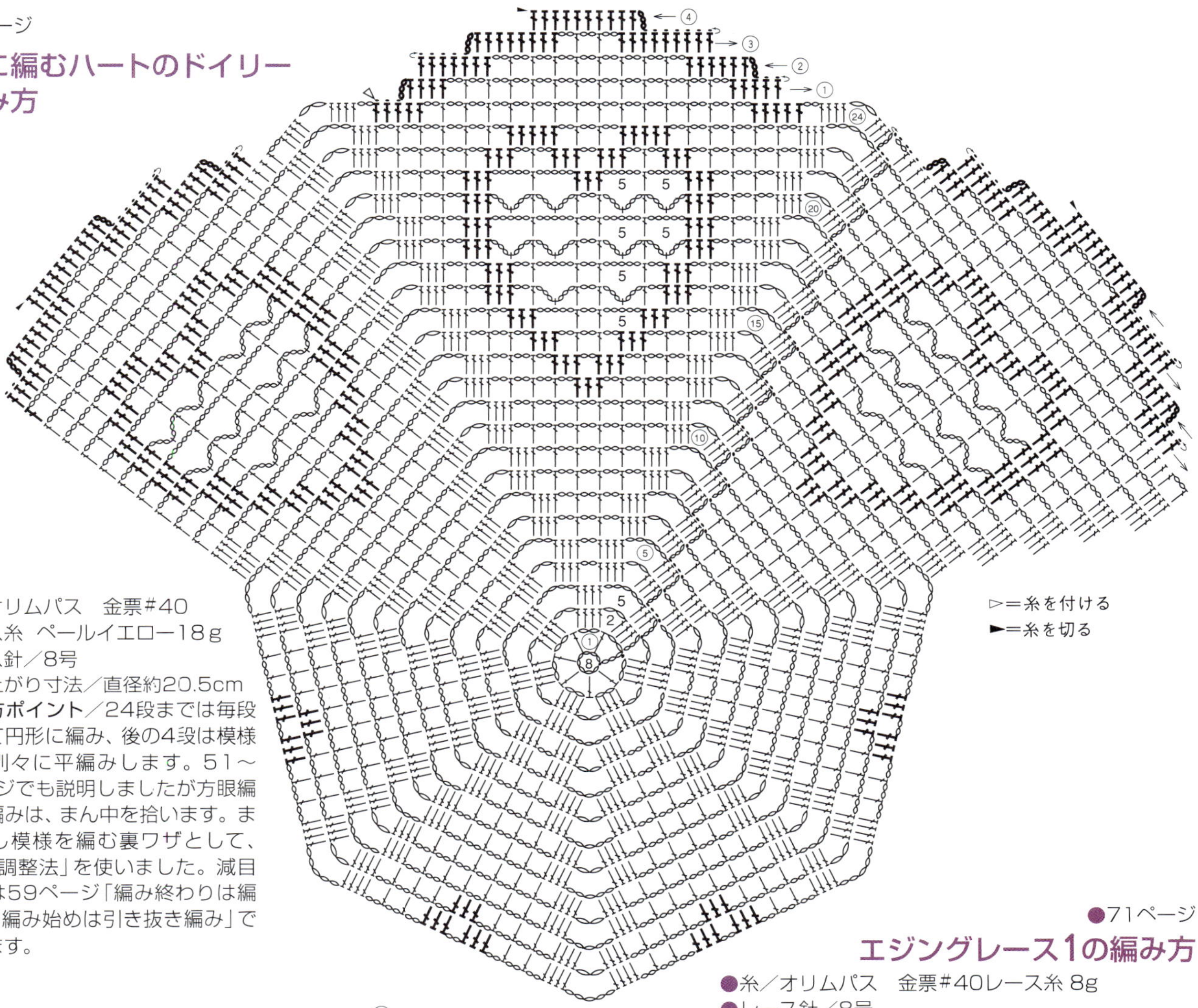

▷＝糸を付ける
►＝糸を切る

●糸／オリムパス　金票#40
　レース糸　ペールイエロー18g
●レース針／8号
●でき上がり寸法／直径約20.5cm
●**編み方ポイント**／24段までは毎段表を見て円形に編み、後の4段は模様ごとに別々に平編みします。51〜54ページでも説明しましたが方眼編みの長編みは、まん中を拾います。また透かし模様を編む裏ワザとして、「編み目調整法」を使いました。減目の仕方は59ページ「編み終わりは編み残し、編み始めは引き抜き編み」で減らします。

●71ページ

エジングレース1の編み方

●糸／オリムパス　金票#40レース糸 8g
●レース針／8号
●**編み方ポイント**／3、4段めで編む松編みとピコットがフリルのように重なります。衿ぐり寸法に合わせてエジングを編みます。つけ方は、エジングを重ねてしつけをかけ、表側から奥まつりをします。裏側からも編み地の端をかがって、仕上げをします。

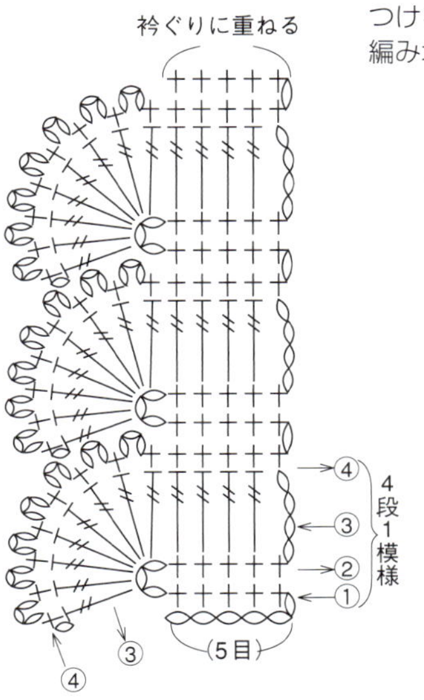

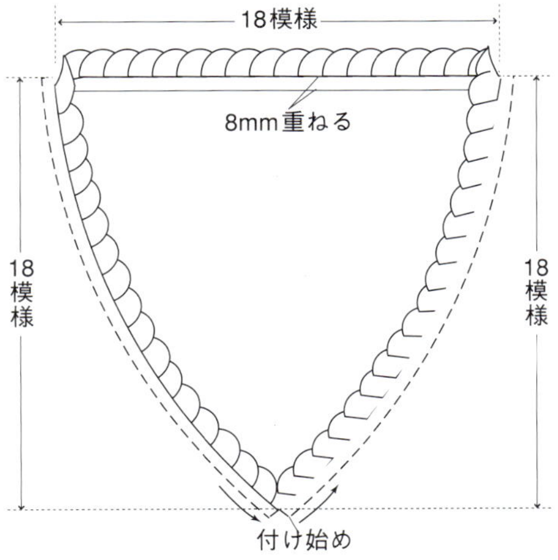

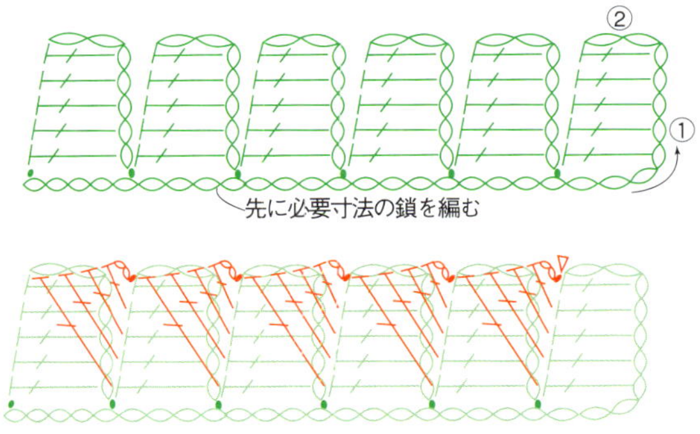

●71ページ

エジングレース4の編み方

●糸／オリムパス　金票#40レース糸
●レース針／8号
●**編み方ポイント**／先にベースを編みますが、必要寸法の鎖を先に編みます（余裕分として目数を少し多めに編んでおきましょう）。重ねて編む糸は、長編みの頭に引き抜きでつけます。次の段からは針を一旦はずし、端の長編みの頭に手前から針を入れて、はずした目を引き出して編みつけます。

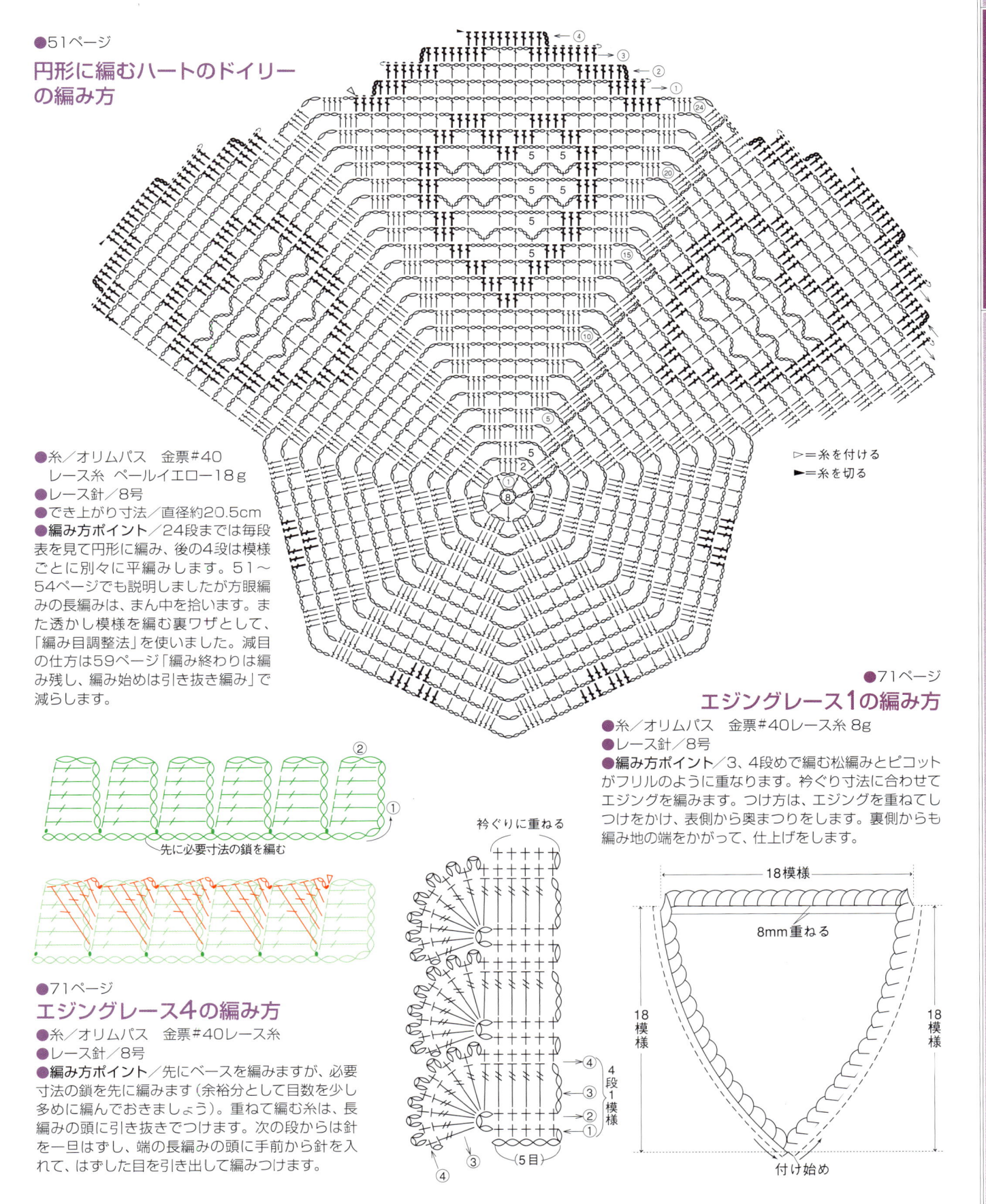

●70ページ

コサージュAの編み方

●糸／DMC　コルドネスペシャル#20　オフホワイト 15g
●レース針／8号
●その他／ブローチピン1個、クロスステッチ針no.23
●レッスン作品と同じモチーフ／野バラB…2枚　野バラC…3枚　うね編みのリーフA…5枚
●オリジナルのモチーフ／木の実…3個、コサージュ土台…1枚
●**編み方ポイント**／野バラは61～64ページを参照します。一番大きいCは6段編みますが、ブリッジの細編みの拾い方など同じです。木の実も同要領に、少し縦長に編み、編み終わりの糸で鎖編みの茎にとじつけます。コサージュ土台を編み、モチーフをでき上がり図の要領にまとめて載せ、とめ付けます。木の実は花の下側でバランスを見ながら、土台にとめ付けます。土台の周りを、モチーフの裏に軽くかがり、ブローチピンを付けます。

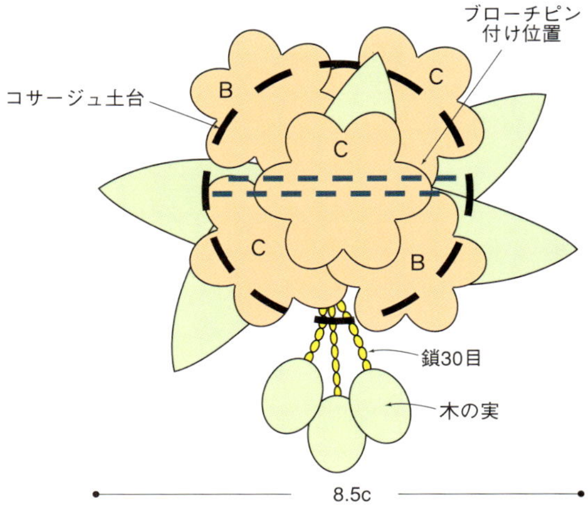

木の実

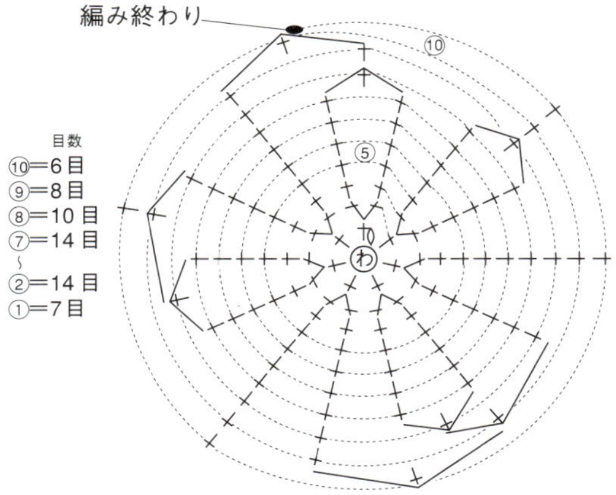

コサージュ土台

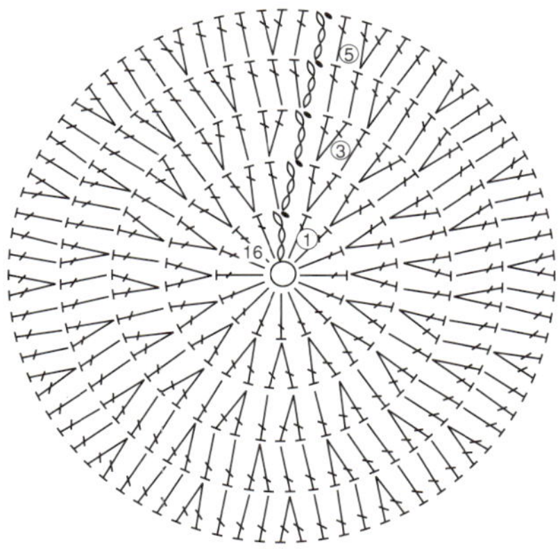

輪の作り目に、長編み16目
土台の大きさは、コサージュに合わせる

●70ページ

コサージュB・Cの編み方

●糸／ハマナカ ティティクロッシェ　B=オフホワイト 約10g、C=ワインレッド　約20g
●レース針／0号
●その他／ブローチピン1個、クロスステッチ針no.19
●レッスン作品と同じモチーフ／うね編みのリーフA…3枚
●**編み方ポイント**／B・Cの花の編み方は共通です。輪の作り目をして、1段めは細編み10目を編みます。2段めで最初の土台となるブリッジを編みます。4、6、8段で編むブリッジの細編みは、前段の花びらの裏から、花びらの中心のブリッジを束に拾います。花びらが半柄ずつズレて、より立体的になります。Cはうね編みのリーフAを3枚編み、花の裏に付けます。
コサージュ土台はAと同要領で、3段まで編んで作ります。土台の周りを、モチーフの裏に軽くかがり、ブローチピンを付けます。

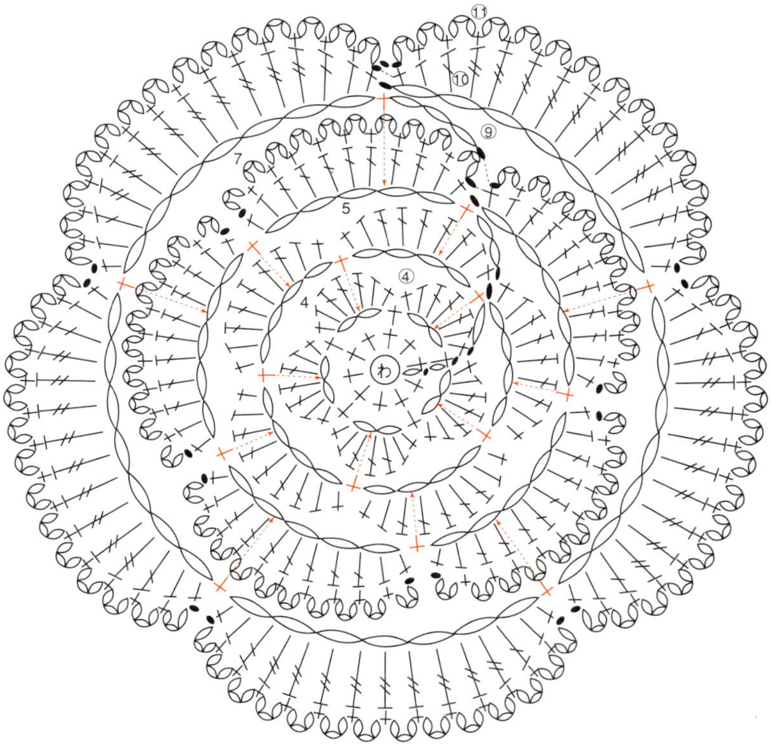

●5ページ

三つ葉のクローバー（シャムロック）の編み方

アイリッシュレースは中世の後半に、
アイルランド地方で始められました。
シャムロックはアイルランドの国花です。

ポイント

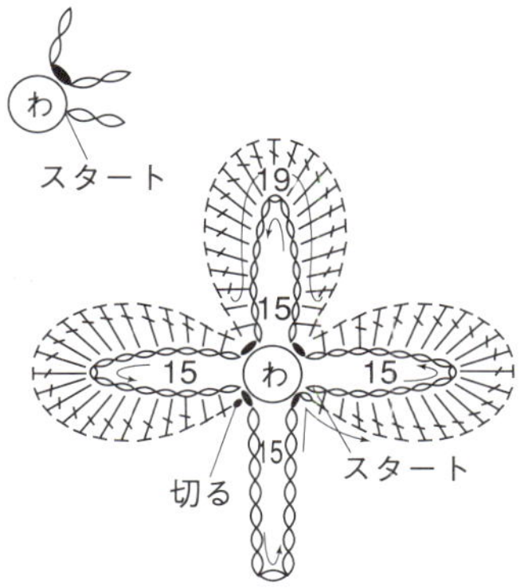

作り目

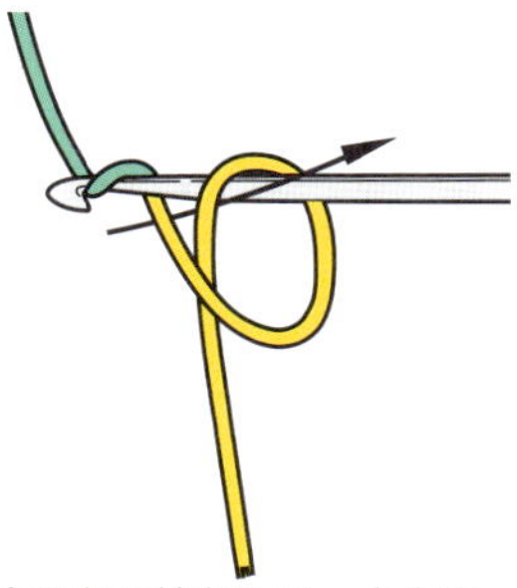

輪の中に針を入れ、糸をかけて引き出します。

1段め

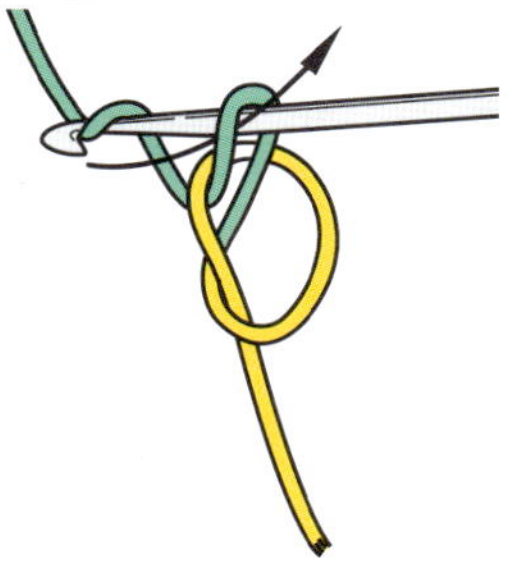

1 もう一度糸をかけて引き出しますが、この最初の目は1目には数えません。

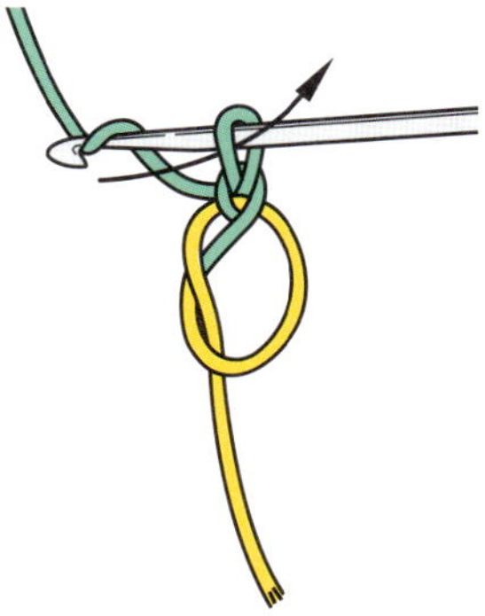

2 鎖15目を編みます。

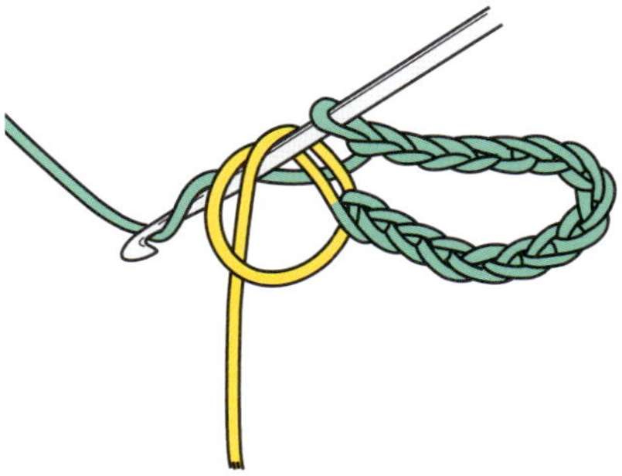

3 作り目の輪に引き抜き、**1**～**3**を同様にくり返します。

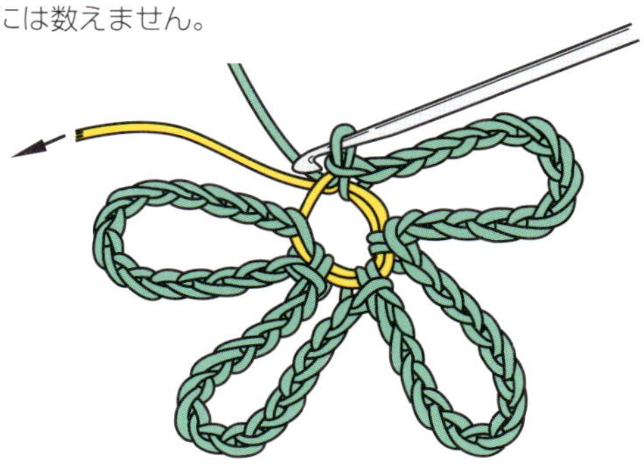

4 3回くり返して作り目の輪に引き抜き、糸を引いて輪を引きしめます。4番めの輪は葉の茎になります。

2段め

1 最初の輪に束に引き抜きます。

2 鎖1目で立ち上がり、細編みを編みます。

3 続けて中長編み1目を編み、長編みを19目編みます。

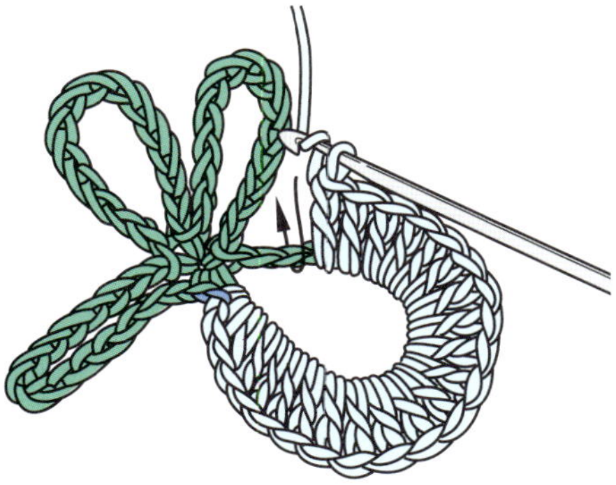

4 編み図に合わせて中長編み1目、細編み1目を編み、葉の1枚が編めます。

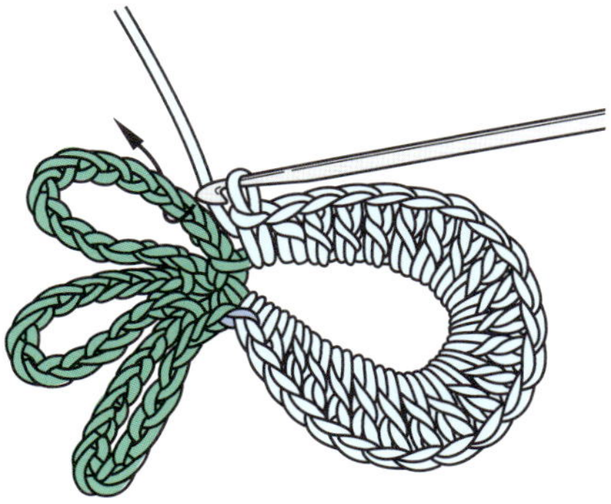

5 次の輪に移り、同様に葉の2枚を編みます。

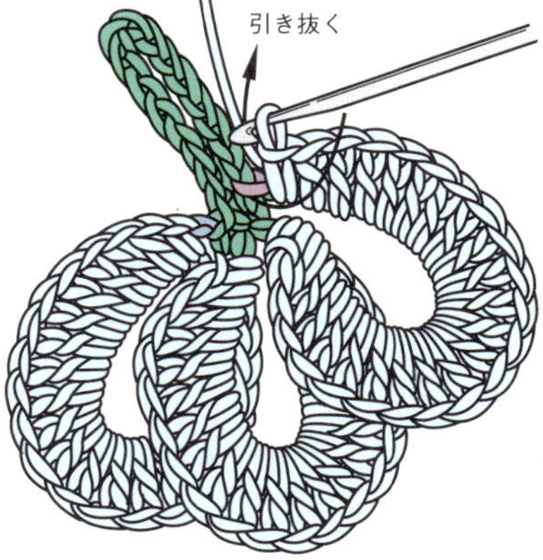

6 葉3枚が編めたら、1段めで引き抜いた目に引き抜きでとめ、糸始末します。

STAFF
撮影／浅野あい・渡辺華奈
ブックデザイン／黒柳真美
マックトレース／二宮知子・K's studio・中村洋子
編集協力／松本かおる・小林伊津子
渡辺多香子・高橋万百合・井出智子・小島優子
編集／日和佐ゆかり

素材提供
オリムパス製絲株式会社
〒461-0018 愛知県名古屋市東区主税町4-92
TEL.052-931-6679
ディー・エム・シー株式会社
〒101-0035 東京都千代田区神田紺屋町13　山東ビル7F
TEL.03-5296-7831
ハマナカ株式会社
〒616-8585 京都府京都市右京区花園藪の下町2-3
TEL.075-463-5151
横田株式会社
〒541-0058 大阪府大阪市中央区南久宝寺町2-5-14
TEL.06-6251-2183

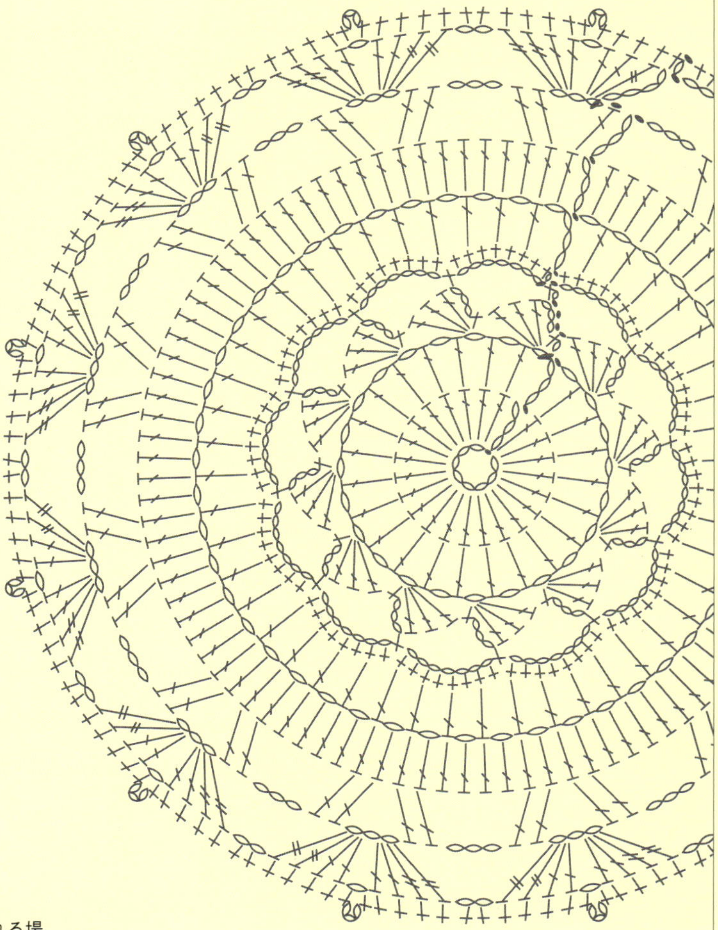

あなたに感謝しております
We are grateful.
手づくりの大好きなあなたが、
この本をお選びくださいましてありがとうございます。
内容はいかがでしたでしょうか？
本書が少しでもお役に立てば、こんなにうれしいことはありません。
日本ヴォーグ社では、手づくりを愛する方とのおつきあいを大切にし、
ご要望にお応えする商品、サービスの実現を常に目標としています。
小社および出版物について、
何かお気付きの点やご意見がございましたら、
何なりとお申し出ください。
そういうあなたに私共は常に感謝しております。
株式会社日本ヴォーグ社社長　**瀬戸信昭**
FAX.03-3383-0602

日本ヴォーグ社の基礎BOOK
ゴールデンシリーズ
レースあみ

監修／北尾恵以子
発行日／2008年 8 月11日　第1刷
2025年10月13日　第9刷
発行人／瀬戸信昭　　編集人／小林和雄
発行所／株式会社 日本ヴォーグ社
〒164-8705 東京都中野区弥生町5-6-11
TEL 編集／03-3383-0637
出版受注センター／TEL.03-3383-0650
FAX.03-3383-0680
印刷所／株式会社東京印書館 Printed in Japan

ISBN978-4-529-04563-6